Manuel Zahn
Ästhetische Film-Bildung

Theorie Bilden | Band 28

Editorial

Die Universität ist traditionell der hervorragende Ort für Theoriebildung. Ohne diese können weder Forschung noch Lehre ihre Funktionen und die in sie gesetzten gesellschaftlichen Erwartungen erfüllen. Zwischen Theorie, wissenschaftlicher Forschung und universitärer Bildung besteht ein unlösbares Band. Auf diesen Zusammenhang soll die Schriftenreihe **Theorie Bilden** wieder aufmerksam machen in einer Zeit, in der Effizienz- und Verwertungsimperative wissenschaftliche Bildung auf ein Bescheidwissen zu reduzieren drohen und in der theoretisch ausgerichtete Erkenntnis- und Forschungsinteressen durch praktische oder technische Nützlichkeitsforderungen zunehmend delegitimiert werden. Der Zusammenhang von Theorie und Bildung ist in besonderem Maße für die Erziehungswissenschaft von Bedeutung, da Bildung nicht nur einer ihrer zentralen theoretischen Gegenstände, sondern zugleich auch eine ihrer praktischen Aufgaben ist. In ihr verbindet sich daher die Bildung von Theorien mit der Aufgabe, die Studierenden zur Theoriebildung zu befähigen.

Die Reihe **Theorie Bilden** ist ein Forum für theoretisch ausgerichtete Ergebnisse aus Forschung und Lehre, die das Profil des Faches Erziehungswissenschaft, seine bildungstheoretische Besonderheit im Schnittfeld zu den Fachdidaktiken, aber auch transdisziplinäre Ansätze dokumentieren.

Manuel Zahn

Ästhetische Film-Bildung

Studien zur Materialität und Medialität filmischer Bildungsprozesse

[transcript]

Bibliografische Information der Deutschen Nationalbibliothek
Die Deutsche Nationalbibliothek verzeichnet diese Publikation in der Deutschen Nationalbibliografie; detaillierte bibliografische Daten sind im Internet über http://dnb.d-nb.de abrufbar.

Umschlagkonzept: Kordula Röckenhaus, Bielefeld
Lektorat & Satz: Manuel Zahn
Druck: Majuskel Medienproduktion GmbH, Wetzlar
ISBN 978-3-8376-2121-1

Gedruckt auf alterungsbeständigem Papier mit chlorfrei gebleichtem Zellstoff.
Besuchen Sie uns im Internet: *http://www.transcript-verlag.de*
Bitte fordern Sie unser Gesamtverzeichnis und andere Broschüren an unter: *info@transcript-verlag.de*

Inhalt

Vorwort

„Vom Kino in Bildungseinrichtungen und von einer Film-Bildung lässt sich ohne Weiteres sprechen. Nicht so leicht zu fassen ist es, wie das Kino bildet; [...]“, schreibt Heide Schlüpmann (2010:11).

Diese kurze, aber dadurch nicht weniger prägnante Zustandsbeschreibung des aktuellen Verhältnisses von Kinofilm und Bildungsdiskursen entspringt ihrer historischen Analyse dieses Verhältnisses. Die Frühzeit des Kinos enthalte schon politische Bemühungen, „den Film und das Kino in die Bildung einzubeziehen, zugleich weist sie aber gerade besonders deutlich eine bis heute nicht aufgehobene Trennung zwischen Film im Bildungskontext und dem Kino als massenkultureller Vergnügungseinrichtung auf“ (ebd.: 12). Neben dieser bildungsbürgerlichen Erbschaft des filmpädagogischen Diskurses informiert die kleine Passage aus Schlüpmanns instruktivem Text *Dritter Bildungsweg: Ausgang Kino* (2010) über weitere Unterscheidungen, die für den aktuellen medien- bzw. filmpädagogischen Diskurs der Filmbildung kennzeichnend sind.

Eine *erste* Unterscheidung betrifft den Aufführungsort des Films. Schlüpmann differenziert zwischen Film im Kino und dem Film wie er an anderen Orten, beispielsweise in der Schule oder im Museum, erfahren werden kann. Sie legt damit nahe, den Film hinsichtlich seiner materiellen, technischen Basis und dem Ort seiner Aufführung – kurz: in Relation zu seinem materiellem Dispositiv – zu differenzieren. Die Liste der verschiedenen Rezeptionssituationen und multimedialen Abspieltechnologien in denen sich das Filmische heute verteilt, könnte so noch mühelos erweitert werden, worauf ich an dieser Stelle verzichte. Aus bildungstheoretischer Perspektive kann stattdessen festgehalten werden, dass sich jede Untersuchung der bildenden Wirkungen und Effekte von Film zuerst der Frage stellen muss – oder daraufhin befragt werden sollte – was sie unter „Film“ versteht.

Eine *zweite* Unterscheidung lässt sich in Schlüpmanns Zitat hinsichtlich des Begriffs der Bildung gewinnen. Denn „Bildung“ wird von ihr in zweifacher

Weise verwendet: die Rede „von einer Film-Bildung" verweist zum einen auf einen Bildungsbegriff, der entweder bildungspolitisch in Anschlag gebracht wird oder in der erziehungswissenschaftlichen Diskussion

> „als zentrale Orientierungskategorie für die pädagogische Reflexion unverzichtbar ist. [...], sofern er [...] nicht nur in historischer, sondern auch in systematischer Hinsicht als der Ort ausgewiesen ist, an dem die Diskussion über Aufgaben, Ziele und Zwecke der pädagogischen Praxis bzw. über Begründung, Rechtfertigung und kritische Beurteilung pädagogischen Handelns geführt werden kann und soll" (Koller 1999: 11f; vgl. dazu auch Ricken 2007).

Zum anderen verweist die Formulierung *„Nicht so leicht zu fassen ist es,* wie *das Kino bildet*" auf sich empirisch ereignende Bildungsprozesse von Individuen im Kino, die ebenfalls – und hier lässt sich eine strenge Unterscheidung nicht mehr Aufrecht erhalten – im Begriff „Bildung" bzw. von der Bildungstheorie in qualitativ-empirischer Perspektive beschrieben und reflektiert werden sollen (vgl. z.B. Kokemohr 2007; Koller 2009).

Eine *dritte* und letzte Bemerkung will ich noch anfügen, denn Schlüpmann schreibt interessanterweise nicht „*wie* wir uns als Subjekte im Kino bilden", sondern „*wie* das Kino bildet" sei schwer begrifflich zu fassen. Dem Kino als Ort und dem Kinofilm – dem *kinematographischen Dispositiv* – wird in dieser Redefigur ein bildendes Potential zugesprochen, das sich nicht nur schwer, vielleicht gar nicht begrifflich einholen lasse, sondern das zudem die Vorstellung eines klassisch oder hermeneutisch formierten Subjekts und dessen Selbstbildungen subvertiert. Schlüpmanns Bemerkung verweist quasi nebenbei auf philosophische Positionen der aktuellen Bildungstheorie, die in der Fortführung kritischer Ansätze und in Bezug auf Ansätze poststrukturalistischer Philosophie das Konzept des autonomen, selbstreferenziellen Vernunftsubjekts kritisieren und die Aufmerksamkeit auf dessen Fremdbestimmung, Medialität und deren Wirkungen richten (vgl. z.B. Wimmer 1988, 2006; Meyer-Drawe 1991; Pazzini 1992; Maset 1995; Masschelein/Wimmer 1996; Ricken 1999; Koller 1999; Schäfer 1999a; Kokemohr 2007)[1]. Die namentlich benannten Positionen skizzieren bei aller Unterschiedlichkeit eine bildungstheoretische Perspektive, in der ich auch mein Denken verorte und hinter die man m.E. bei der Bestimmung des Films und seiner bildenden Effekte nicht zurückgehen sollte.

---

1 Für eine zusammenfassende Darstellung dieser Positionen vgl. auch Lüders 2007, Sattler 2009a,b.

In dieser Arbeit wird von den zuvor mit Koller formulierten Ansprüchen an den Bildungsbegriff, bis auf jenen, empirische Bildungsprozesse zu beschreiben, zuerst einmal Abstand genommen. Die Frage nach dem *was* „Film-Bildung" ist oder gar was sie sein soll, wird damit aber nicht vollkommen ausgeschlossen, sondern vorläufig – in Anlehnung an Wigger (2009) – zur Frage *„Wie ist Bildung mit Film möglich?"* umformuliert. Diese Formulierung erlaubt mir, die meist in der medienpädagogischen Rede von *der* „Filmbildung" irgendwie implizierten Bildungswirkungen des Films oder auch die auf den Film applizierten Bildungsansprüche zu bezweifeln. Meine Schreibweise von „Film-Bildung" ist diesem methodischen Zweifel geschuldet. Der Bindestrich in „Film-Bildung" ist zugleich als Trennstrich zu lesen, der beide Begriffe in einem ersten Schritt trennt und auseinander hält, damit sie in weiteren Schritten aufeinander bezogen werden können.

Diese Schritte, der Gang meiner Arbeit als ein Denken der möglichen Bezüge zwischen Film und Bildung ist auch als die Suche nach einem differenztheoretischen Zugang zum Medium Film beschreibbar. Ich folge darin Schlüpmanns Hinweis auf eine genaue theoretische Bestimmung des Films, die jeder Frage nach dessen bildenden Möglichkeiten vorausgehen muss. Meine Arbeit konzentriert sich auf den Kinofilm[2] bzw. solche Filme, deren privilegierter Aufführungsort das Kino ist. Mit dieser Eingrenzung meiner Untersuchung ist, wie oben schon angedeutet, zugleich eine Fülle des sich in anderen Medientechnologien und Aufführungssituationen organisierenden Filmischen ausgeschlossen. Somit verweist die Arbeit noch bevor sie wirklich begonnen hat darauf, dass mit ihr noch längst nicht die Beziehungen zwischen Film und Bildung hinreichend bestimmt sind. Dies ist das Ziel eines übergeordneten Projekts und somit anschließender Forschungen. Ein Hauptanliegen der Arbeit ist es daher, eine medien- und filmtheoretisch reflektierte „Methode", genauer: eine Haltung zur Erforschung des Filmischen, der Medialität des Films zu entwickeln, die auch für weitere bildungstheoretische Forschungsvorhaben zum Komplex „Film-Bildung" anwendbar ist.

Dass ein solcher Zugang nicht im theoriefreien Raum entwickelt werden kann, bezeugt das *1. Kapitel* der Arbeit, das die bisher vorliegenden, in der Mehrzahl medienpädagogischen Konzepte zur Filmbildung kritischen, diskurs-

2 Die Ausnahme bildet die Videoarbeit *Interview* der Künstlerin Jeanne Faust (vgl. Kapitel 2.2, S. 81-91). Die Entscheidung, meine Forschungen zur Film-Bildung mit dem Kinofilm zu beginnen, ist der Tatsache geschuldet, dass die filmwissenschaftliche Theorie sich am Kinofilm ausgebildet hat und dieser dementsprechend theoretisch am umfangreichsten aufgearbeitet ist.

analytischen Lektüren unterzieht. Das Kapitel dient dabei auch zur Einführung in den Diskurs der Film-Bildung. Bei meinen Lektüren waren Fragen hinsichtlich der theoretischen Bestimmung von Film und Bildung der jeweiligen Konzepte leitend. Die intensivste Auseinandersetzung gilt der *strukturalen Filmbildung* von Benjamin Jörissen und Winfried Marotzki (2009), der bis dato einzigen, ausformulierten Konzeption von Filmbildung im Kontext einer bildungstheoretischen Reflexion von „Bildung" unter den Bedingungen von Medialität. Das Ende des Kapitels bilden durch die kritischen Lektüren gewonnene programmatische Überlegungen für einen Begriff der Film-Bildung im Zeichen radikaler Alterität. Diese Überlegungen arbeiten die Ästhetik, insbesondere deren performative Dimension der ästhetischen Erfahrung als ein Desiderat medienpädagogischer und bildungstheoretischer Beschäftigung mit Film aus[3]. Der Bezug auf die Ästhetik bietet gleichsam die theoretische Schnittstelle zwischen bildungstheoretischen Positionen, die Bildung und Subjektivität im Zeichen von Fremdheit und Alterität denken[4] und jüngeren medientheoretischen Positionen, die versuchen, die Ästhetik in den medientheoretischen Diskurs zu *re*-integrieren[5].

---

3 Die Erforschung der ästhetischen Erfahrung am Medium Film, bzw. die Erforschung dessen Eigenlogik durch die ästhetische Erfahrung stellt zudem ein Desiderat der Ästhetischen Bildung dar, vgl. Ehrenspeck 2001: 17: „Darüber hinaus ist es im Hinblick auf Empirie problematisch, allgemein über ästhetische Erfahrung und Bildung zu forschen. So stellen unterschiedliche Künste wie Literatur, Malerei, Plastik, Film, Architektur, Theater oder Tanz [...] differente ästhetische Sinnformen dar, deren Eigenlogik sich in ästhetischer Erfahrung reflektiert. Gerade in der Erziehungswissenschaft ist die notwendige Differenzierung solch unterschiedlicher ästhetischer Sinnformen bezogen auf Prozesse ästhetischer Bildung immer noch ein Desiderat."

4 Norbert Ricken (2007) hat jüngst in einem Text zum „Streitbegriff" „Bildung" darauf hingewiesen, dass solche Positionen zwar im bildungsphilosophischen Diskurs ausgearbeitet und bekannt, aber im weiteren bildungstheoretischen oder fachöffentlichen Diskurs „weder anerkannt noch überhaupt vorstellbar" (Ricken 2007: 34) sind. Insofern mische ich mich mit dieser Arbeit in den gegenwärtigen „Streit" um „Bildung" im Diskurs der Filmbildung ein, indem ich in der Auseinandersetzung mit Film versuche, wie Ricken es fordert: „‚Bildung' einerseits konsequent relational zu denken (und damit anderen Subjektivitätsvorstellungen zuzuarbeiten als dem des authentisch-autonomen Subjekts), und andererseits mit Sachlichkeit und ‚Hingabe an die Sache' (Horkheimer 1985, S. 415) [zu] verknüpfen [...] – und damit der bis heute anhaltenden Verführung des traditionellen bildungstheoretischen Topos der ‚Selbstentfaltung' und ‚Selbstverwirklichung' zu entkommen. Eher im Gegenteil: ‚Mit dem Aneignen ist es nicht getan. Wer nicht aus sich herausgehen, sich an ein Anderes ganz und gar ver-

Als einer der aktuellsten und interessantesten Versuche der Reintegration des Ästhetischen in den Medienbegriff kann Dieter Merschs Entwurf einer *Negativen Medientheorie* gelten, dem sich das *2. Kapitel* widmet. Es dient vor allem dazu, die notwendigen theoretischen Entscheidungen darzustellen und die methodische Begründung für meine ästhetischen Forschungen am Film mit dem Film vorzulegen. Dazu wird zuerst mit Dieter Mersch und Sybille Krämer eine Unterscheidung von „Medien" und „Medialität" getroffen. Die Medialität der Medien wird als paradox verfasste bestimmt. Sie hat das paradoxe Format einer anwesenden Abwesenheit, d.h. die je spezifische Medialität eines Mediums – ihre Materialität, Performativität und Ereignishaftigkeit – entzieht sich in seinem störungsfreien Gebrauch. Aus diesem Grund wird es aus einer theoretisch interessierten Perspektive notwendig, indirekte, inner- oder intermediale Strategien der Störung zu erfinden, um die Medialität der Medien erfahren zu können, bzw. sie denkbar zu machen. Für Mersch ist es die Kunst, die über das Potential verfügt, solche indirekten Strategien zu generieren, welche es ermöglichen die Medialität als *Spuren*, die sie in den Medien und ihren Nutzern hinterlässt, zu entdecken. Künstlerische Arbeiten im Medium Film können somit nicht nur auf ihre Medialität verweisen, sie können gleichsam das Subjekt der Film-Erfahrung einer Situation aussetzen, in der es sich im Bezug auf das Andere seiner selbst, die Medialität seiner Erfahrungsordnungen, seiner Welt- und Selbstverhältnisse erfahren kann. Sie werden somit zu „Motoren" meiner film- und bildungstheoretischen Reflexionen. Mit Jeanne Fausts Videofilm *Interview* werden diese Thesen

lieren und arbeitend doch darin sich erhalten kann, ist nicht gebildet' (ebd.). Damit aber wäre ‚Bildung' wieder zurückgebunden an Erfahrung – an etwas also, was kaum subjektzentriert beschrieben werden kann, sondern ‚das Subjekt von sich selbst loszureißen' vermag (Foucault 1996, S. 27), so dass ‚es nicht mehr es selbst ist [und] … zu seiner Vernichtung oder Auflösung getrieben wird' (ebd.). Dass aber ‚Bildung' auch etwas mit ‚Ent-Subjektivierung' (ebd.) und ‚Entäußerung' (Horkheimer 1985, S. 415) zu tun habe könnte, ist gegenwärtig weitgehend weder anerkannt noch überhaupt vorstellbar – und insofern ein Desiderat bildungstheoretischer Reflexionen. Wie bedeutsam dies aber auch im Kontext kompetenztheoretischen Denkens sein könnte, zeigt sich schnell an der Problematik, dass Kompetenzen nicht einfach bloß eine Habe des Subjekts sind (und sein können), sondern selbst relational verfasst sind und ausschließlich als Antwortgeschehen zu begreifen sind." (Ricken 2007: 34)

5 Bis ins 18. Jahrhundert hinein dominierte ein ästhetischer/aisthetischer, d.h. wahrnehmungstheoretischer Medienbegriff, der in der Folge zuerst durch einen sprachtheoretischen und dann durch einen kommunikationstechnologischen Medienbegriff ersetzt wurde (vgl. Hoffmann 2002 und Mersch 2006: 9-27).

erprobt und hinsichtlich eines paradoxen Begriffs der Spur, als die sich die Medialität der Medien in der ästhetischen Film-Erfahrung zeigt, des künstlerischen Spurenlegens und des Spurenlesens erweitert. Reflexionen zur Haltung des Spurenlesers und seiner „zarten Empirie“ schließen das Kapitel ab.

Im *3. Kapitel* wird die Haltung des Spurenlesers an der Film-Erfahrung dreier Filme (*L' Arrivée*, *Outer Space* von Peter Tscherkassky und *Memento* von Christopher Nolan) erprobt. Durch die „Lektüren“[6] der medialen Spuren, welche die Filme in der Zeit ihrer Erfahrung legen, werden differenzierte Aussagen zur Medialität des Films – seiner Materialität, Performativität und Zeitlichkeit – getroffen und auf bildungstheoretische Probleme und Fragestellungen bezogen. Dabei entsteht die Skizze einer performativen Theorie des Films und seiner bildenden Potentiale, die als eine *werdende* Theorie ein unendliches Projekt, eine unabschließbare Aufgabe darstellt.

Das *Schlusskapitel* führt unter dem Titel *Film-Bildung als Paradoxographie* die Arbeitsergebnisse zusammen, diskutiert und perspektiviert sie hinsichtlich möglicher Anschlüsse an medien- bzw. filmpädagogische und bildungstheoretische Forschungen.

Wie zuvor angedeutet, geht dieser Arbeit, anders wie zumeist üblich, die Entscheidung für ein methodisches Vorgehen *nicht* voran, sondern sie erweist sich als *die* zentrale und insistierende Frage der Arbeit. Die an dieser Frage aus ästhetischer und differenztheoretischer Perspektive gewonnenen Überlegungen für eine *a-methodische, intuitive Empirie der Spurenlese* und die Schöpfung der Begriffsperson des *Spurenlesers* sind möglicherweise nicht nur für weitere bildungstheoretisch inspirierte Überlegungen am Film (und anderen Medien), sondern auch für kunst- und medienwissenschaftliche Forschungen von Interesse.

Der interdisziplinäre Grenzgang der vorliegenden Arbeit ist somit nicht nur dem Versuch geschuldet, neuere ästhetische und medientheoretische Positionen für ein bildungstheoretisches Denken des Films zu erschließen, sie ist gleichsam der Versuch, bildungstheoretisches Denken an kunst- und kulturwissenschaftliche Diskurse anzuschließen, um idealerweise dort vernehmbar werden zu lassen, was eine differenzsensible Bildungstheorie über mediatisierte, subjektive Welt- und Selbstverhältnisse, über Bildungsprozesse unter der Bedingung von Medialität mitzuteilen hat.

---

6 Es geht hier wohlgemerkt um komplexe, ästhetische Lektüren, d.h. nicht nur um die Lektüre von Zeichen im Sinne einer *semiosis*, sondern auch um die Lektüre materieller und chronischer Spuren, im Sinne einer *aisthesis* und deren untrennbaren Verwicklungen.

1 Film und Bildung in medienpädagogischer Perspektive (Kritische Lektüren)

Der fachöffentliche, erziehungswissenschaftliche Diskurs über den Film und seine bildenden Wirkungen wird von medienpädagogischen Theorien beherrscht. Wirft man aber ein Blick zurück in die Geschichte der Filmtheorie, stellt man fest, dass das nicht immer so war. Seit den ersten Tagen des Films wurde über denselben und seine Wirkungen auf den Zuschauer nachgedacht. Die bildende Wirkung des Films wurde dabei aus vielen Perspektiven beschrieben: kunstwissenschaftlich, psychologisch und philosophisch[1]. Diese Vielfalt der theoretischen Beschäftigung mit dem Film und der Wirkung auf seine Zuschauer bildet sich heute noch im filmtheoretischen Diskurs ab[2]. Die medienpädagogische Diskussion der letzten Dekade jedoch ist demgegenüber theoretisch verarmt. Aus heutiger Perspektive lässt sich an der diskursiven Entwicklung eine Polarisierung konstatieren. Eine Vielzahl von Filmwirkungstheorien vermutete eine linearkausale Wirkung medialer Darstellung, die wiederum auf massive Kritik stieß (vgl. Drink et al 2001). In Absetzung zur Wirkungsforschung bildeten sich Theorien zur Mediennutzung und Medienrezeption, die sich auf die Arten und Weisen konzentrieren, in denen Rezipienten Erfahrungen mit medialen Darstellungen reflektieren, interpretieren und sich aneignen.

Nach meinen Lektüren aktueller medien- und filmpädagogischer Texte erhärtet sich die Vermutung, dass viele Autoren glauben das Medium Film auf den *Begriff* gebracht zu haben, es in Gänze zu kennen – und, dass sie dabei die komplexe Medialität des Films verkennen, sie bestenfalls in Teilen beschreiben. Gleichsam wird mit dem Verkennen der Medialität des Films ein verkürzter, instrumenteller Bildungsbegriff in Anschlag gebracht.

1 Vgl. beispielsweise Albersmeier 2003 und Schlüppmann 2007, 2010.

2 Vgl. dazu beispielsweise Felix 2000; 2002 und Elsaesser/Hagner 2007.

1.1 FILM-BILDUNG. ÜBER DEN BINDE/TRENNSTRICH

Film und Bildung gehören nicht unmittelbar und nicht unbedingt zusammen. Sie müssen zusammengebracht werden, so wie es zuletzt im medienpädagogischen Diskurs im Begriff „Filmbildung" geschehen ist. Ich beschreibe vorsichtig die Relation von Film und Bildung mit einem Bindestrich, der gleichsam als Trennstrich zu lesen ist. Warum?

Karl Josef Pazzini hat in der Reihe *Kunstpädagogische Positionen* in seinem Vortrag *Kann Didaktik Kunst und Pädagogik zu einem Herz und eine Seele machen oder bleibt es bei ach zwei Seelen in der Brust?* (2005) am Beispiel der kunstpädagogischen Didaktik darauf aufmerksam gemacht, dass diese dazu tendiere hegemonial zu werden. Entweder bemächtige sich der pädagogische bzw. erziehungswissenschaftliche Diskurs der Kunst oder umgekehrt: „Kolonialistische Versionen tauchen aus beiden Richtungen auf: Sie verstehen entweder das Unterrichten als einen künstlerischen Prozess oder die Kunst als content für ihre ausgebrannten pädagogischen Denk- und Handlungsfiguren." (Pazzini 2005: 11)

Im aktuellen filmpädagogischen Diskurs sehe ich nun unter dem Begriff der „Filmbildung" eine ähnliche hegemoniale Tendenz am Werke. Dort verliert in einem politisch zu nennenden Kampf (vgl. Pazzini 2005: 16f) der Film als Medium künstlerischer Praxis an Bedeutung und wird zum Instrument bildungspolitischer Ziele und pädagogisch-didaktischer Konzepte. Ein im bildungstheoretischen Diskurs verankerter und reflektierter Begriff von Bildung in Bezug zum Medium Film wird dabei m. E. nur in den seltensten Fällen in Anschlag gebracht. Auf einige Beispiele filmpädagogischer Theorien[3] jüngeren Datums will ich an dieser Stelle näher eingehen, um damit den aktuellen Stand des filmpädagogischen Diskurses zu skizzieren. Ich werde mich in meiner kritischen Lektüre filmpädagogischer Texte und Positionen auf die jeweils unterschiedlichen Perspektivierungen des Begriffs der Filmbildung konzentrieren.

1.2 MEDIENPÄDAGOGISCHE PERSPEKTIVEN AUF FILM-BILDUNG

Es scheint mir sinnvoll und nützlich, bevor ich mich der Lektüre der filmpädagogischen Texte zuwende, eine heuristische Folie zur systematischen Einordnung der kursierenden Perspektiven auf „Filmbildung" zu entwickeln. Ich stütze

3 Vgl. Frederking 2005, Barg et al 2006; Niesyto 2006; Decke-Cornill/Luca 2007 und 2010; Wegener 2009; Henzler/Pauleit 2009; Henzler et al 2010; Maurer 2010.

mich dazu auf die Systematisierung, die Benjamin Jörissen für den Begriff der Medienbildung, anlässlich der DGfE-Sektionstagung Medienpädagogik 2010 in Zürich[4], vorgelegt hat[5].

Jörissen hebt zunächst hervor, dass mit dem Begriff der Medienbildung eine Anerkennung sich wandelnder gesellschaftlicher, medienkultureller Verhältnisse zum Ausdruck komme, die einen differenzierten, analytischen Blick erfordere:

„Dabei tritt unter dem Label ‚Medienbildung' die Einsicht zutage, dass kulturelle Verlustdiagnosen und bewahrpädagogische Haltungen den medienkulturellen Umbrüchen in ihrer Differenziertheit und Komplexität nicht gerecht werden. Nicht nur würden mit einer solchen Haltung Chancen [...] vergeben, auch die Diagnose von vermuteten ‚Gefahren' bedarf, wie immer deutlicher wird, eines erheblich differenzierteren und sachverständigeren Blicks." (Jörissen 2010: 1)

Zugleich konstatiert er dem seit nun circa zehn Jahren[6] breit geführten, medienpädagogischen Diskurs zum Begriff der Medienbildung – in Übereinstimmung mit meinen Beobachtungen – eine Drift, den Rahmen des Faches in Richtung der Erfüllung bildungspolitischer Forderungen zu überschreiten:

„Der Ausdruck [‚Medienbildung', M.Z.] kommt damit in den durchaus ambivalenten Genuss, das Schicksal des Bildungsbegriffs zu teilen, der zwischen ungenauer, bisweilen parolenhafter öffentlich-politischer Redeweise, (bildungs)systemimmanenten Praxisperspektiven und theoretisch-empirischen Begründungsperspektiven changiert." (Ebd.)

4 Der Tagungstitel lautete „Medienbildung im Spannungsfeld medianpädagogischer Leitbegriffe". Die Tagung war auch eine Reaktion auf die zuvor (seit 2000) im Fach breit und kontrovers geführte Diskussion um den Medienbildungsbegriff, dessen Positionierung als weiterer „Leitbegriff" des medienpädagogischen Diskurses zwar anerkannt wird, aber in seiner Bedeutung und in seinem Verhältnis befragt und unterschiedlich bewertet wurde – und noch wird.

5 Der Text wurde mittlerweile zusammen mit anderen schriftlichen Beiträgen zur Tagung in einem Sammelband mit dem Titel *Medienbildung und Medienkompetenz. Beiträge zu Schlüsselbegriffen der Medienpädagogik* (2011) im kopaed-Verlag veröffentlicht. Ich zitiere hier einen Preprint des Textes, den Benjamin Jörissen als PDF-Dokument online zur Verfügung gestellt hat. Die folgenden Zitate beziehen sich daher auf die Paginierung des PDFs.

6 Vgl. z.B. Aufenanger 1999; 2000a,b, der mit dem Begriff der „Medienbildung" eine Erweiterung medienpädagogischer Debatten um Medienkompetenz forderte.

Dementsprechend unterscheidet Jörissen drei Kontexte, in denen wiederum zum Teil sehr unterschiedliche begriffliche Fassungen von Bildung verwendet werden: einen administrativ-bildungspolitischen, einen pädagogisch-praxistheoretischen und einen bildungstheoretischen Kontext.

Der administrativ-bildungspolitische Kontext

„Bildung" wird in diesem Kontext nicht als historisch, soziokulturell und theoretisch reflektierter Begriff verwendet, sondern bedeutet in einem sehr weiten und vagen Sinn „die organisierte Bereitstellung von Optionen für Individuen im Interesse des Erwerbs von Wissen und Kompetenzen durch entsprechende gesellschaftliche Maßnahmen; [er] umfasst das Ganze der administrativen Entscheidungen, ihrer Realisierung und der sich daraus ergebenden Effekte" (ebd.: 3). Dieser Bildungsbegriff impliziert zwar das Vorhandensein von Lern- bzw. Bildungsvorstellungen und Vermittlungsvollzügen, präzisiert aber nie genau welche. „Bildung" wird in diesem Kontext vielmehr als relativ unpräzise Forderung nach standardisier- und evaluierbarem Output des Bildungswesens artikuliert[7]. Der Begriff „Medienbildung" wird in vielen Aussagen und Publikation des bildungspolitischen Sektors oft über das Voranstellen des bestimmten Artikels, „*die* Medienbildung" vergegenständlicht, um so, verstanden als innovatives Feld im Bildungswesen, den gesellschaftlichen Bildungsauftrag in einer durchgängig mediatisierten Gesellschaft zu sichern (vgl. Jörissen 2010: 4).

Dieses administrative Verständnis von Bildung erhält über die Diskussion von *Bildungsstandards* Eingang in den medienpädagogischen Diskurs. Der Bezug zur Bildungspolitik wird von einigen medienpädagogischen Autoren mit dem Ausdruck „Medienbildung" direkt hergestellt (vgl. z.B. Moser 2010: 69; Tulodziecki 2010 und Herzig/Grafe 2010). Gerhard Tulodziecki (2010) führt unter dem Titel „Standards für die Medienbildung" eine „Diskussion um Medienkompetenz und Medienbildung" (ebd.: 87), wobei er unter „Medienbildung" „schulische Medienbildung", also schulische Umsetzung von Medienkompetenzforderungen versteht. Auf der gleichen theoretischen Linie diskutieren Bardo Herzig und Silke Grafe „Bildungsstandards in der Medienbildung" (Herzig/Grafe 2010; vgl. Jörissen 2010: 4).

---

7 „Gut ablesbar ist dies etwa an einer Reihe von Publikationen des BMBF, in denen die Termini ‚Medien' und ‚Bildung' mal im mediendidaktischen Sinne (BMBF 2000), mal im Sinne kultureller Medienbildung (BMBF 2004) und mal im Sinne von Medienkompetenz als ‚Arbeitstechnik' ‚für die Welt von morgen' (BMBF 2009b) thematisiert werden." (Jörissen 2010: 4)

Die „Medienbildung" wird in administrativ-bildungspolitischer Perspektive als schulische Umsetzung von bildungspolitischen Forderungen, Medienkompetenzvorgaben und Bildungsstandards verstanden – und, was Bildung betrifft, aus begriffsgeschichtlicher Sicht in seiner Bedeutung korrumpiert. In dem skizzierten Begriff der Medienbildung werden nicht nur Medien, als „*die* Medien" vergegenständlicht, sondern auch die individuelle Bildung instrumentalisiert und damit ihres Eigensinns beraubt. „Bildung" wird hier nicht im Sinne eines erziehungswissenschaftlichen, kategorialen Grundbegriffs benutzt – er gerät mitunter sogar in die widersprüchliche Nähe dessen, was ich mit „Medienerziehung" oder auch „Mediendidaktik" bezeichnen würde –, sondern ist eine aus heterogenen Bestandteilen zusammengesetzte Begriffshülse, die sich bildungspolitischen Sprachspielen und Forderungen anschmiegt, um sich dabei vollkommen indifferent zu Problemen praktischer Umsetzung der vorgegeben Bildungsziele, oder aber zu medien- und bildungstheoretischen Anfragen hinsichtlich der Strukturen von Medien und ihrer bildenden Wirkung zu verhalten.

Im filmpädagogischen Diskurs finden sich ebenfalls Verwendungen von „Filmbildung" in dieser administrativen Perspektive, vor allem dann, wenn „Filmbildung" als ein Teilbereich unter „Medienbildung" subsumiert wird und in Anlehnung an die Kompetenzmodelle von beispielsweise Baacke (1999) und Tulodziecki (2007, 2010) Bildungsstandards für die schulische Filmbildung gesetzt werden, so wie zuletzt in dem 2010 durch die *Länderkonferenz MedienBildung*[8] in Zusammenarbeit mit *Vision Kino*[9] entwickelten Konzept „*Filmbildung.*

---

8 Das Konzept wurde von Mitgliedern des Arbeitskreises Filmbildung (AKF) erarbeitet und verfasst. Im Einzelnen sind das: Bernd Allenstein, JugendInformationsZentrum Hamburg; Sabine Grätz, Landesinstitut für Schulqualität und Lehrerbildung Sachsen-Anhalt (LISA); Hanns-Georg Helwerth, Landesmedienzentrum Baden-Württemberg; Reinhard Middel, Vision Kino gGmbH – Netzwerk für Film und Medienkompetenz; Ines Müller, FILM+SCHULE Nordrhein-Westfalen, LWL – Medienzentrum für Westfalen; Beate Völcker und Gerhard Teuscher, beide Landesinstitut für Schule und Medien Berlin-Brandenburg (LISUM).

9 *Vision Kino* ist laut der Selbstbeschreibung auf der Homepage „eine Initiative des Beauftragten der Bundesregierung für Kultur und Medien, der Filmförderungsanstalt, der Stiftung Deutsche Kinemathek sowie der ‚Kino macht Schule' GbR. Ziel und Aufgabe von VISION KINO ist es, als Teil der kulturellen Jugendbildung und im Rahmen einer übergreifenden Medienkompetenz insbesondere die Filmkompetenz von Kindern und Jugendlichen zu stärken und sie gleichzeitig für den Kulturort und originären Rezeptionsort des Films, das Kino, zu sensibilisieren" (vgl. http://www.visionkino .de/WebObjects/VisionKino.woa/wa/CMSshow/1055117, 1.3.2011).

Ein kompetenzorientiertes Konzept für die Schule" geschehen. Der Film wird dort als *das* „narrative Leitmedium" (ebd.: 3) von Kindern und Jugendlichen bestimmt. Ziel einer „übergreifenden schulischen Filmbildung" sei es daher die Kompetenzen der Heranwachsenden zu stärken, um deren Teilhabe am „kulturellen Handlungsfeld Film" zu ermöglichen. Dazu wurde von der Arbeitsgruppe ein Set aus Kompetenzerwartungen formuliert, das helfen soll „Filmbildung nach den jeweiligen Rahmenlehrplänen der Länder" (ebd.: 3) umzusetzen. Das Konzept stellt zudem dar,

> „über welche Fähigkeiten, Kenntnisse und Fertigkeiten im Sinne anwendungsbereiten Wissens Schüler/innen zum jeweiligen Abschluss verfügen sollten, um als filmkompetent zu gelten. Dabei folgt die Beschreibung dem kumulativen Prinzip sukzessiv aufsteigender Niveaus schulischen Lernens – angefangen mit grundlegenden Kompetenzen zur Erfassung von Filmen nach der Primarstufe, über umfassendere Verstehens- und Wissenskompetenzen nach der Sekundarstufe I bis hin zu weiterreichenden Vertiefungen des Erworbenen nach Abschluss des Abiturjahrgangs." (Ebd.: 4)

In ähnlicher Weise perspektiviert das Freiburger Forschungsprojekt zu einer *integrativen Filmdidaktik*[10] ihren Begriff von Filmbildung, wenn es, im Anschluss an die Filmkompetenzerklärung des Kongresses *„Kino macht Schule"*[11], als Ziel ihrer Arbeit den Entwurf eines „fächerübergreifenden Kompetenzmodells für die zukünftige Filmbildung an Schulen" (Fuchs et al 2008: 84) formuliert (vgl. dazu auch Pfeiffer/Staiger 2008). Indem die Autorinnen und Autoren ihren Begriff der Filmbildung auch als Bezeichnung für das anzustrebende Ergebnis von schulischer, formaler Medienkompetenzvermittlung verwenden, lässt sich auch eine gewisse Nähe zu einem praxistheoretischen Kontext herstellen.

Der pädagogisch-praxistheoretische Kontext

Im praxistheoretischen Kontext medienpädagogischer Diskussion wird der Bildungsbegriff „im Sinne eines Ergebnisses oder Zieles von (im weitesten Sinne) *pädagogischen Handlungen*" (Jörissen 2010: 5) verwendet. „Bildung" wird so-

---

10 www.integrative-filmdidaktik.de, 01.03.2011

11 Am 20./21.05.2003 fand in Berlin der Kongress „Kino macht Schule" statt. Als Ergebnisse dieses Kongresses des Bundesamts für politische Bildung wurden u.a. eine Filmkompetenzerklärung formuliert [http://www.bpb.de/veranstaltungen/FPTJ94,0, Filmkompetenzerkl%E4rung.html, 01.03.2011)] und etwas später von Alfred Holighaus „Der Filmkanon. 35 Filme, die sie kennen müssen" (2005) herausgegeben.

mit als (vorläufiger) Endpunkt oder als ein erreichtes Niveau individueller Lernprozesse gedacht. Neben institutionell intendierter, formaler Bildung, die wie zuvor beschrieben eng mit mediendidaktischen Vorstellungen und Konzepten der Medienerziehung verschränkt ist, findet in dieser Perspektive auf „Medienbildung" auch „die Bedeutung von (selbst-)sozialisatorischem und informellem Lernen Anerkennung" (ebd.). Trotz der Berücksichtigung eines individuell-aktiven Anteils an und der Prozesshaftigkeit von Bildung, kann man mit Sönke Ahrens zu Recht fragen und sich wundern, warum viele medienpädagogische Autoren „ausgerechnet den Sozialisationsbegriff [heranziehen], wenn es einem darum geht, den aktiven Anteil des Heranwachsenden an seiner Entwicklung im Umgang mit Medien zu betonen" (Ahrens 2008: 33). Zudem wird von den medienpädagogischen Autorinnen und Autoren in diesem Kontext das Prozessuale einem Lernbegriff zugeordnet, wobei „Bildung" eher als das evaluierbare und handhabbare Sediment und Ergebnis der vorangegangenen Lernprozesse gedacht wird. „Bildung", so betont auch Jörissen, wird in diesem Kontext „als das Verfügen eines Individuums über ein [...] von ihm erworbenes *Wissen* und *Können* auf einem jeweils zu bestimmenden Niveau, das je nach Kontext von einfachen Kenntnissen bis hin zu komplexen und reflexiven Kompetenzen reichen kann" (Jörissen 2010: 5f) bestimmt.

„Bildung" wird somit *umgeschrieben*, als in Kompetenzniveaus definierbares, erzielbares *Ergebnis* individueller Lern- und Sozialisationsprozesse in Form von Qualifikationen, Kompetenzen, Wissen oder „Gebildetheit" gedacht[12]. Dieses Bildungsverständnis verweist nicht nur auf eine gewisse Ignoranz gegenüber des bildungstheoretischen Diskurses, sondern impliziert auch eine doppelte theoretische Rahmung, nämlich einerseits eine qualifikations- und kompetenztheoretische und andererseits eine lerntheoretische. Beide theoretische Perspektiven erfordern die Definition eines Lernbereichs bzw. Lerngegenstands, denn Lernprozesse, so die lerntheoretische Begriffslogik, richten sich immer auf etwas:

„Lerngegenstände müssen von Lerntheorien als den Lernenden verfügbar modelliert werden; sie müssen also beispielsweise in kognitiven Lerntheorien kognitiv adaptierbar, also geistig ‚vorstellbar' sein; in handlungsorientierten Lerntheorien, wie sie insbesondere den

12 Vgl. zum Kompetenz-Begriff z.B. Baacke 1999. Auf die Ausdifferenzierung der Medienkompetenzbegriffe nach Baacke samt deren Kritik, kann ich an dieser Stelle nicht weiter eingehen, und so muss es bei einigen Hinweisen bleiben. Vgl. dazu weiterführend Groeben 2002; Schorb 2005, Hugger 2008; Moser 2010, insb. S. 239-284, zur „Medienkompetenz" unter dem Einfluss eines erweiterten Textverständnisses der Cultural Studies, und dazu wiederum kritisch Swertz (2004).

Medienkompetenzbegriffen zugrunde liegen, müssen sie situativ, lebensweltlich ‚vorhanden' sein." (Jörissen 2010: 6)

Vor allem der handlungstheoretischen Perspektive ist es geschuldet, dass mit den modellierten Lerngegenständen ein instrumentelles Verfügungswissen und Können angestrebt wird (vgl. ebd.: 6f).

Im Sinne des skizzierten Bildungsverständnisses wird dann auch „Medienbildung" nah an formalen, pädagogischen Vermittlungsprozessen und deren intendierten Lernprozessen verwendet. Damit wird Nahe gelegt, so Jörissen (vgl. ebd.: 8), dass mit „Medienbildung" nicht viel anderes begriffen wird als mit „Medienkompetenz". Er verweist dabei auf Tilmann Sutter (2010), der hervorhebt, dass „mit Begriffen der Medienkompetenz [...] vielfältige Fähigkeiten und Fertigkeiten beschrieben [werden, MZ] und zwar überwiegend in Form statisch feststellbarer Lernresultate" (Sutter 2010: 43).

Jörissen schließt folgerichtig, dass in dieser Perspektive mit Medienbildung nichts anderes formuliert wäre als das individuelle Pendant zu *der* „Medienbildung" als politische Forderung und Output des institutionellen Bildungswesens. Oder „Medienbildung" wäre nur „eine graduelle Ausweitung des Medienkompetenzbegriffs, um dessen reflexiven Charakter [als Medienkritik oder in Formen von angestrebter Selbstkompetenz, MZ] hervorzuheben" (Jörissen 2010: 8). Letzteres liegt m.E. näher, schlägt doch schon Baacke (1999) im Rahmen seines Konzepts der Medienkompetenz vor, von „Medien-Bildung" zu sprechen, um im Gegensatz zu Konzepten der Medienerziehung auch individuelle, informelle Lernprozesse erfassen zu können. Medienbildung beschreibt damit auch, „dass die Unverfügbarkeit des Subjekts sich nach seinen eigenen generativen Ausdrucksmustern entfaltet, ohne durchweg immer pädagogisch und im pädagogischen Raum angeleitet sein zu müssen" (ebd.: 121). Die Anerkennung der individuellen Dimension von Bildungsprozessen geht aber in den lern- und handlungstheoretischen Konzeptionen von „Medienbildung" meist mit der Setzung eines aktiven Subjekts, das über Medien kompetent verfügt und sich mediale Darstellungen in Formen des Wissens aneignet, einher.

In eben dieser theoretischen Linie verwendet auch Horst Niesyto – als einer der ersten im deutschsprachigen, medienpädagogischen Diskurs – den Begriff „Filmbildung". Niesyto stellt in seinem programmatischen Aufsatz *Konzepte und Perspektiven der Filmbildung* (2006: 7-18) den theoretischen Rahmen vor, in dem im praxistheoretischen Kontext des medienpädagogischen Diskurses Bildung mit Film gedacht wird. Er benutzt Film als recht weiten Begriff für

„Bewegtbilder, die in verschiedenen medialen Speicher- und Distributionskontexten verfügbar sind, die man im Kino, im Fernsehen, auf dem Computer/im Internet, aber auch auf Handydisplays und Leinwänden im öffentliche Raum findet." (Ebd.: 7f)

Film beschränkt sich in diesem Verständnis nicht auf Kinofilm, sondern bezeichnet „audiovisuelle Medienangebote insgesamt" (ebd.: 8). Filmpädagogische Untersuchungen und Interventionen beziehen sich eben auf diese Vielfalt audiovisueller Angebote, deren Nutzung und auch auf die Eigenproduktion von audiovisuellem Material. Zusätzlich macht Niesyto noch auf die unterschiedlichen „Kommunikations- und Bildungskontexte" (ebd.), formelle, informelle und nonformale, aufmerksam, in denen „Filmbildung" hergestellt werden kann.

Die Konzeptionen von „Filmbildung" formieren sich, nach Niesyto, in zwei Grundrichtungen: in objektbezogene und subjektbezogene Konzepte. Bei ersteren liegt der Schwerpunkt „auf Vermittlung theoretischer, historischer, ästhetischer und analytischer Kenntnisse zum Medium (Kino-)Film" (ebd.: 8). Subjektbezogene Konzepte dagegen, von Niesyto selbst favorisiert, betonen stärker die pädagogische Seite der Filmbildung. Ihr Ausgangspunkt sind „die Erfahrungen von Kindern und Jugendlichen im Umgang mit audiovisuellen Medien" (ebd.: 9). Filme werden als wichtiges „symbolisches Reservoir" für individuelle Orientierungs-, Sinn- und Identitätsbildung verstanden. Ziel von subjektbezogenen Ansätzen der „Filmbildung" ist es „die Medien- und Sozialkompetenzen" zu fördern und mittels „verbaler und non-verbaler Methoden der Filmauswertung sowie handlungsorientierter Ansätze Lern- und Reflexionsprozesse zu entwickeln" (ebd.). Als Beispiele für objektbezogene Ansätze von „Filmbildung" in praxistheoretischer Perspektive können der Ansatz von den Hamburgern Eva und Dirk Fritsch (vgl. 2006a,b; 2007; 2010) und die Publikation von Wegener/Wiedemann (2009) *Kinder, Kunst und Kino. Grundlagen zur Filmbildung aus der Filmpraxis* gelten. Als Beispiel für eine subjektbezogene Konzeption von Filmbildung wird der Ansatz von Björn Maurer (vgl. 2010a,b) diskutiert.

Eva und Dirk Fritsch verstehen unter „Filmbildung" die Vermittlung von „Filmkompetenz", als einer „Subkategorie von Medienkompetenz" (vgl. 2006a: 167). Filme stellen für sie dabei „spezifische Textsorten dar" die es gilt „kompetent lesen" zu lernen, um sie besser „verstehen" zu können (ebd.; vgl. auch 2007 und 2010: 9). Die Modellierung von „Filmbildung" als ein „Filmverstehen" deute ich einerseits als die logische Konsequenz eines semiotischen Filmverständnisses und andererseits als direkten Verweis auf James Monacos *Film verstehen* (2000), das quasi im Status eines „Standardwerks" sehr oft als Grundlagenliteratur in filmpädagogischen Zusammenhängen genannt wird. Monaco wiederum bringt den impliziten Beherrschungsgestus eines semiotischen Filmverständnisses auf den Punkt, wenn er – wohlgemerkt affirmativ und nicht kritisch – schreibt: „Je besser man ein [Film-]Bild liest, desto besser versteht man es und um so mehr Macht hat man darüber." (Monaco 2000: 160) Diese Selbstermächtigung vollzieht der kompetente Leser von Filmtexten über die Aneignung von Wissen: filmgeschichtliches (vgl. Fritsch/Fritsch 2006a: 168; 2006b 157f), filmtheoretisches bzw. filmanalytisches Wissen (bei den Autoren in erste Linie neoformalistische Filmtheorie nach Bordwell/Thompson, vgl. Fritsch/Fritsch 2006a: 170ff). Diesen Prozess des Lesen-lernens von Filmtexten bezeichnen die Autoren auch metaphorisch als „Alphabetisierung" (vgl. Fritsch/Fritsch 2006a: 170 und 2010: 10; 47ff). Vor diesem Hintergrund wundert es nicht, dass sie zuletzt ihr Verständnis von Medien- und Filmbildung in die Nähe von „Medien-Literacy" (2010: 13) rücken.

Das Buch *Kinder, Kunst und Kino* (2009) von Claudia Wegener und Dieter Wiedemann ist die Dokumentation des im Jahre 2007 durchgeführten Projekts „Kinderfilmuniversität" der Hochschule für Film und Fernsehen „Konrad Wolf", Potsdam-Babelsberg. Wegener schließt darin an den zuvor skizzierten praxis- und lerntheoretischen Filmbildungsbegriff (als eine Erweiterung von Filmkompetenz) an (vgl. 2009: 22ff), um dann die Vermittlung von geschichtlichem, handwerklichem Wissen durch die an der Filmproduktion beteiligten „Gewerke" als neuen filmpraktischen Ansatz und Erweiterung der Filmbildung darzustellen (ebd.: 26). Ein ähnliches Angebot macht 24-FILMSCHULE[13], ein Projekt der Deutschen Filmakademie, das „Unterrichtsmaterialien mit Übungen zu den einzelnen Filmberufen" zur Verfügung stellt und für das Edgar Reitz auf deren Seite mit dem Slogan „Filmemacher in die Schulen" wirbt.

Einen scheinbar gegensätzlich gelagerten, weil subjektorientierten Ansatz der Filmbildung vertritt Björn Maurer. Er interessiert sich konkret für eine „subjektorientierte Filmbildung im Hauptschulbereich" (vgl. 2006a; 2010) mit einem besonderen Fokus auf „motivierende[n] methodische[n] Arbeitsformen an der Schnittstelle aktiver und rezeptiver Filmbildung, die den Schülerinnen und Schü-

13 In der 24-FILMSCHULE findet man „umfangreiches Basiswissen zu den Filmberufen und kreative Anregungen, um die Faszination Kino Kindern und Jugendlichen lebendig vermitteln zu können. Die pädagogischen Dossiers, die in Zusammenarbeit mit der Bundeszentrale für politische Bildung und Vision Kino erstellt wurden, veranschaulichen in ein bis zwei Unterrichtseinheiten kompakt und praxisnah, welchen Anteil die einzelnen Filmberufe am Entstehungsprozess eines Kinofilms haben. Dabei stand uns für jedes Gewerk ein Filmprofi, [...], als fachlicher Berater zur Seite."
[vgl. http://www.vierundzwanzig.de/24_filmschule/unterrichtsmaterialien, 6.5.2012]

lern selbstgesteuerte und selbstentdeckende Lernprozesse mit dem Medium Film eröffnen" (2006a: 21; 2006b). Die Rede von der Selbststeuerung der Lernprozesse legt die Vermutung nahe, dass Maurer sein handlungs- und lerntheoretisches Konzept von „Filmbildung" auf ein kybernetisches Subjekt stützt, das nichts anderes als eine Wiedereinsetzung des klassischen Bildungssubjekts mit anderen Begriffen darstellt[14]. Das mit den pädagogischen Aktivitäten am und mit Medium Film erworbene Wissen – von Maurer auch als „Aneignung" beschrieben (2006a: 23) – gerät in dieser Perspektive zum Verfügungswissen. Insbesondere dort, wo die pädagogischen Aktivitäten als Interventionen zur Schaffung von Handlungsfähigkeit, etwa zum Ausgleich von sozialisationsbedingten Defiziten („Hauptschule"), verstanden werden, geht es letztlich um das Bestreben, Orientierung zu ermöglichen, indem vorher fremde, unerkannte mediale Wirkungen bewusst, kritisierbar, handhabbar und damit beherrschbar gemacht werden sollen. Diese „Ich-Stärkung" des Individuums gilt nicht nur für die auf den Film bezogene „Audiovisuelle Bildung" (ebd.: 24ff), sondern zeigt sich auch sehr deutlich an der von Maurer beschriebenen „Persönlichkeitsbildung" (ebd.: 28ff) mit Film. „Filmbildung" bedeutet hier „der Aufbau von Selbstbewusstsein, Zuversicht und Ich-Stärke in der Schule" (ebd.: 28).

Die letzten Bemerkungen Maurers zur „Ich-Stärkung" als Ziel von Bildungsprozessen mit Film, ließen sich ohne Zweifel mit bildungstheoretischen Überlegungen Theodor W. Adornos, wie er sie zuerst in *Die Dialektik der Aufklärung* (1947) und später in der *Theorie der Halbbildung* (1959) dargelegt hat, kritisch diskutieren. Auch aktuellere philosophische Reflektionen des Bildungsbegriffs – wie beispielsweise Alfred Schäfers Konzeption bildender Fremdheit (2009), Michel Wimmers Überlegungen zum Verhältnis von Bildung und Alterität (vgl. 1992, 1996 und 2006) oder auch Karl-Josef Pazzinis Gedanken zum Zusammenhang von Bildern und Bildung (1992), insbesondere sein Text *Kunst und Bildung. Lösungen für Ich-starke Persönlichkeiten* (2004) oder auch Elisabeth Sattlers bildungsphilosophische Studien (2009a,b) – sind als komplexe Formulierungsversuche zu verstehen, die Bildungsprozesse gerade nicht als eine zunehmende Ich-Stärkung, als kumulative *An-Eignung* von zuvor Fremdem, sondern als einen Umgang mit einer letztlich unbegreifbaren und damit unbeherrschbaren Fremdheit von Welt- und Selbstverhältnissen beschreiben. Jörissen bestätigt die Einschätzung,

14 Vgl. dazu Höhne 2007, insb. S. 35-42, wo der Autor auf nachvollziehbare Weise darlegen kann, wie mit der Überschreibung von „Bildung" mit (neoliberalen) Kompetenzbegriffen die Einsetzung einer kybernetischen Subjektivität einhergeht, deren Formation kritische Diskussion erfordere.

„dass Figurationen des lebensweltlich *Unverfügbaren* für moderne Bildungstheorien eine entscheidende Bedeutung haben; sei es in der Figur der Kontingenz, der biographischen Verlaufskurve, des Anderen, der Selbstfremdheit, der Negation vorhandener Orientierungsrahmen." (Jörissen 2010: 8)

In der Rede von der „Ich-Stärkung" und der Aneignung von Wissen und Kompetenzen als Eroberung eines zuvor Fremden (Nicht-Wissen/Nicht-Können) wird Fremdheit als Unverfügbares relativiert und in mehr oder weniger gewalttätigen Formen des Antwortens gefügig gemacht, dem Eigenen, also den bestehenden Erfahrungsordnungen des Individuums (oder auch eine Kollektivs) subsumiert[15]. Diese subsumtionslogische Aneignung ist den genannten Filmbildungsbegriffen in lern- und kompetenztheoretischer Perspektive inhärent und es ist offensichtlich, dass mit „Filmbildung" hier anderes gemeint ist, als mit dem bildungsphilosophischen Diskurs näheren Begriffen von Filmbildung.

Neben einer nicht geleisteten Abgrenzung von Lernbegriffen, verwenden die genannten lern- und handlungstheoretischen Positionen der „Filmbildung" zudem noch einen veralteten, weil kumulativen Lernbegriff. Neuere lerntheoretische Diskurse können überzeugend nachweisen, dass Lernen nur als ein *Umlernen* (Ricken et al 2009), als *Rahmenwechsel* oder *Dispositionstransformation* und nicht als Dazulernen, als Dispositionsaufbau im Sinne der Aufschichtung von Wissen und Kompetenzen zu denken ist[16]. Die Prozesse des Umlernens und der Dispositionstransformation, die auch als Entwicklungsprozesse und somit auch als Bildungsprozesse beschreibbar wären, sind zudem hochgradig individuelle und existenzielle Prozesse (vgl. Jörissen 2010: 9). Es ist aus diesem Grund

„ausgeschlossen, dass Orientierungswechsel (oder gar entsprechende persönliche Dispositionen) von außen durch pädagogische Vermittlung per Kompetenzziel ‚herbeigeführt' werden könnten. Sicherlich können pädagogische Konzeptionen berechtigter Weise darauf abzielen, Orientierungsprozesse anzuregen [sie müssen sogar mit denselben rechnen, MZ]; sie können diese jedoch nicht direkt initiieren." (Ebd.: 9)[17]

---

15 Bernhard Waldenfels hat dies in seinen Studien zur Phänomenologie des Fremden ausführlich untersucht (vgl. 1997, 1999a,b und 2008); vgl. zur Kritik des Aneignungsbegriffs auch Jaeggi 2002.

16 Vgl. dazu die Studien von Göhlich/Zirfas 2007; Göhlich/Wulf/Zirfas 2007; Meyer-Drawe 2008 und Mitgutsch et al 2008.

17 Diese Paradoxie hat jüngst Michel Wimmer am Verhältnis von Lehren und Bildung ausgeführt, vgl. Wimmer 2010.

Daran schließt sich die berechtigte Frage an, ob Kompetenztheorien und die auf sie referierenden Begriffe von Filmbildung die geeigneten begrifflichen und theoretischen Mittel zur Verfügung stellen, die individuellen, ja singulären Bildungsprozesse mit Film zu beschreiben. Angesichts der Komplexität und Prozessualität von individuellen Lern- und Bildungsprozessen, scheint es mir keine glückliche Wahl, wenn „Filmbildung" als statisches und planbares Ergebnis von kumulativen Lernprozessen (am Lerngegenstand Film) konzipiert wird.

Bei aller Verschiedenheit und gegenseitiger Kritik der bisher vorgestellten Ansätze gibt es aber auch eine entscheidende Gemeinsamkeit. Das Medium Film wird durchweg positiv bestimmt: entweder als technisches Werkzeug, als Informant und Repräsentant von Beschreibungen oder Artikulationen persönlicher wie gesellschaftlicher Verhaltensweisen, von Kulturen und Gruppierungen oder als Text, der gelesen und verstanden bzw. interpretiert werden kann. Der Film wird dazu in den meisten Ansätzen auf seinen sichtbaren Inhalt, auf seine dramaturgischen und narrativen Strukturen oder auf seine technischen Bedingungen reduziert[18].

Der Film wird in diesen Theorien zu einem Medium unter vielen Medien. Die Rede von „*den* Medien" verweist dabei auf eine Vergegenständlichung und Sekundarisierung derselben, denen sich die Subjekte als Mittel oder technische Werkzeuge für ihre Sinnintentionen bedienen zu können glauben. Hinsichtlich ihres Begriffs von Bildung, die mit dem Film angestrebt wird, lässt sich die medienpädagogische Debatte ebenfalls grob in zwei Konzeptionen unterscheiden.

---

18 Die medienpädagogische Debatte bildet hinsichtlich ihrer Modellierung des Medienbegriffs den medientheoretischen Diskurs ab. Dieser wird seit dem Beginn des 20. Jahrhunderts von sprachtheoretisch und technisch argumentierenden Theorien dominiert. Die in diesen Theorien gesetzte Vorentscheidung für Struktur und Technik, führte dazu Mediales vorzugsweise aus solchen Faktoren, die sich der strukturalistischen oder technisch-mathematischen Modellierung fügen, zu rekonstruieren. Technische Medien zeichnen auf, speichern, übertragen, erstellen Kopien, „erzeugen virtuelle Welten oder Simulakra, und zwar so, dass diese sämtlich auf Algorithmen basieren, die Technik mit Mathematik zusammenschließen" (Mersch 2006: 220). Dies stelle nach Mersch nicht nur eine unnötige Reduktion des Medialen dar, da sich beispielsweise ästhetische Praktiken, wie Aufführen, Erscheinen-lassen, Darstellen, Herstellen, Komponieren, Montieren, etc. jeder Subsumtion unter ein einheitliches Format verweigern. Darüberhinaus sitzen diese Medientheorien, im Kurzschluss technisch-strukturalistisch konzipierter Medienbegriffe mit der Kybernetik und der Mathematik, „selber jenem Muster von Rationalität und Berechenbarkeit auf, dem sie zu entkommen trachteten." (Ebd.: 221)

Beide korrelieren mit dem zuvor skizzierten instrumentellen Verständnis von Film. Filmbildung wird gemacht, ist didaktisch-konzeptionell plan- und herstellbar und Bildung wird dabei als Wissens- und als Kompetenzerwerb gedacht[19]. Beide Thematisierungsformen von Bildung verstehen die Nutzung und Reflexion von Film in erster Linie hinsichtlich eines damit aufzubauenden Verfügungs- und Faktenwissens und möchten daher den Film als handhabbares Bildungsvermittlungsinstrument einsetzen. Der Diskurs der Medienpädagogik operiert dabei mehr oder weniger bewusst mit dem „Meta-Medium" Sprachlichkeit, allerdings als Phantasma einer natürlichen Sprache. Als Voraussetzung für einen kompetenten Umgang mit „den Medien" werden, nach Michael Wimmer (2009: 63), „immer noch die Alphabetisierung, die Schreib- und Lesekompetenz, reflexive Verstehens- und Deutungsfähigkeiten" gedacht. Bildung wird als „Figuration des sprachkompetenten hermeneutischen Reflexionssubjekts" konzipiert,

> „das dann in einem nächsten Schritt lernen soll, sich so souverän [anderer] Medien zu bedienen, wie man glaubt, dass es die Sprache beherrschen könne. Als sei Sprache kein Medium, sondern natürliches Attribut des Menschseins, aber zugleich auch etwas, dessen sich der Mensch bedienen könne wie eines Mittels, wird das Subjekt als ein der Sprache vorgängiges Sinnzentrum angesprochen, das es als Ich-Instanz schon vorher und auch ohne Sprache gäbe, das sie also nur brauche, um sich zusätzlich noch ausdrücken zu können. (Ebd.: 63f)

Verkannt und ausgeschlossen wird in den beiden skizzierten medienpädagogischen Positionen die konstitutionelle Dimension des Medialen, die eine vom Poststrukturalismus inspirierte Medientheorie für die Bildung des Subjekts herausgearbeitet hat. Diese kritisiert das autonome, selbstreferentielle Vernunftsub-

19 Der medienpädagogische Diskurs affirmiert damit die fachöffentliche Debatte um Bildung, die dahin tendiert den tradierten Bildungsbegriff mit anderen Begriffen wie Wissen und Kompetenz zu überschreiben – weil der philosophische Bildungsbegriff zu weit, zu komplex und damit für empirische Forschungen unbrauchbar wäre (vgl. Pongratz et al 2007: 7). Mit den Diskursen um Kompetenz, Wissensgenerierung und -verwaltung in der Wissensgesellschaft verschiebt sich gleichsam das Subjektverständnis in Richtung einer kybernetischen Formation, die ein hermeneutisch figuriertes, selbstreferentielles Subjekt erneuert und bestärkt (vgl. Höhne 2007: 35ff). Auch wenn die Konturen des Subjekts im neoliberalen Diskurs verschwommen bleiben, ist die normative Richtung seiner Entwicklung klar vorgegeben: „Leben heißt dann ‚Meistern', ‚Bewältigen' und ‚Problemlösen'. In jedem Fall Agens-Sein, das eigene Leben in die Hand nehmen [...]." (Ebd.: 41)

jekt und richtet ihre Aufmerksamkeit auf seine *Medialität* und dessen Wirkungen. Für das poststrukturalistische Denken ist Subjektivität nichts natürlich oder metaphysisch Gegebenes, sondern konstituiert sich als komplexes, mediatisiertes Spiegelungsverhältnis im Bezug auf das ihr Andere. Subjektivität kann nur mediatisiert in Erscheinung treten und thematisch werden. Subjektivität ist damit immer schon auf den medialen, symbolisch-imaginären Kosmos einer Kultur bezogen. Medien, wie der Film werden in dieser Perspektive als Formen einer *Dazwischenkunft* thematisierbar, die epochale Einschnitte in der Gesellschaft, der Kultur und in der Kunst markieren und diese mit neuen Wahrnehmungs-, Erfahrungs-, Denk- und Handlungsformen bereichern (vgl. Tholen 2002, 2005). Medien sind damit nicht länger Werkzeuge für vorgängige Ziele, Zwecke und Handlungen eines kreativen, autonomen Subjekts zu verstehen. Sie sind weder ausschließlich Mittel, mit denen sich das Subjekt ausdrückt, noch sind sie bloße Prothesen oder Extensionen von Körperfunktionen, die den menschlichen Wirkungsgrad erweitern oder verstärken. Medien sind vielmehr als *Zwischeninstanzen* zu beschreiben, welche die Bildung des individuellen Subjekts, die Erfahrungen und Zugänge zu Welt und Selbst zuallererst ermöglichen. Aber damit ist jeder identifizierende Bezug auf die Welt und das Selbst gleichsam Entzug von Identität, da die Medialität zwischen Subjekt und Welt tritt als etwas, das dem Subjekt vorausgeht, es dezentriert und formiert. Dessen Welt- und Selbstverhältnisse sind damit nur als eine Auslegung im medialen Anderen, den es immer wieder verkennt, denkbar.

Der bildungstheoretische Kontext

Die dritte und letzte Verwendungsweise des Bildungsbegriffs, die Jörissen ausmacht, stellt eine alternative Perspektive zu den beiden vorangestellten dar, indem sie den Erkenntnissen des poststrukturalistischen Diskurses auf unterschiedliche Weise Rechnung zu tragen versucht.

„[Sie] versteht [Bildung] nicht als Output eines Bildungssystems und auch nicht als Ergebnis von Lernprozessen. Vielmehr versteht sie Bildung selbst als Prozess; genauer: als prinzipiell unabgeschlossen-prozesshaftes Geschehen der Transformation von Sichtweisen auf Welt und Selbst (Kokemohr/Koller 1996). Bildung wird also differenztheoretisch gedacht; sie ist nicht in einem Outputmodell oder einem Kompetenzkatalog ‚fest-stellbar'. Diese Perspektive ist im erziehungswissenschaftlichen Diskurs der modernen Bildungstheorie, insbesondere auch in Verbindung mit der in den letzten Jahrzehnten entstandenen qualitativ-empirischen Bildungsforschung, verortet (vgl. etwa Marotzki 2006; Ehrenspeck 2009; Garz/Blömer 2010)[20].“ (Jörissen 2010: 10)

„Bildung“ wird im bildungstheoretischen Kontext als eine begriffliche, „pädagogische Kategorie“ unter anderen gedacht und konstruiert als solche (pädagogische) „Wirklichkeit“ auf eine spezifische Weise (vgl. Schäfer 2009: 185). „Bildung“ steht nach Schäfer spätestens seit Humboldt „gegen die Vorstellung der Möglichkeit der problemlosen Einheit von Vergesellschaftung und Individuierung“ (ebd.: 186) und reflektiert die Grenzen von Erziehungs- und Sozialisationsvorstellungen sowie die den Bildungsvorstellungen inhärenten Paradoxa.

> „[Bildung] steht gegen eine unproblematische Perspektive gegenüber gesellschaftlichen Imperativen. Sie steht also erstens gegen jede funktionalistische sozialisationstheoretische Perspektive. Sie steht aber auch – soweit in der kantischen Tradition – gegen die Vorstellung einer pädagogisch-intentionalen Formung des Menschen. Insofern bildet sie also zweitens eine Grenzreflexion der Erziehung. Dies wiederum hat drittens eine Konsequenz, die mit der kantischen Tradition nicht zusammenpaßt: Sie steht für eine Problematisierung jener aufklärerischen Subjektvorstellung, die als an Vernunft gebundene sich selbst und die Welt verbessern sollte.“ (Ebd.)

Neben dieser reflexiven und kritischen Funktion ist bildungstheoretisches Denken immer auch ein utopisches Denken,

> „als es sich um die Angabe empirischer Möglichkeitsbedingungen von Prozessen bemüht, deren empirische Einlösbarkeit nicht nur nicht garantiert werden kann, sondern deren ‚Resultate‘ auch immer anders interpretiert werden können“ (ebd.: 187).

Das skizzierte bildungstheoretische Denken betrachtet Entwicklungs- oder Veränderungsprozesse also unter dem Gesichtspunkt der *Ermöglichung* gelingender Subjektivierung. Bildungstheoretisches Denken ist Möglichkeitsdenken. Es geht daher bei dem, was man unter „Bildungsprozessen“ verstehen will, immer nur um „Möglichkeiten – und gerade nicht um mehr: etwa ein operationales Ziel, das dann institutionell und handlungsstrategisch oder als an externen Faktoren orientiert umgesetzt werden könnte“ (Schäfer 2009: 187). Bildungstheoretisches Denken ist somit aufgefordert, in reflexiv-disziplinärer Verständigung den jeweiligen theoretischen Rahmen zu benennen, in dem die Logik, Struktur oder Verlaufsform möglicher Bildungsprozesse begrifflich gefasst und/oder qualitativ-empi-

---

20 Zur Annäherung von Bildungsphilosophie und (qualitativer) Bildungsforschung vgl. auch Wigger 2004; Pongratz/Wimmer/Nieke 2006 und Koller/Marotzki/Sanders 2007.

risch untersucht werden soll. Daher lassen sich auch mit einem Blick in die jüngere Geschichte der bildungstheoretischen Diskussion recht schnell ganz unterschiedliche Bildungsbegriffe identifizieren, die jeweils in unterschiedlichen sozial- und kulturtheoretischen Rahmen gefasst sind: etwa in einer

„Theorie der gesellschaftlichen Partizipation (Klafki 1985); einer Theorie der reflexiven Biographisierung in komplexen Gesellschaften (Marotzki 1990); einer Theorie des diskursiven Widerstreits (Koller 1999), einer Theorie der unbestimmten Transzendenz (Schäfer 1999), einer Theorie der subjektivierenden Macht (Ricken 2006), um nur einige prägnante Beispiele zu nennen." (Jörissen 2010: 10)

Ein weiteres strukturelles Merkmal von Bildungsbegriffen im bildungstheoretischen Kontext ist die komplexe Bestimmung der Konstitution von Bildung als *Unbestimmtheit*, die sich weder in einem autonomen Subjekt oder „starken Ich" noch in klar bestimmbaren, also objektivierbaren Bildungszielen einholen lässt. „Bildung" oder Welt- und Selbstverhältnisse von sich bildenden Subjekten sind somit konstitutiv von einer radikalen Fremdheit oder auch „Differenz" durchzogen (vgl. dazu Koller/Marotzki/Sanders 2007, insb. den Beitrag von Alfred Schäfer, S. 95-108). Jörissen formuliert das in Bezug auf transformatorische Bildungsbegriffe noch einmal so:

„[P]rozessorientierte Bildungsbegriffe [fungieren] als *Konstitutionsbegriffe* in der Position einer *generativen Differenz* von Subjekt und Welt: Nicht ein vorgängig vorhandenes Subjekt ‚setzt' sich Bildungsziele in einer je schon vorhandenen Welt (oder bekommt solche von außen vorgegeben); nicht ein vorgängig vorhandenes Subjekt ‚eignet' sich Welt an; vielmehr gehen aus Bildungsprozessen Formen von Subjektivität und Weltbezügen immer wieder neu hervor, die zudem als historisch und kulturell veränderlich gedacht werden." (Jörissen 2010: 11)

Für eine Medienbildung im Horizont transformativer Medialität bedeutet dies einerseits eine bildungstheoretische Reflexion, die es erlaubt „Prozesse der Subjektivierung in zeitdiagnostisch angemessener Weise" zu thematisieren und andererseits einen medientheoretischen Bezug, „der die konstitutiven, subjektivierenden Aspekte von Medien begrifflich zu modellieren vermag" (ebd.: 12). Der Begriff „Medialität", so Jörissen weiter, verweise dabei auf die medientheoretische Einsicht, dass „eine Orientierung an bloßen medialen Epiphänomenen, der erscheinenden Oberfläche, die lebensweltlich als gegenständliches ‚Medium' irgendwo zwischen Technologie und Symbolhaftigkeit erfahrungsmäßig wahrnehmbar wird, keine hinreichende Theoretisierungsbasis darstellt" (ebd.). Die Medialität von Bildungsprozessen wird im Phänomenbereich der Sprache schon seit geraumer Zeit untersucht (vgl. Wimmer 1988; Kokemohr 1992; Koller 1999, 2007). Ähnlich umfassende und intensive Untersuchungen der Medialität von Bildungsprozessen im Hinblick auf den Film stehen meines Wissens bis dato noch aus. Es lassen sich allerdings innerhalb des medienpädagogischen Feldes, der an Medien interessierten Kunstpädagogik und Bildungsphilosophie Ansätze zu einer solchen „Filmbildung" verzeichnen, die den von Jörissen formulierten bildungs- und medientheoretischen Ansprüchen auf zum Teil sehr unterschiedliche Weise versuchen gerecht zu werden. Einige davon werde ich vorstellen und mehr oder weniger intensiv diskutieren.

Winfried Pauleit (2010) versteht das bildende Potential von Filmen weniger als „Persönlichkeitsbildung im klassischen Sinne einer Formung oder Herausbildung von handlungsfähigen Individuen", sondern mehr als „die persönlichkeitsbildenden Möglichkeiten einer radikalen Differenzerfahrung" (2010: 29). Seine Bestimmung des Films und des Kinos problematisiert die semiologischen und textuellen Beschreibungen des Films – sie scheinen ihm in Hinblick auf eine zunehmende Diversifizierung des Films auf Produktions-, Distributions- und Rezeptionsseite als überholt (vgl. Pauleit 2009b). Er fasst dagegen Kino nicht nur als „kulturelle Institution", sondern auch – im Sinne des englischen und französischen Sprachgebrauchs *cinema* und *cinéma* – als „spezifische Kulturtechnik" (2010: 30). Auch der Film sei ein hybrider, nur schwer zu bestimmender Gegenstand, habe er doch als Filmrolle „Objektcharakter", sei in seiner „linearen Anordnung von Ton und Bild [...] mit einem Text vergleichbar" und gehe in der Filmaufführung über „den Status als Sammlungsobjekt und Textualität hinaus. Film ist in der Lage, sich sowohl Objektwelten als auch Texte sowie Töne und Geräusche einzuverleiben – und schließlich auch andere Künste. Dadurch wird der Film selbst zu einem imaginären Ort der Sammlung kultureller Phänomene" (vgl. ebd.: 31) und das Kino zu einem materiellen und imaginären Ort dieser kulturellen Institution, ähnlich dem Museum und der Bibliothek.

Die spezifische Filmerfahrung fasst Pauleit als die Reanimation filmisch aufgezeichneter und (wieder)aufgeführter, vergangener Erfahrungen: „Im Film sprechen uns [als Zuschauer, MZ] die Dinge scheinbar direkt und körperlich an, obwohl sie tatsächlich abwesend sind" (ebd.: 32). Die Filmerfahrung ist nach Pauleit demnach strukturell eine über das Geschehen auf der Leinwand vermittelte Begegnung mit sich selbst, „mit der (eigenen) Vergangenheit und der eigenen Verletzbarkeit. [...]. Weil Filmwahrnehmung in diesem (körperlichen) Sinne Vergangenheit aktualisieren und bearbeiten kann, ist sie verwandt mit den Märchen und der Psychoanalyse" (ebd.: 33). Ganz im Gegensatz aber zum Märchen und zur Psychoanalyse vollziehe sich „Persönlichkeitsbildung" oder „Lernen" mit Film nach Pauleit nicht im Medium der Sprache und über das „Hören“, sondern in Prozessen von „Anschauung und Nachahmung“ (ebd.: 34). Die Verwendung des Lernbegriffs in Zusammenhang mit der Persönlichkeitsbildung ist irritierend, und rückt den verwendeten Bildungsbegriff in die Nähe eines praxistheoretischen Verständnisses von Bildung als Ergebnis von Lernprozessen. Deutlich trete nach Pauleit eine spezifische *Lernerfahrung* am Film

> „auf den Plan, wenn das Scheitern von Kommunikation und das Nichtgelingen von Nachahmungsprozessen im Film gezeigt werden. Gerade dann eröffnet das Kino eine Möglichkeit der Differenzerfahrung, die bis hin zum extremen Dissens unvereinbarer Diskurse reichen kann“ (ebd.).

In Francois Truffauts *Les quatre cents coups* (FR 1959) und Maren Ades *Alle Anderen* (DE 2009) sieht er solche Differenzerfahrungen zur Darstellung gebracht, die gleichsam „im Kinosaal körperlich spürbar“ (ebd.: 36), „sich in den Zuschauerraum“ übertragen und „am eigenen Leib [des Zuschauers] erfahrbar“ (ebd.: 37) seien. Pauleit deutet zwar an, dass es die Montage der einzelnen Einstellungen sei, die einen Erfahrungsraum diesseits der Leinwand eröffne; wie es nun aber geschehen kann, dass die Zuschauer in diesem Erfahrungsraum die dargestellten Filmszenen „körperlich erfahren“, „am eigenen Leib spüren“ wird von ihm nicht erklärt. Ebenso wenig wie aus diesen körperlichen (Differenz-) Erfahrungen Lern- oder gar Bildungsprozesse werden können. Die von Pauleit verwendeten und interpretierten Beispiele lassen zudem auf einen recht schwachen Differenzbegriff schließen, wird doch gerade nicht die Erfahrung der Zuschauer von einer Differenz durchzogen, sondern ganz im Gegenteil die filmisch präsentierten bzw. eröffneten Differenzen in den Erfahrungen der Zuschauer „aufgehoben“. Pauleit bezieht sich zwar in seinem Ansatz auf die von Heide Schlüpmann beschriebene Differenzerfahrung im Kino (vgl. ebd.: 37), macht aber m.E. etwas anderes daraus.

Heide Schlüpmann (vgl. 2002; 2004a,b; 2007 und 2010) tritt aus filmwissenschaftlicher Perspektive für eine Theorie des Kinos (und *nicht* des Films!) und seiner bildenden Effekte bzw. Möglichkeiten ein. Das Kino ist für Schlüpmann der Ort einer „Gegenkultur“ zur bürgerlichen Kultur und deren Bildungsverständnis. Es ist demnach auch nicht Ort „reiner, distanzierter Filmwahrnehmung“ sondern einer leidenschaftlichen Näherung des Films „als leibhafte Erinnerung“ in der Vielfalt und Vielheit der Zuschauermasse (vgl. 2004a). Schlüpmann befragt vor diesem Hintergrund nun das Verhältnis von Kino und Bildung (vgl. 2007, 2010) mit Blick auf deren gemeinsame Geschichte:

„Das Kino gilt im Allgemeinen nicht als Bildungseinrichtung. Es stellt sich aber gleichwohl die Frage, ob ihm als massenkulturellem Phänomen nicht doch ein Bildungsmoment eignet, das durch das Raster unserer Vorstellung von Bildung fällt. Immerhin haben sich die Gebildeten und Bildungsbeauftragten von Anfang an in die Geschichte des Kinos eingemischt, es bekämpft, es benutzt, und schließlich sich auch als Bildungsgut zu eigen gemacht.“ (Schüpmann 2010:11)

Trotzdem sieht sie zurecht eine bis heute „nicht aufgehobene Trennung zwischen Film im Bildungskontext und dem Kino als massenkultureller Vergnügungseinrichtung“ am Werk; sie verweist dabei auf die deutsche Filmpädagogik und deren Konzentration auf den scheinbar einfacheren, beherrschbareren Diskurs des Films als Gegenstand von Unterricht (vgl. ebd.: 12f).

Als Gegenbeispiel bezieht sich Schlüpmann auf die Figur des *Cinephilen*, der seine Erfahrungen mit Film und sein Wissen im Kino als Kinogänger sammle. Der *Cinephile* unterscheidet sich allerdings „vom Kinogänger dadurch, dass er sich zwar auch im Kino ‚bildet‘, aber den Filmgenuss mit der Diskussion, der Reflexion, der Lektüre verbindet [...].“ (ebd.: 12) – und somit auch an der Auslagerung der (Kino-)Bildung in andere, später wissenschaftliche Diskurse und Orte beigetragen hat. Die cinephile Filmbildung – wie sie beispielsweise von Alain Bergala (2006) vertreten wird – finde erst langsam durch den Umweg über Frankreich Einzug in die deutschen Schulen. Ansätze zur „cinephilen Bildung“ spürt die Autorin in der Geschichte der Theorie des Kinos auf. Dort finden sich beispielsweise bei Béla Bálazs (1924), Walter Benjamin (1935), Siegfried Krakauer (1926) oder in den Schriften von Germaine Dulac Überlegungen zur bildenden Wirkung des Kinos bzw. zum Kino als Bildungseinrichtung. Doch im Gegensatz zu staatlichen Bildungsinstitutionen wie Schule und Hochschule ist eine

„kinematographische Bildungseinrichtung [...] nicht durch Ziele fixiert, sie ist ephemer, weil allein die Dynamik der Filme und des Publikums in ihrem Zusammenspiel sie ausmachen. Das Feste an ihr ist nichts Ideelles. Es ist die Umbauung des Dunkels und der technische Bewegungsapparat.“ (Ebd.: 14)

Demnach ist auch die im Kino gewonnene Bildung nicht das Ergebnis kumulativer Lernprozesse bzw. die Aneignung filmischer Lektionen, sondern immer von einem Verlust gekennzeichnet. Es handele sich *nicht* um ein *positives Wissen*:

„der Erfahrungsgehalt des neuen Wissens ist der des Verlorenen und des Verlusts zugleich. Dieses Wissen, das der Film vermittelt, vermögen Worte und Schrift nicht zu fassen, sondern nur die Körpersprache. Um welche Art von Wissen handelt es sich? Um ein

Alltagswissen, ein situationsgebundenes Wissen, das mir hilft, mich in einer Situation zu verhalten einem anderen gegenüber. Eben ein moralisches Wissen." (Ebd.: 16)

Gemeinsam sei allen Vorstellungen vom Bildenden des Kinos:

„daß es sich hier um eine ‚Selbstbildung' handelt, [...]. In ihrem Hintergrund steht die Wahrnehmung einer Diskrepanz zwischen der zunehmend durch Institutionen und ökonomische Prozesse bedingten – globalen – Vergesellschaftung und einem Verlust an selbstreflexivem gesellschaftlich, – ‚mündig' – Werden der einzelnen Menschen aus ihrer jeweiligen leiblich-seelischen und geschichtlich-geographischen Existenz heraus. Die moderne Gesellschaft produziert eine Bildungsnot eigener Art, die sie mit ihren pädagogischen Einrichtungen eher vergrößert als lindert, gegen die das Kino aber etwas auszurichten vermag." (Ebd.: 17)

Ein Vertreter der von Schlüpmann zitierten französischen cinephilen Filmbildung ist Alain Bergala. Er veröffentlichte im Jahre 2002 seine versammelten Gedanken zur *Filmvermittlung an der Schule und anderswo*.[21] Sein filmpädagogisches Konzept versteht das Kino (*cinéma*, in dem zuvor mit Pauleit skizzierten Sinne) als Kunst und schließt damit den Film, neben der Medienpädagogik, an den Diskurs der Kultur- und Kunstpädagogik an. Wie schon Schlüpmann begreift auch Bergala die Filmkunst als *Alterität*, als das *Andere* eines geplanten und begrifflichen Zugriffs auf Film; und damit als etwas, dass sich einer so konzipierten schulischen Filmdidaktik grundsätzlich entzieht. Filme sollten daher, so Bergala, in ihrem künstlerischen und ästhetischen Eigensinn wahr- und ernst genommen werden (vgl. Bergala 2006: 29ff und 55ff).

Bergala befragt die bisher dominanten semiologischen Bestimmungen des Films und Ansätze seiner Vermittlung. Zentrale Begriffe sind dabei die „Ästhetische Erfahrung" von Film, der „Geschmack", der nach Bergala durch und in unzähligen *Begegnungen* mit Filmen als umfangreiche Kenntnis des filmhistorischen Erbes gebildet wird und die wesentliche Voraussetzung einer kritischen Filmbetrachtung ist, sowie der „*passeur*" und die „Vermittlung" als dessen Praxis des Lehrens. Bei der „Geschmacksbildung" an und mit Film geht es Bergala nicht um die Ausbildung eines „guten" Geschmacks, sondern um die Ausbildung eines differenzierten, persönlichen Geschmacks, d.h. um die Ausbildung von spezifischen Vorlieben auf der Basis eines ästhetischen Differenzierungs- und

---

21 Das Buch erschien in Frankreich mit dem Titel *L'hypothèse cinéma. Petit traité de transmission du cinéma à l'école et ailleurs*. In der deutschen Übersetzung von Barbara Heber-Schärer ist es 2006 mit dem Titel *Kino als Kunst. Filmvermittlung an der Schule und anderswo* im Schüren Verlag erschienen.

Urteilsvermögens. Er verdeutlicht die Wichtigkeit einer Analyse des künstlerischen Schaffensprozesses und der Produktionsbedingungen des Films, um den Kindern das Spezifische des Mediums nahe zu bringen. Und er zeigt schließlich, wie dies ganz konkret durch die Produktion von Filmen in der Schule erfahren werden kann.

Theorie des Films und filmische Praxis – ganz nach dem Vorbild der *Cinephilen* im Frankreich nach dem zweiten Weltkrieg – durchdringen und bereichern sich in Bergalas Vermittlungsansatz gegenseitig. Das Interessante an seinem Vorschlag ist, dass er damit den von ihm selbst lange Zeit vertretenen Ansatz einer Filmsemiologie, also einer diskursiven Betrachtung des Films verwirft, zugunsten einer Auffassung, die den Film als künstlerisch-ästhetischen, kreativen Schaffensprozess begreift. Es gibt, nach Bergala, keine verbindliche Sprache des Films, die für alle Filme Geltung beanspruchen könnte. Jeder einzelne Film erfindet *seine* „Sprache" immer wieder neu. Diesen Gedanken aufnehmend kann ich schließen, dass sich der Film als Kunstwerk nicht angemessen durch ein gesichertes, instrumentelles Wissen über den Film erfassen und vermitteln lässt. Die Filmvermittlung braucht vielmehr eine am Film geschulte ästhetische Wahrnehmung, einen Erfahrungsschatz an Filmbildern, einen gebildeten ästhetischen Geschmack und auch eine gewisse Übung in der filmischen Praxis, die es ihr ermöglicht für und mit jedem singulären Film *seine* eigene Analyse- und Vermittlungsmethode zu entwickeln[22].

Bettina Henzler (2008, 2010) reflektiert das Konzept der Ästhetischen Erfahrung von Film, das für Bergalas Ansatz einer Geschmacksbildung mit Film eine entscheidende Rolle spielt. Sie bringt Bergalas Konzept dazu in Verbindung mit dem Begriff „Ästhetischer Erfahrung" wie ihn Roland Barthes im Laufe der 1970er Jahre – in *Der dritte Sinn*, *Die Lust am Text* und *Die helle Kammer* – entwickelt hat (vgl. 2010: 66ff). Barthes interessiere sich in diesen Schriften für den Leser (und später auch für den Bildbetrachter) als „verkörpertes Individu-

22 Wie hartnäckig sich das gegenteilige Verständnis im deutschen filmpädagogischen Diskurs hält sieht man beispielsweise an den *Filmheften*, die in großer Zahl von den unterschiedlichsten Anbietern für die schulische Filmvermittlung zur Verfügung gestellt werden. Die schematischen Darstellungen der Filme wird darin entlang eines scheinbar unvermeidlichen Lexikons an filmanalytischen Begriffen „abgearbeitet". Ein anderes Beispiel ist das Buch *Filmsprache* von Alice Bienk (2008). Ihre Einführung in die interaktive Filmanalyse geht davon aus, dass Filme auf eine Art Sprache zurückzuführen sind und als audiovisuell codierte Texte decodiert, „gelesen" und verstanden werden können.

um“ (ebd.: 67). Nicht die Bedeutung, sondern „die Materialität des Textes“ und mithin die „sinnliche Lektüreerfahrung“ versuche er sprachlich zu fassen. Dabei umkreise er das Problem, die intensiven, ästhetischen Erfahrungen zu beschreiben, die sich in der Beschreibung verflüchtigen, sich der begrifflichen Fassung als Reste oder Überschüsse der ästhetischen Erfahrung entziehen. In der Figur des *„studium/punctum“* bringe Barthes dieses Problem auf den Begriff. Während *„studium“* die „Lese-Haltung des Bildbetrachters benennt, der im Foto angelegte Bedeutungen, kulturellen Bezüge und Intentionen des Autors entziffert“, bezeichne das *„punctum“* „die Details im Foto, die sich dieser Lektüre gerade entziehen und die sprachlich nicht fassbar sind“ (ebd.: 68). Mit dem *punctum* sei auch indirekt eine mediale Dimension des fotographischen Bildes angesprochen, die für den individuellen Betrachter erfahrbar werde. Weder dränge dieser seine Deutung dem Bild auf, noch finde das Detail im Bild ohne das emotional berührbare Individuum Resonanz. Barthes beschreibt somit

> „das Verhältnis zwischen Betrachter und Fotographie als eine Wechselbeziehung, in der [...] beide sich gegenseitig animieren und gewissermaßen auch hervorbringen. Es handelt sich nicht um eine klassische Subjekt-Objekt-Beziehung, in der der analysierende Betrachter seine subjektive Perspektive auf den Gegenstand projiziert, vielmehr projiziert umgekehrt auch das Objekt (sich) auf den Betrachter. Es wäre also zutreffender [...] von einer ‚inter-subjektiven‘ Beziehung zu sprechen, bei der der Gegenstand der Betrachtung zum eigenständigen Gegenüber wird, das sich der Kontrolle durch das Subjekt entzicht.“ (Ebd.: 68f)

Barthes Konzept der ästhetischen Erfahrung von Texten und Fotographien findet Henzler auch in den Schriften einiger Protagonisten der französischen *Cinéphilie* wieder, etwa bei: Alain Bergala, Serge Daney, Jean Douchet oder Jean-Louis Scheffer (vgl. ebd.: 69-72). Der Film/das Kino wird von diesen Autoren quasi als ein „lebendiges Gegenüber“ adressiert, das man nicht vollkommen in Codes oder sprachliche Elemente zerlegen kann, sondern dem man noch in der Kritik eine subjektive, liebende Haltung entgegenbringt. Diese Haltung schließt auch ein dem Film ein „nicht vollkommen durchschaubares Geheimnis“, ein Rätsel oder eben etwas Fremdes, das sich nicht aneignen lässt, zuzugestehen (vgl. ebd.: 70).

Die Begegnung mit dem Fremden durch Filme ist auch der Ausgangspunkt für Hanne Walbergs Überlegungen zur „Filmbildung“ (vgl. 2007, 2010): denn Filme können ihre Betrachter an die Grenzen des Verstehens führen. Das Scheitern eines Verstehens im Filmsehen – in Form von „Brüche[n], Irritationen oder Rezeptionswiderstände[n]“ – kann nach Walberg im Anschluss an Marotzki (1990) und Koller (1999) zum auslösenden Moment für Bildungsprozesse werden (vgl. 2007: 35). Grenzen des Verstehens in der Filmrezeption lassen sich nach Walberg auf zwei Ebenen finden: auf einer *illustrativen* und einer *konfrontativen* Ebene. Auf illustrativer Ebene hat der Film „die Grenzen des Verstehens zum Thema“ (ebd.: 36), während andere, konfrontative Filme dem Zuschauer „die Grenzen seines eigenen Verstehens aufzeigen“ (ebd.). Am Beispiel von Andres Veiels *Die Spielwütigen* (D 2004) kann sie zeigen, wie „der Film den Zuschauern ein Auseinandersetzungsangebot“ (ebd.: 39) mit Situationen des Nicht-Verstehens macht. Besonderes Potential habe der Film, da er Brüche, Nicht-Verstehen zwischen Personen zeige und diese gezeigten Differenzen auch aus- und offen halte. Dass Walberg die gezeigten Differenzen – die sie auch als verschiedene und unvereinbare Diskursarten bestimmt – dann mit Bildungsprozessen identifiziert, leuchtet nicht ein, denn weder werden die von ihr unterstellten Entwicklungsprozesse noch deren Gleichsetzung mit Bildungsprozessen näher erläutert. Nicht jede Differenzerfahrung führt zu Entwicklungen, und schon gar nicht im Sinne von Bildung. Wie aber wären die qualitativen Differenzen dieser Prozesse genauer zu bestimmen? Ebenso scheint mir ihr Gedanke, dass sich die Zuschauer über Prozesse der Identifikation („sich spiegeln“) mit den „Bildungsprozessen“ der gezeigten Figuren auseinandersetzen in einen performativen Widerspruch zu führen, da die Grenzen des Verstehens in imaginären Prozessen des Identifizierens seitens der Zuschauer aufgehoben werden. Identifizieren kann man etwas nur auf dem Hintergrund von zuvor Verstandenem, indem man aktuelle Wahrnehmungen auf vertraute, eigene Erinnerungen zurückführt.

Der Film *Rosetta* (Jean-Pierre und Luc Dardenne, BE/FR 1999) ist nach Walberg Beispiel für einen Film, der „die Zuschauer mit den Grenzen des eigenen Verstehens konfrontiert“ (ebd.: 39). Sie schildert wie der Film der Dardenne-Brüder ihre Verstehens- und Interpretationsbemühungen immer wieder durchkreuzt und sie damit zwingt, sich selbst als jemanden wahrzunehmen, der die Welt immer schon in einer bestimmten Weise sieht (vgl. ebd.: 40f). Sie legt dabei nahe, dass das auch anderen Filmzuschauerinnen und –zuschauern von *Rosetta* geschehen könnte, obschon sie in Rechnung stellt, dass viele Zuschauer (auch solche dieses Films) eine Tendenz zum Wiedererkennen, zu einem aneignenden Sehen haben – selbst dann, wenn es gar nichts wieder zu erkennen gäbe (vgl. ebd. 41). Die pädagogische Herausforderung sei es daher, in der Filmvermittlung ein anderes Sehen und Sprechen zu ermöglichen, das es vermag „Differenzen offen zu halten [...], zwischen der Perspektive der Rezipienten und der filmischen Darstellung“ und der Versuchung schneller und bequemer Schließungsangebote zu widerstehen (vgl. ebd.: 42).

Es geht ihr daher im Begriff der „Filmbildung“, so formuliert sie an andere Stelle in Bezug auf Rainer Kokemohr (2007), um „die Erfahrung des Fremden

[als] unverzichtbarer Ausgangspunkt für Bildungsprozesse" (2010: 48). Kokemohr hat in Bezug auf die Phänomenologie des Fremden von Bernhard Waldenfels eine Bildungsprozesstheorie formuliert, welche die Erfahrung des Fremden als „bildungstheoretisch paradigmatische Situation" (2007: 14) fasst, da „ein Bildungsprozess durch die Erfahrung von Fremden herausgefordert werden kann" (ebd.), indem sie der Subsumtion unter gegebenen Figuren des Welt- und Selbstverhältnis widersteht. Ein Bildungsprozess nach Kokemohr besteht dann in der handelnden Antwort auf den Anspruch des Fremden, die eine Veränderung der jeweiligen Grundfiguren des Welt- und Selbstverhältnisses einschließt.

Die von Kokemohr beschriebenen Bildungsprozesse stellen die andere Seite *normalisierender Antworten* auf Fremderfahrungen dar, in denen Fremdes und Beunruhigendes auf Bekanntes reduziert und das Außerordentliche in vorhandene, eigene Ordnungen zurückgeführt wird. Während normalisierende Antworten in ihrer wiederholenden Struktur tendenziell zum „Normalismus" verhärten können, in dem die Normalität zur starren Norm wird (vgl. Walberg 2010: 53), haben Bildungsprozesse das Potential solche Verhärtung zu „verflüssigen" und Normalisierungsprozesse zu dynamisieren. Filme, verstanden als Konstitutionsbedingungen von subjektiven Welt- und Selbstverhältnissen, können sowohl einem Normalismus Vorschub leisten, indem sie „konventionalisierte Deutungsmuster" (ebd.: 55) aufrufen und bestätigen; sie können aber auch, eben weil sie den Rahmen ihrer Wahrnehmung mitbedingen und -konstituieren, Fremderfahrungen ihrer Zuschauer initiieren, in dem sie deren Normalisierungsprozesse durchkreuzen (vgl. ebd.: 56), wie Walberg an Lucia Puenzos Film *XXY* (Argentinien 2007) und dem Problem der geschlechtlichen Identität diskutiert (ebd.: 57ff). Das bildende Potential des Films präzisiert Walberg als Differenz von filmischer Erfahrung und Sprache, da Puenzos *XXY* Bilder zeige, „die nicht in gleicher Weise eindeutig geschlechtlich codiert sind wie die Sprache" (ebd.: 61).[23]

Auch Olaf Sanders Überlegungen zur „Filmbildung" (vgl. Sanders 2007, 2009) gehen mit Gilles Deleuze von einer Differenz von Sprache/Text und Filmbild aus. Ein Film sei kein „optischer Text" (2007: 199), sondern vielmehr eine Datenmenge. Kinofilm habe daher „eine größere Nähe zur Informatik als zur Linguistik" (2009: 131). Die Differenz zwischen einer Textlektüre und der „Lektüre" von Kinobildern bestehe darin,

23 Vgl. zur Differenz von filmischer und sprachlicher bzw. schriftlicher Diskursivität auch meine Ausführungen in *Das Geschlecht der Bilder. Bildungstheoretische Überlegungen zur geschlechtlichen Codierung des Films* (Zahn 2010).

„dass Textzeichen in der Regel eindeutig sind (a = a) und sich die Deutung auf ihre Bedeutung oder ihren Sinn beschränkt, wohingegen Uneindeutigkeit oder Unschärfe zu Bildzeichen schon auf ihrer materialen Ebene wesentlich gehört, solange sie nicht künstlich eingeschränkt wird“ (ebd.).

Filme sind zudem sich bewegende Tonbildzeichen, haben also im Unterschied zu Texten oder Fotos eine irreduzible Zeitlichkeit. „Bezüglich der Zeitlichkeit ähneln Filme Bildungsprozessen stärker als Fotos“ (2007: 199), und aufgrund dieser Analogie geht Sanders den Fragen nach, wie und warum Kinofilme dabei helfen können Bildungsprozesse zu erforschen, sie anders wahrzunehmen und dadurch besser zu verstehen (vgl. ebd.: 200). In seinem Text *Filmbildung. Zur Untersuchung von Bildungsprozessen am Beispiel von* Broken Flowers *und* Don´t come Knocking (2007) tut er dies entlang der Beschreibung von Bildungsprozessen ästhetischer Filmfiguren. In einem späteren Text *Kino als Bildungsmedium* (2009) geht es ihm wie auch Heide Schlüpmann „um die Bildungsmöglichkeiten des Kinos selbst“ (2009:123), genauer um die „Bearbeitung des Problems der Zueignung von Kultur, die bekanntlich Bildung sei. Wie funktioniert sie, die Zueignung von und im Kino? Oder vorsichtiger: warum kann sie funktionieren?“ (ebd.: 124).

Eine erste, allgemeine Antwort auf diese Fragen kann mit Sanders lauten: weil die filmischen Bewegungsbilder auf der Kinoleinwand, als Mannigfaltigkeiten, mit den Gehirnen der Zuschauer, als Mannigfaltigkeiten, Allianzen eingehen (vgl. ebd.: 124ff), wobei „Gehirn“ nicht biologisch, sondern streng philosophisch und demnach auch „Allianzen“ nicht als neuronale Erregungen sondern vielmehr als „Denkprozesse“ zu verstehen sind (vgl. ebd.: 126f). Das Kinodispositiv ermögliche damit etwas, was außerhalb des Kinos nie gelingen kann: eine Beobachtung des Lebens unter den Laborbedingungen einer „künstlichen Schließung“ (ebd.: 128), die den Zuschauern erlaubt Mannigfaltigkeiten zu beobachten, die sich mit ihrer Beobachtung nicht verändern, „anders als im sonstigen Leben, in dem ich mich immer in der Mitte der Aktualisierungen von Mannigfaltigen bewege, die mit jeder addierten oder subtrahierten Dimension ihr Wesen ändern“ (ebd.). Der Film kann aber sehr wohl die Bewegungen in das Denken der Zuschauer bringen, denn „der Film zeichnet [...] keinen filmischen Prozess auf, ohne einen zerebralen Prozess zu projizieren. Ein Gehirn, das flackert und wiederverkettet oder Schleifen zieht, das ist Kino“ (Deleuze nach Sanders 2009: 125f).

Sanders bestimmt in der Folge zwei Möglichkeiten, wie die filmischen Prozesse bildnerisch auf die Denkprozesse der Zuschauer wirken, sie in Bewegung bringen: Auf der Ebene der Bewegungsbilder können dominante, im Sinne Walbergs normalistische Wahrnehmungsschemata des Aktionsbildes durch Wahrnehmungs- und Affektionsbilder unterbrochen werden. Letztere „können sensibilisieren für die Einschränkungen, die Interessen der Alltagswahrnehmung auferlegen, und für die Freiheit, die in der Verzögerung liegt“ (ebd.: 130). Und auf der Ebene der Zeitbilder – die „durch Kristallbildung, die Macht des Falschen und die Kraft der Zeit“ (ebd.: 133) über die organische Ordnung der Bewegungsbilder hinausgehen – verlangen Filme „die Mitwirkung des Publikums, das sich von ihnen affizieren lassen muss, sich hineinziehen in unvorhersehbare Bewegungen, Werdensprozesse [...]“ (ebd.).

Sanders nimmt mit Gilles Deleuzes Kinophilosophie die mikrologische Dimension von Bildungsprozessen im Kino, die zwischen den Bild-Bildungsprozessen des Films und den Einbildungen der Zuschauer ständig ablaufen und zukunftsoffen sind (vgl. Sanders 2011), in den Blick. Sie zu übersehen, erschwere die Analyse von individuellen, eher makrologischen Bildungsprozessen (vgl. Sanders 2007: 214-216).

Allen skizzierten Ansätzen fühle ich mich in ihrer bildungstheoretischen Verpflichtung verbunden. Doch keine/r der bisher genannten Autorinnen und Autoren hat bis dato einen bildungstheoretisch ausgearbeiteten Ansatz von „Filmbildung“ veröffentlicht. Der einzige ausformulierte Ansatz zur „Filmbildung“ im Kontext einer bildungstheoretischen Reflexion von „Bildung“ unter den Bedingungen von „Medialität“ liegt bisher von Benjamin Jörissen und Winfried Marotzki (2009) vor. Ihr Begriff einer *strukturalen Medienbildung* stellt sich in die schon zitierte Tradition transformatorischer Bildungsbegriffe (vgl. Marotzki 1990, Kokemohr/Koller 1996, Koller 1999, Friedrichs/Sanders 2002, Koller/Marotzki/Sander 2007, Lüders 2007) und versucht auch eine Methode zur qualitativen Erforschung von Bildungsprozessen mit Filmen zu formulieren.

1.3 Strukturale Filmbildung

Benjamin Jörissen und Winfried Marotzki legen im Jahre 2009 mit dem Buch *„Medienbildung – Eine Einführung“* ihren Entwurf von Bildung mit Film bzw. „audiovisuellen Artikulationsformen“, wie sie das für meine Rekonstruktion ihres Ansatzes zentrale Kapitel (2009: 41- 94) überschreiben, vor[24]. Sie bestimmen darin „Medienbildung“ als *„strukturale Medienbildung“*, die sie als eine begriff-

24 Zwei weitere strukturale Analysen von Bildungspotentialen beziehen sich auf „visuelle Artikulationsformen“ im Medium Bild (ebd.: 95-168) und „neue Artikulations- und Partizipationsräume des Internet“ (ebd.: 169-238).

liche Variation der „*formalen Bildungstheorie*" (ebd.: 11) im Anschluss an die Bildungsbegriffe von Wilhelm von Humboldt und Wolfgang Klafki entwickeln (vgl. ebd.: 12-15). Mit den genannten Autoren können sie zeigen, dass ein modernes Bildungsverständnis „nicht von bestimmten Bildungsinhalten ausgeht, sondern es vielmehr *strukturale Aspekte von Bildung* (Flexibilisierung, Dezentrierung, etc.) beschreibt." (ebd.: 15). Ihr Begriff der strukturalen Medienbildung wird dabei zeitdiagnostisch an bestehenden bzw. sich regelmäßig erneuernden *Orientierungskrisen* entwickelt. Krisen werden dabei von den Autoren geradezu als Signatur moderner, posttraditionaler Gesellschaften verstanden. Für die Individuen, die in diesen Gesellschaften leben und für die gesellschaftliche Krisen und Umbrüche nicht selten mit persönlichen Krisen einhergehen, bedeute dies, dass die Notwendigkeit zur Orientierung in den pluralen, kontingenten, weil überkomplexen gesellschaftlichen Umständen zum Normalfall wird (vgl. dazu Giddens 1996).

Mit Wilhelm Heitmeyer (1997) unterscheiden sie drei *Krisentypen der Moderne* (vgl. ebd.: 16-18) und kommen zu dem Schluss, dass eine zeitgemäße Bildungstheorie Bildung nicht länger als einen Bestand von Inhalten (als Bildungskanon) verstehen kann, sondern vielmehr als den Aufbau von *Orientierungswissen im Zeichen von Unbestimmtheit* (vgl. ebd.: 19f) fassen muss, also eine Art von Wissen, die vorhandene Wissensbestände zu sich selbst kritisch und reflexiv in Beziehung setzt und es dem sich bildenden Subjekt erlaubt mit Kontingenzen, Veränderungen, dem Fremden und Unbekanntem in seinen Verhältnissen zur Welt und sich selbst umzugehen[25]. Diese wissenstheoretische Lagerung von „Bildung" ist zum einen der konsequenten Abgrenzung von materialistischen Bildungsvorstellungen (der „Gebildetheit") geschuldet und zum anderen Reaktion auf die seit den 1990er Jahren geführten gesellschaftstheoretischen Debatten um den Begriff der „Wissensgesellschaft" (vgl. ebd.: 26-30 und Marotzki/Jörissen 2010: 20-22).

25 Die Autoren beziehen sich auf Untersuchungen von Jürgen Mittelstrass (vgl. 1982; 1989 und 2001), der Orientierungs- von handhabbarem Verfügungswissen unterscheidet. Es sei nach Mittelstrass ein Signum der Moderne, dass das Verhältnis von Verfügungs- und Orientierungswissen auseinanderdrifte, sich sogar antiproportional gestalte, wenn es bei immer mehr zur Verfügung stehender Information an Orientierungskompetenzen mangele. Für diese Orientierungskompetenz stand einmal der Begriff „Bildung" (vgl. Mittelstrass 2002: 154). Bildung als Aufbau von Orientierungswissen sei demnach „die zentrale Herausforderung der Wissensgesellschaft" (Jörissen/Marotzki 2009: 29) und sollte somit auch ein zentrales Problem gegenwärtiger Bildungstheorie/Pädagogik sein.

Vor dem Hintergrund der Bestimmung von Bildung als Aufbau von Orientierungswissen unterscheiden sie weiter, in Anlehnung an die Differenzierung des Lernens nach Gregory Bateson (1964), „Bildung" von „Lernen". Mit dem Begriff der Bildung fassen die Autoren „solche Lernprozesse, die sich auf die Veränderung von Ordnungsschemata und Erfahrungsmustern [...]" (ebd.: 23), als Rahmungen von Lernprozessen beziehen. Bildungsprozesse verändern somit „die Art und Weise oder das Repertoire an Konstruktionsmöglichkeiten von Welt- und auch Selbstverhältnissen" (ebd.). Solche Bildung differenzieren die Autoren wiederum in zwei Komplexitätsstufen. Die erste Stufe der Bildung macht – durchaus geprägt von einer gewissen Trägheit und Widerständigkeit der bestehenden und habitualisierten subjektiven Welt- und Selbstverhältnisse – „verschiedene Arten des Weltbezugs zugänglich" (ebd.: 24), während die zweite Stufe von Bildung eine „Steigerung und Differenzierung des Selbstbezugs" (ebd.) beschreibt. Die Pluralisierung von Weltbezügen und die damit einhergehenden Erfahrung von einander ausschließenden Perspektiven auf Welt, Fremde und sich selbst *bildet* nicht nur ein flexibleren und sensibleren Umgang mit divergenten Erfahrungsmustern, sondern führt nach Meinung der Autoren früher oder später zur Erfahrung von unauflösbaren *Paradoxien* (vgl. ebd.: 25), in denen die verschiedenen Weisen Welt, Problemlagen, o.ä. zu sehen, nicht mehr vermittelbar und lösbar sind. Damit einhergehend werde jeder individuelle (auch noch so komplexe) Bezug auf Welt relativ und das Subjekt gleichsam auf die „Begrenztheit [seiner] Konstruktionsmöglichkeiten" (ebd.) zurückgeworfen.

Im Scheitern von Lösungsmöglichkeiten angesichts paradoxer, unlösbarer Probleme liege eine besonderes Bildungspotential, da das Subjekt angetrieben, gezogen von dem Entzug zureichender Beschreibungen, Erfahrungsmuster etc. den kritischen Blick auf sich selbst lenken kann. Das Subjekt versucht sich dann als Beobachter in den Blick zu bekommen und beim Beobachten der Welt zu beobachten. Auch das muss wieder scheitern, „denn wir können nicht gleichzeitig die Welt und uns als Beobachter von Welt betrachten; wir müssen uns jeweils für eines, für Selbstreferenz oder Weltreferenz entscheiden" (ebd.). In den von Jörissen und Marotzki beschriebenen Bildungsprozessen der Stufe II können Subjekte somit nicht nur die Begrenztheit dieses oder jenes Erfahrungsschemas verstehen (Bildung I), sondern sie erfahren zusätzlich, dass diese Begrenztheit medialer Erfahrung von Welt und Selbst grundsätzlich vom Subjekt nicht in den Griff zu bekommen ist, weil sie in die subjektiven Weisen die Welt und sich selbst zu erfahren „eingeschrieben" ist. (vgl. ebd.)

Diese *negative* Einsicht oder auch die Erfahrung der Opazität eigener medialer Welt- und Selbstbezüge, nämlich, „dass wir mit jedem Erfahrungsschema, das wir verwenden, etwas ausblenden, aber nicht wissen können, *was* wir dabei ausblenden“ (ebd.: 26) führe, positiv gewendet, zu einer flexibleren Haltung, gar zu einem Programm, das in tentativer Weise andere bzw. viele Erfahrungsweisen zuzulassen, auszuprobieren und anzuerkennen sucht. Durch „Bildung II“ werde so eine „größere Flexibilität hinsichtlich der Gewohnheiten erworben, die durch den Prozess von Bildung I ausgebildet wurden“ (ebd.). Dieser Zugewinn an Freiheitsgraden und Flexibilität hinsichtlich der durch Prozesse der Bildungsstufe I erworbenen Gewohnheiten und Ordnungsmuster, so schränken die Autoren ein, kann nur temporär realisiert werden, da ihm eine „hochgradig komplexe und aufwändige Haltung“ (ebd.) zugrunde liegt.

In Anlehnung an Immanuel Kants programmatischen Fragen, die er in seiner posthum veröffentlichten *Logik* (1800) formulierte – „Was kann ich wissen? Was soll ich tun? Was darf ich hoffen? und Was ist der Mensch?“ (Kant 1977: 448) – unterscheiden sie vier grundlegende Orientierungsdimensionen von Medienbildung (vgl. Jörissen/Marotzki 2009: 31-37): Erstens: einen *Wissensbezug* „als Rahmung und kritische Reflexion auf Bedingungen und Grenzen des Wissens“; zweitens: einen *Handlungsbezug* „als Frage nach ethischen und moralischen Grundsätzen des eigenen Handelns“, drittens: einen *Transzendenz- und Grenzbezug* „als Verhältnis zu dem, was von der Rationalität nicht erfasst werden kann“; sowie viertens einen *Biographiebezug*, der „die Frage nach dem Menschen [...] als Reflexion auf das Subjekt und Frage nach der eigenen Identität und ihren biographischen Bedingungen“ (ebd.: 31) stellt. Die vier Dimensionen lebensweltlicher Orientierung dienen den Autoren als „leitende Heuristik für die Analyse von Medienbildungspotenzialen“ (ebd.)[26].

---

26 Jörissen/Marotzkis Übersetzungen der Kantschen Fragen in die jeweiligen Orientierungsdimensionen könnten sicherlich im Einzelnen noch produktiv diskutiert werden, so ist doch beispielsweise fraglich, ob *Was darf ich hoffen?* mit dem Bezug auf die Grenzen rationalen Verstehens hinreichend beschrieben ist oder ob nicht mit der Hoffnung auch ein Zukunftsbezug des menschlichen Denkens angesprochen ist. Gleiches lässt sich für die Frage *Was ist der Mensch?* geltend machen. Auch hier scheint die Übersetzung der anthropologischen Frage in einen Biographiebezug, dieselbe stark zu reduzieren. Des Weiteren finde ich es interessant, dass sich die Autoren auf Kants *Logik* beziehen und nicht auf die bei Fragen der Medienbildung doch scheinbar näher liegenden ästhetischen Reflexionen in dessen *Kritik der Urteilskraft*. Liest man Kants kritische Schriften von seiner *Kritik der Urteilskraft* her, wie Gilles Deleuze (1990) es vorschlägt, dann offenbart sich Kants Philosophie als eine Lehre von unabhängigen, ungeregelt miteinander agierenden menschlichen Vermögen. Ästhetische Erfahrungen dienen darin nicht mehr länger der Logik und ihren Regeln, sondern sie entfalten sich und wirken jenseits der Logik, um mit derselben zu interagieren.

Zudem operieren Jörissen/Marotzki mit einem multimedialen Artikulationsbegriff (vgl. Schlette/Jung 2005). Jungs anthropologischer Begriff der Artikulation versucht dualistisch operierenden Theorien zu entkommen, in dem er „Artikulation" als „performative Vermittlung zwischen persönlichem Erleben und kultureller Normativität, somatischem Ausdruck und semantischer Bedeutung konzeptualisiert" (Jung 2005: 138). Wer sich artikuliert „deutet seine qualitative Erfahrung, indem er sie [...] zur Sprache, zum Bild, zur Musik oder wozu auch immer bringt" (ebd.: 126). Artikulation verfährt demnach irreduzibel multimedial, was den Schluss nach sich zieht, dass eben *nicht alles gesagt* werden kann, was sich *artikulieren* lässt, dass eben nicht jede Artikulation auch in sprachlichen Artikulationen und Diskursen eingeholt werden kann (vgl. ebd.: 130). Jung unterscheidet dennoch die Sprache von allen anderen Artikulationsformen hinsichtlich ihres Reflexionsniveaus; er nennt insgesamt drei Niveaus: 1. *präreflexive* Formen der Artikulation wie spontan-leibliche Artikulationen und Gefühlsausdrücke; 2. *reflexive/narrative* Artikulationen in plastischen, piktoralen, sprachlichen oder musikalischen „Symbolmedien", die eine subjektive Erfahrung losgelöst vom Hier und Jetzt des Erfahrenen intersubjektiv und auf individuelle Ziele ausgerichtet zur Geltung bringen können und 3. *metareflexive* und argumentative Artikulationsformen der „begrifflichen Sprache" (ebd.: 133), welche die sprachlichen und nicht-sprachlichen Artikulationen in sprachlich-diskursive Bezüge einbetten. Jörissen/Marotzki heben an anderer Stelle hervor, dass mit Jung Diskurse als multimediale Artikulationen von Erfahrungen thematisierbar werden:

„In diskursiven Äußerungen werden Erfahrungen artikuliert, die vor dem Hintergrund von Lebensinteressen und Handlungsproblemen gemacht wurden, entweder im metareflexiven (argumentativ) oder aber reflexiven (erzählend, beschreibend usw.) Modus" (Jörissen/Marotzki 2009: 39).

Vor diesem Hintergrund implizieren individuelle Prozesse der Artikulation immer ein reflexives Potential und zugleich, als mediatisierte Formen, eine Entäußerung und Distanzierung. Mediale Artikulationsprozesse beinhalten somit für die Autoren „ein hohes Bildungspotential" (ebd.). Dieses Potential, auch von den Autoren als „Bildungswert" (ebd.) oder „Bildungsgehalte" (ebd.: 40) bezeichnet, beschreiben sie nun am Beispiel des Films bzw. audiovisueller Artikulationsformen, im Hinblick auf die genannten Orientierungsdimensionen. Dabei gehe es ihnen weniger um die Inhalte der Films, als um ihre strukturalen Aspekte, um „eine Analyse der strukturalen Bedingungen von Reflexivierungsprozessen" (ebd.: 40).

Jörissen und Marotzki beziehen sich in ihren Analysen und Rekonstruktionen von filmischen Bildungspotentialen vor allem auf den *Neoformalismus*, der vor allem durch die Arbeiten von David Bordwell und Kristin Thompson (vgl. 1985, 1995, 2008) im deutschsprachigen Raum bekannt wurde. Im Anschluss an den Neoformalismus, betonen die Autoren, dass „nicht (*nur*) Inhalte" (41), sondern die Form im Zentrum ihrer Untersuchung des Filmes steht. Welche Bedeutung das „(nur)" in ihre Argumentation hat, gelte es an einzelnen Filmanalysen genauer zu hinterfragen, was aber an anderer Stelle geschehen muss. Was aber an dieser Stelle schon deutlich wird, ist, dass sie mit einer Analyse der Formen – streng dem neoformalistischen Ansatz von Bordwell/Thompson folgend – „Formen der Narration" und somit „filmsprachliche Mittel" (ebd.: 43) meinen. Die filmische Narration liegt dabei nach Bordwell/Thompson nicht im Film selbst vor, sondern entsteht in den reflektierenden Interpretationsprozessen, den Rekonstruktionen seiner *„story"* durch die Zuschauer auf der Basis seiner formalen Elemente (des *„plots"*). Dazu interpretiere der Zuschauer vom *plot* des Films angebotene *„clues"*, als Hinweise im Film mit denen sich der Zuschauer eine „in sich konsistente Story konstruier[t]" (ebd.).

Bei der Rekonstruktion können die komplexen Formen audiovisueller Artikulationen beispielsweise als Fragen beim Zuschauer thematisch werden. Wie genau sich das vollzieht bleibt allerdings unklar oder wird an einigen Stellen sogar eher in die Nähe des Nachvollzug eines „erzählten" Inhalts gerückt, wenn Jörissen/Marotzki in Bezug auf die Bildungsdimension „Handlungsbezug" schreiben: „Filme [sind] dann bildungsmäßig wertvoll, wenn sie schwierige menschliche Entscheidungssituationen in ihrer Komplexität zur Geltung bringen" (ebd.: 63). Um etwas später zu ergänzen: „Dem Zuschauer wird die Komplexität und teilweise auch Verstricktheit von Entscheidungssituationen vor Augen geführt, so dass sich die Frage ‚Wie würde ich mich entscheiden?' unausweichlich stellt." (Ebd.) An anderer Stelle – bei der Analyse von filmischen Reflexionen auf Biographisierungsprozesse – erwähnen sie zwar die komplexe, „schwer zugängliche" (ebd.: 79) Form von Tarkowskijs *Der Spiegel* (RU 1975), aber nur um dieses „Gebilde von Assoziationen und Erinnerungsfragmenten" und „Knäuel aus audiovisuellen Artikulationen" (ebd.) recht schnell zu entwirren. Sie beginnen dabei mit einer *Fest*-Stellung des Films: „Erst zum Schluss des Films erfahren wir, dass der Erzähler, der im Film nie gezeigt wird, krank im Bett liegt und seinen Erinnerungen nachhängt." Und etwas später: „Der Film stellt gleichsam die Erinnerungen und Träume des Erzählers dar." (ebd.). Im „erfahren wir" der Autoren spricht sich deren Interpretationsleistung aus, die den Film still stellt, zum Text macht und diesen von seinem Ende her auslegt, dabei denselben auf eine Filmfigur zentriert und damit eine konsistenten Rahmenhandlung generiert[27].

Selbstverständlich ist diese *Lesart* des Films möglich und erzeugt auch Kohärenz – vor allem wenn Sie dieselbe an zentralen Stellen ihrer Argumentation über Kontexte wie Tagebuchnotizen des Filmemachers unterstützen. Aber ob wirklich alle im Film gezeigten Bilder als Erinnerungsbilder, Phantasiebilder, Träume oder Wünsche einer Figur zu identifizieren sind bleibt eine Unterstellung, die mit der oben zitierten inhaltlichen Setzung einhergeht. Denn die Filmerfahrung von *Der Spiegel* beispielsweise im Kino – wo der Film nicht still zu stellen ist und nicht von seinem Ende her gesehen werden kann – ist eine vollkommen andere; in ihr werde ich vielmehr als ein Betrachter hervorgebracht, der verzweifelt nach Sinn in und zwischen den filmischen Bildern und Tönen sucht und diesen auch zum Ende des Films nicht eindeutig identifizieren kann. Diese Grenze des Wissens und Verstehens, wie ich sie am Film *Der Spiegel* erfahren habe, scheint zumindest in dieser und auch in den anderen Filminterpretationen der Autoren weniger zu interessieren. Möglicherweise ist dies der wissenstheoretischen Lagerung ihres Bildungsbegriffs und ihrem Verständnis des Films als reflexive, narrative Artikulation geschuldet.

Die Autoren fassen ihr Anliegen einer *strukturalen Filmbildung* noch einmal zusammen und betonen dabei ihren theoretischen Schwerpunkt, der auf der Objektanalyse, genauer: der Formenanalyse von Medienproduktionen liegt:

„Reflexive Gehalte in Medienproduktionen (wie dem Film, MZ) liegen insofern zugleich in der Struktur des Mediums wie auch in den Bedeutungen, die aufgrund dieser formalen (filmsprachlichen, MZ) Eigenschaften erzeugt werden können. Die Bildungspotenziale von Medien sind in diesem Spannungsverhältnis zu suchen." (Ebd.: 94)

Es geht den Autoren in der bildungstheoretischen Auseinandersetzung mit Film um diese „Veränderungspotenziale von Wahrnehmungsmustern und Bearbeitungsweisen von Medien v.a. auch hinsichtlich des außermedialen Alltagslebens. Strukturale Medienbildung wäre in diesem Sinne die Fähigkeit, solche Reflexionspotenziale in [Filmen] aufzuspüren und geltend zu machen" (ebd.).

27 Vgl. dazu auch Marotzki 2007b; dort widmet sich der Autor Tarkowskijs Film in einer ausführlicheren Analyse, die aber von der gleichen Setzung ausgeht und damit zu vergleichbaren Ergebnissen kommt.

Kritische Anmerkungen

Mit Jörissens und Marotzkis Entwurf einer *strukturalen Medienbildung* liegt ohne Zweifel ein interessanter und an der jüngeren bildungstheoretischen Debatte reflektierter Begriff von Filmbildung vor. Und doch hatte ich beim Studium ihres Ansatzes einige Fragen und Probleme, die ich im Folgenden kritisch diskutieren will – auch um daran meine theoretische Perspektive auf die Erforschung von *Film-Bildung* genauer zu bestimmen.

1. Die ersten Fragen betreffen die medientheoretische Einbettung der strukturalen Filmbildung. Benjamin Jörissen bestimmt als eine der zentralen Aufgaben eines *zeitgemäßen* Begriffs von Medienbildung die Integration eines Medienbegriffs, „der die konstitutiven, subjektivierenden Aspekte von Medien begrifflich zu modellieren vermag“ (Jörissen 2010: 12). Im Begriff der „*Medialität*“ sieht Jörissen dieses Potential, stellt er doch eine Alternative zur Orientierung an bloßen medialen Epiphänomenen und der Rede von *den* (gegenständlichen) Medien dar, und beschreibe vielmehr die *strukturierende Funktion* aller menschlichen Lebensvollzüge wie Wahrnehmen, Denken, Fühlen und Handeln. Nun überführen die Autoren gerade bei ihren Filmanalysen den Strukturbegriff der „Medialität“ in einen Formbegriff bzw. in Formanalysen und beziehen sich dabei explizit auf den Russischen Formalismus und seine filmtheoretische Aktualisierung im angloamerikanischen Neoformalismus (vgl. Jörissen/Marotzki 2009: 41ff). Mir scheint allerdings, dass sie mit der Untersuchung von Formen die grundlegenden Strukturen der Medialität des Films nicht in Gänze oder zumindest nicht in entscheidenden Dimensionen erfassen können, schließen sie doch damit an linguistische, literaturwissenschaftliche und zeichentheoretische Problemstellungen an und stellen so im strengen Sinne keine medientheoretischen Fragen, die nach Sybille Krämer (1998) gerade von linguistischen und zeichentheoretischen Fragen unterschieden werden sollten.

Die entscheidende theoretische Verbindungsstelle für die Vernachlässigung des Medienbegriffs zugunsten des Formbegriffs für Jörissen/Marotzki scheint mir die Medientheorie von Niklas Luhmann zu sein – auch wenn dieser nicht explizit von den Autoren als Referenz genannt wird, ist er doch in ihrer argumentativen Kopplung von Medium – Form – Struktur impliziert. Luhmanns Medienbegriff, argumentiert Krämer (1998: 76ff), gehe in systemtheoretischer Perspektive von der Unterscheidbarkeit zwischen lose und fest gekoppelten Elementen aus.

„[Und wo, MZ] Elemente nur lose verknüpft sind, so daß sie faktisch unbestimmt bleiben, dafür aber potentiell empfänglich sind für Strukturierung, handelt es sich um ein Medium.

Dasjenige jedoch, was diese losen Verknüpfungen dann zu strukturbildenden Mustern verdichtet, gilt Luhmann als Form. Durch ihr hohes Auflösevermögen sind Medien also aufnahmefähig für Formen; mit ihrer strukturbildenden Potenz selektieren die Formen unter den möglichen Verknüpfungen, welche die Medien ihnen bereitstellen. Das ist der Grund, warum, wo immer wir Medien begegnen, wir nicht etwa Medien selbst, sondern nur Formen wahrnehmen." (Ebd.)

Und das ist möglicherweise auch der Grund dafür, warum Jörissen/Marotzki das Medium Film vernachlässigen und sich den strukturbildenden Formen audiovisueller Artikulationen widmen. Medien haben, Luhmann folgend, keine strukturierende, informierende Potenz. Ganz im Gegenteil zu McLuhans Medienbegriff (auf den sich Jörissen/Marotzki explizit beziehen, vgl. 2009: 41) sind Medien für Luhmann *not the message*, sondern völlig indifferent gegenüber dem Vermittelten. Nach Krämer stelle Luhmanns Medientheorie[28] daher eine Aktualisierung des „funktionalistischen Materie/Form-Verhältnisses" dar, das nicht nur „die analytische Trennbarkeit von Stoff und Form voraussetzt, sondern radikaler noch annimmt, daß die Funktion der Form prinzipiell unabhängig sei vom Material" (Krämer 1998: 77).

Diese Denkfigur ist wiederum im Diskurs der Zeichentheorie wohlbekannt, da der herkömmliche Zeichenbegriff immer noch mit der Annahme einer funktionalistischen Beziehung zwischen einem Zeichenträger und einer Zeichenbedeutung operiere, bei welcher der materielle Zeichenträger als arbiträres und äußerliches Vehikel der Zeichenbedeutung gilt. Es ist gerade diese Sekundarisierung des Zeichenträgers bzw. des Signifikanten, seine Arbitrarität und Äußerlichkeit, welche poststrukturalistische Autoren wie Lyotard, Foucault, Kristeva, Lacan, Derrida und Deleuze auf je unterschiedliche Weise kritisierten und zu überwinden suchten. In dieser theoretischen Linie fragt Krämer dann auch nach der „Prägekraft eines Mediums", die sie jenseits des kommunikations- und zeichentheoretischen Schemas von intendierter Bedeutung und konventionalisierter Semantik in der „Materialität des Mediums" (ebd.: 79) vermutet:

„[Es] ist die Materialität des Mediums, welche die Grundlage abgibt für diesen ‚Überschuß' an Sinn, für diesen ‚Mehrwert' an Bedeutung, der von den Zeichenbenutzern kei-

28 Es lässt sich im strengen Sinne gar nicht von einer Medientheorie Luhmanns sprechen, da sein Medienbegriff erst recht spät entwickelt wird und hinter seinem Kommunikationsbegriff zurücktritt, bzw. kommunikationstheoretisch verstanden wird. Erst in *Die Kunst der Gesellschaft* (1995) spielt „Medium" im Unterschied zur „Form" eine entscheidende Rolle – als Rekonzeptualisierung der Differenz System-Umwelt (vgl. dazu Mersch 2006: 207ff).

neswegs intendiert und ihrer Kontrolle auch gar nicht unterworfen ist. Kraft ihrer medialen Materialität sagen die Zeichen mehr, als ihre Benutzer damit jeweils meinen." (Ebd.)

Die mediale Materialität und Performativität, wie sie Krämer mit Paul Zumthor am Beispiel der Stimmlichkeit der menschlichen Sprache aufzeigt (vgl. ebd.: 79-81), sei im Begriff der *Spur*, im Unterschied zum Zeichen, auf- und nachzuspüren.

„[Denn] das Medium verhält sich zur Botschaft, wie die unbeabsichtigte Spur sich zum absichtsvoll gebrauchten Zeichen verhält, wie also – jedenfalls im Sprachspiel Freuds – das Unbewußte in einem Verhältnis steht zu dem, was dem Bewußtsein zugänglich ist. Die sinnprägende Rolle von Medien muß also nach dem Modell der Spur eines Abwesenden gedacht werden; so rückt in den Blick, warum die Bedeutung von Medien gewöhnlich verborgen bleibt." (Ebd.: 81)

2. Jörissen/Marotzki begrenzen die strukturgebende, prägende Kraft der Medien aber nicht nur in einem funktionalistischen Formenbegriff, sondern sie reduzieren sie meines Erachtens auch auf *Diskurse* bzw. diskursiv artikuliertes Wissen, wobei doch – um bei der begrifflichen Logik Michel Foucaults zu bleiben – von medialen Erfahrungsräumen besser (oder zumindest auch) als *Dispositive* gesprochen werden müsste, da diese *per definitionem* vollkommen heterogene Elemente wie Sichtbarkeiten, sprachlich-diskursive Sagbarkeiten und nichtsprachliche Praxen umfassen (vgl. Foucault 1978). Auch Dieter Mersch (2006: 213ff) kommt, interessanterweise mit einer etwas wohlwollenderen Lesart von Luhmanns Medienbegriff als Krämer, zu einem ähnlichen Ergebnis, wenn er die „lose Kopplung" des Medialen bei Luhmann als *Dispositiv* deutet, „einer Bedingung der Möglichkeit, die gleichermaßen eröffnet wie verschließt" (ebd.: 214). Eine Eingrenzung dieser losen Kopplung auf diskursives und hermeneutisches Wissen und dessen Praktiken denkt in Ordnungen, Formen und Strukturen, und nicht in Materialitäten, woran sich ihr Ästhetisches erst manifestiert.

Mit Luhmann lasse sich zudem, so Mersch weiter, *„Medialität als Differential"* denken, was es ihm ermöglicht den zweiten Hauptsatz von McLuhans Medientheorie systemtheoretisch zu reformulieren:

„Medien kommen immer nur in anderen Medien vor, wie Formen in Formen und Unterscheidungen in Unterscheidungen. Medialität ist strukturelle ‚Inter-Medialität', was ihre Präsenz verdunkelt und ihre Analysierbarkeit erschwert." (Ebd.: 217)

Die Bestimmungsgröße der Medialität als Differential sei der *Prozess ihres Koppelns und Entkoppelns*, des Übersetzens, Transformierens, der dabei aber *nicht positiv* in Erscheinung trete, sondern nur in ihren Formen und Artikulationen beobachtbar werde. In gewisser Nähe zu Jacques Derridas Begriff der *différance* konzipiert Mersch Medialität als das

> „Generierende, die Form als das Generierte, wobei das Generierende sich auf immer entzieht und sich allein indirekt, d.h. vermöge des Generierten und seiner Bewegungen, Umstellungen und Umbesetzungen als ‚Spur' oder Residuum lesen lässt" (ebd.: 218).

Medialität ist somit, in Nähe zum zuvor skizzierten Medienbegriff von Krämer, etwas konstituierendes, strukturierendes, das sich aber mit Derrida gesprochen nur in seinen Spuren und Bahnungen zeigt, die es im Prozess ununterbrochenen Ereignens von Kopplung und Entkopplung hinterlässt. Bei Medialität hat man es demzufolge, so Mersch, mit einer „*konstitutionellen Blindheit* oder *Negativität*" (ebd.) zu tun.

In Jörissen/Marotzkis Konzeption von Medialität stellt die *konstitutionelle Blindheit* der Medialität aber selbst den *blinden Fleck* ihres theoretischen Zugangs dar, zumindest im Bereich der Medialität des Films[29]. Ähnlich wie andere, zuvor diskutierte Ansätze der Filmbildung (vgl. z.B. Fritsch/Fritsch, S. 21f) konzentrieren sie sich ganz auf den Film, wie er mit den Schriften von Christian Metz (1972) und im weiteren Verlauf seiner filmwissenschaftlichen Erforschung immer mehr vom Kino, allgemeiner von seinen Aufzeichnungs-, Aufführungs- und Rezeptionsbedingungen getrennt wurde. Sie leisten damit im Bereich der medienpädagogischen Bestimmung des Films und seiner bildenden Effekte einer theoretischen „Immaterialisierung" der Medialität der Medien Vorschub, gegen die Dieter Mersch (2010) in seiner posthermeneutischen Philosophie und Medientheorie anschreibt. Auch die bis dato formulierten Dispositivtheorien des Kinos (vgl. Baudry 1975, Commoli 1980, Paech 1997, Winkler 1992) und des Fernsehens (Hickethier 1993, 1995) argumentieren gegen eine „rein" diskursive, hermeneutische Analyse *filmsprachlicher* Mittel.

Mir erscheint es daher vor dem skizzierten theoretischen Hintergrund wenig sinnvoll, die Medialität des Films und ihre bildenden Möglichkeiten losgelöst von den materialen, technischen Bedingungen und der Performativität seiner Produktion und Aufführung zu untersuchen. Die theoretische Integration materi-

29 Jörissen/Marotzki beziehen am Beispiel des Internets (2009: 169ff) technologische, apparative Elemente, nicht-diskursive Praxen neben Diskursen in ihre Überlegungen ein, so dass vom Internet als einer spezifischen, sich ständig im Gebrauch verändernden Vernetzung der zuvor genannten heterogenen Elemente gesprochen werden kann, was ihre Überlegungen in die Nähe des Foucaultschen Dispositvs rückt.

aler und performativer Dimensionen, so kann ich als ein Ergebnis meiner Lektüren festhalten, stellt ein Desiderat der gegenwärtigen medienpädagogischen Debatte dar. Sie scheint aber m.E. eine notwendige Bedingung für eine bildungstheoretische Erforschung des Mediums Films zu sein.

Bei der bildungstheoretischen Thematisierung der technisch-materialen Bedingungen des Films und seiner Erfahrung gilt es allerdings den Unterschied von technischem *Instrument* und technischer *Apparatur* zu bedenken und weiter auszuarbeiten (vgl. Krämer 1998: 83ff). Mit anderen Worten: es wäre weiter zu erforschen wie die Materialität und Medialität des Films, verstanden als spezifische, technische „*Apparatur*" (Krämer) oder als „*materiales Dispositiv*" (Mersch) die Erfahrung von Film *rahmt*: Wie ist diese prägende Rahmung und Strukturierung, die mediale Artikulationen begleitet ohne sich direkt zu zeigen, zu beschreiben? Wie *gibt* der Film zu sehen? Oder: wie bildet er sich in der ästhetischen Erfahrung des Individuums? Die Beantwortung dieser und sicher noch von weiteren, differenzierteren Fragen setzt selbstverständlich eine genaue medientheoretisch inspirierte Untersuchung der Medialität des Films voraus, die m.E. noch aussteht.

3. Auch der filmtheoretische Bezug von Jörissen/Marotzki ist kritisierbar, da dieser m.E. den theoretischen Blick der Autoren auf die Medialität des Films durch die Formenanalyse audiovisueller Artikulationen weiter einschränkt[30]. Mit der Entscheidung für eine neoformalistische Filmtheorie geht eine Narrativierung bzw. Textualisierung des filmischen Erzählraums einher, die sich später in der Analyse sogenannter *filmsprachlicher Mittel* der Erzählung einlösen lässt. Denn mit filmanalytischen Ansätzen der neoformalistischen Schule ist, nach Hermann Kappelhoff, zugleich eine Orientierung an einer recht klassischen Erzählweise des Kinos verbunden.

„[Sei es], dass sie im Modell des *narrative space* die Illusion realistischer Raumdarstellung als ideologische Funktion der Narration voraussetzen; sei es, dass sie [...] dieselbe Struktur, das so genannte Continuity System, auf ein universelles Wahrnehmungsmuster zurückführen. In der Konsequenz wird so jede Gestaltung des filmischen Bilds, die nicht in der Ökonomie dieses Erzählmodells gründet, zur stilistischen Überformung, ironischen

30 Was nicht nötig wäre, da die materiale Dimension der filmischen Formen, ihre „Faktur", von den russischen Formalisten gedacht wurde. Mit Jakobson (1979) lasse sich zudem ein direkte Linie von den russischen Formalisten zum westlichen Strukturalismus ziehen (vgl. dazu die Ausführungen zu Form und Intensität von Didi-Hubermann 1999: 191-222, insb. 205 und 210f).

Brechung, Dekonstruktion oder zum postmodernen Zitat hypostasiert. Längst müssen solche Kategorien nicht mehr nur das Gegenspiel des Autoren-, des Avantgarde- und Kunstkinos, sondern auch den Mainstream des postmodernen oder postklassischen Kinos erklären." (Kappelhoff 2006: 404)[31]

Kappelhoff schlägt stattdessen mit dem Begriff des „Bildraums" eine andere Formenanalyse des kinematographischen Bewegungsbildes vor:

> „der Raum der Farben, der Formen, des Lichts, der Raum der fotographischen Gestaltung des filmischen Bewegungsbildes. Als solcher bezeichnet [der „Bildraum", MZ] das Gegenstück zum narratologischen Konzept des Erzähl- oder Handlungsraums" (ebd.).

Das Konzept des Bildraums erschöpfe sich weder „in handfesten Eigenschaften der Bildobjekte" des Films noch bezeichne er nur eine „mentale Entität", sondern vielmehr das gemeinsame Dritte von mentalem Bild und Bildobjekt; „ein Gemeinsames, das sich in unterschiedlichen Medien verkörpert und für das noch unser Körper zum Medium werden kann – etwas im Denken und Empfinden der Kinozuschauer" (ebd.: 405). Um seinen Bildbegriff weiter zu skizzieren, bezieht er sich auf Gilles Deleuze. Dieser bestimme in seiner Kinophilosophie das Bild

> „[als] Korrelation aufeinander einwirkender Kräfte, Konstellationen von Wirkungsverhältnissen und Konfigurationen von Transformationsvorgängen. [...] Sie konstituieren eine Erfahrungsform, durch die sich kein Ich hindurchbewegt, ohne etwas anderes zu werden. Als ein begrenztes Objekt ist das Bild für Deleuze deshalb nur eine Verfallserscheinung: ein Klischee, ein steriles ästhetisches Objekt ohne Bildmächtigkeit" (ebd.: 406).

Kappelhoff eröffnet mit Deleuze nicht nur einen Bildbegriff der mich stark an die Bestimmungen des Bildes erinnert, die Karl-Josef Pazzini (1992: 40-50) in seinen Analysen des Bildbegriffs bei Meister Eckhardt gewinnt[32]; der Bezug auf Deleuze scheint mir zudem eine interessante Perspektive für die Bestimmung der Medialität des Films, seiner Bildlichkeit gerade in Differenz zur Sprache oder zum Text zu sein[33]. Nach Kappelhoff entwickelt Deleuze in seinen Kinobüchern eine Bildtheorie

---

31 Das scheint mir auch eine plausible Erklärung für die Häufung von Publikationen, zu den sogenannten unzuverlässigen Erzählungen des gegenwärtigen Kinos zu sein.

32 Vgl. dazu auch meine Anwendung von Pazzinis/Eckhardts Bildbegriff auf Fotographien von Cindy Sherman in Zahn 2006, insb. S. 51-56.

33 Vgl. dazu auch Sanders 2007, 2009.

„als eine Taxonomie filmischer Bilder. Das Wahrnehmungs-, das Affekt-, das Trieb-, das Aktions- und das Denkbild bezeichnen Formen der Modellierung des Wahrnehmbaren der Welt in Artikulierbares, in Sagbares. Vereinfacht gesprochen, vollzieht sich in solchen Bildkonstrukten die Transformation von Wahrnehmungs-, Affekt- und Triebmaterial in Sprache, in Bewusstsein. [...] Die Bilder sind transitorische Möglichkeiten eines Affekts, einer Wahrnehmung, eines Denkens. In diesem Sinne bezeichnet das Bild die apriorische Struktur eines sprachlich verfassten Bewusstseinsfragments. So verstanden [...] konstituieren Filme Bildräume, mit denen die Gegebenheit der Alltagswahrnehmung gerade verändert und nicht reproduziert wird" (ebd.: 407).

4. Meine letzte kritische Anmerkung betrifft den Status der *Unbestimmtheit* oder auch *Fremdheit* in Jörissen/Marotzkis Formanalysen von Filmen. In ihrer anspruchsvollen bildungstheoretischen Reflexion von „Medienbildung" fassen sie dieselbe als *prozessualen Aufbau von Orientierungswissen im Zeichen von Unbestimmtheit*; als eine Art von Wissen, die vorhandene Wissensbestände zu sich selbst kritisch und reflexiv in Beziehung setzt und die es dem sich bildenden Subjekt erlaubt mit Kontingenzen, Veränderungen, dem Fremden und Unbekanntem in seinen Verhältnissen zur Welt und sich selbst umzugehen. Wie ist es aber mit dem Umgang mit Unbestimmtheit(en) angesichts ihrer interpretativen Bestimmungen der Artikulationsformen im Medium des Films bestellt? Wird hier nicht die zuvor mit Krämer und Mersch skizzierte *konstitutive Unbestimmtheit des Medialen* durch formalistisch operierende Analysen ersetzt und in begrifflichen Interpretationen aufgehoben? Filmbildung wäre dann für Jörissen/Marotzki der „Heilsbringer" (vgl. Sesink 2008: 13-36), der das sich bildende Subjekt mittels formalistischen Interpretationen von audiovisuellen Artikulationen angesichts einer durchgehend mediatisierten, kontingenten Welt ermächtigt.

Ihr Konzept *strukturaler Medienbildung* bestimmt „Bildung" als „diskursive Bildung", als Zugewinn von (Orientierungs-)Wissen und somit an Flexibilisierung der subjektiven Welt-, Fremd- und Selbstverhältnisse. Diese Konzeption legt es zumindest Nahe, dass der Anspruch des Fremden (in Form von Kontingenzen, Unbestimmbarkeiten, Paradoxien etc.), verstanden als ein Motor für Bildungsprozesse, von einem dementsprechend gebildeten – wissenden und flexiblen – individuellen Subjekt angemessen beantwortet werden kann. Nach Meyer-Drawe (2007: 92) ist aber gerade „der Gefahr vorzubeugen, man könne auf eine Routine im Umgang mit dem Fremden hoffen." Die insistierende Frage bleibe mit Waldenfels (2006: 9) doch: „Wie können wir auf Fremdes eingehen, ohne schon durch die Art des Umgangs seine Wirkungen, seine Herausforderungen und seine Ansprüche zu neutralisieren oder zu verleugnen?"

1.4 Programmatische Folgerungen für einen Begriff der Film-Bildung im Zeichen radikaler Alterität

Mit Waldenfels Frage ist zugleich eine ethische Frage des bildungsphilosophischen Denkens angesprochen, nämlich die nach der antwortenden Haltung gegenüber einer irreduziblen und uneinholbaren Fremdheit, einer radikalen Alterität, deren „Beantwortung" im Sinne einer Entfaltung und Präzisierung derzeit dringlicher denn je scheint. Denn Bildung hat sich in der aktuellen bildungspolitischen Planungslogik und dem praxistheoretischen Kontext der medienpädagogischen Debatte um Kompetenzsteigerung vollkommen in das verwandelt, was Theodor W. Adorno (1959) noch mit dem Begriff *„sozialisierter Halbbildung"* (ebd.: 93) vehement kritisiert hat. Nachdem die gesellschaftlichen und kulturellen Institutionen nun durchgehend einer ökonomischen Rationalität unterworfen sind, werden gleichsam die von ihnen bereitgestellten bzw. eingeforderten Praktiken der Erkenntnis von Welt und Selbst zunehmend warenförmig. Bildung, als bloße Eingliederung in gesellschaftliche Denk- und Handlungsmuster, verkommt dabei zu einer Form von Selbstbehauptung. Das sich bildende Subjekt soll sich als ein Bündel von Kompetenzen erkennen, als einer Sammlung von Bindestrich-*Literacies* oder eben als flexibles Subjekt, souverän zwischen völlig unterschiedlichen, jeweils kontingenten Perspektiven auf Welt und Selbst wechselnd.

In diesem soziokulturellen und technologischen System – das Adorno zusammen mit Max Horkheimer (1947) als „Kulturindustrie" und Hans Magnus Enzensberger (1970) später als „Bewusstseins-Industrie" bezeichneten – sehe ich nun auch die Beschäftigung mit Kulturgütern wie Filmen in vielen Konzepten von „Filmbildung" unter der Maßgabe gesellschaftlicher Brauchbarkeit von Bildung perspektiviert. Die bildende Auseinandersetzung mit kulturellen und künstlerischen Produktionen erhält in diesen Konzeptionen ihren sozialen Sinn nur im Rahmen konkurrierender Selbstbehauptung der Subjekte[34], und sei es nur, dass sich die bildenden Subjekte kultivieren, um die mit den Kulturgütern erworbene Halbbildung als „kulturelles Kapital" (vgl. Bourdieu 1984) im sozialen Konkurrenzkampf einzusetzen.

Mit diesen Selbstbehauptungsgesten geht die Unterstellung einer in Begriffen identifizierbaren und beherrschbaren Welt einher. Filme werden damit zu Medienprodukten, die man reproduzieren oder sich lernend *aneignen* kann;

34 Der Begriff „Subjekt" ist hier durchaus in dem Doppelsinn von Autonomisierung und Unterwerfung zu verstehen, wie ihn Adorno (1959) und später Foucault (1976) herausgearbeitet haben.

selbst dort noch, wo man ihre Andersheit oder Fremdheit, sei es inhaltlich oder formal, im Verhältnis zum Subjekt reflektiert, wird diese „Entfremdung" in der Logik einer Selbststeigerung des souveränen Subjekts gedacht, das sich notwendigerweise auf die Dinge bzw. die kulturindustriellen Medienprodukte einlässt, um nur gestärkt aus dieser entfremdenden Erfahrung zu sich zurückzukehren. Ein Verständnis von Bildung, die nichts anderes wäre „als Kultur nach der Seite ihrer subjektiven Zueignung" (Adorno 1959: 94) scheint vor diesem Hintergrund unmöglich – und ist gerade aus diesem Grund umso hartnäckiger einzufordern.

Trotz dem „Doppelcharakter von Kultur"[35] (ebd.: 96) war es für Adorno bekanntlich die Kunst, die es dem sich bildenden Subjekt ermöglichen kann, eine lebendige und subjektive Erfahrung mit der es umgebenden Welt und sich selbst zu machen. Der „Wahrheitsgehalt" (ebd.: 103) von Kunstwerken (im Gegensatz zu ihrer Warenförmigkeit) bestehe darin, dass sie sich gerade *nicht* abschließend definieren und damit *nicht* beherrschen lassen: er bestehe in ihrem *„Rätselcharakter"*, wie Adorno in seiner *Ästhetischen Theorie* (1970: 183) schreibt. Erst dieser rätselhafte Charakter von Kunst ermögliche jene lebendige Beziehung, in der sich das singuläre Subjekt ihr immer wieder und aus unterschiedlichen Perspektiven, mit anderen Ansätzen nähert, ohne sie letztlich begreifen zu können. Dabei kann das Subjekt auch die „Wahrheit" – die Medialität und damit gleichsam die Begrenzung – seiner eigenen Erfahrungsweisen, seiner Welt- und Selbstverhältnisse erfahren, insofern es im Scheitern seines identifizierenden Denkens die Grenzen seiner Verfügungsansprüche über die Welt anerkennt.

Für künstlerische Produktionen, gerade für Kino- oder Fernsehfilme, aber auch DVD-Produktionen, gilt heute sicher Adornos kulturindustrielle Diagnose umso mehr und geht in dem was sich gut vier Jahrzehnte nach seinem Tod entwickelt hat, weit über sie hinaus. Dass künstlerische Produktionen in allen medialen Formaten der Logik der Verwertbarkeit folgen ist längst kein Geheimnis mehr, sondern fungiert mittlerweile als unabdingbare Grundlage ihrer Qualität. Die Kunst, der Adorno noch die Potenz zusprach *„Chaos in die Ordnung zu bringen"* (Adorno 1951: 142. Aphorismus), ist heute als „kritische" Instanz weitgehend in die ökonomisch verwaltete Welt integriert. Damit verliert sie auch ihre Sprengkraft, zumindest kann man ihr m.E. dieselbe genauso wenig wie „Bildungswerte" zusprechen. Es hat fast etwas Naives von der Kunst etwas Emanzipatorisches oder einen „Wahrheitsgehalt" zu erwarten. Dieser hat näm-

35 Ein paradigmatische Formulierung dafür lautet: „Während [die Kunst, M.Z.] der Gesellschaft opponiert, vermag sie doch keinen ihr jenseitigen Standpunkt zu beziehen; Opposition gelingt ihr einzig durch die Identifikation mit dem, wogegen sie aufbegehrt" (Adorno 1970: 201). Zum Doppelcharakter der Kunst vgl. auch Wellmer 2005.

lich mit der Kritikfähigkeit von Kunst zu tun; und die ist weder unmittelbar mit der Kunst gegeben noch erschöpft sie sich in der Unterstellung einer kritischen Absicht der Künstlerin oder des Künstlers, sondern entsteht erst im ästhetischen Blick auf die Kunst, die dieselbe *als* Rätsel anerkennt:

„Der Wahrheitsgehalt der Kunstwerke ist die objektive Auflösung des Rätsels eines jeden einzelnen. Indem es die Lösung verlangt, verweist es auf den Wahrheitsgehalt. Der ist allein durch philosophische Reflexion zu gewinnen. Das, nichts anderes rechtfertigt Ästhetik. [...] Den Wahrheitsgehalt begreifen postuliert Kritik. Nichts ist begriffen, dessen Wahrheit oder Unwahrheit nicht begriffen wäre, und das ist das kritische Geschäft. Die geschichtliche Entfaltung der Werke durch Kritik und die philosophische ihres Wahrheitsgehalts stehen in Wechselwirkung." (Adorno 1970: 193f)

Für meine weitere Untersuchung heißt das, Adornos Konzeption der Kunst folgend, die Medialität des Films als ästhetische zu bestimmen, eine Haltung zu ihr und eine Methode (im Sinne von Wegen, Zugängen) ihrer Beschreibung zu entwickeln, die ihre paradoxe und rätselhafte Konstitution nicht verleugnet, sondern sie vielmehr „hervorbringt", erkennt und anerkennt – um dabei die souveräne Position des individuellen Subjekts zu riskieren (vgl. Sattler 2009, insb. S. 87-100). Dazu gilt es in der Auseinandersetzung mit Filmen eine Erfahrung des Anderen und Fremden geltend zu machen und auszuhalten, die in die zuvor beschriebenen „Entfremdungsbewegungen" eines souveränen, selbstbezüglichen Individuums *nicht* integrierbar sind. Das Versprechen des Ästhetischen, der ästhetischen Erfahrungen mit Kunst ist es, dass sie in der Singularität ihres Ereignens solche radikalen, der Aneignung widerstehenden Fremderfahrungen ermöglichen kann (vgl. dazu Ehrenspeck 1998 oder Billstein 2007). Eine Untersuchung ästhetischer Dimensionen der Erfahrung von Film, und die Ausarbeitung einer ästhetisch perspektivierten Film-Bildung stellt, wie zuvor schon angedeutet, ein Desiderat der medienpädagogischen und der vergleichsweise jungen bildungstheoretischen Beschäftigung mit Film dar, obwohl deren Wichtigkeit und Notwendigkeit schon seit geraumer Zeit gesehen wird (vgl. Mikos 2000, Pauleit 2004, Bergala 2006, Hacke/Welling 2009).

Eine Rehabilitierung der Ästhetik als einer von drei „Quellen und Ursprünge eines Medienbegriffs" fordert auch Dieter Mersch (2006: 14) für den medientheoretischen Diskurs. Dieser habe im Laufe des 20. Jahrhunderts seine aisthetischen Ursprünge und wahrnehmungstheoretischen Bestimmungen nahezu völlig vergessen (gemacht) und durch sprach- und kommunikationstheoretische Modellierungen des Medienbegriffs an die Ränder des Diskurses gedrängt. Ein Blick in die philosophische *Geschichte des Medienbegriffs* (Hoffmann 2002) bestätigt Merschs Diagnose, zeigt sie doch, dass die ehemals dominierende ästhetische

Ausrichtung des Medienbegriffs in seiner Entwicklung überschrieben wurde, obwohl in der Geschichte Ansätze für ein integrierendes Begriffsverständnis von „Medien" vorliegen. Als einer der aktuellsten Versuche der Reintegration des Ästhetischen in den Medienbegriff kann Dieter Merschs Entwurf einer *Negativen Medientheorie* gelten. Sie scheint mir für die Bestimmung der Medialität des Films im Anschluss an Adornos Kunstbegriff eine viel versprechende theoretische Basis zu sein, ist sie doch darum bemüht, „den intimen Zusammenhang zwischen Künsten und Medien zu betonen" (2006:17). Einer der Effekte bestehe dann darin „die Kunst als Motor von Medienreflexion zu verstehen" (ebd.). Dies bedeute gleichsam sich von den Vorstellungen einer positiven Bestimmbarkeit der Medien zu verabschieden und „die Negativität des Medialen zu konstatieren" (ebd.), d.h. es

> „können durch die Reflexionen und Interventionen der Künste nur verschiedene Momente [des Medialen, M.Z.] freigelegt werden, die auf die Spur jener ‚Unbestimmbarkeit' führen, die sich als ‚Figur des Dritten' ‚dazwischen' hält und – buchstäblich – in der Mitte bleibt, ohne selbst vermittelbar zu sein" (ebd.).

Es wird zudem zu überprüfen sein, ob nicht der Begriff ästhetischer Erfahrung, wie ihn Adorno zusammen mit seinem Kunstverständnis entwickelt hat, ein geeigneter Ausgangspunkt für ein solches Unterfangen ist; und ob er zudem das theoretische „Scharnier" für eine philosophische Reflexion der Bildung mit Film sein kann. Die ästhetische Erfahrung bezeichnet in ihrer allgemeinsten Definition die *performative* Dimension ästhetischer Welterschließung[36]. Diese ist vor allem dadurch gekennzeichnet, dass sie dem Subjekt der Erfahrung die sinnlich-sinnhafte Seite von Welt und Selbst in ihrer nicht substituierbaren Weise (unter Formen begrifflicher Rationalität oder identifizierenden Denkens) zugänglich macht, also etwas zum *Erscheinen* (Seel 2000) bringt, das *zwischen Ding und Zeichen* (Koch/Voss 2005) ist. Die subjektive, ästhetische Erfahrung ist daher mit einer objektiven Dimension der ästhetischen *Gegenstände* verschlungen. Über die Dimensionen des Gegenstandsbereiches des Ästhetischen liegen heute die unterschiedlichsten, zum Teil gegensätzliche Einschätzungen vor, die von der Kunst als exklusiver Domäne des Ästhetischen bis hin zu einer durchgehend

---

36 Bernd Kleimann (2002) bestimmt in systematischer Untersuchung noch drei weitere Dimensionen des ästhetischen Weltverhältnisses: 1. die gegenständliche der ästhetischen Phänomene (z.B. des Films), 2. die reflexive der ästhetischen Kommunikation und die normative Dimension der ästhetischen Rationalität. Diese Dimensionen bilden zusammen das, was gemeinhin als „das Ästhetische" bezeichnet wird.

ästhetisierten Lebenswelt reichen (vgl. Kleimann 2002: 145ff). Adornos *negativ dialektische* Konzeption des Kunstwerks und seiner ästhetischen Erfahrung bezieht in diesem weiten Feld klar Stellung. Ein Kunstwerk ist ein Kunstwerk, *weil* es seiner begrifflichen Bestimmung und verstehenden Durchdringung widersteht, rätselhaft bleibt und somit in eine ästhetische Erfahrung und letztlich ins Denken führt. Eine Kunst, die vollkommen verständlich, also selbstverständlich ist, ist nach Adorno keine Kunst. Der Kunst kommt in ihrem irreduziblen Rätselcharakter eine gewisse Eigenständigkeit, eine *Souveränität* (Menke 1991), sowohl gegenüber ihrer Produzenten als auch ihren Rezipienten zu. Und doch bleibt ihre Bestimmung immer auf die aktuelle Begegnung von Kunstwerk und Rezipient, auf die *performative* Dimension der ästhetischen Erfahrung angewiesen: auf den „Blick, mit dem die Kunstwerke den Bertachter anschauen" (1973: 185)[37] – und auf die subjektiven Sicht- und Verstehensweisen angesichts von Kunst, muss man hier hinzufügen. Denn, so schreibt Adorno,

> „[...] die Vergeistigung (das Verstehen, MZ) der Kunst nähert sich nicht durch begriffliche Erklärungen unmittelbar, sondern indem sie den Rätselcharakter konkretisiert. Das Rätsel lösen ist soviel wie den Grund seine Unlösbarkeit angeben: [...]" (ebd.).

Der Blick des Kunstwerks ist ein eigenständiger, eigensinniger und tritt somit dem Rezipienten als *fremder* Blick entgegen, als Blick, der niemals angeeignet, als eigenes Sehen (als Einsicht) vom Rezipienten eingenommen werden kann[38]. Und trotzdem richten sich der rätselhafte Blick der Kunstwerke an die Rezipienten, sie versprechen etwas, rühren auf, beunruhigen, bestricken und erwarten, „warten auf Interpretation" (ebd.: 193). Der Blick der Kunstwerke ist in seinem Entzug ziehend, auffordernd und voller Erwartung. Die Rätsel der Kunst stellen sich den Interessierten – denjenigen, die schon von ihr angeblickt wurden – als je konkrete Aufgaben. Adorno weiter folgend könnte man sagen, dass gerade die *je*

---

37 Menke/Küpper (2003:8) stützen Adornos Argumentation, wenn sie bei der Beantwortung der Frage nach einem „Ort" bzw. Ausgangspunkt für einen Begriff des Kunstwerks auf die Gegebenheitsweise der Kunst im Erfahren verweisen. Zudem scheint es aussichtsreich zu sein, die performative Dimension des Films, im Zusammenhang mit dem Begriff des Blicks oder des Blickakts weiter zu untersuchen. Dazu ließe sich auf eine Fülle von unterschiedlich ausgearbeiteten Konzeptionen des Blicks (z.B. Sartre, Lacan, Didi-Huberman, Belting, Busch) zurückgreifen.

38 Auf diese lebendige und liebende Begegnung mit dem Film, als dem Anderen eines hermeneutischen und diskursiven Verstehens wurde zuvor schon im Zusammenhang mit der französischen *Cinéphilie* hingewiesen.

spezifische Medialität der Kunstwerke, sowohl Ding/Material als auch Zeichen zu sein, der Grund für ihre Rätselhaftigkeit, das *Andere* des Verstehens in der ästhetischen Erfahrung ist. Das Kunstwerk bietet sich zwar dem Verstehen an, entzieht sich aber gerade aufgrund seiner Materialität dem hermeneutischen Zugriff und bleibt daher immer (zumindest in Teilen) fremd.

Christoph Menke (1991) hat Adornos komplexe Struktur des Kunstwerks und seines Rätselcharakters auf ein zeichentheoretisches Vokabular appliziert. Mit seinen Studien lässt sich die Differenz zwischen der *Negativität des hermeneutischen Verstehens* und der *Negativität des ästhetischen Erfahrens* nach Adorno beschreiben. Während die Negativität eines hermeneutischen Verstehensprozesses – als *Rückweg aus der Entfremdung* (vgl. Buck 1984) oder auch als grundsätzliche Wandlung des Verstehenshorizontes – immer auf die *Erweiterung* des subjektiven Verstehens ausgerichtet bleibt, bricht in Adornos ästhetischer Erfahrung das Verstehen auf, das Erfahrene ist gerade *nicht* in die je subjektiv gegebenen Erfahrungsordnungen oder Verstehenshorizonte integrierbar, da diese wiederum an der Materialität, Dinghaftigkeit der Kunstwerke ihre Grenze erfahren. Diese Liminalität und Brüchigkeit ästhetischer Erfahrung kann nicht spurlos an einer mit ihr gedachten Subjektivität vorübergehen. Adorno spricht daher von einer „Erschütterung" des Ich, das in den Vollzügen geregelter Erfahrung und Sinnzuschreibungen *gestört* wird (vgl. Adorno 1989: 364f).

Die Herausforderung für einen bildungstheoretischen Anschluss an eine ästhetische Konzeption des Films und seiner Erfahrung wäre, diese Störungen und Fremderfahrungen nicht in dem Sinn als Äußerliche zu identifizieren, die ein reflektierendes, individuelles Subjekt angehen, sondern vielmehr Alterität und Medialität als konstitutive Bedingungen für eine andere Subjektivität zu verstehen. Es wird also im Anschluss an die Bestimmungen der Medialität des Films und der Film-Erfahrung als ihrem performativen Modus auch darum gehen, nach bildungstheoretischen Anschlüssen zu suchen, die es mir erlauben die subjektiven Fremderfahrungen, Störungen und Beunruhigungen mit Film als radikale Fremdheit der subjektiven Welt- und Selbstverhältnisse anzuerkennen, ihnen gerecht zu werden und sie nicht in gezähmten Formen von Alterität, als relative Fremdheit (Nicht-Wissen, Nicht-Können) anzueignen. Dies erfordert sicher eine kritische Diskussion der kritischen Theorieperspektive (vgl. Schäfer 2009) und deren Erweiterung durch andere, differenztheoretische Perspektiven wie beispielsweise der Psychoanalyse (vgl. Pazzini 1992, 2007; Kokemohr 2007) oder der Dekonstruktion (vgl. Masschelein/Wimmer 1996).

2 Die Medialität des Films und ihre Erforschung vom Film aus (Methodologische Überlegungen)

Wie zuvor ausgeführt, bestätigen meine Lektüren aktueller filmpädagogischer Texte die Vermutung, dass viele der Autorinnen und Autoren glauben das Medium Film auf den Begriff gebracht zu haben, es in Gänze zu kennen – und, dass sie dabei die komplexe Medialität des Films verkennen, sie bestenfalls in Teilen beschreiben. Die Medialität eines Mediums wird nicht ohne Grund in nahezu allen avancierteren Medientheorien als der *blinde Fleck* des Mediengebrauchs beschrieben[1]. Ich gehe daher, gegen die Alltagserfahrung mit Medien[2] und in Übereinkunft mit der in den medienphilosophischen Theorien[3] formulierten These davon aus, dass alles, was wir über die Welt und über uns selbst wahrnehmen, denken, fühlen, wissen können, mit Hilfe von, in und durch Medien wahrgenommen, gedacht, gefühlt und gewusst wird, welche wiederum im störungsfreien Vermittlungsvorgang verschwinden.

1 Vgl. dazu Krämer (1998: 74), die darauf hinweist, dass schon MacLuhan (1970) darum wusste, wie „der Inhalt jedes Mediums der Wesensart des Mediums gegenüber blind macht".

2 In der Alltagserfahrung mit Medien, tauschen wir beispielsweise im Gespräch nicht nur Laute, sondern Meinungen und Überzeugungen aus, lesen doch in einem Buch nicht die einzelnen Buchstaben, sondern die Geschichte oder sehen im Kino nicht seine Apparatur, sondern lassen uns auf die erzählte Geschichte oder die Schicksale der dargestellten Personen ein.

3 Vgl. Mersch 2006; er beschreibt eine historische Linie philosophischer Reflexionen des Medienbegriffs, die von Platons Schriftkritik bis zu Luhmanns Differenz von Form und Medium reicht.

Medien, wie beispielsweise der Film, werden in dieser Perspektive als Formen einer *Dazwischenkunft* thematisierbar, die epochale Einschnitte in der Gesellschaft, der Kultur und in der Kunst markieren und diese mit neuen Wahrnehmungs-, Denk- und Handlungsformen bereichern[4].

Medien sind damit nicht länger eindimensional nur als Werkzeuge für vorgängige Ziele, Zwecke und Handlungen eines kreativen, autonomen Subjekts zu verstehen. Sie sind vielmehr *Zwischeninstanzen*, welche die Bildung des Subjekts, die Erfahrungen von Welt und Selbst allererst ermöglichen. Aber damit ist jeder identifizierende Bezug auf die Welt und das Selbst gleichsam Entzug von Identität, genauer: etwas von einer *totalen* Identität entzieht sich, da die Medialität zwischen Subjekt und Welt tritt, als etwas, das das Subjekt zugleich dezentriert und formiert. Dessen Welt- und Selbstverhältnisse sind damit nur als eine Auslegung im medialen Anderen[5], den es immer wieder verkennt, denkbar. Darin liegt nach Mersch (2006a: 222f) das Paradox des Medialen. Wenn man, wie viele philosophische Medientheorien es tun, von einem medialen *A priori* ausgeht, „wenn ‚alles', was ist, in Medien gegeben ist, wenn folglich kein Medien-‚Anderes' oder Medien-‚Aussen' existiert, ergibt sich das Problem, wie Medien selbst gegeben sind und sich als solche zu erkennen geben." (Ebd.: 222)

Mersch bezieht sich an dieser Stelle kritisch auf Positionen im medientheoretischen Diskurs, die sich mit aller Vorsicht als „medienfundamentalistische" oder „medienidealistische" (Mersch 2004: 77) Positionen[6] zusammenfassen lassen. Der „Medienfundamentalismus" geht davon aus, dass Medien das, was sie vermitteln zugleich auch erzeugen. Die Konstitutionsleistung von Medien für unser Wahrnehmen, Fühlen und Denken wird dabei als ein *Medienapriori* entfaltet. Gibt es nun eine Alternative zum Medienfundamentalismus, die nicht wieder hinter die Befreiung von einer instrumentellen Perspektivierung der Medien zurückfällt?

Sybille Krämer (2008: 20ff) stellt sich dieser Frage und entwickelt in Absetzung zur medienfundamentalistischen, generativen Perspektive einen anderen Blick auf die Medialität der Medien. Sie spricht Medien keinen *apriorischen* Status zu, wie es der *linguistic turn* zuvor schon am Modell der Sprache getan

4 Vgl. Tholen 2002.

5 Vgl. Schäfer/Wimmer 2006.

6 Mersch erläutert diese Kritik beispielsweise an der medientheoretischen Position Friedrich Kittlers (vgl. 2004: 76ff und 2006a: 185-207). Des Weiteren argumentieren, nach Mersch (2006a: 132), auch die medienphilosophischen Ansätze von Vilém Flusser, Jean Baudrillard und Paul Virilio auf je unterschiedliche Weise mit einem mehr oder weniger explizit formulierten Medienapriori.

hat. Sie versteht Medien auch nicht im Kantschen Sinne *als Bedingung der Möglichkeit von* Wahrnehmen, Denken, Fühlen und Handeln. Medien sind für sie nicht als unhintergehbar, souverän und damit doch wieder als transzendental zu konzipieren. Ganz im Gegenteil geht Krämer in ihrem Verständnis von Medien von deren *Fremdbestimmtheit* aus: „Es gibt immer eine Außerhalb von Medien" (Krämer 2008: 10). Wenn es nun aber nach Mersch und Krämer nicht sinnvoll ist, über Medien so nachzudenken, dass sie dabei als transzendentales bzw. historisiertes *Apriori* der Welt- und Selbstverhältnisse des Menschen gesetzt werden, wie anders kann eine medienphilosophische Reflexion der Medien einsetzen? Oder: wie kann man sich überhaupt differenztheoretisch den einzelnen Medien nähern?

Dieter Mersch schlägt vor, anstatt von „den Medien", von einer je spezifischen Medialität eines Mediums im Sinne seiner Strukturierungen auszugehen. Die medialen Strukturierungen definiert er als die jedem Medium zugrunde liegenden Materialitäten, Archive, Dispositive, Performanzen, Techniken, symbolischen Ordnungen, Diskurse, Disziplinen usw., die mediale Prozesse begleiten, rahmen und in sie eingehen ohne sich direkt mitzuteilen. Bei den der Medialität der Medien zugrunde liegenden Strukturen handele es sich um etwas, das sich dem Wahrnehmen, Fühlen, Denken und Handeln aufprägt, um sich damit gleichsam der Reflexion und der denkenden Bestimmung zu entziehen[7]. Medialität ist eben etwas, das sich in der Mitte, im *Dazwischen*, im etymologischen Sinne von Medium[8], zwischen Kultur und Natur, Subjekt und Objekt, Imaginärem und Realem, Denken bzw. Bewusstsein und Sein hält; auch weil sie im Prozess der Vermittlung selbst abtaucht, sich entzieht, weil sie im Erscheinen verschwindet. Die Medialität zeigt sich (und verschwindet sehr bald darauf wieder) als unbe-

---

7 Auf den Entzug der Medien im Umgang mit ihnen, in ihrem Gebrauch hat Mersch schon an anderer Stelle mit Nachdruck verwiesen (vgl. Mersch 2002c, 132ff). Friedrich Balke (2005: 2) stützt Merschs Argumentation, wenn er fordert in die Erforschung von der Medialität der Sichtbarmachung ihr Unsichtbarmachen mit einzubeziehen: „Die Medialität der Sichtbarmachung bringt sich in der Selektivität dessen zur Geltung, was sie zu sehen gibt bzw. auftauchen oder erscheinen lässt. Sie wird indirekt erfahrbar an dem, was sie in den Bereich des Unsichtbaren oder der Latenz abdrängt. Ein fruchtbarer Gebrauch des Konzepts der Sichtbarmachung steht und fällt daher mit der Einbeziehung von Gegenbegriffen, die die Lücken, Brüche, blinden Flecken und Widerständigkeiten, mit einem Wort: die Störungen in dem, was jeweils medial zur Anschauung gebracht wird, erkennbar bzw. lesbar werden lassen."

8 Vgl. Kluge 2002: 608: „Medium [...] entlehnt aus l. *medium*, einer Substantivierung von l. *medius*, in der Mitte von, vermittelnd (usw.)."

stimmbare Mitte, ihr paradoxes Format ist das einer abwesenden Anwesenheit (und umgekehrt).

Zweierlei will ich hier noch einmal festhalten: Die erste Bemerkung betrifft die in den vorangegangenen Überlegungen implizit mitformulierte Differenz von Sinn und materieller/sinnlicher Medialität. Medien vermitteln, übertragen im alltäglichen Gebrauch nicht sich selbst, sondern sinnhafte Botschaften. „Im Mediengebrauch ist die sinnlich sichtbare Oberfläche also der Sinn, die Tiefenstruktur aber bildet das nicht sichtbare Medium." (Krämer 2008: 27) Medien, genauer ihre materiale Dimensionen, Dispositive und Strukturen *„an-aisthesieren"* (vgl. Welsch 1998) sich in ihrem Gebrauch, was nach Krämer folgerichtig von eher metaphysischen Überlegungen zu einer *Physik der Medien* führt, wie sie Walter Seitter (2001) vorgelegt hat.

Auch für Mersch ist die Materialität der Medien der entscheidende Einsatzpunkt, weil sie den „blinden Fleck" des medienphilosophischen Diskurses bilden:

> „Denn Medien *sind* selber etwas: Ein Archiv, ein Bild, eine technische Apparatur oder ein System von Programmen und Datenverarbeitungen sind Dinge oder zeigen sich anhand von Dingen, mit denen sie unlösbar verwoben sind. Ihnen eignet eine spezifische *Materialität.* Diese determiniert die Strukturen und mischt sich in das derart Mediatisierte, in die Prozeduren, Vorrichtungen und Operatoren zuweilen recht *unfüglich* ein. Kein Medium geht daher *allein* in der *Immaterialität seiner Funktionen* auf, insofern die spezifische Materialität, die diese allererst austrägt, nicht selbst wieder Element dieser Funktionen sein kann sondern ihnen vorausliegt. Ihr eignet, unter dem Gesichtswinkel des Mediums eine konstitutionelle *Unsichtbarkeit.*" (Mersch 2004: 78)

Die zweite Bemerkung betrifft die performative Dimension der Medien. Wie Mersch und Krämer aufzeigen sind Vollzug und Entzug von medialen Prozessen untrennbar ineinander verstrickt, ja sie „zehren" voneinander. Je besser Medien funktionieren, umso mehr verharren sie unterhalb der Schwelle der (gewöhnlichen) Wahrnehmung. „Medien machen lesbar, hörbar, sichtbar, wahrnehmbar, all das aber mit der Tendenz, sich selbst und ihre konstitutive Beteiligung an diesen Sinnlichkeiten zu löschen und also gleichsam unwahrnehmbar, anästhetisch zu werden", fassen Lorenz Engell, Joseph Vogel u.a. (2000: 10) in ihrem *Kursbuch Medienkultur* zusammen. Daraus folgt die systematische Schwierigkeit, dass wenn ich mich anschicke eine Analyse der Medien und ihrer Wirkungen vorzunehmen, sich deren Unbewusstes, Undarstellbares immer wieder verflüchtigt und der Analyse unterschiebt, da auch die Analyse wieder Medialitäten im Sinne von Performanzen, Materialitäten, symbolischen Strukturen, etc. unterworfen ist, die sich eben in dem Maße aufzwingen und einprägen, wie sie sich verleugnen. Medialität kann folglich nicht oder nur in Teilen positiv[9] bestimmt werden. Dieter Mersch entwirft daher das Programm einer negativen Medientheorie und verweist in seinen Überlegungen auf die Kunst (2006a: 225ff). Das Potenzial der Kunst liege darin, dass sie innermediale Verfahrensweisen und Strategien der Reflexion aufzeige, die dem Paradox des Medialen mit der Modellierung medialer Paradoxa begegne. Insofern sei die Kunst ein Modell für die Formulierung der Frage, wie wir über die paradoxe Medialität nachdenken können. Die Kunst habe immer schon ästhetische Strategien entworfen und entwirft sie noch, welche die *Seh*süchte, Illusionierungswünsche und Ansprüche eindeutiger Interpretierbarkeit der Betrachter mit Seherschwernissen, Brüchen, Irritationen und Paradoxien traktieren. Die Kunst und ihre Interventionen ermöglichen so, die Medialität der Medien als immer neue *Spuren* und *Bahnungen*, welche die Medialität in den Medien und ihren Nutzern hinterlässt, zu entdecken. Künstler können mittels ästhetischer Verfahren in bestehende Strukturen eingreifen, Sprünge, Brüche und Widerstände erfinden, um etwas von der Medialität eines Mediums hervorzulocken. Dazu bedarf es freilich einer Einübung in Sicht- und Erfahrungsweisen, die nicht den vordergründigen Funktionen medialer Prozesse folgen, sondern sich bevorzugt für deren Bruchstellen, Irritationen und Dysfunktionen interessieren. Merschs zunächst intuitiv einleuchtendes Forschungsprogramm wirft auch Fragen auf, gerade dann, wenn ich es für eine Erforschung der Medialität des Films anwenden möchte:

1. Wenn Mersch danach fragt, von welchem Ort aus Medien befragbar sind, genauer: wie man Medialität differenztheoretisch denken kann, dann muss geklärt werden, was unter einem differenztheoretischen Denkansatz verstanden werden kann und auf welche der Autoren, die unter dem *Label* des Differenzdenkens geführt werden, sich Dieter Mersch in seinem Entwurf einer negativen Bestimmung des Medialen bezieht.
2. Zudem spricht Mersch davon, dass das künstlerische Potential darin liege, dass die Kunst innermediale Verfahrensweisen und Strategien der Reflexion aufzeige, die dem Paradox des Medialen mit der Modellierung medialer Paradoxa begegne. Diese innermedialen Verfahrensweisen müssen an Beispielen ausgewiesen werden können: ich vermute, dass sie so unterschiedlich sind wie die künstlerischen Arbeiten

9 „Positiv" ist im Sinne eines „positiven Befunds" zu verstehen und referiert auf eine positivistische, erkenntnistheoretische Praxis, die nur sinnlich erfassbare, beispielsweise sichtbare Daten in ihre Untersuchungen einbezieht.

selbst und daher nicht regelhaft systematisierbar und theoretisierbar sind. Trotzdem gilt es zu klären, wie die künstlerischen, innermedialen Paradoxa im je singulären Fall zur Darstellung kommen, *performieren*. Dabei geht es mir darum, eine Haltung zu beschreiben, wie man sich – im Anschluss an Theodor W. Adornos Bestimmung der ästhetischen Erfahrung – künstlerischen Arbeiten nähern kann, wie man sich an sie wendet und sie dann auf (bildungs-)philosophische Fragen und Probleme *anwendet*[10].

3. Diese Haltung fokussiert neben der performativen insbesondere die ästhetische bzw. *aisthetische* Dimension des Medialen. In dieser Perspektive kommt neben der zeichentheoretischen und der technischen Ebene, dem Material, der „Körperlichkeit" des Films ein gewisses „Gewicht" zu. In Merschs' Denken drückt sich diese materielle Dimension beispielsweise in den Begriffen wie „Spur" oder „Bahnung" aus, welche die Medialität in den Medien (oder künstlerischen Arbeiten, Artefakten, wie dem „Film", der selbstverständlich nur in und durch die Vielfalt der Filme erfahrbar, erahnbar wird) hinterlässt[11].
4. Im Anschluss an die Analyse der Paradoxa des Medialen und der medialen Paradoxa der Kunst stellen sich des Weiteren die Fragen, warum und wie die medialen Paradoxa der Kunst das Denken, Fühlen und Handeln ihrer Betrachter in Gang bringen (können)? Wie entsteht in der subjektiven ästhetischen Erfahrung neuer, anderer Sinn aus oder in der Auseinandersetzung mit paradoxen filmischen Konstruktionen? Und welche Art von Sinn ist das, wenn dieser keine weitere Variation des zuvor kritisch diskutierten, diskursiven Filmverstehens sein soll?

10 Zum Begriff der Anwendung siehe beispielsweise Derrida (2000: 23ff) und Pazzini (2000). In seinem Aufsatz *Kunst existiert nicht. Es sei denn als angewandte* unterscheidet Karl-Josef Pazzini die Anwendung von jeder Form der Methodik. Er bezieht sich dabei auf ein Interview mit Jacques Derrida, in dem dieser über die Dekonstruktion spricht: "Sie kann nicht angewendet werden, weil die Dekonstruktion keine Doktrin ist, sie ist keine Methode, noch ist sie ein Set von Regeln oder Werkzeugen. Sie kann nicht vom Performativen gelöst werden, von Signaturen, von einer gegeben Sprache. Wenn Sie also ‚Dekonstruktion tun' wollen – [...] – dann müssen Sie etwas Neues aufführen, [...], in Ihrer eigenen singulären Situation, mit Ihrer eigenen Signatur." (Derrida in Pazzini 2000: 13)

11 Zum Begriff der Spur vgl. auch Krämer 2000, 2005 und Krämer et al 2007 – Krämers Studien zum Spurbegriff und zum Spurenlesen werden später aufgenommen und im Zusammenhang mit der ästhetischen Erfahrung von Filmen diskutiert.

2.1 Exkurs: Philosophien der Differenz

Vor dem Hintergrund der von Mersch im Begriff der Medialität formulierten *differenztheoretischen* Kritik an bestehenden Medienbegriffen einerseits und angesichts der Konjunktur eines differenztheoretischen Denkens in den kultur- und sozialwissenschaftlichen Disziplinen (vgl. Allolio-Näcke et al 2005) andererseits, mitsamt der damit verbundenen Gefahr der Abnutzung der grundlegenden Probleme und der verschiedenen Denkansätze der „Philosophien der Differenz" (Kimmerle 2000), scheint es mir von Nöten einen Exkurs einzufügen, um die Herausforderungen und Problemlagen zu skizzieren, auf die ein Differenzdenken versucht zu antworten, ausgewählte Philosophien und Theorien der Differenz zu erinnern und deren Implikationen und Konsequenzen für eine Anwendung auf die Modellierung von Medialität zu explizieren. Ich tue dies an dieser Stelle auch, um die Radikalität von Merschs theoretischem Programm und seiner Methodologie herauszustellen und auf die vorliegende Problemstellung zu beziehen.

In einer ersten sehr allgemeinen Annäherung lässt sich mit Kimmerle (2000: 11) die gemeinsame Aufgabe des Differenzdenkens darin fassen, die „erweiterte Rolle des Symbolischen" aber auch seiner Grenzen, im Hinblick auf das Denken, Fühlen und Handeln des Menschen, „aufzuzeigen". Allgemein bekannt ist dieser kategoriale Umbau des Denkens im Feld der Kultur- und Sozialwissenschaften unter dem Namen des „*linguistic turn*"[12], der Entdeckung, dass das Feld der Erkenntnis durch Gesetze sprachlicher, kulturell-symbolischer Natur determiniert ist, wodurch das Symbolische in seiner medialen Leistung der „Vermittlung" von Imaginärem und Realem, Subjektivem und Objektivem, Denken und Sein als ein Drittes erkannt und aus seiner bisherigen Sekundarität, Supplementarität und Nachträglichkeit zu einem freilich historisch, gesellschaftlich und kulturell unterschiedlichen *a priori* avancierte, das weder dem subjektiven Bewusstsein noch dem objektiven Sein zugeschlagen werden konnte und damit die Prämisse der identitätslogischen Vernunft radikal in Frage stellte[13]. Die mit dieser Perspektivverschiebung verbundene Theorieströmung – in Deutschland oft pauschal als Strukturalismus oder Proststrukturalismus benannt – fokussierte also nun ex-

12 Bekannt wurde der Begriff durch die 1967 von Richard Rorty herausgegebene Anthologie *The Linguistic Turn. Essays in Philosophical Method.* Er beschreibt dort eine eng eingegrenzte Entwicklung in den Kulturwissenschaften des 20. Jahrhunderts, insbesondere der Linguistik und der Semiotik, die jedoch weit reichende Auswirkungen auf die meisten übrigen Geisteswissenschaften hatte.

13 Vgl. dazu mit Blick auf die mit dem *linguistic turn* verbundene Krise der Repräsentation und deren Implikationen für die Bildungsphilosophie Schäfer/Wimmer 1999.

plizit die Medien der Generierung und der Darstellung von subjektiven Bewusstseinsinhalten (von Wissen) und konnte aufzeigen, „dass die Ordnung der Bewusstseinsinhalte nicht durch die in ihnen repräsentierten Bedeutungen konstituiert wird, sondern durch selbst bedeutungslose, aber bedeutungsgenerierende Strukturen (und Zeichen M.Z.)" (Schäfer/Wimmer 1999: 17). Diese Entdeckung erforderte unter anderem auch einen neuen Begriff der Differenz.

Bedeutungsdimensionen von Differenz

Mit dem Begriff der Differenz[14] wird gewöhnlich – in Übereinstimmung mit seiner etymologischen Herkunft und einer Hauptlinie der westlichen philosophischen Denktradition – ein Unterschied bezeichnet, der „aus einem Vergleich bzw. einer Unterscheidung resultiert und nur darauf sich bezieht." (Ricken 2007: 57). Der Differenz selbst kommt in diesem Denken kein klassifikatorischer Status zu, da Verschiedenheit, Abweichung, Besonderheit oder auch Andersheit immer nur als die Gegenseite der Gleichheit, Allgemeinheit und Selbigkeit gedacht werden. Für das identitätslogische und binär operierende Denken ist es kennzeichnend, dass Begriffe von ihren Gegensätzen her näher bestimmt werden. Dieses Denken in Oppositionen ist im dialektischen Denken Hegels am konsequentesten dargestellt und begründet worden[15].

Die im philosophischen Denken des beginnenden 20. Jahrhunderts raumgreifende Bedeutungsverschiebung und -erweiterung des Differenzbegriffs geht über das identitätslogische, binär strukturierte Denken hinaus und bricht mit den, im traditionell modellierten Begriff der Differenz noch mitgedachten, alle Unterschiede übergreifenden Ordnungsvorstellungen. Positiv formuliert geht es allen differenztheoretischen Denkern um die Beschreibung einer begriffslosen Differenz[16]. Dieses gemeinsame Projekt wurde von Denkern wie beispielsweise Fried-

14 „Differenz *Sf* ‚Unterschied' *erw. fremd.* (13. Jahrh.). Entlehnt aus l. *differentia*, einem Abstraktum zu l. *differre* ‚sich unterschieden; auseinandertragen', zu l. *ferre* ‚tragen' [...]. (Kluge 2002: 200). Die äußerst interessante etymologische Nähe des Differenzbegriffs zur „Metapher" und damit auch zum Begriff der „Übertragung" (l. metaphora, gr. meta-pherein) über das Verb *tragen* wird in der Entwicklung meines methodischen Umgangs mit den Filmen noch von Bedeutung sein.

15 Vgl. Kimmerle 1979 und auch 2002, 18ff und 56ff.

16 Ihr paradoxes Format zeigt sich bzw. *ereignet* sich in der subjektiven Erfahrung. Bernhard Waldenfels (2002:173f) findet für diesen Differenzierungsprozess – in Bezug auf Überlegungen von Deleuze, Derrida und Levinas – den glücklichen Begriff der *Diastase.* Dieser bezeichnet nicht den Akt einer Unterscheidung durch ein reflexi-

rich Nietzsche, Martin Heidegger, Theodor W. Adorno, Michel Foucault, Jean-Francois Lyotard, Jacques Lacan, Emmanuel Lévinas, Jacques Derrida und Gilles Deleuze auf unterschiedlichste Weise realisiert. Die dabei angestrebte Ausarbeitung und Auffaltung des Begriffs einer „ontologischen Differenz" (vgl. Heidegger 1962: 5ff) rückt in die semantische Nähe von Singularität, Inkommensurabilität und markiert ein Besonderes, zu dem es kein Allgemeines mehr gibt und nie gegeben hat. Diese Nähe kommt nicht von ungefähr, verweist sie doch auf einen entscheidenden Problemkontext differenztheoretischen Denkens, der mit der Frage verbunden ist, „ob (und inwieweit) der/die/das Einzelne überhaupt angemessen als ein Besonderes eines Allgemeinen verstanden werden kann" (Ricken 2007: 58)

Problemkontexte und Ansätze differenztheoretischen Denkens

Ricken (2007: 58f) nennt in seiner historischen Rekonstruktion differenztheoretischen Denkens insgesamt drei Entstehungskontexte desselben: einen wissenschaftstheoretischen Diskurs, der nach einer befriedigenden Antwort auf die Frage nach der Basis empirischer Erkenntnisse suchte; einen philosophischen, im Anschluss an die Erkenntniskritik Kants und die Ontologiekritik Heideggers; und einen soziologischen, der sich den „gesellschaftsstrukturellen Transformationen" des 20. Jahrhunderts verdankt,

> „die sowohl als Prozesse einer ‚funktionalen Differenz' (Luhmann) und ‚Globalisierung' als auch Prozesse der ‚Individualisierung' (Beck) und der ‚Disziplinierung und Normalisierung' (Foucault) beschrieben werden können und notwendigerweise den Umbau der jeweiligen sozialen Semantiken nach sich ziehen" (ebd.).

Ich will mich im Folgenden auf den philosophischen Entstehungskontext des Differenzdenkens konzentrieren, um den (Hinter-)Grund von Merschs *Negativer Medientheorie* herauszuarbeiten, die wiederum ihre singuläre Kontur darin erfährt, dass sie insistierend auf die Grenzen der von (post-)strukturalistisch argumentierenden Differenzdenkern entdeckten *Zwischensphäre der Zeichen* hinweist (vgl. Mersch 2002b, 2002c und zuletzt 2010).

Seinen Ausgang nimmt das philosophische Differenzdenken im Zweifel an metaphysischen Fundierungsbemühungen subjektiver Erkenntnis, wie sie schon

---

ves individuelles Subjekt, sondern vielmehr einen Prozess der Scheidung, in dem das, was unterschieden wird, erst entsteht und dabei das Scheidende selbst sich seiner Bestimmung entzieht.

Immanuel Kant in seinen drei Kritiken (vgl. Kant 1781-1790) ausformulierte. Die Ontologiekritik von Martin Heidegger führt Kants kritisches Projekt gewissermaßen zu einem Ende und geht über dieses hinaus, da nicht nur jedes Objekt als Erscheinung für das Subjekt auftaucht, sondern weil das darin zugrunde gelegte Subjekt gerade nicht als bloße Identität mit sich selbst verstanden werden darf. Ein Kritikpunkt, an dem auch Theodor W. Adorno in seiner *Negativen Dialektik* (1966) ansetzt.

Singularität als Identität des Nichtidentischen: Adorno

Adornos kritisches Denken hat sich in der Auseinandersetzung mit dem systemphilosophischen Denken Kants und Hegels geschult. Insofern sind Adornos *Drei Studien zu Hegel* (1963) und seine *Negative Dialektik* (1966) auch als eine Kritik systematischen Philosophierens zu verstehen. Adornos viel zitierter Satz, „*Das Ganze ist das Unwahre*“ (Adorno 1951: 29. Aphorismus), ist Destillat dieses kritischen Durchgangs und wendet sich gegen ein philosophisches Denken, das die Vielfalt der Welt letztlich unter oder genauer, innerhalb eines Begriffs (der Vernunft, des Geistes, des absoluten Wissens) fasst[17]. Adorno wendet sich aber nicht vom dialektischen Denken Hegels ab, er *ver*-wendet es vielmehr und gibt ihm eine neue Qualität. Adornos dialektisches Denken erkennt den „Vorrang der Objekte“[18] radikal an, „indem [es] davon ausgeht, dass im Phänomen mehr gegeben ist, als sich denkend nachvollziehen lässt. Das Phänomen ist dann nicht länger, was es bei Hegel trotz aller Gegenerklärungen doch bleibt, Exempel eines Begriffs.“ (Kimmerle 2000: 59) Positiv formuliert entwickelt Adorno ein philosophisches Programm, das ein Singuläres fokussiert, welches jenseits eines Allgemeinen und seiner inkludierten Besonderheiten existiert. Das Singuläre ist eben dasjenige, das sich *nicht* in den Begriffen eines identifizierenden Denkens beschreiben lässt, da dieses als „Einheitsdenken“ operiere, insofern es das Besondere, das Viele auf *einen* Ursprung oder auch *ein* Ziel zurückführe. Adorno bezeichnet das Singuläre daher auch als das Nicht-Identische. Zur philosophischen Konzeption des Singulären gilt es daher die Verfahren der begrifflichen Identifizierung aufzudecken, zu kritisieren und gleichsam das Nicht-Identische ins Blickfeld zu rücken. Um dieses tun zu können, muss man sich allerdings der Mittel des begrifflichen Denkens bedienen. Dieser unhintergehbare Umstand

17 Vgl. zu Hegels idealistischen Projekt beispielsweise seine *Phänomenologie des Geistes* (1807) oder auch seine *Vorlesungen über die Weltgeschichte* (1830/31).

18 Vgl. dazu auch das instruktive Portrait Adornos von Alfred Schäfer 2004, insb. S. 88f.

führt zur entscheidenden Frage, wie denn das Singuläre des Nicht-Identischen überhaupt gedacht werden kann.

Nach Adorno kann die Philosophie und die Theorie zu Beantwortung dieser Frage Anleihen bei den Verfahrensweisen der Kunst machen, die als Schein dem Scheinhaften, dem Material, dem Sinnlichen verpflichtet ist. Dieser Umstand, der bei Hegel noch als Makel der Kunst herhielt um sie daher der Wahrheit des Begriffs unterzuordnen[19], gilt für Adorno als ihre Einzigartigkeit und sichert ihre Überlegenheit vor allem begrifflich operierendem Denken. Obwohl die Kunst von Adorno ebenso als Schein, gar als von der Industrie vereinnahmt und korrumpiert analysiert wird (vgl. Adorno/Horkheimer 1947), betont sie für ihn die Materialität der Welt, der Subjekt und Objekte, insofern einzig die Kunst ihrer Widerständigkeit einen angemessen Platz zuzuweisen vermag. Daher partizipiere die Kunst am „Nicht-Identischen" und damit auch an der Wahrheit einer Negativität. Die Kunst rette das Widerständige, Brüchige und Sperrige des Objekts, das im idealistischen, begrifflichen Denken getilgt werde[20].

Adornos Programm einer *Negativen Ästhetik* räumt damit der Kunst ihr Wahrheitsvermögen im Versagen des begrifflich-identifizierenden Zugriffs ein[21]. Mersch setzt mit dem Entwurf einer *Negativen Medienphilosophie* bei dieser These Adornos ein[22]. Er rechnet wie Adorno mit der Produktion von Widerständen, Brüchen, allgemeiner, insistierender Paradoxa in der ästhetischen Erfahrung mit Kunst. Mit Adorno kann er am Beispiel der seriellen Musik zeigen, dass sich jede Erfahrung von Kunst im Spannungsfeld von konstruierten, strukturellen und unbeherrschbaren, überschießenden performativen Momenten entfaltet. So sorgfältig die Mittel der Konstruktion und Darstellung von Kunst auch immer gewählt sein mögen, immer erzählen sie nur von einer je spezifischen Machart, den zur Verwendung gelangten Materialen, Techniken etc. oder Intentionen, nicht aber vom performativen Ereignis, unverwechselbaren Akten der Interventionen,

19 Vgl. Hegels *Vorlesungen über die Ästhetik*, in: GW, Bd. 13 Frankfurt/Main 1970, 25f.

20 Adorno schreibt in der *Ästhetische Theorie*: „Kunstwerke sind nicht von der Ästhetik als hermeneutische Objekte zu begreifen; zu begreifen wäre [...] ihre Unbegreiflichkeit." (Adorno 1971: 179) Und etwas später: „Alle Kunstwerke, und Kunst insgesamt, sind Rätsel; [...]. Daß Kunstwerke etwas sagen und mit dem gleichen Atemzug es verbergen, nennt den Rätselcharakter unterm Aspekt der Sprache." (Ebd.: 182)

21 Vgl. auch Menke 1991, insb.19-47.

22 Vgl. beispielsweise Mersch, Dieter: *Medial Paradoxes. On Methods of Artistic Production.* In: Claus-Steffen Mahnkopf (ed.): Critical Composition Today, Hofheim 2006, 62 – 74.

„oder von der *Präsenz des Augenblicks*, die ja gerade dadurch eindringlich werden kann, dass etwas fehlt, eine Erwartung nicht erfüllt wird oder einem Mangel an Handlung, eine Abwesenheit usw. Kurz, *aller Kunst eignet ein Anderes, das nicht Struktur oder Medium ist* – und dieses Andere, Heterogene oder „Nichtidentische" nennt gerade das, was im eigentlichen Sinne das Ästhetische der Gebilde ausmacht, ihre Autonomie" (Mersch 2006b: 6)[23] –

wie sie Adorno in Differenz zur Sprache herausgearbeitet hat[24].

Es ist nach Adorno ein Trugschluss beispielsweise die Musik mit Sprache strukturell gleich zu setzen. Musik und Sprache differieren und diese Differenz ist eine Differenz ihrer Medialität. Die Reihe wäre daher noch fortzuführen: die Musik differiert hinsichtlich ihrer Medialität mit der Sprache, wie mit der Schrift, als auch mit dem Bild, der Photographie und dem Film. Und diese Differenzlinien müssen noch erweitert werden und dazu quer durch die einzelnen Medien laufen, als auch beispielweise die Sprache hinsichtlich ihrer Bedeutungs- und Verständigungsfunktion (Inhalt der Aussage) und den unbeherrschbaren, performativen Momenten im Sprechen (Akt des Aussagens) und im Hören differiert. Mersch (2006: 7) formuliert das auch als Differenz von Sagen und Zeigen[25]. Wobei dem Zeigen im Gegensatz zum Sagen eine unhintergehbare Prä-

23 Ich zitiere nach der deutschen Fassung des Artikels, die als PDF-Dokument online veröffentlicht ist: Mersch, Dieter (2006): *Mediale Paradoxa. Zum Verhältnis von Kunst und Medien,* in: Sic et Non. zeitschrift für philosophie und kultur. im netz. URL: http://www.sicetnon.org/content/perform/Mersch_ Medienphilosophie_sw.pdf; Abgerufen 25.6.2012)

24 Für den Film bzw. das Kino (*cinéma*) war es vor allem Gilles Deleuze, der in seinem zweibändigen Werk zum Kino (vgl. Deleuze 1998; 1999) auf die Materialität des kinematographischen Bewegungsbildes in Differenz zur Sprache aufmerksam gemacht hat. Es bleibt allerdings noch zu überprüfen, inwiefern Gilles Deleuze an das kritische Projekt Adornos anschließbar ist, ob und wenn ja, wie er dasselbe mit völlig anderen Mitteln fortsetzt.

25 In Bezug auf Wittgestein differenziert Mersch (2002: 236ff) das Sagen von Zeigen im zeichentheoretischen Diskurs und bestimmt im Zeigen die Grenze des Sagens, der Sagbarkeit. In *Die Medien der Künste* übersetzt Mersch (2003) die an Wittgenstein gewonnene Unterscheidung in heuristischer Weise auf die „basalen Darstellungsmedien" (ebd.: 16) Bild, Ton, Wort und Zahl und entwickelt daran ein begriffliches Instrumentarium, mit dem er, die je unterschiedlich konstellierte Medialität diskreter Medien zu beschreiben versucht. Bild und Ton seien *aisthetische* Medien und bezogen auf die Herstellungen von Wahrnehmungen. Wort und Zahl dagegen sind nach

senz eigne. Das Zeigen verweise auf eine Wahrnehmbarkeit, bei Adornos Musikbeispiel auf die Aufführung und gleichsam die Hörbarkeit von Musik. Das Zeigen rühre an eine Ereignishaftigkeit jeglicher Kunst, ihm komme

„eine nichtwiederholbare Singularität zu, die stets von Raum und Zeit abhängt, von der jeweiligen Momentaufnahme wie von den okkasionellen Konditionen [ihrer M.Z.] Aufführung" (ebd.)

Mersch reformuliert die von Adorno am Beispiel der Neuen Musik modellierte Differenz zwischen Konstruktion und Wahrnehmung „als Unterschied zwischen Medialität im Sinne von Struktur, Organisation und Gestalt einerseits und Ereignis und Überschuß anderseits" (ebd.: 8), die er als unhintergehbare Bedingung jeder ästhetischen Produktion ausweist (ebd.). Die materialen wie performativen Bedingungen der Medien sind daher auch als Bedingungen der Vermittlung selbst nicht vermittelbar. Sie tauchen im Vorgang des Vermittelns ab, halten sich in der Mitte, in einem *Zwischen* von An- und Abwesenheit und können sich bestenfalls indirekt, wie zuvor angedeutet, in Formen des Entzugs, der Irritation oder des Widerständigen zu erkennen geben. Es ist daher zur Erforschung und Modellierung der jeweiligen Medialität eines Mediums ein spezielles Verfahren notwendig, „ein innermediales Reflexionsprinzip, das auf die gleiche Weise auf das Medium und seine Medialität zu reflektieren vermag, wie es seine Reflexion vollzieht" (Mersch 2006a: 222)

Negative Medialität: Heidegger und Derrida

Vorbilder für ein solches Verfahren, das die Herausforderung des Medialen als unbestimmte Mitte ernst und annimmt, findet Mersch mit Adorno nicht nur in der künstlerischen Praxis, sondern auch in Martin Heideggers und Jacques Derridas Schriften, also im Diskurs der Philosophie. Obwohl sich beide Philosophen

---

Mersch *diskursive* Medien, die wiederum auf die Erzeugung von logischer und syntaktischer Strukturen (Zahl) oder von Kommunikationen (Wort) zielen. Er betont dabei ausdrücklich, dass mit dieser Unterscheidung keinesfalls disparate Klassen konkreter Medien beschreibbar seien, da sich in jedem Medium alle vier basalen Darstellungsmedien als Gemengelage vorfinden bzw. rekonstruieren lassen. Das bedeutet, dass Medien gleich welcher Art es immer sowohl mit Aisthetischem als auch mit Diskursivem zu haben. So sind mit der Unterscheidung in aisthetische und diskursive Medien divergente mediale Strukturen angesprochen, die nach Sagen (diskursiv) und Zeigen (aisthetisch) ausdifferenziert werden können.

in ihrem Denken und Schreiben auf die Sprache oder die Schrift im weitesten Sinne beziehen, geht Mersch (vgl. 2005 und 2006: 222) davon aus, von ihren Texten methodische Paradigmen ableiten zu können, die sich wiederum auf die Untersuchung des Medialen im Allgemeinen anwenden lassen. In seinem Aufsatz *Negative Medialität: Derridas Différance und Heideggers Weg zur Sprache* (2005), auf den ich mich im Folgenden beziehe, untersucht Mersch die eigenartigen und komplexen Denk– und Schreibweisen beider Denker im Durchgang zweier Texte.

„Martin Heideggers *Der Weg zur Sprache* und Jacques Derridas *Die Différance* teilen den gleichen Ausgangspunkt: sie beginnen beide mit der systematischen Selbstreferenzialität der Frage nach der Sprache im Medium von Sprache." (Mersch 2005a: 1[26]). Mit dieser Setzung beginnt Mersch und pointiert gleichsam die Perspektive seiner Untersuchung, die in der oben skizzierten Unmöglichkeit liegt, die Medialität eines Mediums von einem Ort her zu denken, der nicht schon mediatisiert ist, in diesem Fall, „die Sprache von einem anderen Ort als der Sprache her zu thematisieren" (ebd.). Von dieser methodischen Schwierigkeit eines reflexiven, analytischen Zugriffs auf die Medialität des Mediums Sprache zeugen Heideggers späte sprachphilosophischen Überlegungen ebenso, wie Jacques Derridas Arbeiten zur *Différance*.

Heidegger gibt zu bedenken, dass sich jede Analyse der Sprache zu allererst einen „Weg zur Sprache" *bahnen* müsse, da wir schon „in der Sprache und bei der Sprache" sind. Dieser Weg habe weder Ziel noch sei er vorgezeichnet, dass man ihm im Sinne einer Methode folgen könne. Er vollziehe sich, *bahne* sich performativ, d.h. der Weg zur Sprache kann nur sprechend erfahren werden[27]. Alles Sprechen von der Sprache bleibe deshalb in der Verlegenheit, „die Sprache als die Sprache zur Sprache" bringen zu müssen (ebd.: 2). Von dieser unhintergehbaren Verflochtenheit der Sprachreflexion mit der Sprache und dem Sprechen, im weitesten Sinne als Text verstanden, schreibe auch Derrida, wenn er beispielsweise in *Grammatologie* (1974: 274) auf der „Inexistenz eines Text-Äußeren" insistiere, um damit die Unterscheidung von Innen und Außen des Textes auszuhöhlen und letztlich aufzulösen, da jede „Prozedur der Reflexion immer und notwendig auf den Text und seine Skriptur verwiesen ist" (Mersch 2005a: 1). Diesen Gedanken spitzt Derrida in Bezug auf die sprachtheoretischen

26 Ich zitiere nach einer Fassung des Artikels, die der Autor als PDF-Dokument online veröffentlicht hat. Die Zitatangaben folgen daher der Paginierung des PDFs. URL: http://www.dieter-mersch.de/download/mersch.negative.medialitaet.pdf, (Zuletzt abgerufen 25.6.2012).

27 Vgl. Heidegger 1975: 241ff.

Überlegungen von Ferdinand de Saussure[28] in seinem Text *Die Différance* (1999: 31-56) zu, in dem eine Setzung der Differenz zwischen Zeichen, Buchstaben zugleich die Medialität der Schrift thematisiert, wie sie aufruft, d.h. in ihr verfährt. In beiden Texten enthüllt sich ein grundlegender Entzug des Medialen, der das reflexive Denken der Sprache betrifft und es als wenig aussichtsreich erscheinen lässt, in einem Medium etwas über die Medialität eben dieses Mediums in Erfahrung zu bringen. Und dennoch gehen beide Denker – und darin treffen sie sich – den mühsamen Weg zur Sprache, die sich nie total, sondern immer nur in Teilen offenbare, in dem man ihren Zeichnungen folge. Heideggers Vorhaben, die Sprache dadurch denken zu wollen, dass er den „Bahnen", „Rissen" oder auch „Furchen" nachgeht, die diese in sich abzeichne, gewinne insbesondere im Sprachbild der „Furche" eine auffallende Nähe zu Derrida, der wiederum in seinen sprachphilosophischen Untersuchungen von Metaphern wie der „Spur" und der „Einschreibung" ausgeht (vgl. Mersch 2005: 3).

Beide Metaphern verweisen darauf, dass jede Reflexion über Sprache nicht nur unweigerlich und unhintergehbar in eine Sprach- bzw. Schriftlichkeit verstrickt ist, sondern darüber hinaus diese auch verändert und verschiebt. Mit diesem Grundmotiv gelingt es die Reflexionsperspektive von einem repräsentativen Schema zu lösen, nicht nach einem Wesen der Sprache (oder auch eines anderen Mediums) zu fragen, sondern „den Aufriss, die Kontur der Bahnungen nachzuzeichnen, die sich im Sprechen auftun und die es gilt stets von neuem wieder in Bewegung zu versetzen" (ebd.). Mersch findet für dieses komplexe Verhältnis zwischen Sprechen und Sprache den glücklichen Begriff einer „elementaren Unschärferelation" (ebd.), die der Ungleichzeitigkeit von reflektierender und nachfolgender Rede geschuldet sei. „Sprechend bringen wir die Sprache ebenso sehr zu Erscheinung, wie wir sie im gleichen Maße verwandeln" (ebd.). Die Sprache widerfährt im Sprechen. Mit dem Begriff „Widerfahrnis" ist eine fundamentale Verspätung und Nachträglichkeit jeden subjektiven Wahrnehmens und Denkens mitgedacht[29] und verweist auf die Responsivität subjektiver Reflexionsvorgänge. Was unter Sprache zu verstehen ist, „offenbart sich demnach im Vollzug des Sprechens, und zwar so, dass jede Reflexion, ja jede Aussage ihrem Ereignis nur nachsprechen kann" (ebd.: 4). Die Medialität des Mediums Sprache lasse sich nicht gleich der Objektivität eines Gegenstandes sagen oder bezeichnen, sondern, zeige sich im Prozess des Sprechens und hinterlasse im Sinne Heideggers

28 Vgl. Mersch 2002: 327ff und 355ff.

29 Vgl. dazu auch die Arbeiten von Bernhard Waldenfels, insbesondere *Bruchlinien der Erfahrung* 2003 und *Phänomenologie der Aufmerksamkeit* 2004.

einen „Aufriss“, eine Skizze ihrer Medialität, ihrer Strukturalität. Mersch fasst das so zusammen:

> „Man könnte sagen, die Medialität der Sprache im Sinne eines differentiellen Schemas entzieht sich: sie verweigert sich der Bestimmung, sondern vermag sich lediglich *performativ* preiszugeben, und zwar so, dass sie ihre Markierungen vielleicht dort am deutlichsten offen legt, wo die Rede am nachhaltigsten von ihrer vorgezeichneten Bahnung abweicht.“ (Ebd.: 4f)

Mersch kann weiter zeigen, dass die entscheidende Wende hin zur *Ereignishaftigkeit* der Sprache in Heideggers und auch Derridas Schriften darin besteht, das Reflektieren über Sprache auf die Gestalt ihrer Ereignung selbst zu fokussieren, auf das, worin sich die Zeitlichkeit und Geschichtlichkeit der Sprache vollzieht. Bei Heidegger führe das zum Gedanken, dass die Sprache selbst die Stätte des Ereignisses sei: die Sprache sei, „indem sich der Unterschied ereignet. Die Sprache west als der sich ereignende Unter-Schied für Welt und Ding.“ (Heidegger 1975: 30). Auf nichts anderes, so Mersch, verweise der

> „von der Schrift her entwickelte Neologismus *différance* bei Derrida: ein produktives, Differenzen erzeugendes und setzendes Agens, dem erst die Ordnung der Zeichen (*marques*) entspringt und das darum auch nicht weiter bestimmbar und begründbar erscheint“ (Mersch 2005: 5).

Was aber lässt sich jetzt von den Schreib- und Verfahrensweisen Heideggers und Derridas hinsichtlich der Erforschung der Medialität der Medien übersetzen?[30]

Sowohl Heidegger als auch Derrida führen in ihren Arbeiten vor, dass sich die Strukturalität der Sprachstruktur – im Sinne der Medialität des Mediums – nicht positiv und direkt in Erfahrung bringen lässt. Sie entwickeln daher Verfahren, die jene Medialität der Sprache indirekt thematisieren. Heidegger versucht die Sprachstruktur gerade aus den Differenzen zu erhellen, die seine Reflexion über Sprache in ihr hinterlässt. Das Denken gerät damit zur Spurenlese, die jenen Spuren, Furchen, Rissen folgt, die das performative Sprechen in ihr zieht und hinterlässt. Damit hat jedes Denken und Sprechen, das sich auf dem Weg zur Sprache befindet, diese schon wieder verändert, modifiziert und angereichert. Heidegger stellt heraus, dass aus diesem Grund eine Philosophie der Sprache nie *die (eine, totale)* Sprache entdecken kann, sondern stets nur die Bahnungen sol-

30 Als Beispiel für eine mögliche Übersetzung vgl. Mersch *Medienphilosophie der Sprache* (2005: 113-128).

cher Modifikationen entdeckt. Es gilt daher stets die Sprache von neuem in Bewegung zu versetzen, ihrem Ereignen Raum zu geben, um ihr immer andere, vielleicht überraschende, weil zuvor noch ungeahnte Bahnungen und Spuren zu entlocken. Heideggers Haltung gegenüber der Sprache ist nach Mersch auch auf eine Untersuchung anderer medialer Strukturierungen, allgemeiner, in eine Medienphilosophie zu übertragen. Diese kann sich nach Mersch nicht auf eine Dimension des Medialen konzentrieren oder gar versuchen von einem Medium ausgehend, dessen Struktur und technische Bedingtheit zu rekonstruieren, sondern sie muss vom Begriff der Medialität als Spielraum eines *Unter-Schieds* (Heidegger) oder der *différance* (Derrida) selbst ausgehen.

Diese nichtbegriffliche Differenz der Medialität, die aus den Bereichen des Intellegiblen wie des Sinnlichen herausfällt, ist insofern nicht zugänglich, da sie „kein gegenwärtiges Seiendes {*on*} ist, [...] und wir müssen ebenfalls vermerken, was sie nicht ist, das heißt [...] dass sie folglich weder Existenz noch Wesen hat. Sie gehört in keine Kategorie [...]“ (Derrida 1999: 34). Diese generative Differenz sei nur von ihrem Spiel der Zeichen und Markierungen ausgehend, von Spuren und Differenzen, die sich zu einem Text verdichten und als „Schrift“ niederlegt, wenn „Schrift“, wie es Derrida (1999: 325-351) in *Signatur Ereignis Kontext* nahe legt, hier in einem weiten, nicht semiologischen sondern grammatologischen Sinn verstanden wird. Derridas Schrift umfasst „das ganze Feld dessen, was die Philosophie Erfahrung nennen würde“ (ebd.: 335), die als Texturen von Differenzialität in und durch sprachliche, mathematische und gestische Zeichen oder auch in Bildern gewebt sind. In diesem Sinne argumentiert auch Deleuze, wenn er seine beiden Film-Bücher in Bezug auf den amerikanischen Logiker und Semiotiker Peirce als „eine Taxonomie, ein Klassifizierungsversuch der Bilder und Zeichen“ (Deleuze 1998: 11) ausweist.

Merschs Medienphilosophie bezieht aus der mit Heidegger und Derrida expliziten negativen Medialität alles Seienden und von deren indirekten, dekonstruktiven Verfahrensweisen seinen methodischen Ansatz.

Medialität zeigt sich ihm

> „als jene Unbestimmbarkeit, von der immer nur neue Skizzen gemacht werden können, und deren Zeichnungen und Aufrisse vor allem querlaufenden Performancen und Unterbrechungen entspringen, die von der Seite kommen und in die Strukturen eingreifen, Sprünge und Widersprüche erfinden, um dem Paradox des Medialen, [...] umgekehrt mittels medialer Paradoxa beizukommen, die es [...] aufbrechen, um jene Konturen zu dekuvrieren, die sich im Schein der nicht nur technischen Perfektionen (der Medien, M.Z.) hartnäckig verhüllen“ (Mersch 2006: 7).

Die Spur des Anderen: Lévinas

Der in dem vorangehenden Zitat implizierte Spurbegriff führt mich zu einem weiteren differenzphilosophischen Bezugspunkt von Merschs' medientheoretischen Programm: Emmanuel Levinas' Denken einer radikalen Alterität. In der Konstellation mit den oben rekonstruierten Bezügen auf Derrida erfährt Merschs Denken seine singuläre Kontur. Eine Einsatzstelle von Merschs Bezug auf Lévinas ist die Reformulierung einer nur schwer oder gar *un*bestimmbaren, sich ereignenden Differenz in kritischer Absetzung zu technisch-mathematisch, sprachlich oder skriptural verfassten medienphilosophischen Ansätzen, die sich beispielsweise auf Derridas Konzept der *différance* beziehen und versuchen, sein Konzept einer „Ur-Schrift" als *mediales Apriori* zu setzen:

„Verbunden sind damit eine Reihe tieferliegender Probleme; doch sei hier lediglich darauf hingewiesen, dass dieses Ereignis der Differenz, das Derrida in der Kluft zwischen den Zeichen *(marques)* siedeln lässt und als selbst *unbestimmbares Movens* der Strukturalität der Struktur begreift, auch anders gefasst werden kann, nämlich im Sinne von *Alterität.* Sie bedingt, dass das Ereignis des Sinns als *responsives Geschehen des Zwischen oder der Mitte seiner ‚absoluten Differenz' ent-springt.*" (Mersch 2004: 89)

Zu dieser diastatischen Präsenz eines radikal Anderen[31], das sich der subjektiven Wahrnehmung gibt, indem es sich entzieht, verhalten sich Medien strukturierend, formend und zugleich verspätet: „Das Medium schreibt, ‚über-setzt' im Sinne von *meta-phora;* es strukturiert das Offene, konfiguriert Szenen – *aber es bringt nicht das Offene hervor: Dieses ‚gibt sich', zeigt sich als Ereignen"* (ebd.), wie ich – Merschs Lektüren folgend – zuvor schon an Heideggers Denken nachvollzogen habe.

Dieter Merschs breit angelegte Kritik der Hermeneutik[32], seine Randgänge an den Grenzen hermeneutischer Welt- und Selbstbeschreibungen, die er im Jahr

31 Vgl. dazu beispielsweise Lévinas 1983, insb. S. 209-235. Die von Lévinas gedachte „authentische Spur" stört die hermeneutische Ordnung der Welt, insofern sie eine nicht auflösbare Fremdheit, eine nicht verstehbare Andersheit, eine konstitutive Entzogenheit zur Geltung bringt. Sie realisiert sich in einem Zeigen, das kein Verweisen mehr ist, das also nicht mehr als Anzeichen verstehbar gemacht werden kann.

32 Es geht Mersch um einen sehr weit gefassten Begriff von Hermeneutik, der nicht nur „im engeren Sinne das Schema der Interpretation [beinhaltet], das, was im allgemeinsten Sinne auf ‚Verstehen' geht, sondern auch sämtliche Register der Erzeugung von Sinn durch Differenzsetzung, sei es durch Zeichen oder Systeme der Unterscheidung,

2010 als Studien zu einer *Posthermeneutik* (Mersch 2010) publiziert, sind m.E. ebenso Lévinas Einsicht geschuldet, dass jeder mediatisierten Wahrnehmung, Erfahrung als Sagen ein *un*-sagbares Anderes voraus- und mitgeht oder auch widersteht. Und zudem, dass ein Antworten auf den Anspruch, ein verantwortliches Denken und Sprechen im Zeichen des Anderen sich dem paradoxen Unterfangen, das Unsagbare eigentlich doch zu sagen, stellen muss.[33]

Eine erste, systematische Bearbeitung dieser paradoxen Problemstellung legt Mersch 2002 in seiner Schrift *Was sich zeigt* vor, vor allem im Sinne einer Kritik der Geltungsbereiche von Semiotik, Poststrukturalismus und Dekonstruktion[34]. Im gleichen Jahr wird mit *Ereignis und Aura*, wie Mersch im Vorwort schreibt, „der Versuch einer Neubegründung der Ästhetik aus der Aisthesis, des Sich-Zeigens, der Materialität, der Begegnung mit Anderssein, schließlich die Verbindung von Ethik und Ästhetik aus der Umkehrung von Intentionalitat zur ‚Responsivität'" (Mersch 2002c: 9) erarbeitet. Mit einem genauen Blick auf die *performative Wende* in den Künsten der Gegenwart wird auch in dieser Schrift vom Vorrang der Alterität her gedacht, „als eines *Zuvorkommenden*, das sich dem Sinn, dem Verstehen gleichwie den Prozeduren der Signifikation, der Schrift und der Differenz verweigert" (ebd.). Die Ereignishaftigkeit und Materialität aller Mediationen sind Mersch zufolge das,

„was in gleichem Maße ausgeschlossen oder ‚anders' (in Bezug auf das Semiotische, Diskursive, Begriffliche) ist, wie es sich als konstitutiv erweist, aber nur negativ explizieren lässt und den Prozessen der Differenzsetzung oder des Verstehens und seiner Mediation in der literalen Bedeutung des *sub-i-ectums* ‚zugrunde' liegt" (Mersch 2010: 13).

Mersch stellt diese „doppelte Bewegung von Unbestimmbarkeit und Unverneinbarkeit" (ebd.: 14), ins Zentrum seiner medienphilosophischen Überlegungen.

---

sowie die Modelle oder Methoden ihrer Reflexion. ‚Das Hermeneutische' fungiert demnach [...] als ‚Platzhalter'; sein Begriff fokussiert das Ganze solcher Kulturanalysen, worin die Prozesse der *Signifikation* bzw. *Mediation* überhaupt dominieren und die Besonderheiten der menschlichen Praxis, gleichsam im eigentlichsten Sinne ihr *Humanum*, ausmachen" (Mersch 2010: 12).

33 Lévinas' gesamtes philosophisches Ringen kreist um diesen paradoxen Punkt: dem Sagen des Unsagbaren, und zwar so, dass es das Unsagbare im Gesagten zu enthüllen trachtet: „das Wesen der Sprache besteht darin, in jedem Augenblick das Gesagte zurückzunehmen [...]." (Levinas 1993: 33f).

34 Siehe dazu insbesondere Mersch 2006, Abschnitt III. 3. Alterität und Struktur der Responsivität (Heidegger II, Lévinas), S. 403-424.

Negativität bezeichnet dann – in enger Verwandtschaft zu Adornos Denken der Negativität – demzufolge auch nicht Nichts, sondern „vielmehr ein komplexes Spiel von An- und Abwesenheit, von Verborgenheit und Präsenz, die ‚Entzug' und ‚Zug' miteinander verbinden" (ebd.).

Mersch formuliert im Anschluss an Lévinas einen komplexen Begriff „negativer Präsenz" (Mersch 2010: 25ff), vor der die Intentionalität, wie jegliches diskursives, hermeneutisches Verstehen auf grundlegende Weise versagt und somit konsequenterweise in ein Denken der Responsivität allen subjektiven Wahrnehmens, Erfahrens, Denkens und Handeln führt. Im Anschluss an einen philosophischen Diskurs, der die Begriffe der „Präsenz", „Präsentation" – die philosophiegeschichtlich die Opposition zur „Repräsentation" bilden – und „Unbestimmbarkeit" umkreist[35], ist Merschs Verständnis von „Präsenz" durch eine Negativität gezeichnet, insofern sie als eine der subjektiven Wahrnehmung zugleich zuvorkommende, unverfügbare und unfügliche „Ex-istenz", nie gegenwärtig, sondern vom Subjekt nur angenommen werden kann. Merschs Präsenzbegriff ist also nicht mit einem naiven Verständnis von „Gegenwärtigkeit" als einer Wirklichkeit des Wirklichen, als Unmittelbares oder Authentisches zu verwechseln. Vielmehr hat er eine gewisse Nähe zu dem, „was Jacques Lacan ‚das Reale' genannt hat, zu dem ‚wir stets gerufen sind, das sich jedoch entzieht'. Es *ex*-istiert als Spur, als Schatten einer Unverfügbarkeit" (Mersch 2010: 20)[36]. Dem Realen ist nicht unvermittelt beizukommen, sowie es keine Zugänglichkeit zum Anderen ohne Rückverweise auf die Einschreibungen des Gedächtnisses, auf Bilder, Imaginationen, Sprache, allgemein: auf Symbolisches gibt[37]. Wenn sich nun Mersch trotz dieser Erkenntnis auf eine Präsenz beruft, dann wie zuvor gesagt als eine „negative und durch die Bedeutung, die Zeichen und das Skripturale hindurchgegangene Gegenwärtigkeit" (ebd.: 21), als „Präsenz der Ex-sistenz" (ebd.), die wiederum als Bedingung, Gabe des Symbolischen gedacht werden muss:

„Denn wie weit die Souveränität des Symbolischen und Medialen auch getrieben werden mag oder wie sehr wir uns auf die Herrschaft der Zeichen und ihrer Strukturen verlassen, stets bleibt wenigstens *eines* ausgeschlossen, nämlich die Materialität ihrer Bedingungen

35 Vgl. dazu beispielsweise Gamm 1994, 2000, 2004 und 2007, Gumbrecht 2004, 2009 oder Hetzel 2009.

36 Vgl. Lacan 1996: 59.

37 Das hat Derrida in seiner Dekonstruktion eines phänomenologischen Begriffs der Gegenwart in *Die Stimme und das Phänomen* (2003) zeigen können.

selbst oder, im weitesten Sinne, die Tatsache ihrer *Ex-sistenz*, die zugleich dafür verantwortlich ist, dass es sie ‚gibt'." (Ebd.: 23)

Medialität, das ist für Mersch – in Anschluss an Adorno und mit Lévinas über ihn hinaus – das *aporetische* und *chiastische* Verhältnis von Materialität und Zeichen, in dem das eine nie ohne sein anderes wahrgenommen und gedacht werden kann[38]. Es geht ihm mithin um die schwierige Bestimmung des performativen Verhältnisses zwischen einem *Ereignen* bzw. *Erscheinen* und den medialen Welt- und Selbstbezügen des Subjekts. Also um etwas, das garantiert, dass es Bezüge gibt; dass etwas gegeben ist, woran sich das Subjekt wendet und dabei seine Aufmerksamkeit ausrichtet. Also um ein

„*Erscheinen* oder *Ereignen*, das sich intrinsisch mit dem verwoben erweist, was sich überhaupt bezeichnen, beschreiben und deuten lässt oder womit wir handelnd umgehen, was wir gewahren oder arrangieren und das uns als Hindernis begegnet, in seine Relationen einbindet und sprachlos macht" (Mersch 2010: 29).

Zudem – und das ist entscheidend – rücken in Merschs *posthermeneutischem* und responsivem Denken Sprache, Schrift, das Bild, der Sinn, allgemein: die Strukturen der Signifikanz oder das Mediale, die in einem gewissen Sinne die Beziehung selbst *sind*, statt dem Ereignis vorherzugehen, in eine nicht aufhebbare Sekundarität. Denn: „Jede ‚Be-Ziehung' beruht mithin auf etwas, was sie sowenig selbst ‚ist', wie sie es einzuverleiben oder darzustellen vermag, insofern es sie allererst ‚be-dingt' wie ‚zieht'." (ebd.: 29) Die Intentionalität wird somit nicht nur als medialer Effekt thematisierbar, sondern das Mediale wird wiederum von einer zuvorkommenden, widerständigen wie überschüssigen Alterität – Eigensinnigkeit des Ereignisses und Überschüssigkeit des Materials – gegeben und durchfurcht. Nichts anders bezeuge der Begriff der Aufmerksamkeit – dem Bernhard Waldenfels (2004) eine umfassende phänomenologische Studie gewidmet hat – als eine Gewahr werden des jeweils *Sich-zeigenden.* Zum Phänomenbereich der Aufmerksamkeit gehört daher eine eigenartige Mobilität, die sich darin äußert, dass etwas auftaucht, dass etwas uns aufmerken lässt, bevor wir merken und es bemerken. Wie jedes Antworten, so kommt auch das je spezielle Aufmerken immer verspätet. Anstatt des *Sich-richtens-auf* der Intentionalität ist die Aufmerksamkeit durch ein responsives *Sich-richten-nach* gekennzeichnet:

38 Mersch formuliert dieses komplexe und rätselhafte Verhältnis, an anderer Stelle und in Bezug auf Jacques Lacan, mit den Begriffen des Dings und der Sprache (vgl. Mersch 2009: 91ff).

„Responsivität beinhaltet entsprechend eine Er-*gebenheit*, die sich offen hält für die ‚Gabe' des jeweilig *(Sich)gebenden*. Der Vorrang des *Ereignis der Alterität* zwinge damit das Denken, wie wir bereits angedeutet haben, zur Umwendung seiner Bezugsform: Denken hieße also, wie auch Lyotard bemerkt hat, ‚Kommenlassen', es ‚erleidet' die *Ekstasis* des *(Sich)zeigens*: Es folgt dem *nach*, was jeweils *zuvor* (sich) schon gibt, (sich) zeigt, wandelt sich von der *actio* der Intentionalität zur *passio* des Responsiven, dem auf diese Weise die ganze Last der Nachträglichkeit obliegt. [...] Ihr ist, [...], mithin der *Übergang zur Anerkenntnis der Alterität* immanent." (Mersch 2002: 422f)

Eingeschrieben ist darin allerdings eine chronisch prekäre Struktur: Sie geht mit der Unbestimmtheit des medialen Antwortens einher. Die Antworten des Subjekts können sich in der skizzierten alteritätstheoretischen Perspektive nicht mehr an methodisch vorgezeichneten Wegen orientieren, sondern geschehen stets im Weglosen (*a-methodos*), suchend, Spuren lesend. Das Subjekt kommt zwar nicht umhin zu antworten, doch kann es gleichzeitig im Antworten nirgends entsprechen:

„Es gibt daher keine Finalität, keine Erfüllung, keine Identität oder ‚Horizontverschmelzung' (Gadamer); das Antworten verweigert sich dem Gelingen eines gemeinsamen Sinns oder des Ein-Verständnisses; ihm bleibt allein die Hin-*Gabe* an den Augen-Blick einer Alterität, jene Un-Erfülltheit, die Lévinas mit der Idee der Un-Endlichkeit als der Idee einer Ent-Grenzung überhaupt assoziiert hat. Alle Symbolisierung, alle Zeichenordnung oder Textur wie auch das Aufklaffen des Sinns oder der *différance* ist von dieser grundlegenden Struktur des Responsiven gezeichnet. Das bedeutet nicht, daß sie sich darin erschöpften; wohl aber zieht sich die ‚spurlose Spur' des Ereignens und entsprechend die Bodenlosigkeit des Antwortens durch alles, was sich sagen lässt: *Es läßt uns sprechen – wiewohl wir nie dabei wissen können, worauf wir antworten*." (Ebd.)

Die Kunst und die Ästhetik sind für Mersch die bevorzugten Domänen, worin sich der Anspruch eines gleichermaßen Undarstellbaren wie Rätselhaften und Paradoxen, das sich nicht auf seine hermeneutisch-begriffliche Bestimmung reduzieren lässt, manifestiert[39]. Sie avancieren damit zum Paradigma eines nicht- bzw. posthermeneutischen Denkens, an der es sich zwar nicht erfüllt, wohl aber sein Modell zu finden vermag.

39 Die mit dem Begriff Manifestation zugleich aufgerufene und aus der Psychoanalyse Sigmund Freuds gut bekannte analytische Unterscheidung latent/manifest wäre genauer hinsichtlich ihrer Anwendbarkeit auf Unterscheidungen wie Unsagbar/Sagbar, Unsichtbar/Sichtbar zu überprüfen (vgl. Diekmann/Khurana 2007).

2.2 DIE KÜNSTLERISCHE HERSTELLUNG UND ERFORSCHUNG MEDIALER PARADOXA – AM BEISPIEL DES FILMS „INTERVIEW"

Das was die Ästhetik das „Material" der Kunst nennt, dasjenige womit und woran sie vornehmlich arbeitet, sind nach Mersch (2006c: 8[40]), „nicht das Sujet oder die Medien und ihre Mittel, sondern *Widersprüche*. Sie haben das Format medialer Paradoxa". Analog zu Adornos Verständnis des Kunstwerks als Rätsel, das zugleich etwas sagt und verbirgt (vgl. Adorno 1970: 182), versteht Mersch Kunstwerke als Fragmente. Fragment meint sowohl das Gebrochene, Bruchstückhafte, „das Fragile, das Unerfüllte als auch das Offene, die Nichtschließbarkeit ihres Ereignens, (...)" (Mersch 2006c: 9).

Entgegen klassischen Ästhetiken wäre dann nicht die Übereinstimmung und Einheit von Stoff und Form, Inhalt und Gestalt das Ziel (der Kunst), sondern das Ausspielen, Hervorlocken und Erforschen ihrer Differenzen. Die letzten Verben müssen wörtlich und damit ernst genommen werden. Mersch versteht die künstlerische Praxis somit nicht einfach als Zulassen der Unmöglichkeit der Schließung oder Erfüllung eines schönen (im Sinne der klassischen Ästhetik) Kunstwerks. Vielmehr gehe es darum in der Kunst das Fragmentarische an ihr zu exponieren, d.h. „ihr Ereignen- und Erscheinenlassen" (ebd.) zu ermöglichen. Aber das gehöre zum Schwierigsten überhaupt, weil eben die zuvor skizzierte Medialität, der Chiasmus von Anwesenheit und Abwesenheit nicht erscheinen kann. Das Schwierige bestehe in dem Paradox, das von Medien und ihren Techniken Undarstellbare dennoch darzustellen (vgl. ebd.: 10) – und zwar mittels und in Medien, denen wiederum Undarstellbares, nämlich strukturelle, materielle und performative Bedingungen zu Eigen sind. Der künstlerische Prozess ist in dieser *Aporie* gefangen und zugleich gibt sie ihm seine Signatur.

Nicht weniger wird in Merschs negativer Medienphilosophie der Kunst zugemutet, als ihre Strategien so zu verwenden, dass die ins Spiel kommenden, die zur Darstellung der künstlerischen Arbeit benutzten Medien gleichsam ihr *Anderes*, Nichtmediatisierbares dem wahrnehmenden Subjekt in der ästhetischen Erfahrung mitzeigen. Es handelt sich dabei um indirekte Operationen, welche die Darstellung des Undarstellbaren versuchen. Daher spricht Mersch von künstleri-

40 Ich zitiere nach der deutschen Übersetzung des Textes, die der Autor als PDF-Dokument online publiziert hat: *Mediale Paradoxa. Zu Verfahrensweisen künstlerischer Produktion*. URL: http://www.dieter-mersch.de/download/mersch.mediale.paradoxa.pdf (Abgerufen: 25.6.2012)

schen Strategien, die in der Lage seien mediale Paradoxa zu modellieren, herzustellen oder auch geschehen zu lassen. Diese bestehen weniger darin

„[...] Neues zu stiften oder Tabus zu brechen, auch nicht darin, soziale Hierarchien aufzusprengen oder zu untergraben und die Ordnungen zu stören, noch bedeuten sie, in der Arbeit des Ästhetischen lauter zufällige oder unvorhersehbare Effekte einzutragen – die Absicht wäre allzu deutlich, zu normativ oder pädagogisch –, sondern sie beruhen darauf, die verschiedenen Medien, Techniken oder Praktiken so einzusetzen, dass Interferenzen oder Instabilitäten entstehen, Singularitäten hervortreten und ein Verdrängtes oder Nichtreproduzierbares zur Erscheinung kommt, [...] die künstlerischen Verfahren haben daran ihre Exerzitien, ihre reflexive *askesis*. Was sie sein können, ist dabei nicht vorherbestimmt – gleichwohl geht es stets um die negative Praxis eines *Erscheinens des Nichterscheinenden*, um die ‚Ver-Gegenwärtigung' eines Abwesenden." (Ebd.: 10f)

Künstler sind damit für Mersch Meister in der Herstellung und Darstellung des Widersprüchlichen. Die Künstler, deren künstlerische Strategien und Operationen erfinden immer neue Paradoxa, wie vielfältige Formen der Auswischung, der Blickumlenkung, der Destabilisierung, der intermedialen Interferenzen, u.a.m., um mittels unauslotbarer Widersprüche Unbestimmbarkeitszonen der ästhetischen Erfahrung zu ermöglichen, die das Denken in immer neue Differenzbewegungen und Neuansätze führt. Um das zu vollbringen bedarf es freilich einer Einübung in Sicht- und Erfahrungsweisen, die nicht den vordergründigen Funktionen medialer Prozesse folgen, sondern sich bevorzugt für deren Bruchstellen, Irritation, Dysfunktionen interessieren. Es bedarf, wenn ich Mersch recht verstehe, einer Sicht in das *chiastische*, begrifflich letztlich nicht bestimmbare Dazwischen des Medialen. Eine solche Zwischensicht, eine indirekte Reflexion der Medialität des Films im Medium Film inszeniert meines Erachtens die Videokünstlerin Jeanne Faust mit ihrer Arbeit *Interview* (D 2002, Video, 9 Min.).

Interview als „Inter-View"

Was gibt Fausts Film zu sehen: Nach einer Aufblende aus einem Schwarzbild, nimmt die Kamera einen weißhaarigen Mann in den Blick. Es ist Lou Castel, französischer Schauspieler in über hundert internationalen Spielfilmen. Er steht in einem Treppenhaus, vor einer geöffneten Wohnungstür und unterhält sich mit einer Frau, deren Stimme aus dem Off zu hören ist. Sie ist scheinbar keine Französin, denn ihr Französisch klingt gebrochen und bemüht. Sie haben telefoniert. Er sagt, sie können hier im Treppenhaus beginnen. Er soll sich vorstellen. Nachdem er seinen Namen sagt, versucht er die Frau, Jeanne Faust, vor die Kamera zu ziehen[41]. Sie verneint und sagt, nur er sei vor der Kamera. So sei das Konzept. Sie erzählt von ihrem Vorhaben: er habe in einem Film mitgespielt – Fassbinders *Warnung vor einer heiligen Nutte* – der für sie sehr wichtig war und sie wolle nun ein Filmportrait von ihm machen. Ihre Hand ragt von links ins Bild und unterstützt mit Gesten die Frage, ob sie denn nicht in seine Wohnung gehen könnten. Er verbessert ihr Französisch, es sei sehr schlecht und sie sollen sich lieber auf Englisch weiter unterhalten. Er verbessert, verspottet sie, spielt mit ihr. Ich verkürze. Sie gehen in die Wohnung. Er macht ihr Tee. Die Handkamera folgt Castel in dessen kleine Küche. Faust fragt, ob sie sich umsehen dürfe. Castel zuckt mit den Schultern, während er den Tee aufgießt. Die Kamera bleibt bei ihm, er ignoriert ihre Anwesenheit. Als er mitsamt zwei Teetassen in einen anderen Raum geht, weicht die Kamera vor ihm zurück und zeigt, in einem Schwenk, für kurze Zeit einen Teil des filmischen Aufnahmedispositivs, der Tonmann samt Mikrophon ist im Bild. Castel und Faust setzen sich. Sie will sich die Hände waschen. Lou Castel führt sie auf eine winzige Toilette, die Kamera folgt den beiden sehr dicht, er bespritzt sie mit Wasser und bedrängt sie mit seinem massigen Körper in der Enge des Waschraums. Zurück in einem Zimmer, das eine Art Wohnzimmer sein könnte, fragt er Faust, was er für sie sein soll, er sei Schauspieler und könne ihr all das geben was sie wolle. („*I'm an actor. Say what you want and i can give it to you*"). Sie sagt ihm nochmals, dass sie gern ein Interview mit ihm führen möchte. Er findet das langweilig. Man höre in einem Interview doch nur das, was man schon wüsste. Sie will, dass er zu ihr spricht. Er verweigert sich, sie würden sich doch unterhalten, erwidert er. Sie fragt ihn, was „Arbeit" für ihn bedeute. Er führt seine rechte Faust pantomimisch ans Kinn und spottet, mit dieser Frage habe sie ihn „ausgeknockt" („*That was a good one!*"). Er will sie umarmen, greift ihren Kopf und küsst ihr Haar, bis sie sich entwindet. Er geht in ein anderes Zimmer, vielleicht das Schlafzimmer, bittet, lockt die Frau auf eines seiner drei Betten, spielt mit ihr, weicht weiter ihren Fragen aus, stellt Gegenfragen. Sie fragt ihn nach Neil Young, er fragt ob er ein *Loser* sei. Er öffnet das Fenster, verabschiedet Jeanne Faust. Sie geht, die Kamera bleibt bei ihm, er wendet sich zum Fenster, blickt hinaus und der Film endet nach circa neun Minuten mit dem Aufziehen der Blende ins Weiß.

Nach dem ersten Sehen des Films dachte ich, Faust inszeniert hier das Scheitern der Kommunikation zweier Menschen. Sie möchte etwas von ihm, das er ihr nicht geben will. Doch bei genauerer Überlegung stellt sich mir die Frage, ob ich mit dieser Feststellung nicht schon zu weit gehe, denn wie kann ich sicher sagen,

41 Es handelt sich bei der Jeanne Faust-Figur um die Schauspielerin und Filmemacherin Henrike Goetz, wie ich nachträglich in Erfahrung brachte.

was und ob hier überhaupt etwas inszeniert wurde. Nimmt die Kamera, die im Stil einer dokumentarischen Kamera dem Geschehen folgt, hier vielleicht lediglich etwas auf, was sonst in konventionellen Formaten des Interviews nie zu sehen ist: eben das Scheitern eines geplanten Interviews?

Das scheint mir nur eine der letztlich unbestimmbaren Fragen zu sein, welche die Erfahrung von Fausts Film aufwirft. Ich möchte daher vorschlagen den Titel des Films wörtlich zu verstehen: „*Inter-View*" als ein „Zwischen-Sehen". Ein Sehen, das im Dazwischen, im Paradoxen, Unentscheidbaren und Rätselhaften verweilt, sich einem eindeutigen begrifflichen Zugriff verweigert und damit eine Differenzbewegung zumindest in meinem Denken anstößt, die immer wieder neue Ansätze sucht, die in der Film-Erfahrung aufgeworfenen Fragen befriedigend zu beantworten. Das Interview in Faust *Interview* wird in dieser Perspektive von einem konventionellen Format zu einer ästhetischen Strategie, die eben genau die Strukturierungen, Bedingungen und Begrenzungen dieses Formats auslotet, indem sie ihnen widerspricht, sie irritiert und verschiebt.

Irritierungen, Verschiebungen, Fragen

Am Anfang meiner Film-Erfahrung von *Interview* steht eine Irritation. Gewohnte Rezeptionserwartungen, Darstellungs- und Inszenierungsformen des Filminterviews werden enttäuscht. Faust problematisiert die gängigen filmischen Formen des Interviews - sein Format. Von einem Film-Portrait, einem filmischen Interview erwarte ich gewöhnlich, dass sich der Portraitierte ganz intim und authentisch zeigt, dass er die Masken seiner öffentlichen, mediatisierten Persona fallen lässt. Diese Erwartung sitzt der Unterscheidung von Intimität und Öffentlichkeit, Authentizität und Inszenierung bzw. Künstlichkeit auf. Fausts Film destabilisiert die Grenzlinien, die zwischen diesen binären Begriffspaaren verlaufen und weist darüber hinaus, in der Verweigerung der konventionellen Inszenierungs- und Darstellungsformen, auf eben gerade die Inszeniertheit, bzw. Künstlichkeit der Authentizität und Intimität im Format des Film-Interviews hin.

Die Destabilisierung der Grenzverläufe zwischen künstlich-fiktiver Darstellung (Rolle, Verstellung, ein Anderer-Sein) und authentischer Darstellung (Selbst-sein) zeigt sich in der Unentscheidbarkeit, wenn ich versuche, das was *Interview* zeigt zu beschreiben: Ist *Interview* möglicherweise das Portrait eines schwierigen, widerspenstigen, launischen und dadurch unberechenbaren Schauspielers? Indem sich Castel den Anforderungen konventioneller Inszenierungsformen des Authentischen verweigert, weist er nicht nur auf diskursive Strukturierungen und die Fiktionalität des Authentischen hin, sondern wird gerade dadurch authentisch. Der Film von Faust wäre dann nicht inszeniert, sondern bezeuge lediglich das Scheitern eines geplanten Interviews. Oder noch einmal anders: Falls der Film, wie es der Essay zu *Interview* von Matthias Mühling (2005: 356) behauptet, tatsächlich inszeniert ist, eine zuvor gescheiterte Begegnung zwischen Castel und Faust wiederholt, nachstellt, ist dann der Schauspieler Castel nicht ebenso authentisch, indem er sich als widerspenstigen Schauspieler spielt?

Mit diesen Fragen in Anschluss an Fausts Film steht nun auch der dokumentarische Film in seiner klaren Abgrenzung zum fiktiven Film auf dem Spiel. Sowohl das authentische, intime Verhalten als auch ihr künstliches, öffentliches Verhalten einer Person trägt inszenierte Züge. Beide Inszenierungen unterscheiden sich lediglich hinsichtlich ihrer sie grundierenden symbolischen Codierungen, Strukturen und Formen (den Regeln, Anweisungen, Vorgaben bezüglich den Sprech- und Handlungsweisen, der Gestik, Mimik etc.). Wie wären jetzt diese Differenzen mit Fausts Film zu benennen? Auch wenn ich diese Frage an dieser Stelle nicht erschöpfend beantworten kann, lässt sich festhalten, dass sich die Differenzlinien entlang meiner Fragen im Anschluss an *Interview* verschoben haben: die Differenzen zwischen intim und öffentlich, authentisch und künstlich, von Selbst-sein und Rolle, etc. verschieben sich hin zu differenzierenden Fragen hinsichtlich ihrer beider Künstlichkeit, der jeweiligen Inszenierung mit je spezifischen symbolischen Strukturen, Codierungen und Formen[42].

Die zuvor skizzierte Verunsicherung hinsichtlich des Status der Bilder in Fausts Arbeit gewinnt an Komplexität, wenn ich bedenke, dass sie die paradoxe Modellierung des Fiktiv-Dokumentarischen mit den Mitteln des Dokumentarfilms selbst erreicht. Die bewegliche Handkamera, der Original-Ton, das natürliche Licht, die (scheinbar) nicht vorhandene Montage des Films, der vorgibt ungeschnittenes und unzensiertes Filmmaterial zu zeigen. Doch bei all der Rohheit und Direktheit, welche die Filmbilder suggerieren, halten sie auch etwas zurück. Sie lassen mich letztlich im Unklaren über ihren Status. – Und es ist sogar so, dass mit wiederholtem Sehen des Films die Unentscheidbarkeit zwischen inszenierten, strukturellen und sich ereignenden Momenten des Films zunimmt.

Diesen Spuren und aufgeworfenen Fragen ließe sich sicher noch weiter produktiv in filmgeschichtliche Studien, beispielweise mit Blick auf das *Direct Cinema,* nachgehen. Einer Form des Dokumentarfilms, die Ende der 1950er Jahre in Nordamerika entstand und deren Protagonisten mit ihren Filmen auf vielfältige Weise das Verhältnis von Kamera und Wirklichkeit, Inszenierung und doku-

42 Für eine weiterführende und differenzierte Auseinandersetzung mit dem angeführten Fragekomplex hinsichtlich dem Verhältnis von Authentizität und Inszenierung siehe Knieper/Müller 2003; Wortmann 2003, 2006; Knaller/Müller 2006 und Sponsel 2007.

mentarischem Stil befragten. Das wäre allerdings Thema einer anderen Untersuchung. Ich bleibe stattdessen noch etwas länger bei den Bildern von *Interview*.

Fausts Konzept und Castels Performance

Die aufgeworfenen Fragen lassen sich auch nochmals an dem *chiastischen* Verhältnis von Jeanne Fausts Regiekonzept und der Performance des Schauspielers Lou Castel reformulieren. Das Konzept eines Films, das im Spiel- und auch im Dokumentarfilm den Schreib- und Umschreib-Prozess ausgehend von der Idee, über mehrere Drehbuchfassungen hinweg, bis zum *Storyboard* und dem *Shooting-Script* umfasst, regelt letztlich die Beziehungen zwischen den am Film beteiligten Personen: dem Regisseur, den Darstellern, den Kamera- und Tonmännern, u.v.a.m. Genau ein solches Konzept wird auch in *Interview* noch in der ersten Filmminute angesprochen. Scheinbar kennt nur die Regisseurin das Konzept von *Interview*, die als Interviewerin außerhalb des Bildkaders bleiben möchte, als sie Castel in der Szene ins Bild ziehen will (ab 00:39 Min.). Durch Castels Verhalten wird das Konzept „angesprochen", thematisch, in dem er es durchkreuzt. Er verhält sich nicht gemäß dem Konzept, er fällt aus seiner zugeschriebenen Rolle. Damit wird auch der Platz der Regisseurin sowohl im strukturellen als auch ein einem ganz konkreten Sinne verändert und prekär.

Nur wenige Momente und Sätze später spricht Jeanne Faust über Rainer Werner Fassbinders *Warnung vor einer heiligen Nutte* (D 1971). Castel spielte in diesem Film einen Regisseur, der es nicht schafft einen Film fertig zu stellen. Die Schauspieler entziehen sich seinem Zugriff, die Rolle, der Platz des Regisseurs ist also auch in Fassbinders Film als ein prekärer inszeniert. Das (am Platz des) *Regisseur-sein* bedarf – neben dem Begehren ein Regisseur sein zu wollen – einer Anerkennung seitens aller anderen am Film beteiligten. Die Herstellung eines Films (von den Vorbereitungen über den Dreh bis hin zur Postproduktion) ist somit selbst Teil einer Inszenierung, die bestimmten Vorgaben und symbolischen Strukturen folgt. Aber wie verhält es sich mit dieser Inszenierung? Welche zugewiesenen symbolischen Plätze – und damit auch zugleich vorgeschriebenen Funktionen, Aufgaben, Rechte und Pflichten – nehmen beispielsweise der Regisseur, der Kameramann, die Schauspieler und die anderen, die Mitglieder der Filmcrew ein? Und was wären im Falle des Interviewformats die Voraussetzungen dafür, dass sich eine geregelte Wechselrede, ein Spiel von Fragen und Antworten filmisch inszenieren lässt?

Die Inszenierung eines fiktiven wie dokumentarischen Films verweist sowohl auf symbolische Strukturierungen als auch auf ökonomische. Denn die Ökonomie des Filmischen hat auch mit einer Entscheidungsmacht zu tun, die wiederum an bestimmte, symbolisch beschriebene Plätze gekoppelt ist, die von Personen eingenommen werden müssen, so dass die Produktion eines Films funktioniert. Es lässt sich in aller Kürze noch einmal so sagen: angespielt wird das filmische Dispositiv als Machtdispositiv. In diesem gibt beispielsweise die Person auf dem Platz des Regisseurs Inszenierungsanweisungen, denen wiederum andere Personen auf den Plätzen des Schauspielers zu folgen haben[43]. Das hat gewöhnlich möglichst schnell und reibungslos zu geschehen, denn das Filmmaterial, die Technik, das Set, die beteiligten Menschen, etc. kosten Geld. Die Herstellung und störungsfreie Inszenierung eines Films bedarf also der Anerkenntnis der in die symbolischen Plätze der Filmproduktion eingeschriebenen Machtstrukturen. Dabei muss das Körperliche, Lust und Unlust der beteiligten Personen (so gut wie möglich) aufgrund des kostspieligen Filmdrehs und zugunsten vorgeschriebener Abläufe sublimiert werden. Dort wo die symbolischen Strukturierungen der Filmproduktion und ihre impliziten Machtverhältnisse aber nicht anerkannt, unterlaufen, verschoben, ganz allgemein: aufs Spiel gesetzt werden, tritt die körperliche, performative Dimension der gemeinsam agierenden Personen (wieder) hervor. Genau das geschieht in Fassbinders *Warnung vor einer heiligen Nutte* und wird zum zentralen Thema des Films[44]. Und es *passiert* auch in Fausts Film. Indem der Film gerade all das, was man von einem Filmportrait einer bekannten, öffentlichen Person erwartet oder sich wünscht[45] gezeigt zu bekommen *nicht* zur Sprache bringt, zeigen sich wiederum die körperlich-intimen, performativen und affektiven Dimensionen der an der Szene beteiligten Personen.

---

43 Diese in wechselseitige Anerkennungsverhältnisse eingebundenen Plätze, Funktionen und die mit ihnen verbundenen Machtverhältnissen konzentrieren sich in der intersubjektiven Beziehung einer Interview-Situation. Dazu Faust: „Mir ging es [...] darum, die unterschiedlichen Machtpositionen, die sich in Interviews ergeben können, zu untersuchen [...].“ (Faust in Schreiber 2007)

44 In Fassbinder Film wartet ein Filmteam in einem Hotel irgendwo am Meer in Spanien auf seinen Regisseur, den Star des Films, das Filmmaterial und das Fördergeld. Aber auch als alles eingetroffen ist, wollen die Dreharbeiten nicht recht in Gang kommen. Das ganze Team rebelliert gegen den Regisseur Jeff und torpediert das Projekt mit kleinen, sinnlosen Aktionen, die wiederum die gegenseitigen Abhängigkeitsverhältnisse, samt den mitlaufenden Begierden, Anziehungen, Abneigungen und Aggressionen der Figuren zueinander, offen legen.

45 „[...] diesen Wunsch nach Intimität oder Authentizität“ (Faust in Schreiber 2007).

Von dem oben genannten Zeitpunkt, an dem sich der Schauspieler Castel der Inszenierungsstruktur des geplanten Interviews verweigert – indem er aus seiner Rolle als authentische Person fällt oder als Schauspieler das (in einer Schau) Spielen eben gerade nicht lassen kann –, bedrängt Castel mit selbstbewusster Körpersprache und nachdrücklicher Intonation die Faustfigur, die mit zittriger Stimme und scheuen, zaghaften Gesten dem massigen Mann nichts entgegen zu setzten hat. Daher verwundert es mich nach mehrmaligem Sehen auch kaum noch, dass Castel fast keine Frage der Interviewerin beantwortet, sondern sie stattdessen mit Gegenfragen traktiert. Die beklemmende Atmosphäre zwischen den Figuren korrespondiert mit den engen Räumen von Castels Pariser Appartement, die von der Kamera nur in Ausschnitten gezeigt werden können. Die vielen Nahaufnahmen unterstützen das Gefühl der Enge, das der Film bei mir evoziert. Beispielsweise dann, wenn Castel, als er in seiner Küche einen Tee aufgießt, in einer sehr nahen Einstellung ins Bild gesetzt wird, so nah, dass die Kamera vor ihm zurückweichen muss, als er die Küche wieder verlässt (02:11 - 02:40 Min.). Als Jeanne Faust Castel nur kurze Zeit später fragt, ob sie sich ihre Hände waschen könne, bittet er sie, ihm ins Badezimmer zu folgen (03:00 - 04:00 Min.). Auf dem Weg dorthin passiert Castel die Kamera und füllt den gesamten Bildkader. In dem winzigen Bad fokussieren die gezeigten Bilder die Hände der beiden Personen. Umständlich reicht Castel die Seife an Faust weiter, bespritzt sie mit Wasser und bedrängt sie mit seinem massigen Körper, als er sich die Hände abtrocknet. Auch in den folgenden Szenen wird die Körperlichkeit der beiden Personen immer wieder ins Bild gesetzt: beispielsweise wenn Fausts Rücken zwar im Bild ist, aber zugleich damit große Teile des Bildes verdeckt, oder wenn Castel Faust umarmt (wozu er vorher langsam und umständlich den Tisch einklappt, um sich genügend Platz zu verschaffen), ihren Kopf zwischen seinen Händen hält und sie aufs Haar küsst, obwohl sie sich wehrt und sich entwinden will. In diesen Bildern treten die sich bewegenden Körper in eine interessante Beziehung zu den Kamerabewegungen und darüber zum Raum, in dem Bewegung stattfindet wird. Die Kamerabewegung wird als Bewegung der Kamera sichtbar, insofern sie Raum gibt indem sich eine Person, ein Körper bewegen kann. Der Filmraum kommt als eine begrenzte Ressource in den Blick. Gleichsam werden die Volumen der unterschiedlichen Körper im Bild „spürbar".

Es ist offensichtlich, dass der Wunsch nach Authentizität und Intimität, der mit einem filmischen Portrait verbunden ist, von *Interview* auf seiner diskursiven Ebene verweigert wird. Castel spricht nicht über intime Details seines Lebens oder was seine Arbeit als Schauspieler für ihn bedeutet und ähnliches. Fausts Film gibt aber, so meine These, dafür etwas anderes zu sehen. *Interview* gibt den Wunsch nach Intimität als einen anderen an seine Zuschauer zurück, indem er sehr intime Details der Personen (in den vielen Nahaufnahmen der Körper von Castel und Faust) und eine Intimität zwischen den Körpern der Personen zeigt. Das sind solch intime (Ein-)Blicke, die man von einem filmischen Interview vielleicht gerade nicht erwartet, gezeigt zu bekommen. Ein durch die Regisseurin/Interviewerin konzipiertes, und von ihr aus dem *off* des Bildes gelenktes, strukturiertes Gespräch über Intimes der Castel-Figur kommt von Anfang an nicht zustande, dafür sind beide Personen im Bild, entgegen des zu Beginn des Films angesprochenen Konzepts. Die Interviewerin verlässt den „gewöhnlichen" Platz der Regisseurin hinter der Kamera bzw. außerhalb des Filmbildes und liefert sich damit gleichsam aus: der Kamera und Castel, auch in einem körperlichen Sinn. Dabei scheint mir aber von besonderer Bedeutung zu sein, dass die inszenierte, sich zeigende Körperlichkeit und Performanz beider Personen, nicht *direkt*, sondern nur in widersprüchlichen Formen, als rätselhafte „Ver-Gegenwärtigung eines Abwesenden" (Mersch), als Störungen des Gewöhnlichen, des Erwarteten thematisiert werden können. Die Zuschauer erfahren auf den ersten Blick von dem Film „nichts von Belang", wie Ekkehard Knörrer (2003) zu *Interview* schreibt. Sie werden aber in der Film-Erfahrung gleichsam dazu genötigt ihr „Dürsten nach dem Herausspringen eines Sinns, der, als solcher, ausbleibt" zu erfahren. Das Ausbleiben von erwartetem und gewünschtem Sinn der Bilder,

> „[d]ieses Ins-Leere-Gehen, Aus-dem-Nichts-Kommen, dieses Schlingern, Treiben, Zu-Nichts-Führen ist die Substanz dieser Bilder, ist auch ihr Rätsel. Im Feld zwischen ihrer doppelten Unzugehörigkeit – ins Register des Dokumentarischen wie des Fiktiven – öffnet sich, [...] der Raum einer beträchtlichen Spannung, die nicht aufgelöst wird." (Knörrer 2003)

Die Spannung im Zusehen hält sich, da in der Film-Erfahrung immer wieder Momente auftauchen, die den letztlich ausbleibenden eindeutigen Sinn versprechen, Momente, Gesten, Szenenwechsel, die als Stützpunkte des Sinns fungieren, bzw. vom Zuschauer als solche in Anspruch genommen werden.

Mit anderen Worten: Fausts Film schafft es einen im Zwischen, im Unentscheidbaren verweilenden filmische Blick herzustellen, ein Blick, der die Ununterscheidbarkeit zwischen sich ereignenden Momenten der Filminszenierung und der filmischen Inszenierung des Ereignisses in Szene setzt, aushält und bis zuletzt offen lässt, welcher Ordnung die Bilder von Interview zugehören. Darin, diesen Entzug (eines eindeutig identifizierbaren Sinns der Bilder) als Sog spürbar zu machen, liegt Fausts künstlerische Strategie des „Inter-views". Dabei wird die Körperlichkeit der inszenierten Personen und das Ereignen von Situationen, die sich anstatt der strukturierten, einer vorgeschriebenen Inszenierung folgenden Interaktionen als Spuren des Begehrens der beteiligten Subjekte zeigen, als „Fehlleistungen“ der filmischen Artikulation und Irritationen erwarteter Seherfahrungen (gemäß des Interviewformats) erfahrbar und thematisierbar.

Übertragungsdimensionen

Wie aber kommt man nun dazu sich auf solche „Fehlleistungen“ und Dysfunktionen des Films als Medium, eben das Andere einer eingeübten und somit gewohnten, eher an (diskursiven) Inhalten orientieren filmischen Wahrnehmung zu konzentrieren? Wie lässt man sich auf Brüche, Widersprüche, Diskontinuitäten, eben auf mediale Paradoxa, wie sie Mersch benennt, die sich im Laufe der Film-Erfahrung *ereignen, zeigen* können ein? Oder noch einmal anders gefragt: selbst wenn ich mit Mersch den künstlerischen Strategien und Verfahrensweisen im Medium Film ein gewisses Potential zur Herstellung von Widersprüchen und Widerständen zuspreche, braucht es dann nicht trotzdem seitens des Zuschauers eine zusätzliche Unterstellung und Einstellung dem Film gegenüber, die sich gerade auf das (von den Künstlern hervorgebrachte) Andere des gewöhnlich Wahrnehmbaren, der gewohnten Formate konzentriert? Ich gehe von folgender Vermutung aus: eine *negative Medientheorie* vom Film aus benötigt ein den Film betrachtendes Subjekt, das schon in der Übertragung in und an der je spezifischen Film-Erfahrung Spuren sichernd und lesend arbeitet. Ich knüpfe mit dieser Vermutung an das ineinander verschlungene Verhältnis von Kunst und Ästhetik an, wie ich es zuvor mit Theodor W. Adorno und Dieter Mersch formuliert habe. Ästhetische Erfahrung ist für beide Autoren ein performativer Prozess, der sich wesentlich zwischen Subjekt und Objekt abspielt. Ästhetische Erfahrung existiert nur als Relation. Es gibt sie nur *in Bezug* auf einen ästhetischen Gegenstand; und umgekehrt wird dieser zum ästhetischen nur durch die Prozesse der ästhetischen Erfahrung.

Das Folgende ist der Versuch, die Bestimmungen der Performanz der ästhetischen Erfahrung mit den Begriffen der Übertragung und der Spur zu reformulieren, um dieselbe zu aktualisieren und an den medien- und kulturwissenschaftlichen Diskurs anzuschließen. Dazu wende ich mich an medientheoretische Überlegungen von Sybille Krämer, die ihrerseits die Medialität der Medien im Horizont von Übertragungsvorgängen untersucht (vgl. Krämer 2008). Die Vielfalt von Übertragungsvorgängen und Übertragungsverhältnissen (vgl. Krämer 2008: 122-260; Winkler 2004) weisen dabei meines Erachtens weit über die Kontur technischer und kommunikationstheoretischer Konzepte von Übertragung hinaus. Mit der in dieser Arbeit angestrebten Erweiterung des Begriffs geht eine Verschiebung der Aufmerksamkeit meiner Untersuchung des Films einher:

vom Kommunizieren hin zu aisthetischen/ästhetischen Kategorien wie *Wahrnehmbar-machen* und *Erscheinen-lassen*. Übertragung lässt sich somit – in einer ersten, sehr weiten Definition – als ein *Wahrnehmbar-machen* von „Unwahrnehmbarem" oder nur schwer der Wahrnehmung zugänglichem beschreiben.

Auch in Fausts *Interview* lassen sich Spuren einer Übertragungsbeziehung finden und beschreiben, die sich als Grundierung und Motor des Films, seines *Wahrnehmbar-machens* denken lassen. Jeanne Faust spricht von Ihm, Lou Castel, in Fassbinders Film. Ein Film der ihr sehr viel bedeutet. Ihr, als Regisseurin, lässt sich vermuten[46]. Irgendetwas, es lässt sich nicht genau klären was, erwartet sie wohl von dem Besuch bei Castel. Auch wenn sich nie aufklären lässt, was genau die Regisseurin zu dem Schauspieler führte, der wiederum einen Regisseur in einem Film spielte, der ihr, Jeanne Faust viel bedeutet habe, klingt doch in dieser Formulierung schon die Verwicklung an, in der sich die Personen befinden. Die Regisseurin kommt nicht nur mit einem Konzept, sondern auch mit einer gewissen Neugier, mit Fragen, die sie an Lou Castel stellen will. Möglicherweise will sie ein Wissen von ihm, das ihr auch Aufklärung über ihre Beziehung zu Fassbinders Film gibt. Mit einer ähnlichen Unterstellung beginne ich, wenn ich mich auf Filme wie auf Fausts *Interview* einlasse. Ich unterstelle ihnen, dass sie mir etwas über die Medialität des Films zeigen können. Ich unterstelle, dass sich in der Erfahrung dieser Filme etwas aufspüren lässt, dass sich Spuren „lesen" lassen, welche die Medialität des Films im Film hinterlassen hat.

2.3 SPUR, SPÜREN, SPURENLESE

Im Folgenden will ich versuchen, das, was ich zuvor als Übertragen im Sinne eines *Wahrnehmbar-machens* skizziert habe, durch eine begriffliche Reflexion des Phänomens der Spur, des Spürens und des Spurenlesens noch einmal in einem etwas anderen Licht erscheinen zu lassen (vgl. Krämer 2008: 277).

Das Medium als Spur

Sybille Krämer hat schon 1998 in ihrem Aufsatz *Das Medium als Spur und als Apparat* den Begriff der Spur auf seine Anschlussfähigkeit an den medientheore-

46 Dies wird durch eine Aussage von Jeanne Faust „genährt": Sie zählt neben Dennis Hopper, Jean-Marie Straub und Danièle Huillet, Sam Peckinpah, Henrike Goetz, James Coleman, Marguerite Duras, Kurt Russel auch Rainer Werner Fassbinder zu ihren filmischen Vorbildern (vgl. Schreiber 2007).

tischen Diskurs überprüft (und in den folgenden Jahren den Spurbegriff in seinen Bedeutungsdimension ausdifferenziert und in seiner Brauchbarkeit als analytisches, medientheoretisches „Instrument" untersucht). Der Begriff (neben dem des Apparats[47]) eröffnet eine theoretische Fluchtlinie, die es ihr ermöglicht, die Medialität des Mediums zu beschreiben ohne auf zeichen- und techniktheoretische Begriffe und Diskurse zurückgreifen, bzw. die Medialität des Mediums auf jene Diskurshorizonte reduzieren zu müssen. Ihre leitenden Fragen dabei sind:

> „Können wir, was ein Medium ist, dadurch präzisieren, daß wir die Mittelbarkeit, mit der das Mediale jedenfalls etymologisch zu tun hat, unterscheiden von jenen Arten der Mittelbarkeit, die wir gewöhnlich in semiotischen oder in technischen Termini beschreiben? Kann der Begriff ‚Medium' dadurch schärfere Konturen gewinnen, daß wir seine Unterschiede zum Begriff des Zeichens und zum Begriff des technischen Instruments herausarbeiten?" (Krämer 1998: 78)

Sie spricht in der weiteren Argumentation des Aufsatzes der Eigensinnigkeit und Prägekraft der Medien eine Dimension der Bedeutsamkeit zu, die sich jenseits der Strukturierung und Codierung einer konventionalisierten Semantik entfalte. Es sei gerade die Materialität eines jeden Mediums, argumentiert Krämer analog zu Mersch,

> „welche die Grundlage abgibt für diesen ‚Überschuß' an Sinn, für diesen ‚Mehrwert' an Bedeutung, der von den Zeichenbenutzern keineswegs intendiert und ihrer Kontrolle auch gar nicht unterworfen ist. Kraft ihrer medialen Materialität sagen die Zeichen mehr [oder auch weniger, M.Z.], als ihre Benutzer damit jeweils meinen" (ebd.: 78f).

Am Beispiel der Performativität des Sprechens und der damit einhergehenden Unterscheidung von Stimme und Rede (vgl. Zumthor 1984, 1988) kann sie zeigen, dass die Stimme mit ihrer ganzen Leiblichkeit des Aussagens das Gesagte kommentiert. Die Stimme deute das, was in der Rede zur Sprache komme. Sie steht damit keineswegs nur im Dienste einer intentionalen Rede, sondern zeigt sich widerständig, ja unkontrollierbar; sie handelt „nicht selten zu unserer Überraschung, manchmal peinlicherweise, oft aber auch zu unserem Vergnügen zuwider" (ebd.: 79). Sie schließt daraus: „Die Stimme verhält sich also zur Rede,

---

47 Ich werde Krämers begrifflicher Reflexion des *Apparats, der Apparatur* an dieser Stelle nicht weiter nachgehen. Diese Spur wird aber in Abschnitt 3.1 im Zusammenhang mit einer genaueren Bestimmung der kinematographischen Apparatur als *Dispositiv* wieder aufgenommen.

wie eine unbeabsichtigte Spur sich zum absichtsvoll gebrauchten Zeichen verhält." (Ebd.) Dabei zeige sich die Spur, indem sie neben und mit der Rede etwas zeige. Und von großer Wichtigkeit ist Krämer dabei, dass das, was Spuren zeigen beiläufig, ja unbeabsichtigt entstanden sein muss, andernfalls handele es sich nicht um eine Spur, sondern um ein bewusst als Spur inszeniertes Zeichen (vgl. ebd.).

In einem nächsten Schritt diskutiert sie Freuds Modell des Wunderblocks[48], dass dieser zur Veranschaulichung und Theoretisierung der Funktion des „psychischen Apparats" heranzog. Freud glaubte, dass sich das Unbewusste zu erkennen gebe, indem „es sich als eine unbeabsichtigte Spur im Sprechen des Patienten zeigt" (ebd.). Mit Freud kann Krämer dann auch eine weitere Eigenschaft der Spur markieren, insofern sie immer auf etwas verweist, das in der Vergangenheit liegt: die Anwesenheit der Spur zeigt die Abwesenheit dessen, was die Spur hervorgebracht hat. Krämer schließt ihre Argumentation mit einer ersten, vorläufigen Antwort auf die oben gestellten Fragen,

> „und zwar in Form einer Analogie: Das Medium verhält sich zur Botschaft, wie die unbeabsichtigte Spur sich zum absichtsvoll gebrauchten Zeichen verhält, wie also – jedenfalls im Sprachspiel Freuds – das Unbewußte in einem Verhältnis steht zu dem, was dem Bewußtsein zugänglich ist. Die sinnprägende Rolle von Medien muß also nach dem Modell der Spur eines Abwesenden gedacht werden; so rückt in den Blick, warum die Bedeutung von Medien gewöhnlich verborgen bleibt. Das Medium ist nicht einfach die Botschaft; vielmehr bewahrt sich an der Botschaft die Spur des Mediums" (ebd.: 81).

Dieses hier schon skizzierte wechselseitige Verhältnis von Bote/Botschaft und Spur differenziert Krämer über die folgenden Jahre aus und formuliert damit im Jahr 2008 ihre *Kleine Metaphysik der Medien*. Das Spurenlesen wird darin als Inversion des Botengangs und der Übertragung bestimmt (vgl. Krämer 2008, insb. 276 – 297). Bevor ich mich aber dem von Krämer formulierten Konzept des „Spurenlesens" widme, bleibe ich bei der Spur und ihren Eigenschaften.

Was ist eine Spur? – etymologisch

Ich setzte mit Krämer (2007: 13; 2008: 276) etymologisch ein. „Spur" kommt vom althochdeutschen „*spor*" und bezeichnet einen Fußabdruck. Wortgeschichtlich steht auch das „Spüren" – bevor es den Sinn von „Empfinden" oder „Merken" zugesprochen bekommt – als die Handlung des Aufnehmens und Folgens

48 Vgl. Freud 1999, Bd. XIV, S. 1-8.

einer Fährte damit in engem Zusammenhang (vgl. Grimm online, Eintrag „Spüren", Bd.17: Sp. 243-249). Spur und Spüren stehen also in einer elementaren Beziehung zueinander, doch erstaunlicherweise nicht in dem Sinne, dass sie sich auf das „Machen" von Spuren beziehe, sondern vielmehr auf ihre Verfolgung und Deutung. „Nicht also die Entstehung einer Spur", so hebt Krämer hervor, „sondern der ihrer Genese *nachträgliche* Gebrauch ist die zur Spur scheinbar ‚passende' Tätigkeitsform" (ebd.).

Neben den etymologisch verbürgten Bedeutungen von „Spur" kenne der Sprachgebrauch weitere Bedeutungen, fährt Krämer fort – auch wenn sie sich in vielen Fällen als Nachhall des „Fährtefolgens" verstehen lassen, beispielsweise in den technischen Verwendungsweisen des Begriffs: als Spur auf einem Magnetband, Lichttonspuren auf Celluloid-Film, Spurweiten bei Spielzeugeisenbahnen, die Busspur in den Straßennetzen unserer Großstädte oder die mit der Rede des „*In der Spur bleiben*" konnotierte Einhaltung einer vorgegebene Richtung, wie bei jeder Art von Bahnverkehr. In diesen Verwendungsweisen von Spur ist aus der forschenden Handlung des Spürens, im Sinne eines Fährtefolgens und Spurenlesens eine „reglementierende Operation bzw. – in der Spurweite – eine Norm geworden!" (ebd.: 14). Krämer nennt noch eine weitere Facette des Spurbegriffs: so verweise die Rede vom „Spurenelement" darauf, dass die Spur etwas nur schwer Bemerk- und Spürbares sei. Der Spurbegriff ist somit auf ganz interessante und widersprüchliche – ja paradoxe Weise – doppelt codiert: ihm ist nicht nur „das deutlich Wahrnehmbare und auch normativ zu befolgende eingeschrieben, sondern ebenso das kaum Wahrnehmbare – situiert am Rande seiner Unmerklichkeit" (ebd.).

Attribute der Spur

Krämer bestimmt insgesamt zehn Attribute der Spur (2007: 14-18), die ich in etwas anderer Reihenfolge als Krämer beschreiben und aufeinander beziehen werde. Einige dieser Attribute sind in den vorangegangen Überlegungen schon enthalten, allerdings nicht systematisch geordnet:

1. *Abwesenheit*: Wie zuvor schon am Beispiel der Freudschen „Fehlleistung" oder auch des Fußabdrucks skizziert, zeugt die Anwesenheit einer Spur von der Abwesenheit dessen, was sie hervorgerufen hat. Die Spur trägt die paradoxe Signatur einer Anwesenden-Abwesenheit. In ihrer Sichtbarkeit bleibt dasjenige, was sie erzeugte, unsichtbar. Krämer hebt in Bezug auf Didi-Huberman (1999) und Levinas (1983) hervor, dass es sich dabei nicht um ein naives Verständnis von Spur als Abdruck oder als Abbild handeln kann. Die Spuren lassen (als Fährten) zwar Rückschlüsse

auf die Szene ihrer Verursachung zu, erlauben aber beispielsweise als Abdrücke niemals eine zweifelsfreie Identifikation dessen, was sich abdrückte. „Die Spur macht das Abwesende niemals präsent, sondern vergegenwärtigt seine Nichtpräsenz; Spuren zeigen nicht das Abwesende, sondern vielmehr dessen Abwesen*heit*." (Ebd.: 15)

2. *Zeitenbruch*: Es gibt also immer eine Zeitverschiebung zwischen dem Spurenhinterlassen und dem Spurenlesen: diese ungleichzeitige Relation bilde die Spur. Sie zeigt damit etwas an, was zum Zeitpunkt des Spürens, des Spurenlesens vergangen ist. „Das ‚Sein' der Spur ist ihr ‚Gewordensein'. Daher können Spuren verwittern und zerfallen." (Ebd.: 17) Die Vergänglichkeit der Spur verweist auf ihr nächstes Attribut.
3. *Materialität*: Spuren gehören zur Welt der Dinge. Sie treten gegenständlich vor Augen, sie reden nicht, sondern zeigen sich im und am Material. Krämer schließt daraus: „Nur kraft eines Kontinuums in der Materialität, Körperlichkeit und Sinnlichkeit der Welt ist das Spurenhinterlassen und Spurenlesen also möglich." (Ebd.: 15)[49] Die Materialität der Spur – anders als beim Symbol oder beim Zeichen – ist nicht der (konventionellen, diskursiven Ordnung der) Repräsentation unterstellt. Spuren repräsentieren nicht, sondern präsentieren, im Sinne von *ver*-gegenwärtigen, *ver*-körpern.
4. *Unmotiviertheit*: Spuren werden – und das ist für Krämers Spurbegriff entscheidend – nicht intendiert, nicht absichtlich gemacht oder hergestellt, sondern unabsichtlich hinterlassen. In dieser Perspektive hinterlässt z.B. auch das Löschen von Spuren wiederum Spuren[50]. Es ist das Nicht-

49 Vgl. zur Materialität, „Körperlichkeit" der Spur auch Helmut Pape (2007): *Fußabdrücke und Eigennamen. Peirce Theorie des relationalen Kerns der Bedeutung indexikalischer Zeichen*, in: Krämer (2007), 37 – 54. In Auseinandersetzung mit Peirce Theorie indexikalischer Zeichen entfaltet Pape einen Spurbegriff, der es ihm erlaubt, das Suchen und Lesen von Spuren als etwas zu denken, was über symbolisch vermittelte Beziehungen zur Welt und sich selbst hinausführt - auch wenn das Spurenlesen immer wieder in sie zurück führt. Jede Spur sei daher auch „ein Zeugnis jener existenziell relationierenden Kräfte, die nicht nur auf uns als Wahrnehmende, sondern auf unseren Körper und unsere materielle und soziale Umgebung einwirken. [...] [Die] Materialität und Körperlichkeit der Welt in den Spuren ist ihr harter relationaler Kern" (Pape 2007: 54).

50 Für alle diejenigen, die eine Folge der unzähligen *Crime-Scene*-Serienformate, die derzeit das Programm der privaten Fernsehsender bestimmen, gesehen haben ist das

Intentionale, das Unbeabsichtigte und Unkontrollierbare an jedem Tun, das sich als Gravur, Brechung oder Störung mit(ein)schreibt, *ver*-körpert: „Es ist nicht das Bewusstsein, es ist die Schwere und Materialität des Seins, welche Spuren erzeugt." (Ebd.: 16)

5. *Störung*: Spuren fallen erst dann auf, sie erregen Aufmerksamkeit, „wenn eine Ordnung gestört ist, wenn im gewohnten Terrain das Unvertraute auffällt oder das Erwartete ausbleibt. Erst Abweichungen lassen Spuren sinnenfällig werden" (ebd.). Krämer fügt hinzu, dass der Eigenschaft der Störung auch ein gewaltsames Moment mitgängig sei: etwas habe, „die Kraft, sich einzuschreiben, einzudrücken, aufzuprägen. Spuren treten nur hervor, sofern eine bestehende Form durch ‚Überschreibung' aufgelöst und neu konfiguriert wird" (ebd.). Damit (be)zeichne die Spur auch etwas radikal Fremdes. Spuren zeugen vom Einbruch eines fremden Jenseitigen in das wohl vertraute, gewöhnliche und eigene Diesseits (des Spurenlesers).
6. *Orientierungsleistung*: Mit der Eigenschaft der Störung geht auf der Seite derjenigen, die Spuren lesen, das Begehren nach Orientierung für das eigene praktische oder theoretische Handeln einher. Spurenlesen wird nötig unter der Bedingung von Orientierungsverlust, Ungewöhnlichem, Unsicherheit, Ungewissheit, allgemein in Situationen, in denen sich ein Subjekt nicht (mehr) auskennt. Spurenleser haben damit immer ein bestimmtes Interesse, das ihre Wahrnehmung fokussiert: „Die Aufmerksamkeit, die beim Lesen der zunächst immer unmerklichen Spuren erforderlich ist, ist daher eine *‚gerichtete Aufmerksamkeit'*." (Ebd.: 15)
7. *Beobachter- und Handlungsabhängigkeit*: Auf dem Hintergrund der bisher bestimmten Eigenschaften der Spur liegt es auf der Hand: „Etwas *ist* nicht Spur, sondern wird als Spur gelesen." (Ebd.) Spuren gibt es nicht ohne Menschen, die nach ihnen suchen, sie versuchen aufzuspüren, sie zu lesen, versuchen sie zu verstehen, zu übersetzen, auch in der Form, dass sie über sie sprechen wollen. Spuren entstehen demnach im Auge des Betrachters, seiner selektiven Wahrnehmung, im Kontext gerichteter Interessen und Handlungen[51].

---

sicherlich keine Neuigkeit. Dort verrät beispielsweise die Sicherstellung von Spurenelementen aus Bleichmitteln das Löschen von Spuren des Täters am Tatort.

51 Vgl. zur Involviertheit des Spurenlesers in die Bildung und Konstruktion der Spur den Aufsatz von Werner Kogge (2007) *Spurenlesen als epistemologischer Grundbegriff: Das Beispiel der Molekularbiologie*. Kogge bringt darin den Begriff des Spurenlesens in eine interessante Korrelation mit der Generierung (neuen) Wissens. Das zentrale

8. *Interpretativität, Narrativität und Polysemie*: Eine Spur zu lesen, heißt sie zu übersetzen oder auch sie zu interpretieren. Obwohl sich die Hinterlassenschaft der Spur der unbeherrschbaren Materialität der Dinge der Welt verdankt, wird sie nicht einfach vorgefunden, ist sie nicht einfach da und gegeben, sondern wird durch Leseprozesse, Lektüren, Interpretationen aufgespürt und zugleich hervorgebracht. „Eine Spur zu lesen heißt, die gestörte Ordnung, der sich die Spurbildung verdankt, in eine neue Ordnung zu integrieren und zu überführen; dies geschieht, indem das spurbildende Geschehen als eine Erzählung rekonstruiert wird. Die Semantik der Spur entfaltet sich nur innerhalb einer ‚Logik' der Narration, in der die ihren ‚erzählten Ort' bekommt. Doch es gibt stets eine Vielzahl solcher Erzählungen. Daher sind Spuren polysemisch: Diese Vieldeutigkeit der Spur ist konstitutiv, [...].“ (Ebd.: 17)
9. *Eindimensionalität und Unumkehrbarkeit*: Die Asymmetrie des zuvor formulierten Zeitenbruchs, der die Spur durchzieht, findet ihr Echo in der Eindimensionalität und Unumkehrbarkeit des Spurenlesens. Spuren sind und bleiben stumm, auch wenn sie, wie zuvor (unter Punkt 8) erläutert, durch analytische und narrative Deutungen „zum Reden gebracht“ werden (vgl. ebd.: 19).
10. *Medialität, Heteronomie und Passivität.* Spuren sind nach Krämer, als eine Dimension des Medialen, heteronom. „Die Determiniertheit durch ein Außen kommt hier zum Zuge, die eine für Spuren konstitutive Struktur der Passivität enthält.“ (Ebd.: 18) Diese zeige sich sowohl in der Empfänglichkeit des Materials, auf dem sich Spuren einschreiben, wie in ihrem unbewussten Hinterlassen als auch im Spurenlesen, das aus Dingen und Markierungen Spuren allererst hervorgehen lässt.

Zur paradoxen Struktur der Spur, als Wahrnehmung von Unwahrnehmbarem, die sich aus ihrer Etymologie erschließen ließ, kommen nach dem Durchgang von Krämers Attributen der Spur weitere Paradoxien hinzu. So entspricht der Unmotiviertheit der Spurbildung, des Spurenhinterlassens, die Motiviertheit seitens der Spurenleser. Die Unaufmerksamkeit derjenigen, die Spuren hinterlassen, und die gerichtete Aufmerksamkeit der Spurenleser, welche die Spuren lesend auffinden und zugleich herstellen, sind wie die Vorder- und Rückseite der Spur (vgl. Krämer 2007: 17).

Argument seines Textes besagt, dass Wissen nur durch Verwicklung der Forschung und der Forschenden ins (und mit dem) erforschten Material zustande kommen kann.

Spurenlegen – künstlerische Strategien der Störung

Bevor ich das Spurenlesen als die andere, konstitutive Seite der Spurbildung zurückkomme, um sie etwas genauer zu rekonstruieren und diskutieren, will ich über das Spurenlegen als das Inszenieren von Spuren nachdenken. „Inszenierte Spuren", dieses Begriffskonstrukt scheint vor dem Hintergrund der bisherigen Rekonstruktion des philosophischen Spurbegriffs widersprüchlich oder gar unmöglich. Krämer betont mehrfach und ausdrücklich, dass eine absichtlich gelegte Spur keine Spur sei, sondern vielmehr ein Zeichen. Ein irreduzibles Attribut der Spur ist die Unmotiviertheit ihres Erzeugens (vgl. Krämer 1999: 79 und 2007: 16f). Wie aber lässt sich diese strenge Definition des Spurbegriffs mit Merschs' medientheoretischem Programm vereinbaren, das den künstlerischen Strategien und Praxen das Potential zuspricht, intermediale Reflexionsverfahren zu erfinden, welche die Medialität der Medien als ihrer Mediation mitgängige, quer- oder auch zuwiderlaufende Spuren (auf)spürbar, erfahrbar und lesbar machen. Hat man es dann nicht bei diesen von Mersch adressierten, künstlerischen Verfahrenweisen mit Spielarten und Variationen des absichtsvollen Spurenlegens zu tun?

In den Arbeiten vieler Gegenwartskünstlerinnen und -künstler[52], so auch der Ausgangspunkt der Betrachtungen zur Relation von Spuren und Kunstwerken von Mirjam Schaub (2007), tauchen neben aufgesammelten und gesicherten Spuren auch absichtsvoll gelegte Spuren auf. In ihrem Aufsatz *Die Kunst des Spurenlegens und -verfolgens* widmet sie sich drei künstlerischen Interventionen im öffentlichen Stadtraum (Francis Alÿs, Sophie Calle und Janet Cardiff) und untersucht sie hinsichtlich ihrer Reflektionspotentiale für einen philosophischen Spurenbegriff.

---

52 Noch ehe die Spurensicherung Ende der 1970er Jahre als eine epistemologische Praktik in der Philosophie und Kulturwissenschaft reflektiert wurde, trat sie als künstlerische Technik und Strategie (u.a. von Künstlern wie Nikolaus Lang, Christian Boltanski, Jochen Gerz, Anna Oppermann, Anne und Patrick Poirier) auf. 1974 präsentierte die Hamburger Ausstellung „*Spurensicherung. Archäologie und Erinnerung*" die Arbeiten einer Reihe von Künstlerinnen und Künstlern, die das Aufspüren, Sammeln, Sortieren von privaten, eher nebensächlichen und zufälligen Fundstücken als Zeugen archäologischer und ethnographischer Erkundungen der menschlichen Existenz inszenierten. 1977 wurden einige künstlerische Arbeiten der Spurensicherung auf der documenta6 präsentiert und von Günter Metken dokumentiert (vgl. Metken 1977,1996). Die künstlerische Auseinandersetzung mit dem Phänomen der Spur dauert an, wie beispielsweise die Arbeiten von Sophie Calle oder Francis Alÿs zeigen.

In Bezug auf Francis Alÿs Performance *Sometimes making something leads to nothing* (Mexico-City 1997)[53] – die interessanterweise mit *Paradoxie der Praxis* untertitelt ist – kann sie zeigen, dass auch die künstlerische Praxis des Spurenlegens die paradoxen Attribute der Spur aufweisen, wie sie Krämer denkt. Alÿs Performance wird in Schaubs philosophisch interessierter Perspektive zu „einem Lehrstück über Spuren, die sich weigern, zu etwas zu führen" (Schaub 2007: 122). Das Vorführen einer sich entziehenden Materialität der Spur (in Form des auf dem Straßenasphalt verdampfenden Schmelzwassers) und des die Spur verursachenden Objekts (der Eisklotz), das „Inszenieren der Entsubstantialisierung eines Dings im Verein mit seiner Spurwerdung, d.h. einer Spur, die in letzter Konsequenz nichts zeigt" (ebd.) verweist dabei auf die paradoxe Struktur der Spur als einem Zusammenfall der Gegensätze; und darüber hinaus auf die Eigenschaft einer Spur zu enden, einmal im Sinne ihrer Zeitlichkeit und Vergänglichkeit und zum anderen, in negierender Weise, hinsichtlich ihrer inhärenten Verlockungen, sollte man ihr Folgen an ihrem Ende auf „etwas" (wie einen Verursacher/Täter, einen Grund oder ein Wissen) zu stoßen. Wie bei Alÿs tauchen auch bei anderen Künstlerinnen und Künstlern Spuren

> „weder als positive Technik der Wissenserzeugung auf, noch funktionieren sie im Sinne einer negativen Semiologie, die auf eine uneinholbare Abwesenheit verweisen würde. Vielmehr präsentieren sie sich als unheimliches Drittes: Sie provozieren beim Betrachter eine Form von Verfolgung, die Erwartung, Angst und Ambivalenz erzeugt, womit sie den geschützten Rahmen der Kunstrezeption zu verlassen drohen" (ebd.: 123).

Auch wenn ich Schaubs Rede von der Angst der Rezipienten bzw. Spurenleser vor Kunstwerken in dieser Vehemenz nicht ganz folgen kann – ich denke in der Auseinandersetzung mit Kunst eher an abgeschwächte oder Vor-Formen der Angst wie Irritierung, Verunsicherung oder Beunruhigung –, lassen sich aus ihren Überlegungen zwei Thesen ableiten:

Die „Angriffspunkte" künstlerisch inszenierter Spuren sind *erstens* die Affekte ihrer Spurenleser. Das leuchtet sofort ein, denn Kunst, konkrete Kunstwerke braucht/en in erster Linie interessierte Betrachter, die beispielsweise als Hörer einer Musik lauschen, als Zuschauer den Bewegungsbildern eines Films oder dem Verlauf einer Performance folgen. Kunst wendet sich immer in irgendeiner Form an ihren (potentiellen) Betrachter/Hörer/...allgemein: ästhetisch Erfahren-

53 Alÿs Performance wurde in Form eines Kurzfilms dokumentiert. Der Film zeigt wie der Künstler einen recht großen Eisblock über die Dauer von neun Stunden durch die Straßen Mexikos befördert, bis er völlig weggeschmolzen ist.

den, wenn sie mit scheinbar Bekanntem lockt, Erwartungen seitens des Betrachters schürt, Versprechungen macht oder sich scheinbar hermetisch abriegelt, einem schnellen Verstehen verschließt und dadurch dasselbe gerade provoziert, oder sich fragmentarisch gibt, lückenhaft, die Betrachter einladend diese zu füllen. Irgendwie – ich weiß nicht genau, wie – scheinen die Kunstwerke, die Bedürfnisse, Lüste und Wünsche ihrer Betrachter antizipieren zu können. Denn kommt es nicht zu einem solchen, wie zuvor schon mit Adorno formulierten „Blickwechsel" zwischen Kunstwerk und Betrachter, fühlt sich der Betrachter nicht von dem Kunstwerk „angeblickt", so dass er wiederum in diesem etwas „sieht" (wähnt, wünscht, erwartet u.a.m), entsteht erst gar nicht das jeweils individuelle, interessierte Verhältnis von Kunstwerk und Betrachter in der ästhetischen Erfahrung.

Mit der Annahme einer Affizierung der Betrachter durch die von ihm betrachteten Kunstwerke ist eine weitere These verbunden: nämlich *zweitens*, dass sich Künstler mittels der hinterlassenen, hervorgebrachten bzw. inszenierten Spuren in Kunstwerken an Betrachter und deren Erinnerungen wenden, die sich selbst mit Medien hergestellt und geformt, also ebenso in Form medialer Spuren am individuellen Subjekt abgelegt bzw. eingeprägt haben. Aufgrund dieser das Gedächtnis bildenden Erinnerungsspuren formulieren die Subjekte in ihren aktuellen Erfahrungen je individuelle Erwartungen, Ansprüche oder Wünsche an die Welt. Sehr vereinfacht gesprochen, verspricht die (sich wiederholende) Erfüllung einer erwarteten Erfahrung Lust (selbst dann, wenn sie „nur" auf der Ebene des identifizierenden Erkennens liegt) und dementsprechend wird deren Enttäuschung mit Unlust beantwortet. Dieser These folgend, treffen alle Kunstwerke/Filme beim Betrachter als Spurenleser auf zuvor mittels Medien geprägte, in das subjektive Gedächtnis, den Körper, seine Aufmerksamkeit und Wahrnehmungsweisen eingeschriebene, und dadurch gewöhnlich gewordene Rezeptionshaltungen, somit auf ein irgendwie geartetes, in großen Teilen unbewusstes Vorwissen, das sie durchkreuzen, anspielen oder irgendwie in Erregung versetzen. Es geht bei allen künstlerischen Arbeiten darum, die Inszenierungsstrategien derart zu verwenden, um Spuren zu legen, welche zuerst die Erwartungen ihrer Betrachter überraschen, irritieren, umlenken oder mit Brüchen durchsetzten und dadurch erst eine Reflexion auf die paradoxe Medialität des Films als Spur (im Sinne von Mersch und Krämer) möglich machen. Kunstwerke/Filme haben damit nicht nur die Potenz, sich selbst in ihrer spezifischen Medialität zu thematisieren, sondern sie tun das notwendigerweise, indem sie die Erwartungen und Identifizierungswünsche ihrer Betrachter aufs Spiel setzen. Filme können, noch einmal anders formuliert, ihren Betrachter einer Situation aussetzen, in der er sich im Bezug auf das Andere seiner selbst, die Medialität seiner (unbewussten, nie vollständig zugänglichen und ergründbaren) Erinnerungsspuren und Erfahrungsordnungen, erfahren kann[54]. Sowohl das künstlerische Spurenlegen als auch das Spurenlesen in der ästhetischen Erfahrung sind folglich von einem Vor-Wissen grundiert. Und dieses Wissen ist, folgt man Freuds Überlegungen zum Wunderblock und der psychischen Apparatur des Subjekts, zu einem Großteil ein paradox verfasstes, unbewusstes Wissen, ein in die medialen Strukturen unseres Wahrnehmens, Denkens und Handelns hinein vergessenes, verdrängtes Wissen.

Beziehe ich die beiden Thesen aufeinander, so lässt sich die ästhetische Erfahrung auch als Ergebnis einer doppelten und ineinander verschränkten Wissensunterstellung verstehen. Und diese rückt die ästhetische Erfahrung in die Nähe eines psychoanalytischen Begriffs der Übertragung, für den Jacques Lacan die Formel des *sujet supposé savoir* erfunden hat: „Sowie irgendwo das Subjekt, das wissen soll auftritt/*le sujet supposé savoir*, [...] ist auch Übertragung" (Lacan 1973: 244). Die Wissensunterstellung, die jede Übertragung begleitet wie kennzeichnet, geht einher mit imaginären Ansprüchen und Wünschen. Die Wünsche, gedacht als das die Übertragung generierende Verhältnis, treten keineswegs als isolierte auf, sondern konstituieren sich vielmehr erst am jeweils anderen – beispielsweise zwischen dem sich bildenden Film und dem sich bildenden Subjekt.

Das von Freud für seine epistemologische Praxis – der Wahrnehmung und Deutung des Unwahrnehmbaren – in Anspruch genommene und von Jacques Lacan in der Folge ausgearbeitete Konzept der Übertragung, zusammen mit dem der Spur und des Spurenlesens, scheinen mir eine aussichtreiche Ergänzung des Begriffs der ästhetischen Erfahrung. Einmal erlauben sie die affektiven Dimensionen des Prozesses in Relation zu subjektiven Erwartungen und Wünschen in Form von Wissensunterstellungen zu beschreiben, zum anderen werden die Erfüllung von Wünschen, Erwartungen sowohl im Sehen und Verstehen sowie auch deren Enttäuschungen, als wiederholende, stabilisierende Einschreibung oder als Überschreibung bestehender subjektiver Erinnerungsspuren thematisierbar. Zudem macht es die Konstellation der Begriffe möglich, das Spüren, das Spurenlesen als die Gemengelage einer ganz bestimmten Aufmerksamkeit und

54 Vgl. beispielsweise Jeanne Faust, die zu ihren filmischen Arbeiten, insbesondere Interview sagt: „Die Lückenhaftigkeit der Filme vertraut natürlich auf eine Bereitschaft der Betrachterinnen, sich genau darauf ein zu lassen und die vorhandene Filmerfahrung, die fast jede hat, hinterfragend beim Zuschauen zu nutzen. Da es bei Kunstausstellungen möglich ist, Filme bzw. Videos mehrmals zu sehen, kann die Offenheit der Erzählstruktur wirklich genutzt werden – es ist eine Kooperation" (Schreiber 2007).

Konzentration in der Übertragung zu beschreiben.[55] Eine vorläufige Formulierung davon (deren Gültigkeit in den im 3. Kapitel folgenden filmischen Studien zu überprüfen ist) wäre folgende: der vom Film, im Prozess seiner Übertragung als einem *Erscheinen-lassen,* gebildeten Aufmerksamkeit des Subjekts kommt in der ästhetischen Erfahrung eine spezifische Form der subjektiven Wahrnehmung und Deutung hinzu, die wiederum in einem Prozess der Übersetzung und in Bezug auf Konzentrations-, Aufschreibe- und Denktechniken gewonnen wird. Dieses hoch artifizielle und energetisch aufwendige Geschehen, sich auf der Spurensuche eben nicht einer der sich immer und immer wieder anbietenden Gründe, identifizierenden Lösungen und Urteile zu ergeben und die Suche abzuschließen oder schlichtweg das Andere einer gewohnten Filmerfahrung, das fehlende Fremde nicht zu finden bzw. auf der Suche, Spurenlese aus der „gleichschwebenden" wie konzentrierten Wahrnehmung zu verlieren, versucht die Offenheit mit Hilfe von Eingrenzungen (z.B. auf das Verfolgen einer rätselhaften Spur) und Ausschlüssen (von der Wahl einer der sich dabei anbietenden Lösungen, als letzte und wahrhafte Lösung und Schließung der Suchbewegung) zu erreichen.

Affizierung und Zaudern

Die paradoxe Haltung einer aktiven Passivität, einer hoch konzentrierten Verweigerung, das Nicht-in-Anspruch-nehmen von existierenden und sich anbietenden Gründen, Lösungen und Urteilen beschreibt Joseph Vogl (2007) auch als Zaudern. Vogl beginnt interessanterweise seine kulturgeschichtliche Skizze des Begriffs des Zauderns mit der Beschreibung einer ästhetischen Erfahrung, einer „Leerstelle", einem „Bilderrätsel besonderer Art" (ebd.: 7). Gemeint ist damit der *Moses des Michelangelo*, dem Sigmund Freud (1914) schon einen Aufsatz widmete, welcher auch in Vogls Argumentation eine zentrale Rolle spielt. Vogl folgt den Denkbewegungen Freuds und interpretiert dessen detaillierte Analyse der Bewegungsmotive der Moses-Skulptur als „Format eines Affektbildes" (ebd.: 14), wie es Gilles Deleuze in seinen Kinobüchern bestimmt[56]. Demnach markiere der Affekt

55 Von Freud noch im Zusammenhang mit seiner analytischen Praxis der Deutung als *gleichschwebende Aufmerksamkeit* definiert (vgl. Freud 1999, GW VIII: 377f. und GW XIII: 215f.), lässt sie sich möglicherweise produktiv auf die spezifische aktive Passivität der ästhetischen Erfahrung anwenden.

56 Vgl. Deleuze 1998: 123-170.

„einen Bruch im sensomotorischen Band, einen Einschnitt im Übergang von Perzeption zur Aktion, er erscheint in der Kluft zwischen verwirrender Wahrnehmung und verzögerter Reaktion. [...] Er unterscheidet sich vom Gefühl gerade dadurch, dass er nicht eindeutig Strebungen determiniert, dass er die Motivationsketten zwischen Erregung und Handlung unterbricht. Der Ort des Affekts ist die Unterbrechung, sein Raum das Intervall, in ihm ist die Forstsetzung des Geschehens aufgeschoben und wenigstens fragwürdig geworden“ (ebd.).

Die mit dem Affekt verbundene Auflösung narrativ überformter Kontinuität bezeichnet Vogl – weiter Deleuze folgend – als Zustand einer „Indeterminiertheit“ (ebd.) und somit als Zugewinn von Freiheitsgraden und Möglichkeiten. Dieser Freiraum des Zauderns ermögliche wiederum erst die Sammlung und gleichsam die Befragung von Gesetztem, schon Bestehendem und Vorgeschriebenem.

Die genannten Elemente fasst Vogl zum Ende seiner Relektüre des Freudschen Textes in einem „Zaudersystem“ (ebd.: 22) zusammen, dass er in seiner paradoxen „energetischen Inaktivität“ (ebd.: 23) von Formen der Unentschlossenheit oder nur launischer Vereitelung eines Werks oder Vollzugs unterschieden wissen will. Vielmehr sei das Zaudern durch eine innere Ökonomie und ein ästhetisches Verfahren gekennzeichnet, die dasselbe als „aktive Geste des Befragens“ erkennbar macht, „in der das Werk, die Tat, die Vollstreckung nicht unter dem Aspekt ihres Vollzugs, sondern im Prozess ihres Entstehens und Werdens gefasst sind“ (ebd.: 24).

Die von Vogl in den Blick genommene „Zauderfunktion“ (ebd.: 25), die jedes Handeln, jede Entscheidung, jeden Schluss und jedes Urteil begleitet (ohne sich dabei immer zu zeigen), steht in engstem Zusammenhang mit

„Situationen und Umständen, die deshalb zeichenhaft werden, weil in ihnen das Tun wie dessen Weltbezug wenigstens für Augenblicke problematisch geworden sind. Im Zaudern verdichtet sich ein kritisches, krisenhaftes Verhältnis von Tat und Hemmung, Handeln und Grund, Gesetz und Vollzug; und dabei wird zwangsläufig der Boden aufgewühlt, auf dem überhaupt sich eine Welt, ein Weltverhältnis konstituiert“ (ebd.).

Das in Vogls letzter These schon anklingende widerständige und damit wohlmöglich auch bildungstheoretisch relevante Potential des Zauderns wird später im Zusammenhang mit der bildungstheoretischen Bedeutung von ästhetischen Film-Erfahrungen erneut aufzugreifen und zu diskutieren sein[57].

57 Vgl. zur Bedeutung der Widerständigkeit für Bildungsprozesse Thompson/Weiß 2008.

Spurenlesen

Vor dem Hintergrund der zuletzt versammelten Gedanken, kommen den sich subversiv mit dem Spurbegriff auseinandersetzenden Kunstwerken, die künstlerischen Forschungen an der Spurenlegung und –sicherung und der mit diesen verbundene ästhetischen Erfahrung eine gewisse avantgardistische[58] Rolle für die philosophische und wissenschaftliche Reflexion und Rehabilitierung des Spurenlesens als einer Wissenspraktik zu. In ihnen deutet sich schon die *„epistemologische* Erweiterung" des Übertragungsbegriffs an, die Krämer (2008: 283) dem Spurbegriff als Wissenstechnik zuspricht. Wie ist diese Erweiterung genau zu verstehen?

Die Übertragung und die medial übertragenen Botschaften, auch wenn ich sie zuvor mit Mersch und Krämer schon in ihrem aisthetischen „Kern" als *Erscheinen-lassen* und *Wahrnehmbar-machen* beschrieben habe, gehören immer noch in erster Linie zur Sphäre der Kommunikation und ihrer wissenschaftlichen Bestimmung. Der Spurbegriff stellt dann insofern eine Erweiterung der kommunikationstheoretischen Perspektive dar, als dass mit ihm die Dimensionen der Kognition und des Erkennens hinzukommen. „Durch die Identifikationsleistungen", so Krämer, „die mit dem Lesen von Spuren verbunden sind, kann Orientierung geschaffen, kann Ungewissheit in Gewissheit transformiert werden: das Lesen von Spuren ist eine Kulturtechnik der Wissenserzeugung." (Ebd.) Die *Erzeugung* von Wissen ist hier von besonderer Wichtigkeit, denn sie ergänzt den eher technischen, zeichen- und kommunikationstheoretischen Übertragungsaspekt von Informationen und Botschaften um eine entscheidende, nämlich performative Dimension, so dass nicht einfach Vorhandenes übertragen wird, sondern durch den Empfänger von vermittelten Botschaften als Spurenleser Neues entdeckt, aufgespürt und damit hergestellt wird. Die Spur entsteht dabei durch die Performanz des Spurenlesens. Oder mit Krämer: *„Die Spur ist ein ‚Bote', der durch die Empfänger der Botschaft – metaphorisch gesprochen – ‚beauftragt'*

58 Im Sinne von Gabrielle Jutz (2010), die den Begriff der Avantgarde allerdings nicht nur mit der Bedeutung innovativer Kunstströmungen, sondern auch und vielmehr mit obsoleten – also nicht mehr gebräuchlichen – Techniken und Materialien in Verbindung bringt. Sie bricht dabei bewusst mit dem in vielen Avantgardetheorien gesetzten, verabsolutierten Fokus „auf das Neue, den Bruch mit Traditionen" (ebd.: 55) beziehungsweise auf die Verwendung von neuen künstlerischen Werkzeugen und Techniken. Vielmehr reflektiere die Avantgarde in ihren unterschiedlichen Praxen auf bestehende und gewöhnlich gewordene Handlungen, Deutungen und Urteile, wie sie am Beispiel des Films beeindruckend nachweisen kann.

wird." (ebd.: 282) Diese Umkehrung der Akteur-Rolle ist gemeint, wenn man die Spur und das Spurenlesen als Inversion und Ergänzung des Übertragungskonzepts denkt. Diese epistemologischen Aspekte der Spur sind gut sondiert und diskutiert[59].

Von noch größerem Interesse für meinen medientheoretischen Zugang zum Film ist Krämers weitere Argumentation. Sie bleibt in ihrer Reflexion der Spur nicht bei diesem Ergebnis stehen, sondern bringt in Bezug auf Levinas' Spurbegriff (vgl. Krämer 2008: 285-290) neben der semiologisierbaren Spur noch eine weitere, nicht-semiologisierbare „authentische Spur" hervor. Für Levinas markiert das Spurkonzept gerade die Grenzen der Interpretierbarkeit und Verstehbarkeit des Anderen, das (in all seinen Formen als personaler Anderer, als Objekte der Welt) nicht zum ausdeutbaren Zeichen werden und dadurch in egologischer Perspektive vereinnahmt und angeeignet werden darf. Als authentische Spur zeigt sich das Medium in seiner Opazität und Materialität, als „das Erscheinen des unauflösbar Fremden und nicht zur Welt des Ego gehörigen" (ebd.: 292). Als etwas, das sich den hermeneutischen Verstehensbemühungen des Subjekts widersetzt und entzieht, wie es dieselben durch diesen Entzug aber auch gleichsam antreibt, als Anspruch zum Antworten „zwingt" (ebd.).

In dieser Perspektive bringt das Lesen von Spuren das Fremde und Andere der Mediationen hervor und der Spurenleser ist damit gleichsam in ethischer Weise angesprochen, dieses Andere auszuhalten, bzw. auf es zu antworten, ohne es dabei in Formen des identifizierenden Denkens und interpretierenden Zugriffs auf Welt anzueignen. Das Spurenlesen kann so, nach Krämer, einen in sich differenzierten Spurbergriff realisieren: Der Spurenleser kann die Spur zeichenhaft interpretieren. Die Materialität der wahrnehmbaren Spur *repräsentiert* dann, im Sinne einer positiven Orientierungs- und Wissenstechnik, ihre nicht mehr wahrnehmbare, mithin abwesende Ursache. Damit nähert sich die Spur dem interpretierbaren Zeichen an. Er kann sie aber auch als Entzug, als das Andere eines hermeneutischen Verstehens erfahren. Als diese negative Entzugserfahrung *präsentiert* die Materialität der authentischen Spur eine Anwesenheit, die sich auf nichts Ideelles oder Materielles zurückführen, überhaupt nicht mehr in Kausalverhältnissen auflösen lässt. In der Betonung einer Negativität der Spur argumentiert Krämer strukturell analog zu Adornos Konzeption des Kunstwerks und seiner *ästhetischen Erfahrung* und Merschs' *Ästhetik des Performativen.*[60]

---

59 Vgl. Krämer/Kogge/Grube 2007; aber auch kunsthistorisch Ginzburg 2002, zeichentheoretisch Jäger 2001 und naturwissenschaftlich Rheinberger 2007.

60 Vgl. dazu Mersch 2002c, insbesondere S. 157-244: Dort entwickelt der Autor das Verständnis seiner *Ästhetik des Performativen* im verschränkten Bezug auf die per-

Die Haltung des Spurenlesers

Das Spurenlesen lässt sich daher als eine spezifische, ästhetisch-ethische, ebenso paradoxe, weil aktiv-passive Haltung des Spurenlesers gegenüber der Welt, in meinem Fall: der Filme beschreiben. Wenn ich nun im Folgenden in der Auseinandersetzung mit künstlerischen Arbeiten im Medium Film als Spurenleser der Medialität des Filmes auf die Spur kommen will, dann gilt es den zuvor beschriebenen, doppelt gegliederten Spurbegriff zu bedenken. Will ich das Andere der Mediationen und Übertragungen nicht in Formen hermeneutischen Verstehens und Interpretierens als semiologisierbare Spur abschwächen, bedeutet das, in der Film-Erfahrung die medialen Spuren als Widerfahrnisse zu empfangen, als Ereignisse, die sich gerade nicht aufsuchen lassen, sondern die sich dem nicht-intentionalen Suchen geben, die mich in der Film-Erfahrung aufmerken lassen, weil sie sich vor dem Hintergrund meiner gewöhnlich gewordenen Film-Erfahrung als Störungen, Brüche, Widerstände oder Rätsel erscheinen.

Diese Einbrüche des Anderen und Fremden in der subjektiven Film-Erfahrung, seine Widerständigkeit oder Unbestimmtheit haben immer auch einen affektiven Charakter. Die Affektionen verbinden das Aufmerken und Wahrnehmen in der Film-Erfahrung mit den denkenden Schlüssen und Urteilen, sie bilden die Schwelle zwischen Sinnlichkeit und Sinn. Das Aufspüren der medialen Spuren findet seinen Anfang daher immer im Spüren von Anziehung und Widerstand, Lust und Unlust, etc. im Wahrnehmen; es ist die Erregung der Aufmerksamkeit, mit der jede Spurenlese beginnt. Diese muss sich im weiteren Verlauf, wie ich mit Vogl vorgeschlagen habe, zu einem Zaudern auswachsen, will der Spurenleser das Unbestimmte, Rätselhafte, das im Blickgeschehen mit der Kunst erfahren wurde, aushalten und nicht wieder aneignen, als Fremdes, Anderes im eigenen „Erfahrungshorizont" relativeren. Man kann diese Irritierung und Unterbrechung, die das Zaudern ist, auch als eine Zeit des Ereignens beschreiben, welche die linear gefurchte, chronologische Zeit der Erfahrung zwischen Erinnerung und Erwartungen aufbricht. Um diese Öffnung durch das Aisthetische des Films nicht sofort wieder zu schließen, bedarf es einer besonderen Anstrengung, die sich als Affirmation des Widerständigen, des Unbestimmbaren (in) der ästhetischen Erfahrung verstehen lässt.

Friedrich Nietzsche hat eine solche Affirmation am Beispiel einer *Pädagogik des Sehens* – das hier durchaus in seiner Vieldeutigkeit als visuelle Wahrnehmung, als Erkennen und als Wähnen zu verstehen ist – in seiner *Götzen-*

---

formativen Künste der Postavantgarde (ab den 1960er Jahren) und den philosophischen Begriff des Ereignens.

Dämmerung beschrieben und diese „*erste* Vorschulung zur Geistigkeit" folgendermaßen charakterisiert:

„auf einen Reiz *nicht* sofort reagieren, sondern die hemmenden, die abschließenden Instinkte in die Hand bekommen. *Sehen* lernen, so wie ich es verstehe, ist beinahe das, was die unphilosophische Sprechweise den starken Willen nennt: das Wesentliche daran ist gerade, *nicht* zu ‚wollen', die Entscheidung aussetzen zu *können*. Alle Ungeistigkeit, alle Gemeinheit beruht auf dem Unvermögen, einem Reize widerstand zu leisten [...]" (Nietzsche 1977: 287f).

Im Widerstand bzw. im Verweilen bei der Unbestimmbarkeit der Spur, in der Zeit ihres Ereignens liegt mit Nietzsche die Kunst des Zauderns, sie erlaube es die geistige Reaktion im Sinne eines Urteils oder eines eindeutigen Schlusses aufzuschieben und sich denkend dem Singulären zu nähern, „den Einzelfall von allen Seiten [zu] umgehen und [zu] umfassen" (ebd.).

Das Zaudern ermöglicht dem Spurenleser im Zeitraum der ästhetischen Erfahrung ein Zweifeln und aktives Befragen von zuvor fraglos vollzogenen Prozessen und Handlungen, von sich anbietenden Schlüssen, Interpretationen, Urteilen, auch von individuell selbstverständlich Gewordenem. Es schiebt eine Entscheidung oder ein Urteil auf, schafft so eine Leerstelle, um die herum in wiederholenden Denkbewegungen und Neuansätzen diverse Deutungsmöglichkeiten versammelt werden können, ohne jemals die *eine* „wahrhafte", richtige Bedeutung oder den *einen* Sinn eines Kunstwerks/Films hervorzubringen. Der Spurenleser kann immer nur weitere Deutungen hinzufügen, bestenfalls – mit Adorno gesprochen – die Bedingungen seiner Unbestimmbarkeit und Rätselhaftigkeit beschreiben, indem er dabei den inneren Spannungen, medialen Paradoxa der Filme folgt[61]. Gleiches gilt für die begriffliche Bestimmung der Medialität des Films. Für diesen Entzug von Eindeutigkeit ist die Materialität und Exteriorität der Spur selbst verantwortlich, die das Spiel der Beziehungen und zeichenhaften Deutungen gibt und eröffnet, ohne selbst auf etwas anderes zu verweisen als auf ihre *Äußerlichkeit* und ihr *Vergangen-sein.* Sie ist das, was die begrifflichen, interpretierenden Übersetzungen und Verstehensprozesse des Spurenlesers antreibt wie subvertiert, da sie immer als Überschuss, als Nicht-sagbares, als Rest den Übersetzungen widersteht oder entgeht.

---

61 Vgl. dazu etwa Adornos Bestimmung der ästhetischen Erfahrung „als Mitvollzug der im Kunstwerk sedimentierten Spannungen, der in ihm zur Objektivität geronnenen Prozesse [...]" (Adorno 1974: 433).

Um die *Zauderfunktion* der ästhetischen Erfahrung energetisch aufrecht zu erhalten und die zuvor angedeuteten Übersetzungen als Hervorbringung neuer Lesarten, Bedeutungen von Spuren zu realisieren, kommt der Spurenleser nicht umhin sich auf andere Medien und Techniken zu beziehen, angefangen von Konzentrationstechniken beim Nach-Denken über seine Film-Erfahrung, über andere Medientechnologien wie dem Computer oder DVD-Player, Kulturtechniken wie dem Schreiben, dem Sprechen, bis zu Ordnungstechniken, um das Aufgezeichnete zu versammeln und aufeinander beziehbar zumachen. Die Film-Erfahrung ist daher wie jede andere ästhetische Erfahrung immer technisch und *intermedial* verfasst. Die verwendeten Medien sind, wie oben mit Mersch und Krämer aufgezeigt, alles andere als nur äußerlich an diesem Prozess beteiligt, sondern sie be-*dingen* gerade in ihrer Äußerlichkeit, Materialität und Exteriorität unsere Aufmerksamkeiten, unser Denken und damit auch die Ergebnisse unseres Denkens mit[62]. Folglich wird auch die Subjektivität des Spurenlesers nur als eine intermediale Relation denkbar, sie zeigt sich, sie entsteht in den performativen Bezügen der verschiedenen medialen Elemente und Techniken aufeinander durch den Spurenleser im Prozess des Spurenlesens[63].

Wenn es so ist, dass die Spurenlese nicht ohne Rückgriff auf Medientechnologien und Kulturtechniken samt deren konventionellen Zeichen, Abbilder, Zeichnungen u.ä. auskommt, dann liegt der Schluss nahe, dass sich die Spuren der Medialität des Films in der subjektiven Film-Erfahrung immer nur auf dem Hintergrund anderer medialer Spuren zeigen; angesprochen sind die diskursiver, symbolisch-imaginärer Ordnungen zugehörigen arbiträren Zeichen, Bilder, Tö-

62 Aus diesem Grund sind beispielsweise die meisten Filminterpretationen der filmtheoretischen Klassiker aus der Zeit vor der Erfindung des Videorecorders (aus heutiger Perspektive) voll von offensichtlichen Fehlern, falsch erinnerten bzw. übersetzten formalen und narrativen Details. Ich will damit keinesfalls einer ästhetischen Bestimmung von Filmen zusprechen, die in der objektivistischen Auflistung von technischen, formalen und narrativen Fakten aufgeht, sondern darauf hinweisen, dass sich das Verständnis von Filmen, Filmanalysen und auch der ästhetischen Erfahrung von Filmen in und mit den jeweils zeitgemäßen intermedialen Gefügen verändert.

63 Mit Bernard Stiegler ließe sich diese Beobachtung noch einmal als Frage formulieren: was ist von Nöten, damit sich ein Film in der ästhetischen Erfahrung von einem kulturindustriellen Objekt des Bedürfnisses in ein wissenschaftliches Objekt des Begehrens, und damit in ein grundsätzlich unberechenbares und unabschließbares, *de jure* offenes Objekt verwandeln kann? In seiner Beantwortung dieser Frage verweist er in Bezug auf Bachelard, Foucault u.a. auf diverse Techniken und (Medien-)Technologien (vgl. Stiegler 2010, insb. 71-99).

ne, Bewegungen, die Medien in ihrem Gebrauch am Subjekt hinterlassen haben. Diese Spuren – welche Erinnerungsspuren, Einschreibungen, Verkörperungen, Einbildungen, allgemein: Sedimente von medialen Bildungsprozessen sind – wirken als informierende/formende[64] Zwischeninstanzen subjektiver Erfahrungen.

2.4 DIE „ZARTE EMPIRIE" DES SPURENLESERS

Mit der zuvor beschriebenen Haltung des Spurenlesers ist noch lange keine Methode erfunden, mit der die Medialität des Films untersucht werden kann. Und nach all dem, was ich bisher zur Medialität der Medien und ihrer Erforschung als Spuren schreibend versammelt habe, können diese Spuren auch nicht über einen methodisch gesicherten Zugang erschlossen werden. Dieser würde die Spur, ihr Ereignen im Gegenteil mit Sicherheit verfehlen. Die Antworten auf den Anspruch einer Spur der Medialität des Films geschehen suchend, im Weglosen, a-methodisch. Trotzdem ist das Spurenlesen ein „*knowing how*", wie Sybille Krämer (2007: 21) schreibt. Es sei die „Kunst des intelligenten Vermutens", ein Können, das unter bestimmten Umständen zu einem neuen Wissen führe – aber auch die Grenzen eines diskursiv verfassten Wissens spüren lässt (vgl. ebd.). „Intelligentes[65] Vermuten" ist hier durchaus in Zusammenhang und in der Nähe dessen zu verstehen, was ich mit Jeanne Fausts kurzem Film *Interview* als ästhetische Strategie des *Inter-Views* beschrieben habe. In der spezifischen Aufmerksamkeit, die der Film in seiner ästhetischen Erfahrung bildet, kann erst die Aisthetik/Ästhetik der Bilder als das Andere ihrer vermittelten Botschaft „ins Auge fallen", es entsteht eine ganz bestimmte Achtsamkeit, die das Suchen zum Aussuchen und Lesen von Spuren werden lässt. In der Performanz der Film-Erfahrung, in ihrem paradoxen *Dazwischen-sein*, wird das Denken zur Spurenlese. Spürsinn bedeutet dann aber auch:

„Nur insoweit als wir Eigenleben und Eigengesetz des materiellen Zusammenhangs der Welt kennen, anerkennen und berücksichtigen, können wir wahrnehmbare Bruchstücke dieser Welt in Interpretationskonstrukte verwandeln, die Zeugnis von dem ablegen, was

---

64 Zu Lacans Begriff des *informe* vgl. Zahn 2006: 122.

65 Vgl. Kluge 2002: 444: „intelligent *Adj. std* (18. Jh.). Entlehnt aus l. *intellegens* (-*entis*), *PPräs.* von *intellegere* (*intellectum*) ‚verstehen, wahrnehmen, erkennen', zu l. *legere* ‚zusammennehmen, ins Auge fallen, aussuchen' und l. *inter-*. Das lateinische Wort zu gr. *alégein* ‚auf etwas achten, sich um etwas kümmern'".

uns unsichtbar und entzogen bleibt. Im Spurenlesen erweist sich die Materialität als Bedingung von Immaterialität, die Immanenz als Bedingung von Transparenz." (Krämer 2007: 19)

Bernhard Waldenfels (2010) argumentiert ähnlich, wenn er für seine Untersuchung der *Sinne und Künste im Wechselspiel. Modi ästhetischer Erfahrung*, den Begriff des Gespürs in Anschlag bringt. Das Gespür umfasse

„Formen der Intuition, die an den Rändern, in den Lücken und Bruchstellen der Erfahrung auftauchen. [...] Indem wir einem Gespür folgen, sind wir den Dingen mit ihrem Fluidum, ihren sinnlichen Qualitäten, ihren konkreten Bedeutsamkeiten auf der Spur. Dinge werden hier im weiteren Sinne verstanden als etwas, um das es uns im Zuge der Erfahrung geht. Der Zugang zu ihnen ist noch nicht durch Sinn- und Regelstrukturen vorgezeichnet, er deutet sich höchstens an." (Waldenfels 2010: 20)

Waldenfels Begriff des Gespürs, bzw. der Intuition als Modus von ästhetischer Erfahrung in Kontrast zu rationalen, diskursiven Verfahren und Analysen erinnert wiederum an die Bestimmung und Verwendung der Intuition im philosophischen Denken Henri Bergsons. Die „Intuition" ist in Bergsons Philosophie ein zentraler Begriff, insofern er dem Subjekt ermöglicht die Singularität aller Phänomene anzuerkennen, das heißt ihre Mannigfaltigkeit und ihre Komplexität hervorzubringen – insofern sei er auch ein *präzisier* Begriff. Gilles Deleuze (1997) schreibt zur „Intuition" in *Henri Bergson zur Einführung*:

„Sie ist keine Gefühlseingebung, Erleuchtung oder dunkle Seelenverwandtschaft, sondern eine ausgearbeitete Methode, ja, eine der höchstentwickelten Methoden der Philosophie. Sie hat ihre strengen Regeln, die die Grundlage der, wie es bei Bergson heißt, *Präzision* in der Philosophie bilden." (Deleuze 1997: 23)

In der Anmerkung zu dieser Textstelle bezieht sich Deleuze auf das *Vocabulaire de la Philosophie* von Lalande, in dem „Präzision" gegen die „Exaktheit" (beispielsweise der Mathematik oder einer technischen Apparatur) abgegrenzt werde:

„Wenn man sagt, ein Apparat habe keine systematischen Fehler, spricht man von exakt; wenn er keine zufälligen Fehler macht, sagt man, er arbeite präzise. Ein präzises Verfahren ist also ein zuverlässiges Verfahren, das verbindliche und nachvollziehbare Ergebnisse liefert." (Ebd.)

Bergson unterscheide, so Deleuze weiter, in der Hauptsache drei Handlungen, die für das Regelwerk einer präzisen intuitiven Methode maßgeblich seien. Die erste beziehe sich auf das Hervorbringen von Problemen, die zweite auf das Aufdecken von Wesensunterschieden der Erscheinungen/Phänomene und die dritte auf die Apprehension der wirklichen Zeit – der Dauer (vgl. ebd.: 25). Deleuze hebt hervor, dass Bergsons Methode der Intuition gerade darin bestehe, dass in Begriffen der Dauer gedacht werde. Das heißt, sich auf die Intuition als „Methode" zu beziehen, bedeutet gleichsam auf die Synthese des Fertigen zu verzichten und das Risiko der – unvermeidlich vorläufigen, aber durch die Zeit *in actu* rhythmisierten – Intuition des „Werdenden" einzugehen (vgl. Bergson 1948: 242). Es bedeutet zu entdecken, dass wir in den Anordnungen und den „Aneinanderreihungen", aus denen das Wirkliche mechanisch und zeitlos zusammengesetzt wäre, eine dauernde Schöpfung annehmen müssen, die dadurch entsteht, dass sich die Dinge gegenseitig in Raum und Zeit durchdringen (vgl. ebd.: 243f).

Daraus ergibt sich die paradoxe Praktik des Denkens, die als eine der Bewegung und der Dauer immanente Fähigkeit zu bestimmen wäre; und damit eine Philosophie, die fähig wäre, sich im Medium des Begriffs der Starrheit des Begriffs zu entziehen. Wenn Bergson vom Begriff verlangt, dass er an seinem Objekt „hafte" – gegen die „so abstrakten und infolgedessen so unbestimmten Begriffe, dass man hierin neben dem Wirklichen alles Mögliche und selbst Unmögliches unterbringen kann" (ebd.: 21) –, stellt er klar, dass ein dieses Namens würdiger Begriff ein singuläres Instrument sein muss, formbar auf sein einzelnes Objekt und folglich jeder Verallgemeinerung gegenüber widerspenstig, jedoch zu der Flüssigkeit und Formbarkeit fähig, die beispielsweise der Gips oder eine andere Modelliermasse über der anderen Form zeigen, auf die sie aufgedrückt werden (vgl. Bergson 1948: 143f).

Wenn sich im Spüren, dem Spürsinn der ästhetischen Erfahrung „intuitive Momente" herstellen lassen, in „denen sich ein besonderes Gespür für die Dinge" aktualisieren lässt, dann spricht das nach Waldenfels (2010: 38) für die Praxis einer „*zarten Empirie*, die Raum lässt für das, was sich dem methodischen Zugriff und den Modellen der jeweiligen Theorien entzieht". Die „zarte Empirie" geht mit einer doppeltem Unbestimmtheit um, da sie sich – *erstens* – in dem zuvor skizzierten Sinne a-*methodisch* den Filmen zuwendet, und – *zweitens* – nicht von einem zuvor bestimmten Ziel der Suche ausgeht, da sich die paradoxe Medialität der Medien nur im Gebrauch der Medien erfahren (und deuten) lässt und sich zudem nur indirekt, als Unwahrnehmbares wahrnehmbar machen lassen kann. Die „zarte Empirie" nimmt in dieser Perspektive auch Abstand von jeglichen Ganzheitsansprüchen ihrer Ergebnisse und affirmiert das theoretische

Fragment, die Skizzen und vorläufigen begrifflichen Bestimmungen einer werdenden Theorie. Zudem muss die „zarte Empirie" der ästhetischen Erfahrung, da sie sich nicht auf eine gängige, objektivierte Methode stützen kann, subjektiv vorgehen. Alles zusammen sorgt dafür, dass sich die Schere zwischen diskursivem Wissen und der ästhetischen Erfahrung nie schließt.

Vorbilder für dieses Verfahren sind Adornos *Ästhetische Theorie*, die Psychoanalyse nach Freud und Derridas Dekonstruktion[66]. Auch Roland Barthes (1989) hat mit *Die helle Kammer* einen äußerst interessanten Versuch einer *zarten Empirie* im Phänomenbereich der Photographie vorgelegt. Barthes Studie könnte man als Zeugnis einer „subjektiven Wissenschaft" bezeichnen, einer subjektiven Wissenschaft, die vom einzelnen Objekt ausgeht. Er beschreibt sein Vorhaben folgendermaßen:

> „Ich beschloß also, bei meiner Untersuchung von einigen ganz wenigen Photographien auszugehen, jenen, von denen ich sicher war, dass sie *für mich* existierten. Nichts von einem Korpus: nur einige Körper. In diesem letztlich konventionellen Widerstreit zwischen Subjektivität und Wissenschaftlichkeit kam mir eine eigenartige Idee: warum sollte nicht etwas wie eine neue Wissenschaft möglich sein, die jeweils vom einzelnen Gegenstand ausginge? Eine *mathesis singularis* (und nicht mehr *universalis*?) [...]: ich würde den Versuch wagen, auf der Basis von ein paar persönlichen Gefühlen die Grundzüge, das Universale, ohne das es keine PHOTOGRAPHIE gäbe, zu formulieren." (Barthes 1985: 16)

Diese „eigenartige Idee" einer *mathesis singularis*, beschreibt ziemlich genau das, was ich im folgenden Abschnitt mit den Studien einiger, ausgewählter Filme tun werde. Ich möchte mit ihnen Aussagen zur Medialität des Films formulieren. Das Kriterium meiner Auswahl der Filme war – ähnlich wie für Barthes – ein völlig subjektives: das der Irritation, der Störung wie der Affizierung durch die Filme. Die verwendeten Filme, sind solche, die vor dem Hintergrund meiner Forschungsfragen mein Interesse weckten und weitere Fragen anregten. Solche Filme, denen ich dabei unterstelle, dass sie meine Aufmerksamkeit für die medialen, materiellen und performativen Dimensionen des Filmischen öffnen können. Solche Filme, denen ich unterstelle, dass sie als künstlerische Forschungen an

66 Freud in die Reihe der Vorbilder einer „zarten Empirie" aufzunehmen, bedarf einer zusätzlichen Bemerkung, ging er doch in seinen Analysen zum Teil alles andere als zart, eher chirurgisch vor. Die „zarte Empirie", wie ich sie für eine Spurenlese am Film in Anspruch nehme, steht daher als Metapher sowohl für eine liebende, zögernde und versammelnde als auch entscheidungsbereite und analytisch genaue Haltung gegenüber ihrem Gegenstand.

ähnlichen Fragen zur Medialität des Films arbeiten. Diese Filme bilden zwar keinen Korpus, aber sie lassen sich in einem sehr weiten Begriff des Experimentalfilms fassen[67], eben solche Filme, die mediale Paradoxa hervorbringen bzw. die von mir als *Spurenleser* der Filme als solche gelesen und formuliert werden können. Diese medialen Paradoxa werden in den Prozeduren des Spurenlesen bestenfalls zu

> „[...] Werkzeuge[n] reflexiver Erkenntnis, die anders nicht zu entdecken ist, die aber auch nicht garantiert werden kann, weil sie allein im ‚Zeigen', nicht im Sagen, im diskursiven Milieu statthat. Sie sind, in ihrem ganzen Probecharakter, ihrer Vorläufigkeit und Unbestimmtheit vielleicht das, was mit einigem Recht heute noch als ‚Orte einer Kritik' bezeichnet werden darf [...]" (Mersch 2006c: 14).

Dieses Verfahren einer *„zarten Empire"* oder „subjektiven Wissenschaft" kann allerdings nur gelingen, wenn ich als Betrachter der Filme nicht bei der Affirmation meines eigenen Getroffen-seins, meiner Affizierung durch die Filme stehen bleibe, sondern sie in meiner Film-Erfahrung für den Film und für eine immer wieder ansetzende, differenzierte Reflexion seiner ästhetischen Erfahrung öffne: wenn ich – trotz der Unsagbarkeit, Rätselhaftigkeit der medialen Spuren und der ästhetischen Erfahrung – unablässig bemüht bin, diese beispielsweise als Schreibender zu übersetzen[68]. In diesen Übersetzungen will ich versuchen, meine ästhetische Erfahrung mit den Filmen an bestehende medien- bzw. filmwissenschaftliche Theorien und an bildungstheoretische Diskurse anzuschließen. Daraus ergibt sich auch die Struktur des folgenden Kapitels, nach der jeder filmischen Spurenlese zur Medialität des Films eine Anwendung der gewonnenen „Ergebnisse" auf den bildungstheoretischen Diskurs folgt.

---

67 Filmische Experimente bzw. experimentell-filmische Erforschungen des Films, seiner Materialität, seiner Geschichte und seiner Darstellungsmöglichkeiten, existieren seit den ersten Tagen des Films. Heute liegt ein weites Feld von filmischen Arbeiten vor, das sich unter dem Begriff des Experimentalfilms fassen lässt: es reicht von den Avantgarden, den künstlerischen Arbeiten mit Film über die Videokunst bis hin zum Musikvideo und dem Spielfilm.

68 Die Verfahrensweise des filmischen Spurenlesens ist in zahlreichen Vorträgen und Hochschulseminaren erprobt und ebenso in einigen Publikationen dokumentiert: vgl. etwa Zahn 2009a,c; 2010b.

3 Spurenlese der Materialität, Performativität und Zeitlichkeit des Films

3.1 *L'Arrivée* und *Outer Space* – Zur „Ankunft" der Filmbilder, ihrer Materialität und dem „Außer-sich-sein" der Film-Erfahrung

Der Film beginnt mit einem Schwarzbild, begleitet von einem Rauschen auf der Tonspur. Dann zeigt er die „üblichen" filmischen Prätexte wie den Namen der Produktionsfirma – *P.O.E.T. Picture Production* – und den Titel des Films in schwarzen Lettern auf weißem Hintergrund: *L' Arrivée* (vgl. Abb.1,2). Dabei fällt mir schon das Zittern des projizierten Bildes auf, das unruhig in der Projektionsapparatur zu laufen scheint. Ich erinnere mich, wie ich im Kino sitze und Peter Tscherkasskys Kurzfilm gezeigt wird, dessen Film-Erfahrung ich jetzt schreibend rekonstruieren werde.

Ich sehe – als erstes „Bild" des Films – eine weiß leuchtende Fläche oder unbelichteten Rohfilm und zugleich die weiße Leinwand des Kinosaals. Zu sehen gegeben ist in diesen ersten Sekunden des Films das Material der *Kinemato-* wie der *Photo*-Graphie in relativ purer Form, nämlich: das Photo, das Licht (altgr. *photos*, „Licht", „Helligkeit"), das sowohl für die Aufzeichnung, seine Graphie (in Form des zu belichtenden Rohfilms) als auch für die Präsentation des Films (als Licht der Projektion) ein zentrale Rolle spielt. Die Tonspur ist als Sound, Knistern und Rauschen ebenfalls im filmischen Bild anwesend. Mit den ersten Bildern zeigt der Film also schon auf sein Material, die Technik und Praktiken seiner Aufzeichnung und Aufführung, kurz: auf sein Dispositiv[1]. Und folgt

1 Den Begriff des Dispositivs verstehe ich in seiner weitesten Definition als Anordnung und Gefüge verschiedener heterogener sowohl materieller als auch immaterieller Elemente, und zwar in dem umfassenden Sinn, wie ihn Baudry (1970; 1975) zuerst am

man weiter dem Spiel der Signifikanten, den Metonymien und Metaphern von „Licht", landet man u.a. auch beim historischen Beginn des Films: den Gebrüdern Lumière.

Abbildungen 1, 2: DVD-Screenshots aus L'Arrivée

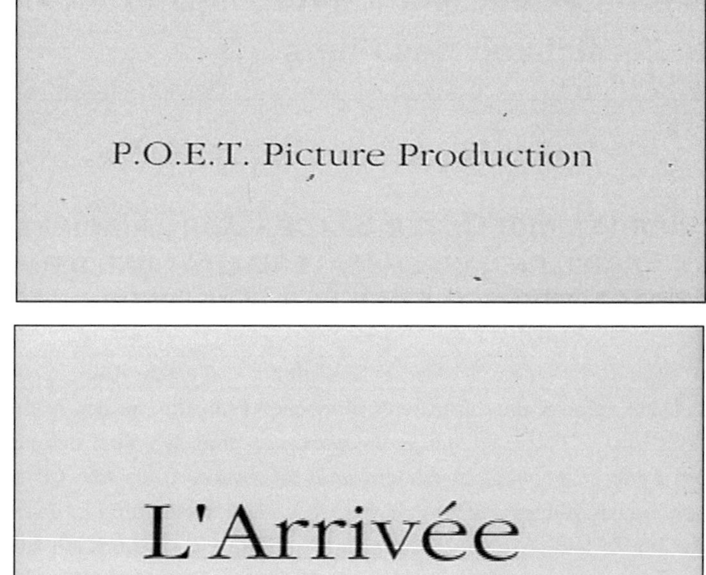

Quelle: *Peter Tscherkassky: Films from a dark room*, 008 index DVD-edition 2006

Das schon benannte Material des Films tritt erneut in Form des Bildträgers auf (ab 00:18 Min.), wenn ich den Celulloid-Filmstreifen mit seinen Einzelbildern und der Perforation in Teilen zu sehen bekomme. Er schiebt sich von rechts ins Bild, gibt lediglich Perforationslöcher zu sehen und verschwindet wieder, kündigt sich durch die Tonspur erneut an und schiebt sich etwas weiter in den Bild-

Beispiel des Kinos herausgearbeitet hat: nämlich als komplexe Struktur, in der die technisch-materielle Basis des Films, seine konkreten, physischen Aufführungsbedingungen, der Film selbst und die psychische Disposition des Subjekts in der Film-Erfahrung zusammenwirken.

ausschnitt, usw. Tscherkassky sagt dazu: „Zunächst zeigt *L' Arrivée* die Ankunft des Filmstreifens selbst.“[2] Zudem sind Spuren der Bearbeitung des Filmstreifens zu sehen, Verschmutzungen, Kratzer u.ä. (vgl. Abb. 3).

Abbildung 3: DVD-Screenshot aus L`Arrivée

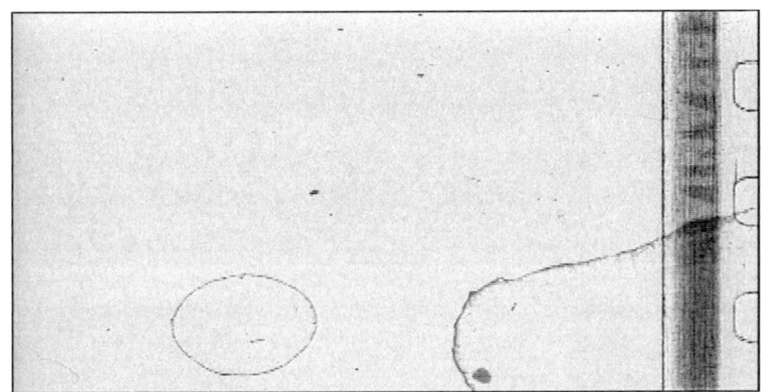

Quelle: *Peter Tscherkassky: Films from a dark room*, 008 index DVD-edition 2006

Dabei wird erneut in negativer Weise auf das Dispositiv des Films verwiesen. In der ungestörten Projektion ist das projizierte Bild gewöhnlich kongruent mit dem Bildausschnitt; das bedeutet beispielsweise für das Kino, das projizierte Bild füllt die gesamte Fläche der Kinoleinwand. Die je unterschiedliche technisch-materiale Rahmung des sichtbaren Bildes wird angespielt: mir (und auch einigen anderen Zuschauern mit denen ich über den Film sprach[3]) stellten sich beim ersten Sehen von *L'Arrivée* dementsprechend Fragen wie: Ist der Film nicht in der Spur? Hat er sich aus seinen vorgegebenen Perforationslöchern der Transportmechanik gelöst und ist verrutscht? Wenn sich nach kurzer Zeit die Fragen nach einer missglückten, gestörten Projektion als falsch gestellte Fragen erweisen, bleiben Fragen an die Herstellung des Films: wie wurde das gemacht?

Auf dem ins Bild drängenden, zitternden Filmstreifen sind zuerst Häuser und wartende Menschen zu sehen, die sich etwas später identifizierend zusammenfügen lassen und sich als dem Bild einer Bahnstation zugehörig erweisen. Diese Bild-Sequenz kollidiert mit ihrer Spiegelung (00:54 Min., Abb. 4) und tritt wieder auseinander, wobei das projizierte Bild in zwei dunkle Flächen und einen – mal mehr mal weniger breiten – weißen Spalt unterteilt wird.

---

2 Vgl. http://www.tscherkassky.at/inhalt/films/dieFilme/LArrivee.html, 20.4.11.

3 Ich habe Tscherkasskys Film mehrfach in Seminaren und Workshops in Hamburg und Oldenburg gezeigt und mit Studierenden diskutiert.

Abbildungen 4-6: DVD-Screenshots aus L`Arrivée

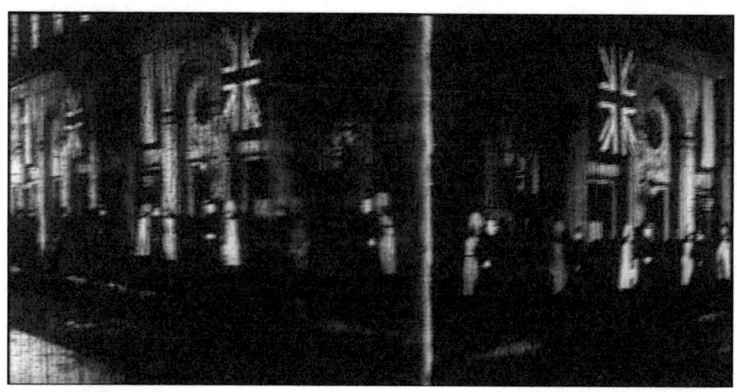

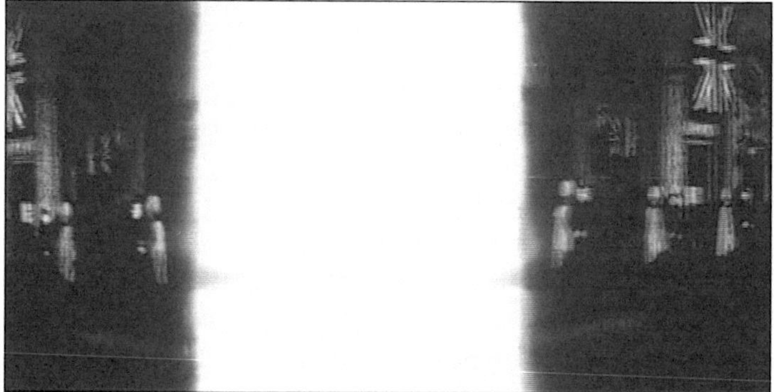

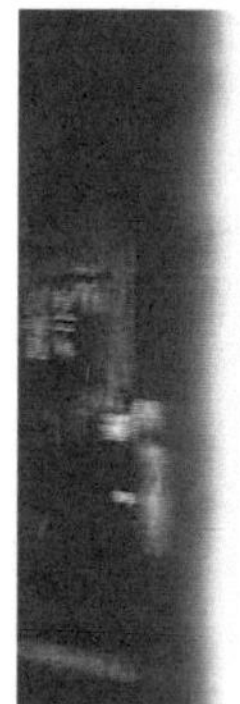

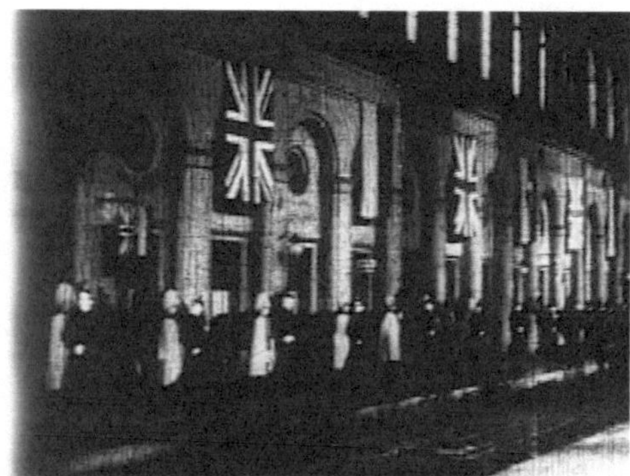

Quelle: *Peter Tscherkassky: Films from a dark room*, 008 index DVD-edition 2006

Abbildungen 7-9: DVD-Screenshots aus L`Arrivée

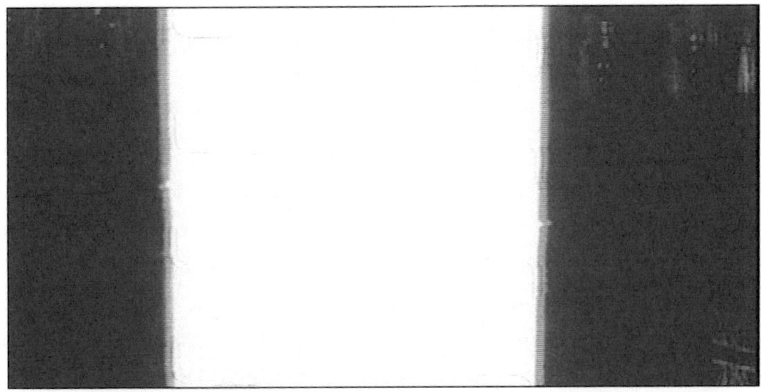

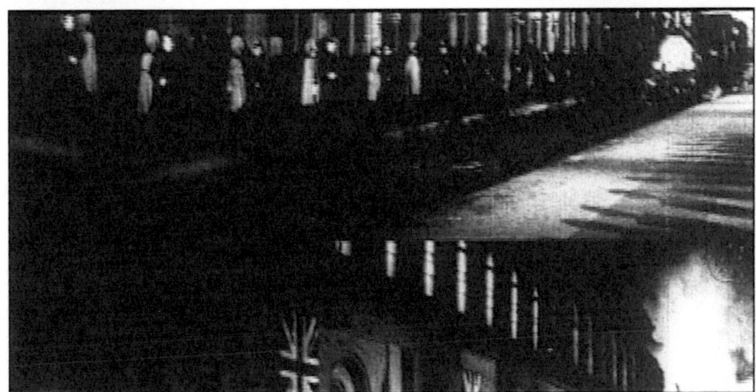

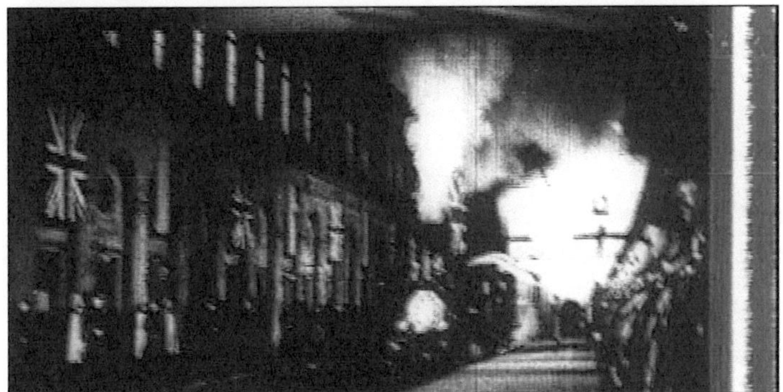

Quelle: *Peter Tscherkassky: Films from a dark room*, 008 index DVD-edition 2006

Nach mehreren diagonalen Verschiebungen drängt eine weitere, dritte Spiegelung der Bildsequenz von der rechten unteren Ecke ins Bild, bis es die anderen verdrängt und den gesamten Bildausschnitt füllt (vgl. Abb. 4-9, S. 116f). Zu sehen gegeben ist – wie 1895 bei den Brüdern Lumière[4] – die Ankunft eines Zuges in einer Bahnstation. Am rechten Bildrand ist während dieser kurzen Zugeinfahrt-Sequenz gut der Lichtton-Streifen des 35mm-Films zu sehen (Abb. 9). Meine Assoziationen zu den ersten „Licht"-Bildern des Films bestätigen sich. Tscherkassky bezieht sich in einer historischen Geste, einem Zeitsprung von über hundert Jahren in die Vergangenheit, auf die ersten Filmbilder. Die Gebrüder Lumière filmten damals die sie umgebende Welt.

Ein Zug fährt ein, kollidiert mit seiner Spiegelung und nicht der Zug, aber die Bilder seiner Einfahrt „entgleisen" (ca. 01:20 Min.). Die Ereignisse beginnen sich zu überschlagen. Tscherkassky lässt die Bilder aus ihrer sicheren Führung, aus ihrer gewöhnlichen Projektions- und Sichtweise kippen (Abb. 10).

Abbildung 10: DVD-Screenshot aus L'Arrivée

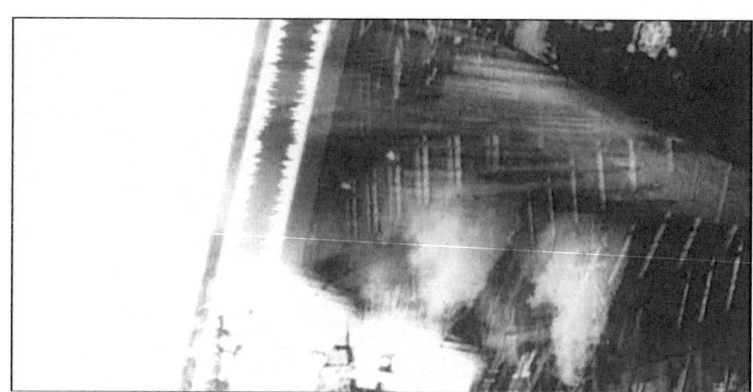

Quelle: Peter Tscherkassky: Films from a dark room, 008 index DVD-edition 2006

Einzelne Bildfragmente sind zu erkennen: ein Gleis, der Zug, Rauch. Und auch Fragmente des Filmstreifens selbst: Tonspuren, Perforationsstreifen, positiv wie

4 Angespielt wird hier auf den Film *L'Arrivée d' un train en gare de La Ciotat* der Gebrüder Lumière aus dem Jahre 1895. Von der Erstaufführung des einminütigen Films in einem Pariser Café erzählt man den Mythos, dass die damals anwesenden Zuschauer das Café fluchtartig verließen, da sie fürchteten, der Zug würde ins Café einfahren. Von diesem *effet de réel*, der illusionären Unmittelbarkeit und Überwältigung der kinematographischen Bilder, die zugleich und notwendigerweise ihre reale Präsenz, ihre Materialität und Performanz verschleiern, handelt auch Tscherkasskys Film.

negativ, verdoppeln und kreuzen sich, legen sich wie Schleier über das Bild (Abb. 11-13).

Abbildungen 11-13: DVD-Screenshots aus L'Arrivée

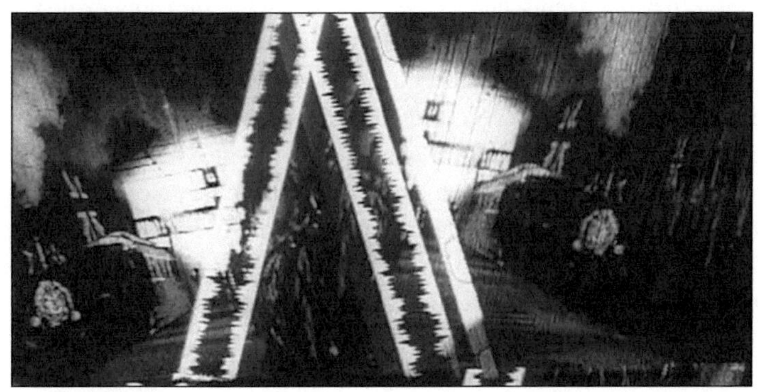

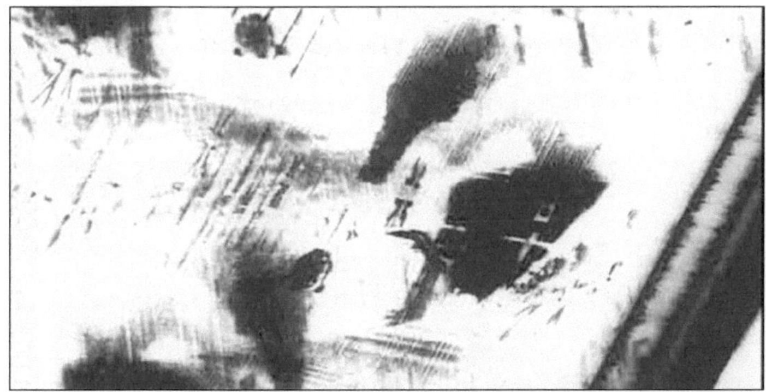

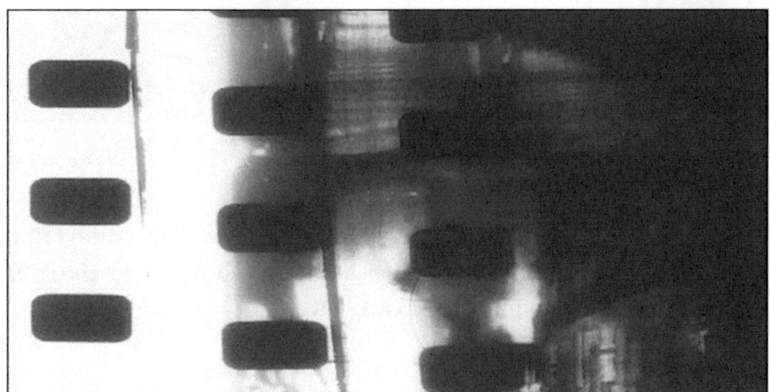

Quelle: *Peter Tscherkassky: Films from a dark room*, 008 index DVD-edition 2006

Bei der (Re-)Lektüre meiner eigenen Formulierung drängen sich mir Fragen hinsichtlich der Relation von Filmmaterial und Filmbild auf: Legen sich die Fragmente des Filmstreifens in *L' Arrivée* tatsächlich „über" etwas Abgebildetes? Drängt sich das Material des Films aus der Unsichtbarkeit seiner technischen Indienstnahme bei der filmischen Aufzeichnung und Projektion in den Vordergrund des projizierten Filmbildes? Oder: Ist das Material selbst hier Inhalt des Bildes, wird es Bild? Und reflektiert Tscherkasskys Film somit auf die Bedingungen seiner eigenen filmischen Bildwerdung?

Die erste Ankunft (des Filmstreifens) und die zweite Ankunft (des in die abgebildete Bahnstation einfahrenden Zuges) überschneiden sich, brechen gegenseitig ineinander ein. Ich denke, man kann hier in einer ersten Annäherung an Tscherkasskys Film von einer komplexen Bewegung zwischen der Materialität des Filmbildes und seiner Zeichenfunktion sprechen, wobei Letztere darin besteht, das Trägermaterial des Films zu transzendieren, es unsichtbar zu machen und den Blick auf ein Bildobjekt freizugeben. Zuletzt „kollidiert" Lumieres Zug mit einem anderen filmischen Bild eines Ankommens in einem Bahnhof (ca. 01:43 Min.).

Abbildung 14: DVD-Screenshot aus L`Arrivée

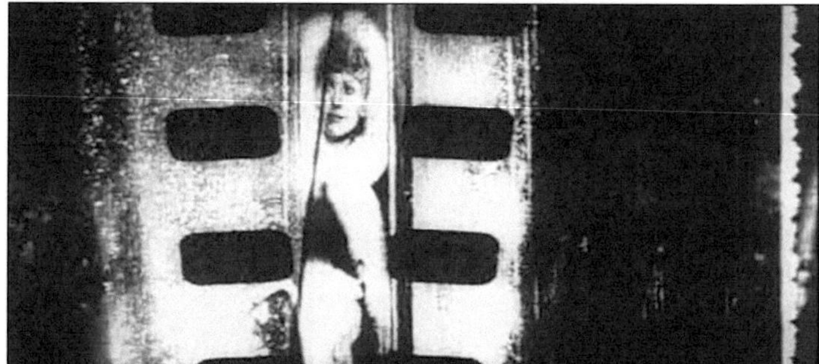

Quelle: *Peter Tscherkassky: Films from a dark room*, 008 index DVD-edition 2006

Diese dritte Ankunft in *L' Arrivée* ist jene einer Frau, die den „Bild-Trümmern" entsteigt und von einem auf sie wartenden Mann in die Arme geschlossen wird. Sie küssen sich – das Happy-End (vgl. Abb. 14-17).

Abbildungen 15-17: DVD-Screenshots aus L`Arrivée

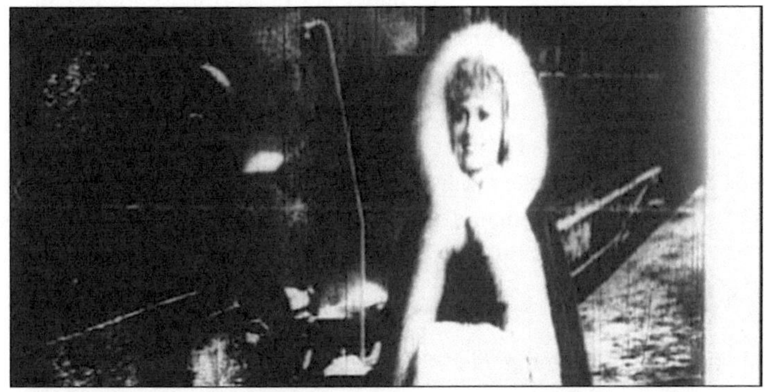

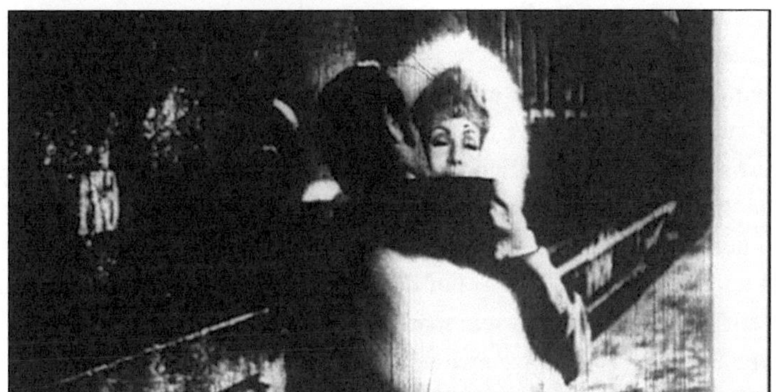

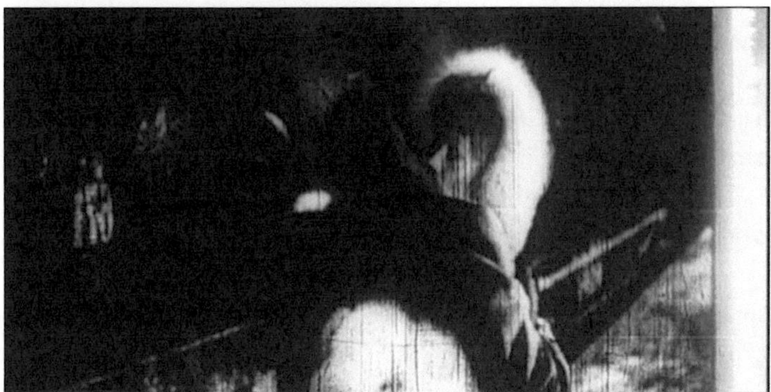

Quelle: *Peter Tscherkassky: Films from a dark room*, 008 index DVD-edition 2006

In Tscherkasskys *L' Arrivée* wird – so lässt sich zu diesem Zeitpunkt schon sagen – Filmgeschichte wiederholt, um dabei verdichtet und verschoben zu werden. Der Film, so Peter Tscherkassky, inszeniere den Übergang vom Dokumentar- zum Spielfilm in der nicht nur technischen Erfindung der Montage:

> „Reduziert auf wenige Minuten bietet *L' Arrivée* eine kurze, präzise Zusammenfassung dessen, was die Kinematographie (nach ihrer Ankunft mit Lumières Zug) zu einer Großmacht werden ließ: Action, Emotions. Oder, wie eine amerikanische Hausfrau (zitiert nach T.W. Adorno) die Dramaturgie Hollywoods beschrieb: ‚Getting into the trouble and out of it again'." (Tscherkassky[5])

Die produktive Verschiebung dieser verdichteten Wiederholung kommt durch Tscherkasskys verwendetes Filmmaterial zustande. Die Sequenz der Zugeinfahrt, welche die materielle Grundlage für *L' Arrivée* bildet, ähnelt eben nur dem zuvor genannten Film der Lumières, ist aber ein anderer: die Szene stammt aus *Mayerling* (FR/GB 1968) des englischen Filmemachers Terence Young[6]. Trotz der benannten Ähnlichkeit der Szenen, könnte ihre Differenz kaum größer sein, da *Mayerling* das klassische Kino samt seines zugehörigen Starsystems repräsentiert. Die Farbigkeit des 35mm-Filmmaterials hat Tscherkassky in Schwarz-Weiß-Bilder umgewandelt.

Zum anderen *zeigt L' Arrivée* auf die komplexe Medialität des Films, insbesondere auf seine Materialität, sein materielles Dispositiv, seine Auszeichnungs-, Bearbeitungs- und Projektionsapparatur, um dabei das Filmbild als doppelt gegliedertes zur Darstellung zu bringen: als eines das zwischen seiner materiellen, präsentativen Dimension als Trägermedium und seiner repräsentativen und narrativen Funktion als Zeichen oszilliert. Ich verstehe Tscherkasskys Film daher als experimentelle, filmische Forschungsarbeit, die Spuren hinsichtlich der Materialität und Technik der Filmbilder, ihrer Wahrnehmung und ihrer Geschichte legt. Diesen Spuren möchte ich im Folgenden nachgehen.

Ikonische Differenzen des Filmbildes

Filme, so lässt sich mit Tscherkasskys Film und in Anlehnung an Gottfried Boehms Untersuchungen zur Logik des Bildes[7] sagen, sind nichts anderes als ein

5 Vgl. http://www.tscherkassky.at/inhalt/films/dieFilme/LArrivee.html, 20.4.11

6 Youngs Film mit Catherine Deneuve und Omar Sharif in den Hauptrollen ist selbst ein Historienfilm und spielt im Österreich des ausgehenden 19. Jahrhunderts.

7 Vgl. beispielsweise Boehm 1994, 2007 und 2008.

„Substrat aus Material, aus dem allerdings etwas ganz anderes, etwas Immaterielles, eine Ansicht, mithin ein Sinn aufsteigt, ohne sich je von diesem Grund zu lösen. Bilder sind spannungsgeladene, real-irreale Körper“ (Boehm 2007:9). Diese rätselhafte „Transformation ikonischer Materialität“ (ebd.: 10) will ich etwas genauer zu bestimmen versuchen, um sie auf das Filmbild, seine Materialität und Zeichenfunktion zu übertragen. Diese Übertragung scheint mir viel versprechend, da Boehms zugegebenermaßen an dieser Stelle sehr weite Fassung der *ikonischen Differenz* von Materialität und Sinn mich an Henri Bergsons Definition des Bildes erinnert, wie er sie zu Beginn seiner Untersuchung zu *Materie und Gedächtnis (1991)* formuliert. Dieser gibt im Vorwort seines Buches, wie er sagt, eine sehr weite und „unbestimmte“ Definition des Bildes, die zugleich die der Materie ist:

> „Für uns ist die Materie eine Gesamtheit von ‚Bildern‘. Und unter ‚Bild‘ verstehen wir eine Art Existenz, die mehr ist als was der Idealist ‚Vorstellung‘ nennt, aber weniger als was der Realist ‚Ding‘ nennt – eine Existenz die halbwegs zwischen dem ‚Ding‘ und der ‚Vorstellung‘ liegt.“ (Bergson 1991: I)

Und dieses Bildverständnis ist wiederum Ausgangspunkt für Deleuzes philosophische Überlegungen zum Kino/Film (Deleuze 1989; 1990).

Der Versuch eine Beziehung zwischen den kunstwissenschaftlichen und philosophischen Überlegungen von Boehm (und an diese anschließend Merschs' Medienphilosophie), Bergsons Denken und dessen Indienstnahme durch Deleuzes Filmphilosophie herzustellen, ist nicht unproblematisch, klammert doch Boehm in seinen Überlegungen und Bildforschungen das filmische Bewegungsbild völlig aus. Diesen Schwierigkeiten zum Trotz scheint mir diese theoretische Konstellation wichtig, gibt es doch eine Tendenz im bild- und filmwissenschaftlichen (und auch im filmpädagogischen) Diskurs die widerständige, materiale Dimension des filmischen Bildes zu verdrängen und den Film als sprachähnliches Medium der Kommunikation zu rekonstruieren.

Gottfried Boehm hat dagegen schon seit Beginn der 1990er Jahre immer wieder versucht den Akt des bildlichen Zeigens in seiner Differenz zum sprachlichen Sagen auszudeuten und war damit ohne Zweifel ein wichtiger Protagonist der sich gründenden Bildwissenschaft.[8] Der Bezug auf den Kunstwissenschaftler

8 Heute, so kann man konstatieren, tendiert der Diskurs der sich mittlerweile institutionalisierten Bildwissenschaft mehr und mehr dazu sich zu einem semiotischen Projekt zu formieren, einem Projekt des „Bilder-lesens” oder auch der neurobiologischen, kognitionswissenschaftlichen und psychologischen Thematisierung von Bildwirkun-

Boehm ist daher im Zusammenhang mit Fragen bezüglich der Materialität von Film nicht zufällig. Denn im Gegensatz zur Filmtheorie beschäftigt sich die Kunst und die Kunstwissenschaft schon seit geraumer Zeit mit dem „Material der Kunst" (vgl. Wagner 2001)[9]. Das künstlerisch-reflexive Interesse am Material setzte spätestens mit dem Dadaismus ein und wendet sich gegen einen Kunstbegriff, der den Wert der Kunst an der Immaterialisierung, der Aufhebung des Materials durch die Form bemisst. In der Kunstwissenschaft führte das gesteigerte Interesse am Material nach dem zweiten Weltkrieg zu einem theoretischen Paradigmenwechsel, der bis heute andauert (vgl. Jutz 2010: 77ff).

Die Materialität des Films ist dagegen lange stiefmütterlich behandelt worden, und m.E. auf eine ganz bestimmte Weise auch noch ein Desiderat filmtheoretischen Diskurses geblieben – das hat auch mit seiner Geschichte zu tun. Denn das theoretische Interesse am Material des Films wurde unglücklicherweise zuerst von der recht „kunstfernen" Filmlinguistik entwickelt, nämlich Christian Metz' Untersuchungen[10] zu *Sprache und Film* (1973), in die filmkünstlerische Praktiken und Techniken kaum eingeflossen sind. Metz' Filmsemiotik kann nach Jutz (2010: 88) als *„substanzialistisch"* beschrieben werden, da sie Materialität bzw. den „filmischen Signifikanten" auf seine „Ausdruckssubstanz" zurückführe und ontologisiere. Sein recht starrer Materialbegriff bestätige zwar, dass filmisches Material *ist*, sage aber nichts weiter darüber aus, was es *bedeuten* kann bzw. wie es Bedeutung mitbe*dingen* kann, was es *tut* oder was ihm *widerfährt* (vgl. ebd.: 87-95).

Eine zweite Theorielinie, in der filmtheoretisch über die Bedeutung des Filmmaterials nachgedacht wurde, lässt sich auf die Schriften von Peter Wollen zurückführen (vgl. dazu ebd.: 95-101). Für Wollen wird das Material des Films ebenfalls zum „Zeichenkörper" und „Text", der Bedeutung aber nicht einfach wiedergibt, sondern *produziert*. Auf die Weisen der Bedeutungsproduktion könne nun der einzelne Filmtext insofern verweisen, als dass er die Konstruiertheit

---

gen, Bildverstehen und Bildverarbeitung, vgl. dazu beispielsweise Sachs-Hombach/Rehkämper 1998, 1999; Sachs-Hombach 2003, 2005; Scholz 2004 und Sachs-Hombach/Totzke 2011.

9 „Das Material der Kunst", so lautet der Titel von Monika Wagners „anderer Geschichte der Moderne", in der sie die Materialbedeutungen der Kunst im 20. Jahrhundert rekonstruiert. Neben Wagners Schriften sind noch Thomas Raffs Entwurf einer Semantik der Werkstoffe in *Die Sprache der Materialien* (1994) und nicht zuletzt die Arbeiten von Georges Didi-Hubermann wie z.B. seine Beschäftigung mit den Techniken und Praktiken des Abdrucks in *Ähnlichkeit und Berührung* (1999) zu nennen.

10 Vgl. dazu auch Metz 1972.

des Films und seiner Signifikation in „Disjunktionen von Signifikant und Signifikat“ (ebd.: 98) ausstelle. Wollen sehe dieses Verfahren beispielsweise in Filmen von Jean-Luc Godard, aber auch in der Malerei durch Pablo Picasso realisiert. Für Jutz ist gerade Wollens' Bezug auf die Malerei dafür verantwortlich, dass er in seiner theoretischen Beschreibung des filmischen Materials übersieht, dass eine Disjunktion nicht nur „zwischen Signifikant und Signifikat stattfindet, sondern – gleichfalls intertextuell – zwischen den verschiedenen Ausdruckskanälen des Films.“ (ebd.: 99). Als „pluricodisches Medium“ verfüge der Film über fünf „Ausdruckssubstanzen: das bewegte Bild, die gesprochene und geschriebene Sprache, den Ton und die Musik“ (ebd.). Das konventionelle, narrative Kino – das m.E. in großen Bevölkerungsteilen das Verständnis von Film und seiner Erfahrung geprägt hat und noch prägt – unterläuft die Materialität des Filmmediums, indem es sich als ein spezifisches Dispositiv herausgebildet hat, das die bewegten Bilder, Töne/Sounds, Sprechakte in analoger, synchroner Repräsentation montiert und damit naturalisiert[11]. Dieser ideologischen Form der Darstellung, die sich von Beginn der Kinematographie bis etwa zur Mitte des 20. Jahrhunderts als das Kino dominierende Form herausgebildet hatte, galten die filmästhetischen und theoretischen Gegenentwürfe, wie sie Wollen in den unterschiedlichen Ausprägungen der Avantgarden beschrieb.

Auch Tscherkasskys Film scheint in dieser „ideologiekritischen“ Tradition zu stehen, wird doch genau diese gewöhnlich gewordene, naturalisierte Ästhetik des (narrativen Kino-)Films und seiner Erfahrung als Lesen und Verstehen der Bilder, das immer zugleich eine Durchsicht auf die Inhalte, den Sinn und die Bedeutungen von Bildern und die Unsichtbarmachung ihrer Materialität ist, durch *L' Arrivée* gestört und in der Mitte des Films stellenweise fast unmöglich gemacht. In dieser Störung wird aber auch anderes „sichtbar“ und denkbar: es *zeigen* sich Spuren der kinematographischen Apparatur als „materielles Dispositiv“ (Mersch). Noch einmal anders: Tscherkasskys Film *zeigt* in seinem *sich-zeigen*, in einer reflexiven-historischen Geste, auf seine materiellen und technischen Bedingungen.

11 Gilles Deleuze (1998: 193-240) hat dieses Dispositiv als Kino des Aktionsbildes beschrieben, das seine binäre und organische Ordnung der Filmbilder (mit allen ihren Bestandteilen) vom frühen amerikanischen Kino beispielsweise eines David Wark Griffith geerbt und in der Folge zur realistisch anmutenden Filmerzählung perfektioniert hat (vgl. dazu auch Engell 2010: 163-181).

Materialität und Technik des Films und seiner Erfahrung

Die zuvor mit Metz und Wollen thematisierten ikonischen Differenzen des Filmbildes, welche die Materialität des filmischen Bildes noch auf dessen zeichentheoretischer Ebene zu bestimmen suchten, werden mit Tscherkasskys Film noch um eine weitere Differenz erweitert. *L' Arrivée* verweist schon in den ersten Sekunden auf die technischen Bedingungen seines Erscheinens, auf dessen materielle Voraussetzungen. Zur Differenz zwischen Bild-Zeichen und Referenten und der, das Bild-Zeichen wiederum zeichnenden, Differenz von Signifikant und Signifikat, tritt nun eine weitere Differenz: nämlich die zwischen Materialität des Bildes und seiner diskursiven Bedeutung, seiner repräsentativen Funktion als Zeichen. Die Immaterialität des Sinns wird gegenwärtig, bzw. kann nur funktionieren in der Materialität eines Sinnlichen.

Wenn *L' Arrivée* im Lauf der ersten Minute zuerst die Ankunft des Filmstreifens und des Filmbildes selbst thematisiert, verweist er auf seine Medialität in Form seiner materiellen, technischen Existenzbedingungen. Diese sind aber nicht nur Ermöglichung des Funktionierens des Films als Medium, sondern ziehen dem Film andererseits auch seine innere Grenze. Damit ist – *erstens* – die „Rahmung" des Bildes durch sein Filmmaterial und die entsprechende An/Ordnung von Aufnahme-, Bearbeitungs- und Projektionsapparatur angesprochen, die in der spezifischen Weise ihrer Sichtbarmachung, in der Blicksetzung des kinematographischen Bildes auch immer Eingrenzungen und Beschränkungen macht. So geben je unterschiedliche Filmkameras, samt Linsen, Filtern, Aufhängungen, Mikrofonen, etc. und den Filmmaterialien zusammen mit ihren entsprechenden Aufführungsvorrichtungen und -techniken (Projektoren, Leinwand, Raumordnungen und -grenzen, Lichtverhältnisse, etc.) einen differenten filmischen „Blick" und begrenzen ihn gleichsam. Die Bilder von *L' Arrivée* bespielen diese Grenze, übertreten sie und machen dabei auf sie aufmerksam.

Sicherlich ist mit der Beschränkung des Mediums auch die Tatsache angesprochen, dass – *zweitens* – der Film aufgrund seiner spezifischen Materialität bestimmte Phänomene nicht mediatisieren kann. So ist es ihm eben nicht möglich den Duft eines abgebildeten Blumengartens, die taktile Erfahrung der Druckwelle einer Explosion oder den körperlichen Schmerz eines Sturzes zu vermitteln, genauso wenig wie man durch ein Lied den Mond betrachten oder die Farbe eines Flugzeuges in einem Radarbild sichtbar werden lassen kann. Die beiden benannten Ermöglichungen und Begrenzungen des Films als materielles Dispositv haben zusammengenommen m.E. dazu geführt, dass wir heute ein im höchstem Masse ausdifferenziertes Repertoire an filmischen Darstellungsmöglichkeiten, ästhetischen Strategien und symbolisches Codes vorliegen haben.

Dem Regisseur und Hochschuldozent Paul Schrader schwebt daher vor, eine Vorlesung über „Filme, die das Filmemachen verändert haben" zu halten: „Es soll eine Geschichte des Films unter technologischen Aspekten sein, eine Untersuchung, wie sich Erfindungen wie ‚dolly tracks' oder bestimmte Mikrofone auf die Filmästhetik ausgewirkt haben." (Schrader 2011: 33) Obwohl der Film und seine Geschichte sehr stark von technischen Innovationen durchwirkt sei, so Schrader, werde Filmgeschichte in der Regel nicht so gelehrt, sondern es dominieren nach wie vor soziologische, ästhetische, ich ergänze, semiotische und formalistische Zugänge.

Das könnte wiederum mit der *dritten* inneren Begrenzung des Mediums Film zu tun haben, die ebenfalls von *L' Arrivée* thematisiert wird. Das Material und die Technik des filmischen Bildes muss zwar, wie ich bisher mit Tscherkasskys Film ausgeführt habe, als irreduzible Bedingung, als Voraus-Setzung des Filmbildes selbst gedacht werden, der Film kann sie aber als solche nie vermitteln. Diese materielle Grenze des Films bezeichnet das, was ich mit Mersch das „Paradox des Medialen" nenne. Wenn ich also Tscherkasskys Film in einem Kino sehe, kann der Film nie die materiellen, technisch-apparativen Bedingungen seiner Herstellung, Bearbeitung und aktuellen Aufführung, kurz: die Bedingungen seiner Sichtbarmachung sichtbar werden lassen. Diese Begrenzung wird so zur Bedingung von Darstellung und zum Prinzip einer Reflexivität, die auf das aufmerksam macht, was das Filmbild zugleich verdeckt: die Szene seiner Visualisierung. Insofern die Materialität des Films die Grundlage bildet, aus der sein Zeigen, Darstellen und „Erzählen" allererst hervorgeht, stellt sie aber auch eine Art Überschuss oder Rest im Medium Film dar, weil sie unentwegt auf die Seite des Nichtmedatisierten, des *Amedialen* fällt. Dieses *Amediale* kann lediglich indirekt, in Form von Spuren der Materialität des Mediums am Mediatisierten erfahrbar, lesbar werden. Nur aufgrund dieser medialen Struktur des Films ist es für seine Betrachter überhaupt möglich in der Film-Erfahrung zwischen materieller Dimension des Mediums, dessen Darstellungsweisen und Dargestelltem zu changieren[12].

12 Dieses Phänomen der Film-Erfahrung lässt sich mit Arthur C. Danto (1984: 241-243) als Wahrnehmung zwischen Opazität und Transparenz reformulieren. Dantos Transparenztheorie zufolge strebe die Kunst danach, einen Illusionismus zu erzeugen. Im Gegensatz dazu benennt Danto die Aufmerksamkeit, derzufolge das Kunstwerk nichts anderes ist, als das Material, aus dem es gemacht ist, mit dem Gegenbegriff der Opazität. Die Bildhaftigkeit des Films ist m.E. ebenso durch die benannte Differenz gezeichnet: denn das Filmbild kann einmal opak und undurchsichtig werden, wenn sich die Aufmerksamkeit seiner Zuschauer auf seine Materialität, auf sein Sich-zeigen und

Der amerikanische Philosoph Stanley Cavell (1982) argumentiert analog zu Mersch, wenn er im Zusammenhang mit der Performanz des Films von einer „automatischen Weltprojektion" spricht und dabei darauf insistiert, dass es keine direkte Möglichkeit gibt, die Quelle dieser technischen Projektion gleichzeitig mit dieser zu sehen:

> „Was die Materialität des Films von jeder anderen unterscheidet, liegt in der Abwesenheit dessen begründet, was die Bedingungen seines Erscheinens vor uns ist." (Cavell 1982.: 448f)

Das Material und die Apparatur, welche die in Bewegung gebrachte photographische Weltvorführung generieren und garantieren, bleiben immer notwendigerweise in ihrem Erscheinen „außerhalb" des Bildes. In der ungestörten Filmvorführung ist ihr Erscheinen und Wirken immer auch ein Entzugsgeschehen, ihre Anwesenheit eine abwesende Anwesenheit. Ist dem nicht so, drängt sich die Materialität in den Modus einer anwesenden Anwesenheit, in die Sichtbarkeit, dann ist kein Film mehr: wie beispielsweise beim Filmriss im Kino, bei der Sendestörung des Fernsehbildes, beim „Hängen" der DVD oder beim „Buffering" eines digitalen Videostreams. Daher kann Tscherkassky mit *L' Arrivée* auch nicht das Material des aktuellen Films selbst sichtbar werden lassen, sondern er kann es nur, quasi „entmaterialisiert", in Form von Bildobjekten (der Filmstreifen, Perforationslöcher, Bildstriche, die Lichttonspur) anspielen oder an den „Rändern" des Bildes als Störung, Irritierung oder Durchkreuzung der, am klassischen Erzählkino eingewöhnten und habitualisierten, Film-Erfahrung wirken lassen. Würde er das nicht tun, und so wie beispielsweise Birgit und Wilhelm Hein in *Rohfilm* (D 1968)[13] versuchen wollen, das Material selbst zu zeigen,

---

auf das Wie seines Zeigens richtet. Und es kann zum anderen transparent werden, wenn es als repräsentatives Zeichen gesehen und gedeutet wird, wenn man durch das Filmbild „hindurch" auf die diegetische Realität des Films blickt. Die von Danto angesprochene Tendenz technischer Perfektionierung des Bildes verweist ebenfalls auf seine materielle Existenz und Rahmung, allerdings negativ: Entrahmung, Immersion, Realitätseffekte u.ä. lassen sich allesamt als Wünsche technischer Machbarkeitsphantasien (von der Entledigung der störenden Materialität) beschreiben.

13 1968 realisieren die beiden Experimentalfilmer den Montagefilm *Rohfilm* mit sehr kurzen Kaderfolgen und einer extremen Materialästhetik, so dass man den Film auch als Materialfilm bezeichnen kann. Das Filmbild wird dabei auf verschiedene Weise in seiner Projektion gestört: Sie verwenden Positiv- und Negativaufnahmen, die sowohl aus 8mm als auch aus 16mm-Filmen stammen, was wiederum in der Projektion zu

dann löst sich der Film als Film auf: er verbrennt – was die Heins selbst wiederum als projiziertes Bild abfilmen müssen, um es dann zeigen zu können.

Tscherkassky hat 1983 mit *Freeze Frame* eine filmische Arbeit hergestellt, die an Heins Film erinnert und die der Filmwissenschaftler Michael Palm[14] wir folgt beschreibt:

„Freeze Frame ist das beste Beispiel für einen filmischen Signifikanten, dem die Transparenz und Unsichtbarkeit genommen ist. Mehrfach abgefilmte Materialien (eine Baustelle, eine Müllverbrennungsanlage, industrielle Friedhöfe, ein antennen- und zeichenartiges Gestell, das immer wieder umstürzt) werden übereinander belichtet, so daß sich eine eindeutige Lesbarkeit des Bildes, geschweige denn eine imaginäre Positionierung im Raum der Fiktion erst gar nicht mehr einstellen kann. Diese Art des kalkulierten Bildentzugs wird soweit vorangetrieben, bis der Filmstreifen in der Hitze des Projektorstrahls angehalten wird (daher der Titel) und selbst verbrennt."

Tscherkassky kommentiert seinen Film lapidar: „Mit *Freeze Frame* war ich endgültig im Paradies der Fehlfunktionen angelangt" und weiter zu seiner Motivation zu dem Film:

„Der Titel bezieht sich auf die Idee der Beherrschung eines Filmbildes, die mir im Be-griff ‚Standbild' zu stecken schien. Dieser versuchten Domestizierung – der Regelfall kommerzieller Filmproduktion – wollte ich eine adäquate, d.h. unbändige Antwort entgegenschleudern" (Tscherkassky 2005: 125)[15].

Mit dem bisher Gesagten und Zitierten – z.B. in Tscherkasskys Rede von der ‚kommerziellen Filmproduktion' – war immer schon die technische Apparatur des Films mitsamt einem zugehörigen (auch kulturellen) Dispositiv aufgerufen. Auch die an *L' Arrivée* erfahrene Durchkreuzung und Negation von Vorgaben

wechselnden Bildgrößen führt. Schmutzspuren, Bildstriche und Perforationslöcher erscheinen im Bild, an anderer Stelle bleibt das filmische Bild stehen und löst sich schmelzend auf.

14 Vgl. http://www.tscherkassky.at/inhalt/films/dieFilme/FreezeFrame.html (12.6.2012)

15 Dort heißt es weiter: „Überbelichtungen, Unterbelichtungen, stark verwackelte Aufnahmen, Sandwichprojektionen, Vielfachprojektionen, zerkratztes Negativmaterial, Geschwindigkeitsmodulationen, Vor- und Rücklauf, mehrfach verschobener Bildstrich, absichtliches Flattern des Films im Projektionsfenster und schließlich, im Finale, der verbrennende Film, nachdem ihm die Perforation abgeschnitten worden war und der Filmstreifen ganz langsam von Hand an der heißen Projektionslampe vorbeigezogen wurde, so dass er dabei verschmorte. (Tscherkassky 2005: 125)

des Films als materielles Dispositiv, verweist gerade in der dialektischen Figur der Negation auf ein Wissen von eben gerade diesen materiellen Vorgaben und technischen Bedingungen[16]. Dieses Wissen vom Film muss als erschlossenes und geteiltes, irgendwie eingeschriebenes und sedimentiertes, kulturelles Wissen gedacht werden. Nur worin genau sedimentiert dieses Wissen: in den technischen Apparaturen (Kamera, Projektoren, etc.), Materialien oder entsprechenden Architekturen (Kinos), in ihrem Gebrauch (den Praxen des Filmemachens und Filmsehens) oder in den film- und medientheoretischen Diskursen und ihren Archiven? Oder gar in den Gedächtnissen, Körpern und Wahrnehmungsweisen der an den genannten Diskursen und Praxen beteiligten Subjekte? Oder in allem zusammen?

Um also nicht Gefahr zu laufen, bei meinem Bemühen die Medialität des Films *nicht* anthropozentrisch zu bestimmen in einen Technikdeterminismus zu verfallen, gilt es daher genauer die Bedeutung der filmischen Praxis, des Gebrauchs von filmischer Technik und ihrem Material zu bedenken. Es geht mithin um das Verhältnis von Materialität, Performativität und Subjektivität im Umgang mit Filmen. Eine damit verbundene These ist, dass die technische Apparatur, das materielle Dispositiv zwar die Voraussetzungen für den Film und seine Erfahrung bildet, sie aber nicht darin aufgehen. Mit dem Begriff des materiellen Dispositivs ist zugleich eine Performanz der beteiligten Dinge, Techniken, Praxen und Subjekte aufgerufen, die dasselbe herstellt, es in seiner Funktion als Machtdispositiv[17] stabilisieren, aber auch verändern kann.

In ihrer Reflexion auf den Begriff der technischen Apparatur kommt Krämer (1998: 83ff) zum Schluss, dass technische Apparate sowohl als Instrumente als auch als Medien genutzt und begriffen werden können. Sie denkt dabei die „‚stummen', die materialen Strukturen von Medien" als etwas, das geschichtlich sich wandelnde Vorräte von Unterscheidungsmöglichkeiten bereit stellt, „in de-

16 Gleiches gilt für die künstlerische Praxis von Jeanne Faust die durch *Interview*, das in kulturellen Diskursen und Praktiken eingeschriebene, niedergelegte Wissen über und entsprechende Erwartungen an das filmische Format Interview durchkreuzt, damit gleichsam voraussetzt und thematisch werden lässt, vgl. 2. Kapitel, S. 82ff.

17 Für Foucault sind Dispositive immer Machtdispositive (vgl. Foucault 1978). Deleuze definiert dementsprechend Dispositive als „Maschinen, um sehen zu machen oder sehen zu lassen, und Maschinen, um sprechen zu machen oder sprechen zu lassen." (Deleuze 1991: 154) Wie macht das Kino den Betrachter sehen? Wie macht es sichtbar?, weiter gefasst: Wie macht das Kino etwas erfahrbar? Wie werden in den Film-Erfahrungen Menschen zu Subjekten geformt? lauten daher die Fragen, auf welche die unterschiedlichen Dispositivtheorien Antworten geben.

ren Spektrum erst Zeichen gebildet, fixiert und übermittelt werden können, sich also die raum-zeitlich situierte Performanz unseres Zeichenverhaltens wirklich vollzieht" (ebd.: 90). In einer Fußnote fügt sie an: „Vielleicht muß eine Theorie der Medialität als eine Theorie der Performanz entfaltet werden" (ebd.). Und sie fährt fort:

„Durch diese mediale Dimension kommt ein nicht-diskursiver, ein vor-prädikativer Überschuß an Bedeutung ins Spiel, der den Zeichenbenutzern eher widerfährt, als daß er von ihnen beherrscht und kontrolliert würde. Mit Medien umzugehen heißt – metaphorisch gesprochen –, die lautlose, die unsichtbare Handhabung einer Ordnung, die wir nicht selbst gemacht und hervorgebracht haben. [...] Medien sind die historische Grammatik unserer Interpretationsverhältnisse; sie sind Bedingung nicht nur der Möglichkeit von Sinn, sondern auch seiner Durchkreuzung, Verschiebung, eben Subversion." (Ebd.)

Medialität, Performanz und Performativität

Ich folge in der anschließenden Reflexion des Begriffs der Performativität Krämers Vorschlag, der in ihrem Text von 1999 noch in einer Fußnote, quasi als beiläufiger Gedanke formuliert und festgehalten, sich mittlerweile zu einem neuen Paradigma kunst- und kulturwissenschaftlicher Forschung ausgewachsen hat. Der Begriff der Performativität – der hier nicht in seiner Genese nachvollzogen und in seiner Bedeutungsfülle ausgelegt werden kann[18], sondern vielmehr in einigen seiner Aspekte und Dimensionen auf den Film und seiner Erfahrung angewendet werden wird – entspringt den sprachakttheoretischen Überlegungen von John L. Austin (1968, 1979, 1986). Er – und im Anschluss an ihn der gesamte sprechakttheoretische und sprachpragmatische Diskurs – kam in seinen Untersuchungen noch ohne Bezug auf die Medialität der Sprache und des Sprechens aus. Erst die dekonstruktive Auseinandersetzung mit dem Performativen im Zeichen der Schrift (vgl. Derrida 1988) und seine „kultur- und kunstwissenschaftliche Wiederentdeckung" (Wirth 2002: 34) haben es ermöglicht die Zusammenhänge zwischen Medien, Materialität und Performativität zu denken.

Sybille Krämer (2004: 14) sieht Medien, ihre Materialität und Performativität als Dimensionen und im Zusammenhang von Akten der Aisthesierung. Dabei gehe in den Begriff der Aisthesierung ein, dass es sich, im Wechselverhältnis von Ereignis und Wahrnehmung, um ein „in Szene gesetztes" Geschehen handele, welches Akteure und Betrachter einschließe und gerade nicht auf ein symbo-

18 Für ausführliche Rekonstruktionen und Diskussionen des Begriffs vgl. z.B. Carlson 1996; Krämer/Stahlhut 2001, Schuhmacher 2002, Wirth 2002.

lisches Ausdrucksgeschehen reduzierbar sei. Aber damit greife ich schon vor. Zuerst gilt es die Frage zu beantworten, wie und aus welchen Strängen sich der Diskurs um Performativität derzeit zusammensetzt. Krämer bestimmt drei Stränge oder „Kristallisationspunkte" des Diskurses: die „universalisierende", die „iterabilisierende" und die „korporalisierende" Performativitätskonzeption.

Der Nukleus des Konzepts „universalisierender Performativität" bestehe darin, dass es die Demarkationslinie zwischen Wort und Sache durchlässig denkt, so „das Sprechen nicht nur benennt, beschreibt und beurteilt, sondern auch erschafft, hervorbringt und konstituiert" (Krämer 2004: 14). Diese generative Kraft des Sprechens bleibe allerdings auf die Domäne sozialer Tatsachen begrenzt. Der analytische Fokus liege dementsprechend auf den Gelingensbedingungen des sozialen Sprechhandelns:

> „Performativität bedeutet dann zu spezifizieren, welchen Regeln ein sprachliches Handeln zu folgen hat, um im Rahmen intersubjektiver Beziehungen erfolgreich zu agieren." (Ebd.: 15)

Die Sprechakt- und Kommunikationstheorie handele dementsprechend nicht von den raum-zeitlich situierten Äußerungen, sondern von den universalen und typisierbaren Regelwerken, denen eine Äußerung zu folgen habe, um überhaupt als performative Rede im sozialen Sinne von Kommunikation gelten zu können. Daher tauchen in dieser universalen Perspektive auch keine Medienfragen auf.

Das Konzept einer „iterabilisierenden Performativität" führe die Identifizierbarkeit von einem Zeichen zurück auf dessen Wiederholbarkeit. Es muss damit „aus jedem Kontext ablösbar und einem neuen Kontext einfügbar – wie Derrida (1988: 298ff) betont: aufpfropfbar – sein" (ebd.: 16). Diese Kontextwechsel tragen paradoxerweise eine Alterität in die Identifizierungspraxen ein, denn jede „durch raum-zeitliche Verschiebung charakterisierte Wiederholung eines Zeichens impliziert zugleich sein Anderswerden; Repetition und Differenz verschränken sich" (ebd.). Semiotische Regelhaftigkeiten von Prozessen der De- und Rekontextualisierung können in dieser theoretischen Perspektive nur nachträglich konstatiert werden.

> „Performativität zielt also darauf, dass die Wiederholung von Zeichenausdrücken in zeit- und raumversetzten neuen Kontexten – eine Wiederholung, welche erst die Allgemeinheit im Gebrauch dieser Ausdrücke stiftet – zugleich eine Veränderung der Zeichenbedeutung bewirkt." (Ebd.)

Es sei vor allem Judith Butler (1995, 1998) zu verdanken, die generative Kraft des Performativen in Verbindung mit der erwähnten „Kreativität des Zitats" denkbar gemacht zu haben. Für sie tritt zur Zitatförmigkeit des Sprechens eine Dimension der Aufführung. Diese wird „verstanden als Inszenierung, als Re-Signifikation einer Äußerung. In dieser Re-Zitation können wir uns vom Zitierten zugleich distanzieren und es eben dadurch auch um- und neuinterpretieren" (ebd.). Mit ihrem „Schriftparadigma" verbleibe die Konzeption iterabilisierender Performativität im Modus des Diskursiven, Performativität bleibt ein Attribut des Semiotischen.

Ganz anders verhalte es sich bei der dritten, der „korporalisierenden" Perspektive auf Performativität. Inspiriert von der Erfahrung künstlerischer *performances* (vgl. Féral 1982, Phelan 1993) und einer Entwicklungstendenz der Künste, die als Übergang „vom Werk zum Ereignis" (vgl. Mersch 2002c) beschrieben wird, gilt das Augenmerk dieser Konzeption „dem Ereignischarakter und damit der Instabilität und Flüchtigkeit von Aufführungen" (ebd.: 17), die den Rahmen repräsentational fungierender Semiose immer schon unter- oder überschreite. Die Performanz sei an Praxen der Aisthesierung, ein Sich-zeigen und das „sinnlich-aktuale Spannungsverhältnis zwischen Akteur und Betrachter" gebunden (ebd.). Zudem zehre die *performance* von der Körperlichkeit und Materialität des Aufführungsgeschehens. In dieser Perspektive auf Performativität greifen also ein materielles Kontinuum als „Verkörperung", Aufführen/Sich-zeigen und Wahrnehmen ineinander und mit diesem Wechselspiel stiftet die am Theatralen gewonnene Einsicht auch außerhalb der Künste ein wirksames Modell, welches nahezu alle menschlichen Handlungen grundiert (vgl. Fischer-Lichte 2002). Die hierbei in Anspruch genommene Körperlichkeit der Aufführung und Wahrnehmung in der ästhetischen Erfahrung überschreitet nicht nur das Regime des Interpretierens, sondern auch die Matrix einer intentionalen Wahrnehmung; mithin wird der mediale Übertragungsprozess in dieser Perspektive als *Widerfahrnis* (Fischer-Lichte 2005, Busch 2007) oder als „ästhetische Ansteckung" (Schaub et al 2005) gefasst.

Worin bestehen nun, zugespitzt, die Gemeinsamkeiten und Unterschiede der skizzierten Konzeptionen? Die Gemeinsamkeit bzw. der „kleinste gemeinsame Nenner" ist deren kritische Einstellung gegenüber der Repräsentationslogik, die in der Identifizierung von „Zeichen" mit „Repräsentation" besteht. Das ist mittlerweile theoretisches Gemeingut und bedarf keiner genaueren Erläuterung. Nur soviel: Der Fluchtpunkt performativitätstheoretischer Kritik bezieht sich auf den in der Repräsentationslogik mitgeführten Gebrauch von Zeichen, dem immer schon die kategoriale Unterscheidung zwischen Zeichen und Bezeichnetem zugrunde liegt. Mit den genannten Konzepten von Performativität lässt sich dagegen behaupten, dass es keine „reinen" Zeichenhandlungen gibt, denn wo immer Zeichen hervorgebracht, umgeformt, zitiert, überschrieben, gedeutet werden, vollzieht sich *mehr* als nur ein Zeichenprozess. Es geht bei diesem „*mehr*" nicht (nur) um die Auswirkung von Zeichenprozessen, um Effekte, die Semiosen, Mediatisierungen und symbolische Handlungen zeitigen, sondern auch und insbesondere um die Kraft, die im Augenblick (der Verkörperung, Aufführung und Inszenierung) derselben wirksam wird.

Wenn ich nun weiter danach frage, was genau die einzelnen Konzeptionen von Performativität unter diesem „*mehr*" des Zeichengebrauchs verstehen, zeigen sich deutliche Unterschiede (vgl. Krämer 2004: 19ff), die sich nach Krämer schematisch so darstellen: während die Sprechakttheorie und auch die in der Folge durch die dekonstruktiven Lektüren eingetragenen Verschiebungen, Umdeutungen und Erweiterungen derselben (insbesondere von Butler) noch einem Konstruktivismus und dessen akteurs- und aktionsbezogenen Sicht zuarbeiten, liege der Witz einer kunst- und kulturtheoretischen Theorie der Performanz gerade in der Absage dieses konstruktivistischen Konsens. Intentionalität, Gestaltungskraft, die inszenatorische Aufführung eines Werkes nehmen sich in der korporalisierenden Perspektivierung von Performanz zurück, und lassen ein keineswegs immer und vollständig kontrollierbares Geschehen, ein Ereignen, zu seinem Recht kommen, womit neben oder anstelle der Tat und Intentionalität, Widerfahrnisse, das Empfangen und die Responsivität thematisch werden. Nicht mehr auf dem Sagen, sondern auf dem Zeigen liege das Gewicht; die theoretische Aufmerksamkeit verschiebe sich vom Kommunizieren auf das Wahrnehmbar-machen und Wahrnehmen. Das Wechselspiel von Wahrnehmbar-machen und Wahrnehmen ist dadurch nicht mehr als Repräsentations- und Ausdrucksgeschehen (hinreichend) zu verstehen, sondern wird gerade in seiner unwillkürlichen, nichtintendierten, weil verkörperten Aufführung bedeutsam.

Obwohl ich Krämers bipolarer Darstellung des Diskurses durchaus zustimme, will ich an dieser Stelle ihre kontrastive Gegenüberstellung von „korporalisierender Performativität" und „iterabilisierender Performativität" abschwächen[19]. Der Logik der Differenzphilosophie entsprechend schlage ich vor, beide Konzeptionen als koexistierende Aspekte oder Pole eines jeden Films und seiner ästhetischen Erfahrung zu verstehen. Diese Abschwächung scheint mir wichtig, wenn ich das Performanzkonzept auf den Film anwenden will, der doch ein Kunstwerk/Medium ist, das maßgeblich durch seine „technische Reproduzierbarkeit" (vgl. Benjamin 1963) und somit Wiederholbarkeit gekennzeichnet ist.

19 Ich folge damit einem Gedanken, den Gabrielle Jutz (2010: 107ff) in ihrer Untersuchung der Filmavantgarde entwickelt, ohne damit ihren daraus folgenden Schlüssen zuzustimmen. Denn durch die Aufwertung iterierender Praxen verschiebt sich der Fokus ihrer Untersuchung von der Filmwahrnehmung auf die Herstellung des Films.

Es ist daher unabdingbar, die Performativität des Films und seiner Erfahrung nicht nur als das Singuläre seines Ereignens (beispielsweise in der Kinoaufführung), sondern auch den Anteil der Wiederholung, der wiederholenden, zitathaften Praxen mit zu denken.

Aisthetische Performanz/Performativität von *L' Arrivée*

Was lässt sich nun mit dem vorgeschlagenen Begriff der Performativität an Tscherkasskys *L' Arrivée* für die Skizze einer Medialität des Films entdecken?

Ich denke, es lassen sich mehrere Aspekte formulieren: Ich hatte schon mit dem Film argumentiert (mit seiner „ersten Ankunft", nämlich des Filmbildes selbst), dass jeder Film in der Performanz seiner Aufführung nur dadurch etwas zeigen, erscheinen lassen kann, dass er *sich-zeigt*. Mit anderen Worten: der Film kann nur aufgrund seiner materiellen und technischen Bedingungen etwas zur Erscheinung bringen. Seine Bilder sind immer Material-Bilder. Daraus folgt, dass es meines Erachtens keine Wahrnehmung von „physikfreien" Bildobjekten als „reine Sichtbarkeit", wie Lambert Wiesing in vielen bildtheoretischen Studien (vgl. 1997, 1998, 2005, 2009) die Sichtbarkeit des Bildes fasst, geben kann. Die von ihm dabei getroffene phänomenologische Unterscheidung des Bildes in Bildträger und Bildobjekt anhand ihrer Gegenwärtigkeit scheint zwar zuerst nachvollziehbar, doch ist die Anwesenheit ohne Gegenwart des Bildobjekts nie als solche, eben ohne die gegenwärtige Gegenwart und gleichsam die vergangene Gegenwart des Bildträgers, also dem physischen, materiellen Kontinuum des Bildträgers denkbar.

Das Argument lässt sich am deutlichsten an einem anderen experimentellen Film durchführen: nämlich *Decasia. The State of Decay* (US 2002) von Bill Morrison[20]. Sein *found-footage*-Film kann wohl als einer der konsequentesten poetischen Plädoyers für den Film als dinghaftes, performatives Medium, für das Material-Bild gesehen werden. Wie es der Titel des Films schon anzeigt, interessiert sich Morrison für das Filmmaterial – den Nitratfilm – in den diversen Stadien seines Verfalls. Die in mehreren amerikanischen Filmarchiven zusammen gesammelten Nitratfilm-Sequenzen wurden von ihm zu einer filmischen Symphonie über den Nitratfilm, sein Material, seine Zeitlichkeit, sein Sterben montiert und von dem Komponisten Michael Gordon vertont. Eine kurze Sequenz aus dem Film möchte ich herausgreifen, um mein zuvor angeführtes Argument ge-

20 Vgl. zu dem Film und seinem Beitrag zu einer „Ästhetik des Verfalls" auch Blümlinger 2009: 35-40. Sie beschreibt Morrisons Film als eine melancholische „Kartographie der Zeit", eine Forschungsarbeit am Verfall in den Filmarchiven.

gen das Verständnis von Bildern als physikfreie, reine Sichtbarkeiten zu begründen. Sie zeigt in der linken Bildhälfte einen muskulösen Mann, der mit Boxhandschuhen auf eine amorphe, *informe* Gestalt in der rechten Bildhälfte einschlägt, sich gegen sie zur Wehr setzt (Abb. 18).

Abbildung18: Screenshot aus Decasia – The State of Decay

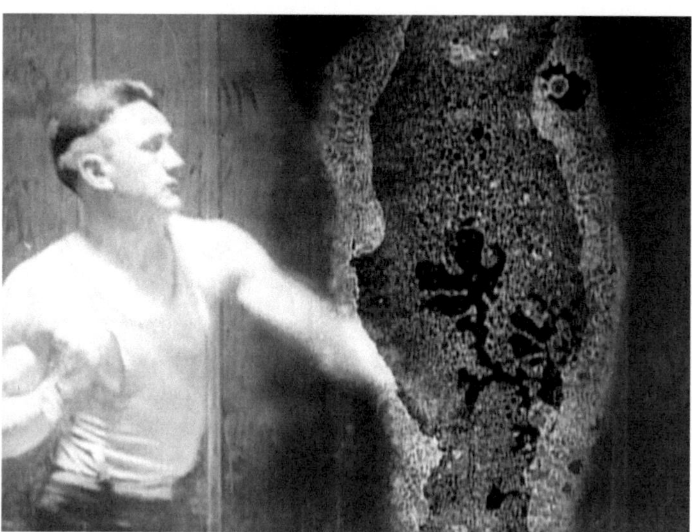

Quelle: *Decasia: The State of Decay. A Film by Bill Morrison.* DVD, Plexifilm (Releasedate: 2004) Bill Morrison, 67 Min., 2002, b&w, 35mm, 1.33:1

Diese Gestalt hat das zerfallende Filmmaterial selbst hervorgebracht, sie *ist* das zerfallene Material selbst. Dabei, so lässt sich annehmen, hat dieser Zerfallsprozess einen zuvor abgebildeten Bildinhalt (z)ersetzt, gelöscht und überformt. Oder sollte ich besser sagen, seine „gute", geschlossenen Form in ein *informe* – im Bataille'schen Sinne (vgl. Jutz 2010 123-143) –, in etwas Formloses, Rohes, Materielles überführt? Was an dieser Stelle einmal zu sehen war, lässt sich nur noch erraten: vielleicht war es ein Boxsack oder etwas Ähnliches. Vielmehr lässt sich die kurze Filmsequenz jetzt so „lesen", dass der abgebildete Boxer gegen das Formlos- oder Überformt-werden seines Bildes ankämpft.

Es ließen sich mühelos weitere Beispiele anführen, die zeigen, dass sich der Sinn eines Bildes, sein Abbild oder auch Bildobjekt nicht ohne das jeweilige

„Träger"-Material des Bildes haben lässt[21]. Eines sei hier noch genannt, es betrifft das „Umkopieren" eines Kinofilms auf DVD. Jan Distelmayer (2008) hat in seinem Aufsatz *Was die Disc vom Film weiß. Zwei oder drei Dinge zur DVD* auf die Unterschiede des Films in seinem Erscheinen, die mit diesen beiden „Filmträgern" verbunden sind, aufmerksam gemacht. Ich zitiere eine etwas längere Passage aus seinem Text, die sehr pointiert deutlich macht, um was es mir geht. Distelmayer formuliert darin die inhaltlichen Auswirkungen und Unterschiede, die mit den, an die Aufführungssituation und –technik (Kino und Fernseher) gebundenen, unterschiedlichen Bildformaten eines Films einhergehen:

„Die Wahlmöglichkeit zwischen zwei Bildformaten eines Films bedeutet – wie z.B. auf TWISTER, einer der ersten DVDs vom März 1997 – eine Wahl zwischen zwei Filmen unterschiedlichen (Bild-)Inhalts: Film eins präsentiert sich im Breitwand-Format, als ‚Widescreen Version' mit den berühmten schwarzen Balken ober- und unterhalb des Filmbildes, ‚[p]resented in a ‚letterbox' widescreen format preserving the 2.35:1 ‚scope' aspect ratio of the original theatrical exhibition'; Film zwei hingegen läuft als ‚Standard Version', als 4:3-Fassung, ‚formatted from its original version to fit your screen'. Für die letztere der beiden Versionen ist der Film nach dem Prinzip des Pan-and-Scan für das 4:3-Fernsehformat bearbeitet worden, indem vom linken und/oder rechten Bildrand eben soviel gestutzt wird, dass ein Ausschnitt im Verhältnis von 1,33:1 übrig bleibt. Wie sollte also ein Bildverlust von fast 50%, wie im Fall von TWISTER [...], nicht zu einem zweiten, anderen ‚Hauptfilm' führen? Auf TWISTER wird z.B. bei der ‚Standard Version' (1,33:1) nach 26 Minuten und 50 Sekunden Laufzeit in einer Einstellung mehrfach zwischen Helen Hunt und Bill Paxton zunächst hin- und hergeschwenkt und später auch -geschnitten. Die gleiche Szene in der ‚Widescreen Version' (2,35:1) kennt weder Schwenk noch Schnitt. Sie zeigt Hunt und Paxton lange an den beiden äußersten Bildrändern. Fast nicht mehr in einem Bild. Damit erzählt die Mise en scène, so könnte man denken, von einem räumlich distanzierten Beisammensein, von Trennung und Miteinander, wovon die Schnitte und Schwenks der ‚Standard Version' so nicht handeln können oder wollen. Das Pan-and-Scan-Verfahren schwenkt mithilfe des von 20th Century Fox entwickelten *Finder Frame* innerhalb des zu kopierenden Filmbildes und schneidet *during the printing operation*, um für den kleineren Rahmen eben jene Teile des Breitwandbildes zu retten, die man (wer eigentlich?) als wesentlich (was wäre das?) erachtet. Das Filmbild ist ein Selbstbedienungsladen. Eine zweite, ‚kleinere' und auch sonst mehrfach andere Version wird hergestellt, ein auf anscheinend unbekümmert technokratische Weise zensierter bzw. re-inszenierter Film entsteht."[22]

---

21 Für zahlreiche Beispiele im Bereich des Avantgardefilms vgl. beispielsweise Blümlinger 2009 und Jutz 2010.

22 Distelmayers Beispiel kann auch erklären, warum man berechtigterweise und trotz seiner technischen Reproduzierbarkeit und Wiederholbarkeit von einer singulären Per-

Neben der Bedeutung des jeweiligen Filmmaterials und die an selbiges gebundenen, technischen Apparaturen, habe ich auch schon über die Performanz des Films als eine technisch induzierte Wahrnehmung von Bewegungsbildern gesprochen[23]. Der Prozess der Sichtbarmachung des Films: die Aufzeichnung durch die Kamera (oder ähnliche photographische, graphische, chemische, digitale u.a. Aufzeichnungsverfahren), die Speicherung auf einem Trägermaterial, die Bearbeitung (Schnitt, Monate, Vertonung, Umkopieren, etc.) und die Aisthesierung (seine Aufführung und die Wahrnehmung durch seine Zuschauer) bilden eine Kette von Handlungsvollzügen, die in der Technik und ihrer/m Verwendung/Gebrauch, also der Artistik/Praxis, in performativen Akten gründen und so vom symbolischen Gebrauch des Films (als Medium der Kommunikation) zu unterscheiden sind. Man kann diesen Prozess performativer Akte innerhalb des materiellen Dispositivs des Films, wie es Lorenz Engell (2010) vorschlägt, auch als ein Zusammenspiel dreier „kinematographischer Agenturen" konzipieren. Engell bestimmt das Denken, Bewusstsein und intentionale Akte – einer medienphilosophischen Grundannahme folgend – als immer schon eingebunden in einen Außen, eine Lage, ein Dispositiv. Denken sei daher von Handlungen und Praktiken nur noch, wenn überhaupt, graduell unterscheidbar, da das eine immer im anderen als *verkörpert* erscheint. Solche Reflexions- und Bewusstseinstätigkeiten könnten auch (und sehr präzise) mit Flussers Begriff der *Geste* (vgl. Flusser 1993) beschrieben werden. Ein „in seinen Gesten wirksames und reflexionsfähiges Feld" wird von Engell als „Agentur" bezeichnet (ebd.). Dieser Zusammenhang ist in der Wissenschaftsforschung – angeführt von Michel Serres (1994), Hans Jörg Rheinberger (2001) und Bruno Latour (2002) – schon gut erforscht. Im Labor der experimentellen Forschung kann der Unterschied von technischem und epistemischem Objekt nicht mehr sinnvoll aufrecht erhalten

formanz des Films sprechen muss. Das Singuläre seiner Aufführungssituation ist auf Mediatisierung angewiesen, insofern mir erst im Nachhinein, durch die Übersetzung in ein anderes Medium, beispielsweise der Sprache, oder durch die Übertragung des Films in einem anderen materiellen Dispositiv der jeweils singuläre Aufführungscharakter desselben bewusst wird. Die mediatisierten Wiederholungen sind somit als Bedingung für die Wahrnehmung der Differenz singulärer Performanzen zu verstehen.

23 Vgl. dazu auch Koch 2004: Sie beschreibt neben der technischen Bedingungen des Kinofilms – seine apparative Aufführung, die einen Wahrnehmungsakt im Zuschauer hervorbringt, wobei der Apparat wiederum auf die physiologischen Wahrnehmungsdispositionen der Zuschauer abgestimmt, „justiert" ist –, auch einen kulturellen Handlungsraum, „in dem Film als technisches Medium beschrieben werden könnte, das performative kulturelle Akte hervorbringt" (ebd.: 167).

werden, sondern die Produktion von Wissen ist ein zirkuläres, operatives Zusammenspiel von angeordneten materiellen und immateriellen Elementen (vgl. dazu auch Ahrens 2010).

Ein weniger erforschtes Feld, in dem Denken und Reflexion in einer verteilten Anordnung von materiellen und immateriellen Elementen wirkt, ist das Kino (vgl. Engell 2010b: 139; Engell 2010a: 83-112; 253-276). Es wirke auf drei Ebenen als „kinematographische Agentur": Erstens im *Atelier, Studio*: Es „ist eine Anordnung, die dem Labor vergleichbar ist, in der Menschen und technische Dinge, aber auch Erwartungen, Überlegungen und Gewohnheiten zusammenwirken und dabei in sehr komplexer und bis heut nur schwer aufzuschlüsselnder Urheberschaft einen Film hervorbringen" (Engell 2010: 139). Des Weiteren im *Kinoraum*: „Im Kino, der zweiten kinematographischen Agentur, kommt es zu einem ähnlichen Zusammenwirken zwischen der räumlichen Anordnung des Kinos, dem Körper und Gehirn der Zuschauer, ihrer Sozialität und Bewusstseinsordnung und, als Drittem und Vermittelndem, dem bewegten Bild." (Ebd.) Und, drittens, im *bewegten Leinwandbild* selbst: „Als Instanz der Handlung und der Reflexion." (ebd.) und auch als Vermittler/Mediatisierung der beiden anderen Agenturen.

Die mediale Besonderheit des Films ist es, dass diese an der Herstellung des Films beteiligten Materialien, Techniken, subjektive Praxen und Artistiken der genannten kinematographischen Agenturen in der Performanz seiner Aufführung, der „automatischen Weltprojektion" (Cavell), verschwinden. Das *Sich-zeigen* des Films, sein aktuelles *Wahrnehmbar-machen*, kann nie vom Film gezeigt, ausgesagt oder miterzählt werden. Der Film *gibt* in seiner Aufführung einen Blick, eine Sichtweise oder auch Wahrnehmung, die (nicht erwidert werden kann, sondern) von seinen Zuschauern wahrgenommen werden muss, wollen sie dem Film folgen. Dieser vom Film gegebene Blick ist in der Perspektive der Performanz ein verkörperter Blick, wobei ich aus den zuvor mit Engell genannten Gründen darauf bestehe, diesen „Körper" des Films nicht mit der Leiblichkeit eines menschlichen Bewusstseins gleichzusetzen, wie es beispielsweise die jüngere phänomenologische Filmtheorie tut[24]. Ich schlage dagegen vor, in den weiteren Überlegungen zur Performativität des Films Cavell und Engell zu folgen, die beide argumentieren, dass dieser apparative „Körper", ein aus mehreren, heterogenen, materiellen wie immateriellen Elementen zusammengefügter „Kör-

24 Vgl. dazu die Arbeiten von Vivian Sobchack (1988, 1992, 1994, 1996), in kritisch-rekonstruktivem Bezug auf Sobchack Drehli Robnik (2002) und Thomas Morsch (2008, 2010).

per" ist; eben ein Gefüge, eine Anordnung, ein Dispositiv[25] im wörtlichen Sinne, die eine dem leiblichen Bewusstsein ähnliche Wahrnehmung des Films erzeugen kann, aber darüber hinaus auch andere Wahrnehmungen geben kann, vorausgesetzt, dass seine medialen Möglichkeiten der Darstellung in den artistisch-filmischen Praxen ausgeschöpft werden.

Zur techné der Filmtechnik und ihrer praktischen Verwendung

Zudem muss meines Erachtens ein sehr weiter Begriff von Technik in Anschlag gebracht werden, der neben dem Technischen, im Sinne der „Hardware" von Medientechnologien, technische Praxen, Körpertechniken, Kulturtechniken, Denktechniken, Kunstfertigkeiten und auch die List der Technik im Sinne des altgriechischen Begriffs der *téchne*[26] einschließt. Hartmut Winkler schlägt, im Sinne der *téchne*, in seinem Buch *Diskursökonomie* (2004) daher vor, Medien als dasjenige zu verstehen, das einen zirkulären Bezug, das rätselhafte Zusammenspiel zwischen artefaktbezogenen Materialisierungen und Sedimentierungen (Monumenten, Codes) und ereignishaften individuelle Praxen (Wiederholungen) im sozialen und kulturellen Raum garantieren und organisieren. Die Funktion von medialen Übertragungsleistungen ist es demnach, die zirkulären Übergänge

25 Der Begriff des Dispositivs schließt materiell-technische, soziale wie subjektive Dimensionen ein. Baudry (1970, 1975) und Foucault (1978) haben zuerst und je unterschiedlich mit dem Begriff zu fassen versucht, wie sich geschichtliche Konstellationen, Gefüge und Anordnungen bilden, die dann wiederum den kulturellen Handlungsraum bestimmen und begrenzen. Ausgehend von materiellen Strukturen, Techniken Architekturen, Texten, Äußerungen umschließt der Begriff auch kulturelle Dispositionen, wie beispielsweise kollektive und subjektive Mentalitäten und Praxen. Ein Dispositiv ist in seiner Wirksamkeit in großen Teilen dem Bewusstsein entzogen, und kann daher nur im geschichtlichen Abstand, rückwirkend erschlossen werden. In der Filmtheorie spielte der Begriff „Dispositiv" vor allem als ideologiekritischer Begriff eine Rolle. Die Perfektionierung der technisch-apparativen, zentralperspektivisch strukturierten Wahrnehmung im Kino und der damit implizierte Beherrschungsgestus des sehenden Subjekts wurden im Zuge der filmtheoretischen Dispositiv- und Apparatus-Debatte analysiert (vgl. dazu Winkler 1992).

26 Der Begriff der *téchne* gibt der Technik ihren Eigensinn zurück, mit dem sie nicht nur ihren Inhalten gegenübertritt, sondern auch eine gewisse Unberechenbarkeit und auch Widerständigkeit in ihrem Gebrauch durch die Subjekte behält. Eine mediale Artistik und subjektive Medienpraxen arbeiten deshalb immer sowohl mit der verwendeten Technik als auch gegen sie.

von Praxen in Strukturen (Monumente, Institutionen, Codes) und von Strukturen in Praxen zu ermöglichen[27]. Dieses Modell macht es auch für den Film theoretisch nachvollziehbar, wie im Zusammenspiel von Institutionen der Filmproduktion, den Praxen des Filmens, den Filmen selbst, ihren Aufführungsorten, den filmtheoretischen Diskursen und den Zuschauern sich in einem historischen Prozess das Kino samt seiner Erfahrungsdisposition entwickelt hat. Damit wäre ein Verständnis der Technik und des Medialen eröffnet, das es erlaubt, nicht nur die Historizität der Technik, sondern mit ihr auch die Historizität der Erfahrung und Wahrnehmung des Subjekts als ineinander verschlungen zu denken, wie es schon in Walter Benjamins medienästhetischen Schriften (vgl. Benjamin 2002) angelegt ist. Benjamin (1963) denkt die soziale Wirklichkeit und die Wirklichkeit z.B. der kinematographischen Apparatur in einer intensiven Durchdringung. Daraus folgt, dass die subjektive Wahrnehmung immer mediatisierte, eben auch filmische Wahrnehmung und Erfahrung ist, und sie damit wiederum durch die im historisch-kulturellen Prozess fortschreitenden Veränderungen sowohl der materiellen und technischen Bedingungen des Films als auch der Praxen seiner Verwendung überschrieben, verändert werden kann, sowie auch die Erfahrungen und Praxen der Subjekte die Techniken durch ihren Gebrauch verändern und umschreiben können[28]. Eine solche Umschreibung und *Ver*-wendung der filmischen Technik und des Materials, deren Differenz sich einer performativen Wiederholung (oder Aneignung, vgl. Blümlinger 2009: 13ff.) von vorhandenem, gefundenem Filmmaterial entspringt, wird auch in der Film-Erfahrung von *L' Arrivée* wirksam. Tscherkassky verwendet für seinen Film nicht nur Trailermaterial

27 Vgl. zu diesem Modell, das eine Verwandtschaft von Waren- und Zeichenzirkulation voraussetzt, auch Winkler 2008: 211-221.

28 Vgl. dazu Deubner-Mankowsky 2007, insb. 231ff und 2009. Und Gertrud Koch (2004), die den Film auch als ein technisches Medium bestimmt, „dessen performatives Vermögen in einer téchne begründet ist, die sich poetisch auf eine vor- und außerfilmische Welt bezieht, die sie in [...] einer anderen Perspektive zeigt, die sie als eigene Welt neu erfindet." (ebd.: 186). Koch denkt diese außerfilmische Welt nicht, und das ist wichtig, als eine natürlich gegebene, sondern als eine durch andere technisch-apparative Medien und kulturelle Felder her- und dargestellte Welt. Ich habe an anderer Stelle im Anschluss an Benjamin (vgl. Zahn 2006, insb. S. 80-98) und – analog zu Koch – im Anschluss an Heideggers Denken der Technik (vgl. Zahn 2011), die Technik als téchne und Medium der menschlichen Erfahrung, der subjektiven Welt- und Selbstverhältnisse entwickelt. Ich verweise an dieser Stelle auf die Texte, deren Argumentationen dieser Arbeit zugrunde liegen, hier aber nicht nochmals ausgeführt werden.

eines schon vorhandenen Hollywoodfilms (*Mayerling*), sondern indem er es im wörtlichen Sinne (ver-)wendet[29] – den Farbfilm auf Schwarz-Weiß-Film umkopiert und es spiegelt, so dass der Zug nicht mehr vom linken sondern vom rechten Bildrand in den Bahnhof einfährt – zitiert er die Bilder eines noch viel älteren Films herbei (*L'Arrivée d' un train en gare de La Ciotat*)[30]. Die Schwierigkeiten, die der abgebildete Zug bei seiner Ankunft hat, ergeben sich, so meine These, aus der Begegnung beider genannter Filme und ihrer gegenseitigen Reflexion in *L' Arrivée.* Die „Entgleisung" der Bilder (ab 01:20 Min.) kann so einmal als eine Erinnerung, als *Vergegenwärtigung* einer historischen Film-Erfahrung verstanden werden, die sich im Zusammenhang mit dem frühen Kino – das von Tom Gunning auf überzeugende Weise als ein „Kino der Attraktion" (vgl. Gunning 1996) beschrieben wurde – gebildet hat und dieses dominierte. In den ersten Jahren seiner Geschichte stellte das Kino für seine Zuschauer eine Provokation dar, die mit der Intensität der durch die sich bewegenden Filmbilder gegebene Wahrnehmung zu tun hatte. Die Bilder des frühen Kinos überfielen die Sinne ihrer Betrachter und wurden als Attraktionen wahrgenommen. Diese Intensität hatte die damalige Film-Erfahrung wiederum mit der Erfahrung einer Zugfahrt gemeinsam, worauf Christa Blümlinger (2009: 62ff) hinweist.

Die angesprochene Bildersequenz, in der einzelne Bildfragmente und Fragmente des Filmstreifens zu sehen gegeben sind, sich kreuzen, überlagern und ineinander einbrechen, kann als der Versuch gelesen werden, in die Film-Erfahrung eines eher klassischen und post-klassischen, narrativen Kinofilms, die intensive Erfahrung der kinematographischen Aufführung einzutragen, wie sie im Zusammenhang mit dem Film der Lumières beschrieben wird[31]. Nur ist es jetzt nicht mehr die Großaufnahme des abgebildeten Zuges und der damit zusammenhängende Distanzverlust im Bildausschnitt, der die Zuschauer affiziert, sondern es ist die Performanz der kinematographischen Aufführung selbst. Die Bilderse-

29 Tscherkassky (2005: 151) berichtet davon, wie die Entdeckung der ikonographischen Entsprechung zwischen Youngs Film und dem der Lumières im Zusammenhang mit einem langwierigen, experimentellen Prozess in der Dunkelkammer eher zufällig entstand. Als er die Einstellung des einfahrenden Zuges aus Versehen „verkehrt herum" hielt, fielen ihm die anderen, historischen Filmbilder ein. Es handelte sich also um ein produktives Versehen als (etwas) *Anders-sehen.*

30 Blümlinger (2009: 81f) untersucht Tscherkasskys zitathafte, ikonographische Bezugnahme als ein „Nachleben des [Lumière'schen] Ur-Films".

31 Die Erzählung von der panischen Flucht des (affizierten) Publikums während der Vorführung von *L'Arrivée d' un Train* bleibt – auch nach intensivster, quellenkritischer Arbeit – eine mythische Erzählung, eine Legende (vgl. Blümlinger 2009: 82).

quenz ist nicht mehr narrativ, zumindest nicht in erster Linie, sie unterbricht vielmehr den narrativen Fluss (die Einfahrt, die erwartete Ankunft) und die gute Form der abgebildeten Situation, um intensive Bilder hervorzubringen, die wahrgenommen werden müssen – und wenn überhaupt erst nachträglich signifiziert werden können. In diversen Beschreibungen und Kritiken zu *L' Arrivée* ist an dieser Stelle oft von einem „Materialgewitter"[32] die Rede. Diese Metapher trifft meines Erachtens. Ich kann in der Erfahrung dieser Filmsequenz (wie bei einem Gewitter) nicht sagen, wann sie beginnt oder enden wird, sie ereignet sich, widerfährt mir und muss durchgemacht werden. Sie erinnert mich daran, dass die Film-Erfahrung zuerst ein *responsives* Geschehen ist, ein automatisches *Wahrnehmbar-machen*, das meine Wahrnehmung immer auf ein Außer-sich-sein verweist.

Zuletzt wird dieses intensive Wahrnehmungsgeschehen aber im Narrativ der Begegnung zweier Liebenden auf dem Bahngleis „gerahmt" und beschwichtigt. Dem „*trouble*", in den die Wahrnehmung gebenden Filmbilder gerieten, „entsteigt" der weibliche Star des postklassischen Kinos, genauer, die Großaufnahme des weiblichen Stargesichts von Catherine Deneuve. Blümlinger (2009: 83) beschreibt diesen historischen Wandel der Film-Erfahrung treffend: „Aus der schockartigen Erscheinung der Jahrhundertwende ist die Erwartung eines Stars geworden, die Großaufnahme gilt nun nicht mehr der Lokomotive, sondern es ist das weibliche Gesicht, das Bild geworden ist." Die „Attraktionen" (also das zugleich Anziehende, Neue und Fremdartige, das Intensive und Affizierende[33]) ästhetischer Erfahrung früher Kinofilme, so kann man mit Tscherkasskys Film sagen, sind im Laufe der Filmgeschichte vom Spiel der Materialitäten und Elemente der audiovisuellen, bewegten Bilder in die Geschichten, die sie erzählen, „migriert". Die Attraktionen des postklassischen, narrativen Films waren ihre Stars, waren die Figuren. Ihre Körper, Affekte, Beziehungsspiele, Probleme, Dramen und die gleichsam unterstellten Psychologien halfen (und helfen auch heute noch) das materiell-technische Dispositiv des Films und die Performanz seines *Wahrnembar-machens* zu vergessen, ins Außerhalb der *diegetischen* Welt des Films zu verdrängen.

---

32 Vgl. beispielsweise Cargnellis Kurztext zu *L' Arrivée*, URL: http://www.tscherkassky.at/inhalt/films/dieFilme/LArrivee.html (Abgerufen 2.5.11).

33 Vgl. Kluge 2002: „Attraktion *Sf* ,(Anziehungskraft), zugkräftige Darbietung (im Zirkus)' *erw. fremd* [...] entlehnt aus l. *attractio*, ...l. *attrahere* ,anziehen' [...]. Dann im 19 Jahrh. die heute übliche Bedeutung unter Einfluß von *ne. attraction*, dieses aus frz. *attraction* ,Anziehung', zu derselben Grundlage. [...] attraktiv mit Abstraktum Attraktivität."

Outer Space

Tscherkasskys *L' Arrivée* genügt sich daher auch nicht in seinem wiederholenden, herbeizitierenden Bezug auf den genannten Lumière-Film. Der Film ist sicher nicht der Versuch, die historische Einfahrt des Zuges und damit gleichsam des Attraktionskinos ins Erhabene zu steigern. Ich verstehe ihn vielmehr als eine komplexe, filmische Wiederholung des gefundenen Ausgangmaterials, die dessen apparative Voraussetzungen in der Aufführung des Films als Spuren „lesbar", als das *Außen* des Films denkbar macht. Darin ist er zugleich Vorstudie (vgl. Tscherkassky 2005:153) für einen weiteren Film im – für den Experimentalfilm, insbesondere den *found-footage*-Film ungewöhnlichen – Cinemascope-Format[34]: nämlich *Outer Space*. Dieser gut zehnminütige *found-footage*-Film ist die Fortführung filmischer Forschung an Medialität des Films, den Filmbildern als „Mischbildungen" (Blümlinger 2009: 84) zwischen *Aisthesis* und *Semiosis*, zwischen Zeigen und Sagen bzw. Erzählen[35].

Tscherkassky geht wie gesagt auch bei *Outer Space* von gefundenem Filmmaterial aus. Der Ausgangsfilm dieser Arbeit ist *The Entity* (US 1983), ein amerikanischer Horrorfilm von Sidney J. Furie, der im direkten Gefolge von *Poltergeist* (Tobe Hooper, US 1982) entstand und dessen weibliche Hauptrolle mit Barbara Hershey besetzt ist. Die strukturelle Logik der Erzählhandlung von *The Entity* ist als eine Folge von sexuellen, gewalttätigen Angriffen eines unsichtbaren, körperlosen, eben geisterhaft anwesenden „Etwas" auf die weibliche Protagonistin schematisierbar. Noch etwas abstrakter formuliert: Etwas, das außerhalb der Sichtbarkeit, außerhalb des sichtbaren, filmischen Raums, sowohl der Subjekte der Diegese als auch der Filmzuschauer, liegt, attackiert die Filmfiguren. Es zeigt sich nur über seine Einbrüche in die Diegese, seine Attacken gegenüber den Figuren, den Wirkungen und Spuren, die es an den Figuren und Dingen im filmischen Raum hinterlässt. Dieses Schema greift Tscherkassky auf und verwendet es, kondensiert es zu seinem gestalterischen Programm für *Outer Space*.

---

34 Nach *L' Arrivée* sind meines Wissens vier weitere Filme in diesem Format entstanden. Zum Gesamtwerk von Peter Tscherkassky und zum Stellenwert des *found-footage* innerhalb des Gesamtwerks vgl. Alexander Horwath 2005: 9-48.

35 Blümlinger (2009: 86-92) legt in ihrer „Lesart" von *Outer Space* das Gewicht stärker auf die gezeigten Transformationen der *Gesichtlichkeit* des Horrorfilms. Sie skizziert eine historische „Matrix von klassischen Schreckens- und Horrorszenen", in der die Zentrierung der Diegese auf das (weibliche) affizierte Gesicht als filmischer Code entschlüsselbar und von Tscherkassky filmisch analysiert wird.

Tscherkassky geht bei seiner Verbindung der üblicherweise unsichtbaren, materiell-performativen Ebene des kinematographischen Dispositivs mit der Narration (und deren Darstellungskonventionen sowie symbolischen Codes) von *The Entity* schrittweise vor. Eine erste Verdichtung von *Outer Space* lässt sich schon hinsichtlich der Auswahl der Filmszenen aus *The Entity* erkennen. Tscherkassky konzentriert sich auf wenige Einstellungen und Szenen des Ausgangsfilms – die er dann in einen höchst interessanten wie archaischen Prozess des Umkopierens, Zerlegens, Schneidens, Collagierens und Verdichtens neu kombiniert[36] –, dies sind vorwiegend Aufnahmen von Innenräumen und einige wenige Außenaufnahmen eines Hauses, das die Protagonistin zu Beginn des Films betritt.

Outer Space zeigt, nach den Prätexten des Films, zuerst Schwarz. Aus diesen Schwarzbildern „blitzen" dann sehr kurz einzelne, schwarz-weiße Bildfragmente auf: Teile eines Hauses, einer Strasse sind erahnbar. Zudem sind weiße Spuren, vielleicht Kratzer, Staub oder andere Ablagerungen, die sich auf dem Filmmaterial befinden, sichtbar. Die einzeln aufblitzenden Bildfragmente verbinden sich und werden (ab 00:30 Min.) zu einem flimmernden Bild, das die Ansicht auf ein Haus freigibt. Diese Ansicht präsentiert allerdings nicht das Bild eines abgeschlossenen, konsistenten Hauses, sondern es scheint, als wären unterschiedliche Teile und Perspektiven eines Hauses miteinander zu dieser Ansicht komponiert worden. Die Bilder erinnern mich an kubistische Forschungen am Bild, seiner Räumlichkeit und Zeitlichkeit, wie sie beispielsweise Pablo Picasso oder auch Marcel Duchamp in seinen frühen Arbeiten betrieben haben. Dieses flimmernde Bild erlaubt dem Zuschauer mal mehr, mal weniger der Bildinhalte zu erkennen. Immer wieder scheinen sie fast gänzlich von der noch das Bild dominierenden Schwärze „verschlungen" zu werden. Zum Ende der ersten Filmminute (ab 00:47 Min.) wird das Flimmern schwächer, das wabernde Schwarz tritt an den oberen und unteren Bildrand zurück und der Film zeigt eine schwach beleuchtete Häuserfront, wahrscheinlich ist es Nacht, ein kleiner Vorgarten ist zu noch sehen, auch ein Baum vor dem Haus ist im Gegenlicht an seinem Schattenriss zu erkennen. Das Bild beginnt zu zittern, um dann auf eine nähere Einstellung des Hauses umzuschneiden (00:55 Min.). Aus leichter Untersicht zeigt die Kamera eine Frau mit dem Rücken zum Zuschauer, die auf der Strasse vor dem Haus steht. In dieser Perspektive wirkt das Haus „schräg", als ob sein rechter Teil in die Erde abgesunken wäre (Abb. 19).

36 Ich werde an dieser Stelle auf die Artistik von Peter Tscherkassky nicht näher eingehen, da mich in der Arbeit in erster Linie die Erfahrung seiner Filme und ihr Reflexionspotential für eine Medialität des Films interessieren. Zu Tscherkasskys Arbeitsweise vgl. daher z.B. Tscherkassky 2005: 151ff. und Blümlinger 2009: 84f.

Abbildung 19: DVD- Screenshot aus Outer Space

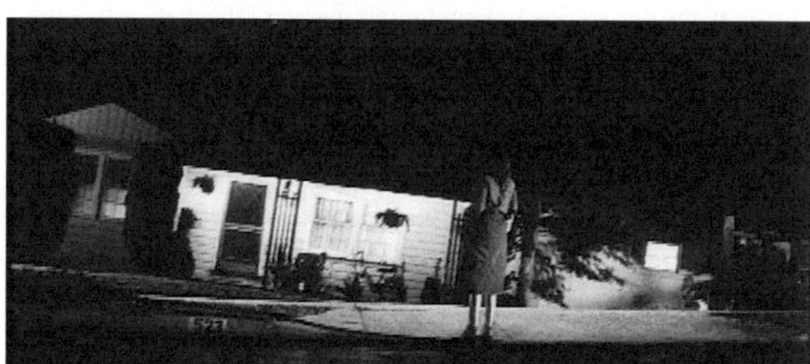

Quelle: Peter Tscherkassky: Films from a dark room, 008 index DVD-edition 2006

Die Frau geht langsam auf das Haus zu, ihre zögernden Schritte werden musikalisch untermalt. Das Knistern und Knacken grundiert nach wie vor die Tonspur des zitternden Bildes. Am rechten Bildrand taucht plötzlich und sehr kurz ein Teil eines unbelichteten Filmstreifens auf, die Perforationslöcher sind deutlich zu sehen (01:07 Min.).

Schnitt auf einen Türknauf in Großaufnahme. Die Frau öffnet die Tür und betritt das Haus. All das wird in auffällig schrägen Perspektiven aufgelöst, als wollte der Film an dieser Stelle mitthematisieren oder im Bewusstsein des wahrnehmenden Zuschauers anzeigen, dass er ein Film ist. Die Frau macht Licht, aber es will nicht richtig hell werden. So geht sie den düsteren Flur des Hauses entlang. Der obere Teil des projizierten Bildes verschwindet im Schwarz, so dass auch der Kopf der Figur, der die Kamera dicht auf den Fersen bleibt, ziemlich genau über den Ohren im Schwarz verschwindet. Auch der in die Bildtiefe führende Hausflur wird teilweise zur schwarzen Fläche. Die Bilder von Tscherkasskys Film verbergen bisher mindestens genauso viel (identifizierbaren Inhalt) wie sie zeigen.

In einem zweiten Schritt werden die überwiegenden Nah- und Großaufnahmen von Hershey als figurativ unstabile, sich in Raum und Zeit des Films überlagernde und sich vervielfältigende Bilder gezeigt. Die Kamera folgt dazu weiter der Frauenfigur, wie sie durch die Innenräume des Hauses geht. Sie öffnet Türen, schaut in Zimmer. Als sie eine weitere Tür öffnet, überlagern, im Umschnitt auf Hershey, Bilder eines anderen Raums, anderer Räume die Ansicht der Frau. Die überblendeten Bilder zeigen womöglich weitere Zimmer des Hauses. Die Bilder selbst beginnen wieder stärker zu „zittern“, verdoppeln sich und treten kaleidoskopisch auseinander (01:47 – 01:54 Min.). Die Kamera fährt dabei langsam, auf Augenhöhe der Frauenfigur, durch den Raum in die Bildtiefe hinein. Das Knacken und ein dumpfes Summen des Tons nehmen an Intensität zu, und plötzlich dringt von den Bildrändern her Schwarz in den Bildausschnitt und überlagert größere Teile des Bildes. Ein Schleier aus schwarzen, flackernden Schlieren drängt sich vom „Rand" des Bildes in den Vordergrund. Der schwarze Schleier bleibt auch weiter bestehen, wenn der Film wieder die Frau in den Blick nimmt, wie sie weiter durch das Haus „streift", sich in jeden Raum umschaut, unsicher, anscheinend mehr und mehr verängstigt (Abb. 20). Teilweise verdichten sich die schwarzen, flackernden Schlieren auf dem Bild zu einer schwarzen Fläche, die wie eine Kreisblende wirkt, wenn sie einzelne Körperteile der Frau (wie beispielsweise den Kopf) isoliert (vgl. Abb. 21). Nur wenige Sekunden später überlagern sich wieder Räume und Zeiten, wenn plötzlich die Frau ein zweites Mal im Bild ist (vgl. Abb. 22). Diese figürliche Verdopplung wiederholt sich, wuchert und kennzeichnet damit die Ästhetik des Bewegungsbildes von Tscherkasskys Film, da nahezu alle Figuren und Dinge im Bild sich verdoppeln, spalten, sich zitternd voneinander weg und wieder aufeinander zu bewegen, sich übereinander legen und kongruent werden – nur um kurze Zeit später wieder auseinander zu treten.

Abbildungen 20, 21: DVD- Screenshots aus Outer Space

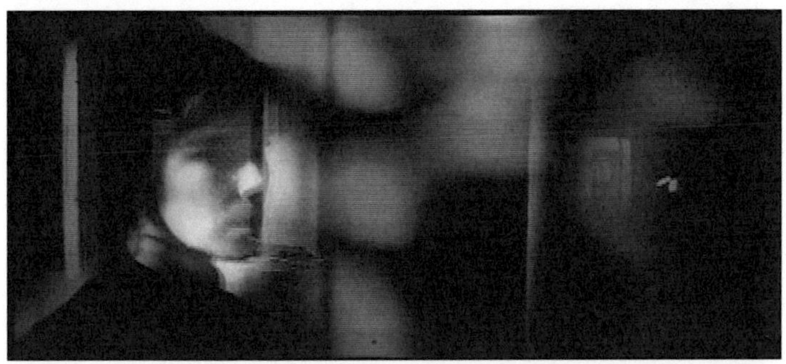

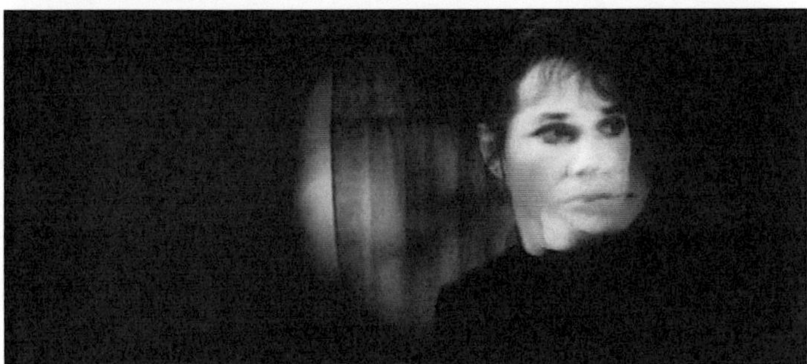

Quelle: Peter Tscherkassky: Films from a dark room, 008 index DVD-edition 2006

Abbildungen 22-25: DVD-Screenshots aus Outer Space

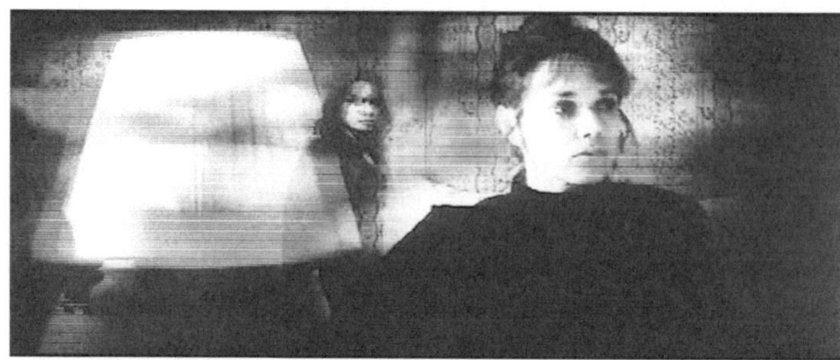

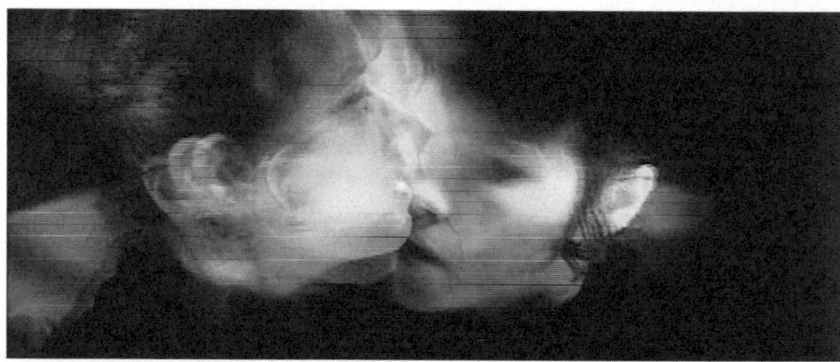

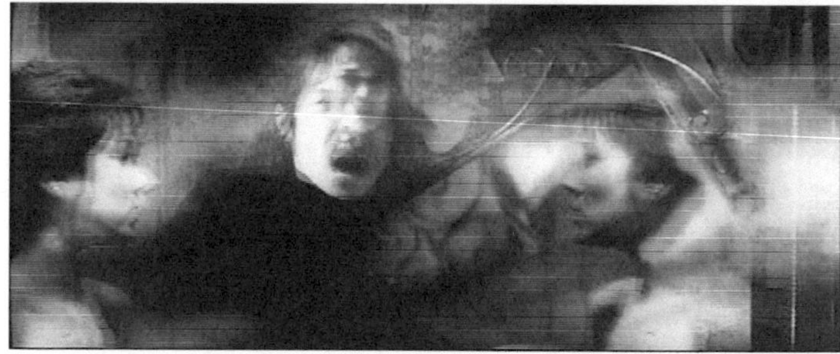

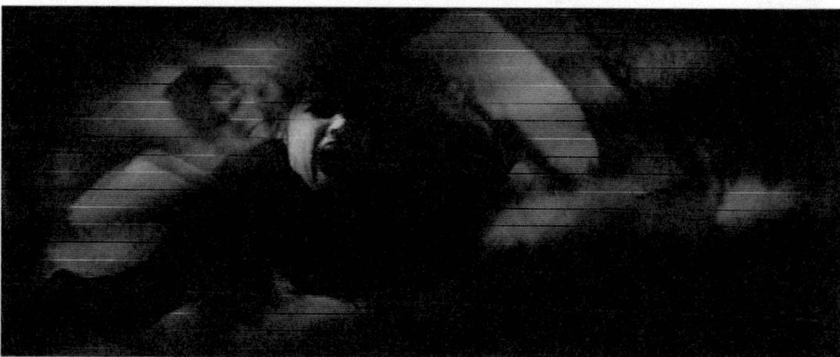

Quelle: Peter Tscherkassky: Films from a dark room, 008 index DVD-edition 2006

Ab Mitte der dritten Filmminute gewinnt diese ästhetische Strategie an Intensität, wenn sich die Spaltungen vervielfachen und der Kopf der Frau in multiperspektivischen Ansichten im Bild ist. Ihre schnellen Kopfbewegungen und -drehungen scheinen die abgeschlossene Form desselben aufzulösen (03:18 Min., Abb. 23). Die Geräusche und Sounds der Tonspur werden lauter und aggressiver. Zu den dunkleren, knackenden Sounds kommt jetzt ein helles, sirrendes Geräusch. Dabei zersplittern die gezeigten Räume in ihre Einzelteile, die Fragmente wiederum bewegen sich in unterschiedlicher Konstellation in Bildausschnitt der Einstellung zueinander. Die Bildzersplitterungen verstärken sich ab Min. 03:35. In einem Chaosmos aus Bildern und Bildfragmenten – wie Möbeln, Lampen, Teile eines Bettgestells, Körperteile der Frau, aber auch Teile des Filmstreifens selbst – schießt von Zeit zu Zeit der Kopf der Frau in den Vordergrund des Bildausschnitts, um einen stummen Schrei auszustoßen (Abb. 24, 25).

Die Geräusche auf der Tonspur mischen sich mit Schreien der Frau (ab 03:50 Min.), die jetzt, scheinbar völlig verängstigt, versucht aus dem Haus, aus den bedrohlichen Räumen zu fliehen. Der Film legt mir, in einem dritten Schritt, als Betrachter nahe, dass die Figur von den heftigen Bildbewegungen selbst, den Schnitten und Sprüngen in Raum und Zeit der diegetischen Welt hin und her geworfen wird. Dabei geht nicht nur meine räumliche und zeitliche Orientierung (als Zuschauer) vollends „zu Bruch“, auch die Fensterscheiben des gezeigten Hauses zerbersten, als wirke eine ungeheure Kraft auf das Haus ein. Durch diese Bildfragmente stürzt und rennt die Frau und versucht erfolglos eine Tür, wohlmöglich die zu Beginn des Films gezeigte Haustür, zu öffnen.

Von diesem Zeitpunkt an bekommt der Film eine andere Qualität. Die Bedrohung, die unheimliche Kraft, welche die Frau verfolgt, wird von Tscherkassky als die filmische Apparatur selbst dargestellt. Der immer bedrohlicher werdende Sound des Lichttons findet nun seine Entsprechung auf der Bildebene in Form von Filmtonspuren, von den Rändern des Filmstreifens und Teilen desselben, die in das projizierte Bild drängen, die Ansicht der Frau überlagern oder die Figur selbst bedrängen und umstellen (vgl. die Abb. 26-28, S. 152). Die Frau bricht aus, setzt sich zur Wehr und zerschlägt dabei die Aktionsbilder der Narration vollkommen (ab 04:18 Min.). Ab diesem Zeitpunkt zertrümmert Tscherkassky in den folgenden Bildsequenzen auch noch die letzten Reste, die an filmischer Erzählung erkennbar waren. Unter ständigem Klirren, Krachen und Splittern löst sich der filmische Bildraum in einen bildlichen Materiestrom bestehenden aus verschiedensten Elementen auf, der nicht mehr einem kohärenten, gar linearen Erzählraum zugeordnet werden kann.

Abbildungen 26-28: DVD-Screenshots aus Outer Space

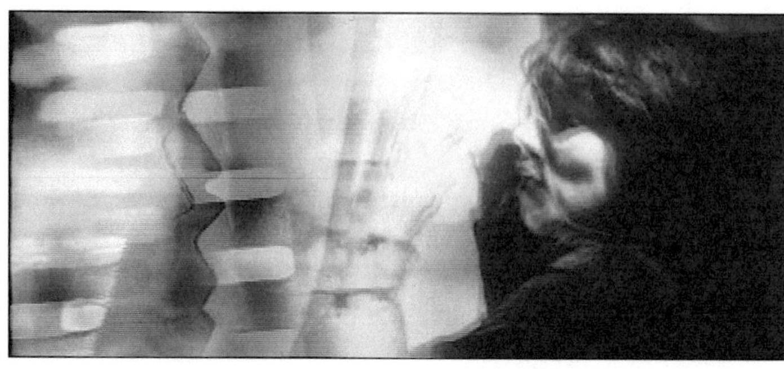

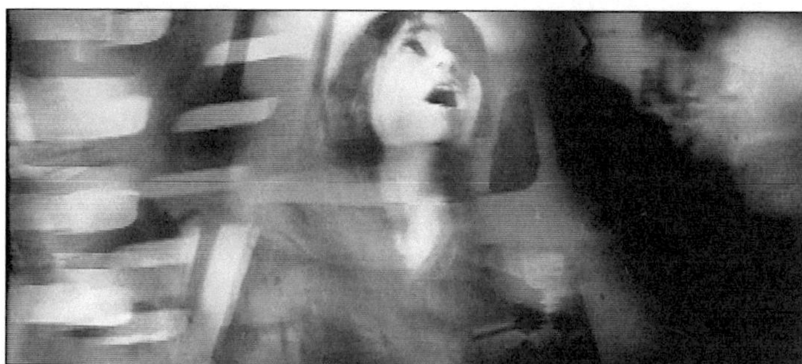

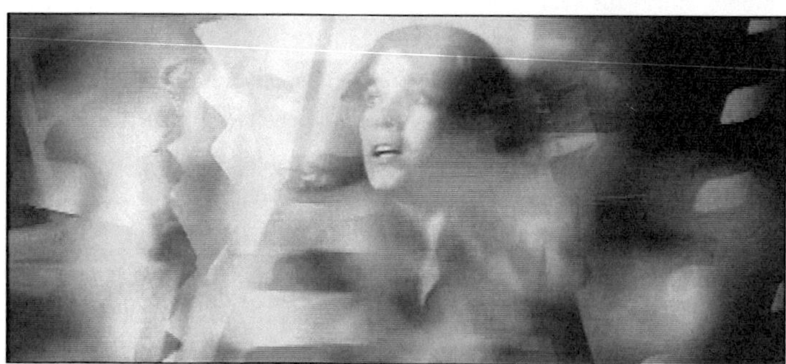

Quelle: Peter Tscherkassky: Films from a dark room, 008 index DVD-edition 2006

In intensiven, flackernden Bildern (die an die physiologischen Experimente im Zusammenhang mit Flickerfilmen erinnern[37]) sind wiederum einzelne Räume sichtbar, aber auch Blitze, negative Kopien zuvor schon gesehener Bildteile und

37 Zu Flickerfilmen und ihrer intensiven, physiologischen Wirkung auf das zuschauende Subjekt vgl. beispielsweise Holl 2008, 2011.

Sequenzen. Diese schnell geschnittene Bildfolge mündet in eine etwas ruhigere, fast meditative Sequenz (ab 05:15 Min.) auf der die umkopierten Transportlöcher eines Filmstreifens auf einer grell-weißen Fläche zu sehen sind. Der bearbeitete Filmton klingt im Vergleich zu den vorangegangenen Sounds fast harmonisch in seinen leichten Modulationen. Doch nur wenige Sekunden später nehmen die Bewegungsbilder schon wieder mehr Geschwindigkeit auf, wandeln sich, so dass der Bildausschnitt von übereinander liegenden Bildern von Perforationen und Lichttonspuren (Abb. 29) angefüllt ist.

Abbildungen 29, 30: DVD-Screenshots aus Outer Space

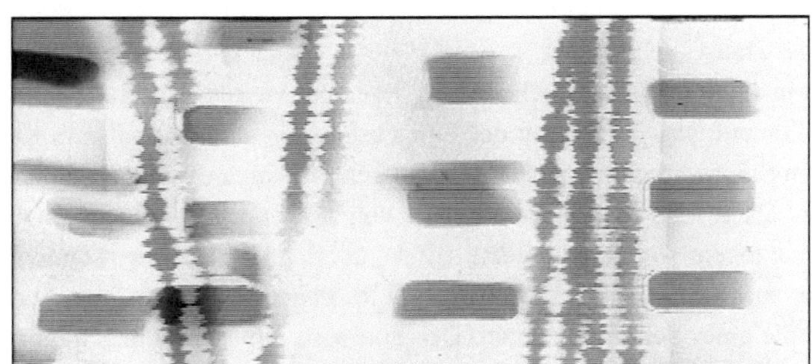

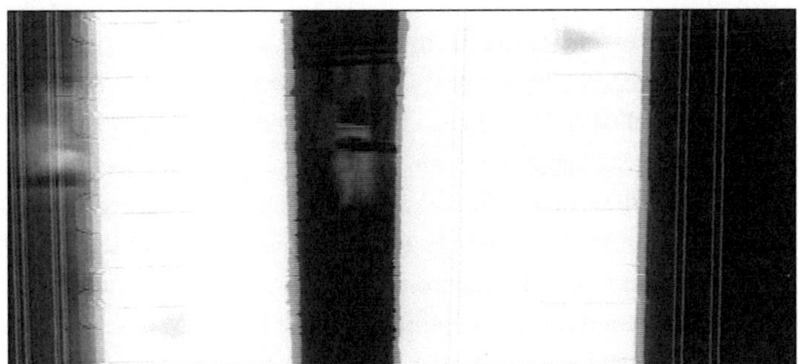

Quelle: Peter Tscherkassky: Films from a dark room, 008 index DVD-edition 2006

Am Ende der Sequenz wird das Bild wieder in großen Teilen vom Schwarz beherrscht und es gibt neben einigen Negativ-Abbildungen von Perforationsstreifen am rechten Bildrand einzelne Bildfragmente der Hausansicht vom Beginn des Films zu sehen. Schließlich verschwinden die Bilder des Filmstreifens ganz, auch der Ton wird leiser und es flackern mehr und mehr Ansichten des Hauses in der Mitte des Bildes auf. Diese schnell aus der Schwärze des Bildes auftauchenden Bildausschnitte formen sich zu einer näheren Ansicht auf eines der

Fenster des Hauses[38]. Die Kamera blickt von Außen durch das Fenster in eines der beleuchteten Zimmer, das von neuem zertrümmert wird, bis wiederum nur noch Bilder von Filmmaterial sichtbar sind, die wie Flächen von grellem Licht und Schwarz nebeneinander liegen (vgl. Abb. 30). Die Bilder des Films wirken in dieser Sequenz enträumlicht, zweidimensional. Zudem erinnern sie mich an die Experimente des absoluten/abstrakten Films der filmischen Avantgarde der 1920er Jahre (beispielsweise von Walter Ruttmann) oder auch an die strukturellen Filme von Peter Kubelka (wie z.B. *Arnulf Rainer*). Mit der gespiegelten Ansicht der von Innen beleuchteten Fenster gewinnt das Filmbild wieder an Räumlichkeit; die gezeigten Spiegelungen bewegen sich auf einander zu, schieben sich ineinander. Die Kamera fährt näher an die Fenster heran, so dass ich die Frau im Innern des Hauses sehen kann.

Von jetzt an bearbeitet Tscherkassky in einem vierten Schritt die Spiegelbilder der Frauenfigur. Der Schnitt des Films schleudert die Frau mit dem Kopf gegen einen Spiegel, mehrere Ansichten, Ausschnitte ihres Gesichts sind daraufhin zu sehen. Dann wird das Filmbild wieder von Tscherkassky einigen Manipulationen unterzogen: stark überlichtete Bilder überlagern sich mit Negativkopien, usw. Der zu hörende Sound klingt wie das Rauschen einer Maschine. Zudem ist das Sample eines Schreis zu hören. Der Ton wird nun auch völlig fragmentiert. Durch das verzögerte, sprunghafte Bild laufen Querstreifen. Die Frau ist zu erkennen, wie sie mit einer Lampe in den Händen ausholt und auf etwas einschlägt: zuerst sind es Gegenstände im Bild, die Möbel oder die Fenster des Hauses, aber dann scheint es so, als würde sie wiederholt auf das projizierte Bild, den Bildrand selbst (oder auf etwas außerhalb des Bildes) einschlagen. Unter den wiederholten Schlägen der Frau zerfällt nach und nach das Bild (der Erzählung) und es sind wieder, wie schon mehrfach zuvor, einzelne Teile des Filmstreifens, des filmischen Materials zu sehen, bis das narrative Filmbild dann gänzlich zerbricht und sich in mehrere Bildfragmente aufsplittert (ab 07:53 Min.). Dabei sind wiederholt kurze Samples zu hören, die Männer- und Frauenstimmen sprechen englische Sätze oder Teile von Sätzen. Eine gleitende Fahrt endet auf einer Fotographie der Frau, die nur durch die schwarzen Schlieren im Bild zu sehen ist. Schnitt auf eine Frau, die mit dem Rücken zu den Zuschauern auf einem Bett sitzt, das Zimmer ist schwach ausgeleuchtet. Sie sieht sich nach links um. Schnitt. Der Film zeigt Ausschnitte des Gesichts einer Frau, die sich aus dem Schwarz des Filmbildes „schälen“, zuerst Augen mit Stirn und Haaran-

38 Tscherkasskys Film, insbesondere diese kurze Sequenz ließe sich auch als eine Anspielung auf die Rahmenmetaphorik vieler Kunst- und Filmtheorien (vgl. z.B. Elsaesser/Hagener 2007: 23-48) deuten.

satz, dann später Großaufnahmen ihrer Augen. Die dazu gesprochen Worte sind nicht identifizierbar. Es wird stiller, und die Schwärze gibt nach und nach die Spiegelungen der Frau (in einem Schminkspiegel) zu erkennen. Die Schlieren verdichten sich wieder zu einer schwarzen Fläche, die nur noch die Durchsicht auf einen Ausschnitt eines der Frauengesichter zulässt (Abb. 31)

Abbildung 31: DVD-Screenshot aus Outer Space

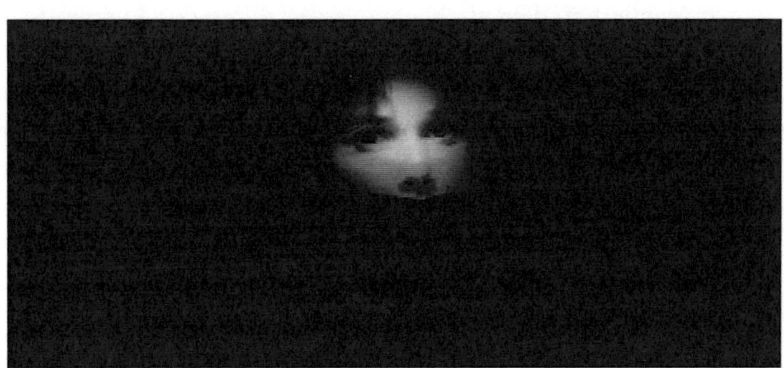

Quelle: Peter Tscherkassky: Films from a dark room, 008 index DVD-edition 2006

Dann endet der Film, so wie er begann mit einem Schwarzbild.

Tscherkassky zerstört mit *Outer Space* in seiner wiederholenden Aneignung von *The Entity* nicht den Film, aber er stört, beunruhigt wie zuvor schon mit *L' Arrivée*, die durch den klassisch-narrativen Spielfilm habitualisierte Weise seiner Erfahrung. Tscherkassky zeigt mit *Outer Space* Film anders. Er verwendet dazu vor allem negative Strategien: *Erstens* scheitert die sich üblicherweise recht schnell einstellende räumliche und zeitliche Orientierung der Zuschauer im Bildraum. Und wenn sie sich kurz etabliert, bleibt sie prekär und wird auch bald wieder in einem pulsierenden Bilderstrom aufgelöst. Zudem ist – *zweitens* – die figürliche Darstellung des weiblichen Körpers und anderer Dinge im diegetischen Raum in Tscherkasskys Film von Anfang bis Ende kein abgesichertes Unterfangen, sondern wird als etwas Imaginäres, Montiertes und Prozessuales, als Bild-Bildungsprozesse des Films, zur Schau gestellt. Die Bilder des Films verbergen dabei mindestens genauso viel, wie sie zeigen. Dennoch oder gerade aufgrund dieses Entzugsgeschehens im Zeigen fühle ich mich auch von diesen Bildern angezogen, versuche ich als Zuschauer von *Outer Space* unablässig etwas von und in den gezeigten Bildern sehend zu identifizierenden, versuche an den fragmentierten, montierten Bildern eine signifizierbare Wahrnehmung oder Handlung mit einem konsistenten Sinn abzulesen. Vorausgesetzt ist hier gewiss die Bereitschaft, sich auf das *Anders*-Sehen, wie es *Outer Space* erzwingt, einzulassen, etwas in den gezeigten Bildern zu sehen, zu vermuten oder auch zu wünschen, also in der Übertragung zu sein, ansonsten wendet man sich einfach ab.

Mit der räumlichen und zeitlichen Desorientierung und den Attacken auf die Figürlichkeit des Filmbildes geht – *drittens* – einher, dass eine der realistischen Wahrnehmung angenäherte Synchronizität von optischen und auditiven Zeichen des Filmbildes nicht oder nur sehr selten gelingt und es der Film damit für die Zuschauer schier unmöglich macht, die Performanz des Films zu „vergessen", um in der repräsentierten, diegetischen Welt des Films den Figuren und ihren Handlungen zu folgen. Das filmische Bewegungsbild wird in *Outer Space* dagegen ständig als multiperspektivisches und -temporales Kompositum, als eines aus vielen visuellen und auditiven Bestandteilen und Perspektiven montiertes gezeigt[39]. Das kinematographische Dispositiv schreibt sich dabei mal mehr, mal weniger direkt in den Film ein: als visuelle Flickereffekte, als Sounds, Tonfragmente und Samples, in Form von Schnitten und Montagen im Bild, durch Überblendungen, Unterbelichtungen, Hell-Dunkel-Schattierungen und die Flächigkeit des Bildes, als Darstellungen des Trägermaterials (Perforationen, Lichttonspuren) im Bildraum, verstärkt über Positiv-Negativeffekte bis zur gänzlichen Abstraktion des Bildes in Schwarz-Weißverhältnisse, in Leere und Fülle.

Die bisher rekonstruierten, negativen ästhetischen Strategien von *Outer Space* lassen sich auch noch einmal wenden und positiv formulieren, denn Tscherkasskys Film öffnet in der Negation bestehender Regeln und Codes figürlicher, realitätsgetreuer Abbildung den „Blick" auf eine doppelt gegliederte Räumlichkeit des Kinofilms. Der Erfahrungsraum der filmischen Aufführung ist sowohl ein materiell-technischer, intensiver „leinwandlicher" Bildraum als auch ein symbolisch-imaginärer, narrativer Illusionsraum der Abbildung. Dabei wird von Tscherkassky der „leinwandliche" Bildraum als Grundlage des anderen, dem Zuschauer in der Regel viel vertrauteren Raums der Abbildung und der Diegese ausgearbeitet[40]. Gleiches gilt für die Zeit: die Zeit des Vorführens, die Abspielgeschwindigkeiten, die Rhythmisierung der montierten Sequenzen steht in einem irreduziblen, spannenden Verhältnis zur Zeit der erzählten Realität. Tscherkasskys Film ermöglicht damit, so kann man behaupten, eine dekonstruktiv-ästhetische Erfahrung mit Film, die mich dazu veranlasst noch einmal anders über das Verhältnis von Transparenz und Opazität/Störung der Filmbilder nach-

39 Vgl. dazu die Überlegungen von Aumont 2007 zum *Point of View*. Er argumentiert, dass man nicht nur von einem Gesichtspunkt des Films ausgehen kann, sondern eine komplexe Beziehung mehrerer Gesichtspunkte (*Points of view*) in der Film-Erfahrung annehmen muss.

40 Vgl. dazu Souriau 1997, Mitry 1999 oder auch Kappelhoff 2006.

zudenken. *Outer Space* scheint zuerst ähnlich wie *L' Arrivée* Spuren einer Medialität des Kinofilms anzuzeigen, die ganz im Sinne zuvor genannter Autoren wie Boehm, Danto und Jäger als Spannung bzw. Oszillation zwischen Transparenz und Opazität, zwischen Sinn- und Präsenzphänomenen (vgl. Gumbrecht 2004: 129ff) zu konzipieren ist. Mit *Outer Space* kann ich aber das Verhältnis von Transparenz und Opazität, von aisthetischer Neutralität und Störung nicht mehr länger als ein bipolares und gegensätzliches Verhältnis denken. Die Film-Erfahrung von Tscherkasskys *Outer Space* verweist auf eine Gemengelage von aisthetischen Präsenz- und semiotischen Sinneffekten, die diese Erfahrung mit einer gewissen Instabilität und Unruhe versieht und sie gleichsam dynamisiert. Diese Unruhe sorgt dafür, dass die beiden Ebenen der Film-Erfahrung nie zu einer stabilen Kongruenz gelangen.

Jenseits von Opazität und Transparenz

Mit Markus Rautzenberg (2009: 153ff.) lässt sich noch eine radikalere Formulierung filmischer Medialität *jenseits* der Opposition von Transparenz und Opazität wagen, die meiner singulären Erfahrung von *Outer Space* sehr nahe kommt. Die Störung eines medialen Geschehens ist für Rautzenberg nichts, das man wie ein *Parasit* oder auch ein informations- und kommunikationstheoretisches *Rauschen* loswerden muss, sondern sie eröffnet ganz im Gegenteil – wie er in Bezug auf Roland Barthes entwickelt – „einen ungeheuren Zugewinn an ästhetisch/aisthetischer *Signifikanz* [...], die eben nicht sinnzentriert ist“ (ebd.: 159) und die sich den Wirkungen einer materiellen und performativen Präsenz verdankt. Ich verstehe Rautzenbergs Argument analog zu meinen zuvor angestellten Überlegungen angesichts der intensiven Bildersequenzen in den beiden besprochenen Filmen. Die aisthetischen, intensiven Bewegungsbilder entfalten ihre Wirkungen, ihre *Wirk*-lichkeit eben nicht zeichenhaft, narrativ. Diese Bilder sind zudem, so legt es vor allem *Outer Space* nahe (und geht damit über *L' Arrivée* hinaus), nicht der Ausnahmefall, eben ein informatives Rauschen der Bilder, dass ein „guter“, ein funktionierender Film zu eliminieren hätte, sondern ganz im Gegenteil bilden diese Bilder die Grundlage dafür, dass, im Sonderfall einer figürlichen, der individuellen Wahrnehmung angenäherten Darstellungsweise, die mediale Oberfläche transparent wird und den Blick in einen fiktiven, diegetischen Repräsentationsraum und seiner Zeit eröffnet. Rautzenberg stützt diese Vermutung, wenn er in Bezug auf Geimer (2002) zeigt, dass sich die figürliche Darstellung, die photographische Abbildung als ganz spezifischer Ausnahmefall der photographischen Aufzeichnung verstehen lässt und nicht umgekehrt (vgl. ebd.: 160ff.). Wir haben es demnach bei der Aisthesierung von Filmen mit einer dinglichen, materiell-technischen und einer repräsentativen, zeichenhaften Dimension zu tun, die in Störungsphänomenen der Aufführung nicht einfach wie chemische Elemente auseinander fallen, sondern wie mit *Outer Space* erfahrbar, sich in einer dynamischen Beziehung von Sich-zeigen, Zeigen/Darstellen und Erzählen, von Verbergen und Entbergen befinden[41]. Das filmische Sich-zeigen ist dabei mit dem Darstellen und Erzählen aufs Engste verbunden, Transparenz und Opazität der filmischen Bilder befinden sich in einem „flüssigen Zustand" (ebd.: 168). Die filmische Medialität bewegt sich, so kann man sagen, in der Mitte zwischen materiellen, aisthetisch-präsentativen und symbolisch-imaginären, repräsentativen Momenten. Dieser Bewegung kommt selbst ein gewisses Störungspotential zu, das ein der Repräsentation zugrunde liegendes *Wahrnehmbar-machen* ermöglicht. Wie Rautzenberg in einer Reflexion von Heideggers Zeug-Begriff entwickelt, ist die Zeichenfunktion des Mediums gar nicht ohne dessen Widerstände, Störungen und Dynamisierungen der Wahrnehmung der Adressaten im Vollzug seiner Aisthesierung und Mediatisierung denkbar. Vielmehr sind „Auffälligkeit, Aufdringlichkeit und Aufsässigkeit […] die Modi, in denen die Dynamik von Transparenz und Opazität erlebbar wird" (ebd.: 168). Das medientheoretisch relevante Potential seiner Analyse liegt „in der Möglichkeit, die Medialität des Mediums als eine Verweisungsstruktur bestimmen zu können, die zwar die Bedingung der Möglichkeit von *semiosis*, Sinn, Diskurs, Kommunikation oder Bedeutung ist, mit diesen ‚Verweisungsformen' aber *nicht identisch* ist. Und eben diese inkommensurable Differenz zeigt sich in Form der ‚Störung der Verweisung' […]" (ebd.: 171).

Appliziert auf Tscherkasskys Filme bedeutet diese Differenzierung des Störungsbegriffs, dass sowohl *L' Arrivée* als auch *Outer Space* nur aus kommunikations- und zeichentheoretischer Perspektive den Vollzug ihrer Mediatisierung stören, erschweren, unterbrechen, verhindern u.a.m. Aus ästhetischer Perspektive enthüllen sie in ihren negativen Gegenstrategien und artistischen Verwendungen des Mediums Films dessen unbeschreibliche, weil unendliche Möglichkeiten des *Wahrnehmbar-machens* und entlarven gleichsam den Gebrauch und das Verständnis des Films als Kommunikationsmedium, als Medium der photographischen Re-präsentation oder als diskursives Medium des Geschichtenerzählens als einen reduktionistischen Gebrauch.

41 Auch der französischen Filmtheoretiker Jean Mitry (1999) versteht die Medialität des Films ganz im Sinne Rautzenbergs als eine Gemengelage von präsentierenden Momenten, von signifizierenden Elementen der filmischen Darstellung und von Sinneffekten der Bilder im Sinne von Symbolisierungen durch die Zuschauer.

Mit Tscherkasskys Filmen lässt sich die Medialität des Films als ein *Wahrnehmbar machen* verstehen, das sich in der Performanz, in der automatischen Projektion der Bewegungsbilder, in seinen Bild-Bildungs-prozessen vollzieht, welche den Zuschauern widerfahren, sie zuallererst aufmerken lassen, bevor diese etwas bemerken, identifizieren oder verstehen können. Der Film zeigt im „leinwandlichen" Bildraum sich stetig wandelnde audiovisuelle Bewegungsbilder, die ihre Zuschauer bei der Entstehung von Perzepten, Räumen, Zeiten, Figuren, Wahrnehmungen, Handlungen, Affekten teilhaben lassen. Mit anderen Worten: im Film nehmen die Zuschauer nicht nur *etwas* wahr, sondern sie nehmen eine Wahrnehmung von etwas im Vollzug wahr. Der Film zeigt auf der basalsten Ebene seiner Aisthesierung Wahrgenommenes, Aufgezeichnetes, in das der performative Akt der Wahrnehmung als technische und signifikante Struktur des Films eingeschrieben ist. Den Film zeichnet so eine unhintergehbare Doppelstruktur aus: im filmischen Bewegungsbild sind Wahrgenommenes und Wahrnehmung ineinander verschränkt, es stellt eine prekäre Einheit von Sichtbarkeit und ihrer performativen Hervorbringung dar. Jede Form filmischer Darstellung oder Erzählung beruht auf dieser Struktur des Filmbildes, die sich als Verschränkung semiotischer Repräsentationen mit aisthetischer Performativität beschreiben lässt.

Die Gabe des filmischen Blicks

Dass der Film also nicht nur etwas sichtbar macht, sondern auch eine Sichtweise, eine ganz spezifische Aufmerksamkeit bildet, entspricht seiner Möglichkeit einen Blick zu geben. In der Formulierung „einen Blick zu geben" hält sich in der Medialität des Films eine Spur der *Gesichtlichkeit* (vgl. Aumont 1992; Balasz 1982; Deleuze 1989, Kappelhoff et al 2001, Kappehoff 2004a,b) des Anderen, wie sie für Levinas' Denken so wichtig war. Wie zuvor am Begriff des materiellen Dispositivs des Kinofilms diskutiert, ist es das Filmbild in seiner Materialität und Performanz, das mir und meiner Wahrnehmung als Zuschauer zuvor kommt: es „blickt" mich an, schlägt meine Augen auf, begrenzt, lenkt und fokussiert mein Sehen. Die Materialität des Filmbildes zeigt sich, sie erscheint der Wahrnehmung und bringt diese hervor, um sich dabei zu entziehen. Auch darum, weil der Film in der Zeit seiner Aufführung etwas präsent, wahrnehmbar macht, dessen Praxen und Szenen der Wahrnehmbarmachung (am Set, im Studio oder im Labor) schon längst vergangen sind.

Die subjektive Wahrnehmung des Filmzuschauers wird in diesem Denken des Films auf ein *Außer-mir* bzw. ein *Außer-sich-sein* verwiesen. Dieses Andere der subjektiven Wahrnehmung bezeugt, dass der Prozess der Wahrnehmung stets woanders beginnt als beim Wahrnehmenden: Sehen ist so wenig wie alle anderen sinnlichen Wahrnehmungen und die Sinne subjektiv, intentional konstruiert, vielmehr empfangen sie unablässige Beunruhigung, Erregung, Störung und Ansprüche von einem Anderen her, das nie in seiner Fülle sinnlich erfasst und gedacht werden kann. Das Zuvorkommen der filmischen Bewegungsbilder, ihr Erscheinen in der Wahrnehmung, die mit Lacan (1996: 97-111, insb. S. 106f.) auch als Gabe eines Blicks gedeutet werden kann, lässt sich in der Sprache, in den Übersetzungen durch den die Bilder Wahrnehmenden nur als Entzug thematisieren und formulieren.

Eine weitere Besonderheit des filmischen „Blicks" ist es, dass ich ihn als Zuschauer nicht erwidern kann. Ich kann ihm nur folgen, will ich dem Film folgen – und nicht aussteigen und beispielsweise meinen Gedanken und Vorstellungen nachgehen –, was eine gewisse Aggressivität des Films (vor allem im kinematographischen Dispositiv) ausmacht. Der Film ist Blicklenker, er bestimmt durch die „choks" (vgl. Benjamin 1963) seiner Schnitte und Montagen, was ich als Zuschauer wann und wie, in welcher Perspektive und wie lange, zu sehen und zu hören bekomme. Ein Sinn der Bilder ist dabei gar nicht so leicht *festzustellen*, denn der Kinozuschauer kann vor einem Filmbild nicht, wie vor einem Gemälde oder einer Photographie in kontemplativer Ruhe verweilen. Der Film lenkt (ab), weil er beweglich ist, weil er sich als ständig wandelndes Bild, als Bewegungsbild zeigt, in dem er vergeht. Die Ablenkung beruht, so Benjamin (1963: 38), „auf dem Wechsel der Schauplätze und Einstellungen (...), welche stoßweise auf den Beschauer eindringen. (...) Kaum hat er sie (eine Einstellung, M.Z.) ins Auge gefasst, so hat sie sich schon verändert. Sie kann nicht fixiert werden." Benjamin zitiert Duhamel, der den Film hasse, weil er sich von ihm beim Betrachten besessen fühle: „Ich kann schon nicht mehr denken, was ich denken will. Die beweglichen Bilder haben sich an den Platz meiner Gedanken gesetzt." (ebd.: 39) In der Tat wird das Denken, die Sinnsuche der Zuschauer, deren assoziativen Suchbewegungen und Identifizierungsbemühungen in der Film-Erfahrung immer wieder durch die Änderungsbewegungen der Bewegungsbilder unterbrochen und gleichsam zu neuen identifizierenden, sinnvollen Synthesen gezwungen. Auf diesen strukturellen Unterbrechungen, den Schnitten und Montagen, beruhe die „Chockwirkung des Films, die wie jede Chockwirkung durch gesteigerte Geistesgegenwart aufgefangen sein will" (ebd.).

Ereignis-Apparatur

Der Film wird in der skizzierten aisthetischen und performativen Bestimmung zur Ereignis-Apparatur, denn er erschafft in seinen audiovisuellen Bewegungsbildern „poetische Objekte“, die Josef Vogl (2007: 69ff.) strukturell analog zu Ereignissen definiert: sie sind keine Gegenstände, sondern Umstände, keine Substantive, sondern nur losgelöste Attribute, heterogene Elemente, die zu einem Kompositum zusammengezogen werden. Das filmische Ereignis ist dementsprechend ein „ästhetisches, ein poetisches Ding“ (69) – das seine Kraft, seine affizierende Wirkung im Streit von inkompossiblen, heterogenen Elementen, in der Spannung, den rätselhaften, fließenden Übergängen bis zur Ununterscheidbarkeit zwischen Ding und Zeichen entfaltet. Seine fließenden, sich wandelnden Zustände lassen sich schwer oder gar nicht in den „erprobten, alteuropäischen Begriffen von Form und Materie, von Substanz und Attribut fassen“ (ebd.). Das filmische Ereignis existiert als Konstellation, als Beziehung seiner Elemente „in einer *spezifischen Zwischen-Zeit, in einem spezifischen Zwischen-Raum*“ (ebd. 75), die Vogl wie folgt beschreibt:

„Man könnte also sagen: Das Ereignis aktualisiert sich zwar in Dingen und Sachverhalten, in Aktionen und Passionen, es springt in Raum und Zeit und erhält darum Ort, Datum und symbolischen Wert, es selbst aber zeichnet sich – in seiner Virtualität – durch eine ganz andere Räumlichkeit, durch eine ganz andere Zeitlichkeit aus [...] als Drehpunkt einer ungeborenen und unfertigen Welt [...].“ (Ebd.)

Die ästhetische Formel dieses *Zwischen-Raums* bestimmt Vogl mit Deleuze (1989: 151ff.) als „beliebigen Raum“, der sich durch die Unterbrechung räumlicher Extensionen definiere.

„Koordinaten, Orientierungen und Metrik überhaupt sind hier angegriffen, aufgelöst und führen einen Raum in seiner Unfertigkeit vor, einen [...] Raum, der [...] aus unzusammenhängenden Orten und Stelle besteht. Sein filmisches Prinzip ist der Anschlussfehler und sein generisches Prinzip der Null–Vektor; jeder Ort kann sich virtuell auf jeden anderen Ort beziehen, übergangslos. Man müsste diesen Raum als Ensemble von unverbundenen Singularitäten beschreiben, von virtuellen Beziehungen.“ (Ebd.: 76).

Die virtuelle Seite des Ereignisses umschließe ein Geschehen mit „Potenzialqualitäten“ und treibe seine Räumlichkeit schließlich zu einem „Raum der Ungewissheit: es wird sich hier mit Sicherheit nichts oder etwas oder dieses oder jenes ereignen“ (ebd.)

Mit diesem strukturalen und topologischen Raum des Ereignisses korrespondiere eine achronologische Zeit, denn seine lose verbundenen Orte, Elemente und Umstände, seien weder durch zeitliche Sukzession noch durch eine narrative Abfolge darstellbar. Die Zeit des Ereignisses hat vielmehr eine atopische Struktur, die wie „ein endlos teilbarer Augenblick“ gleichsam vergangen wie zukünftig, neben dem Aktuellen einer chronologischen Gegenwart „nur das enthält, was sich ereignet hat oder ereignen wird, aber im Augenblick nicht, nicht mehr oder noch nicht passiert“ (ebd.: 77).

Das filmische Ereignis besteht, so kann man sagen, aus zwei Seiten: einer aktuellen und einer virtuellen. Vogl dazu:

> „Auf der einen Seite steht das was passiert und zustößt, getan und erlitten wird, sich in Dingen und Sachverhalten verkörpert, die Welt der raum-zeitlichen Zusammenstöße. Auf der anderen Seite aber liegt etwas, das in den Daten, Bewegungen und Wechselfällen nicht aufgeht und seiner eigenen Aktualisierung entkommt. Hier versammelt sich eine apersonale Zeit jenseits der geschehenen Gegenwart, [...], in der die verschiedenen Augenblicke, Qualitäten, Aktionen gleichzeitig insistieren, den kürzesten Weg zueinander suchen und unvorhersehbare Verbindungen eingehen. Die aktuelle Gegenwart, die als mobiler Jetztpunkt vergeht und die handelnden, leidenden Körper betrifft, übersteigt sich hin zu einer achronischen Vergangenheit und Zukunft, die das Ereignis in seiner virtuellen Mannigfaltigkeit enthalten.“ (Ebd.: 78)

Die beiden Seiten des Ereignisses konstituieren das Ereignis in einer problematischen Struktur. Virtuelles und Aktuelles verhalten sich nicht wie Möglichkeit und Verwirklichung zueinander – „das wäre [...] nichts weiter als Realisierung einer Vorhersehbarkeit und eben kein Ereignis“ (ebd.: 79). Sie greifen vielmehr wie Problem und Lösung ineinander, wobei das Problem den Charakter einer drängenden Frage habe, die über Lösungen und Antwortversuche hinweg insistiere.

Zusammenfassung und bildungstheoretische Anschlüsse

Der Film, als aisthetisch-performatives und ästhetisches Objekt, muss als eine spezifische Konstellation von heterogenen Materialien und Elementen bestimmt werden. Seine Kraft, sein Potential oder seine affizierende *Wirk*-lichkeit ereignet sich nicht nur als Differenz von Aktuellem und Virtuellem, sondern auch darin, „sich zwischen Ding und Zeichen zu halten; das Verhältnis zwischen Ding und Zeichen offen zu halten“ (Menke 2006: 15; vgl. Koch/Voss 2006), und damit gleichsam das natur- wie geisteswissenschaftliche Paradigma einer ontologischen Trennung zwischen Natur und Geist, Ding und Zeichen oder Objekt und Subjekt zu subvertieren. Die performative, ästhetische Kraft des Films besteht somit darin „den Streit zwischen Ding(gewesen)sein und Zeichen(geworden)sein – nicht: zu entscheiden, sondern im Gegenteil: als unentscheidbaren zu führen“ (ebd.). Jeder einzelne Film wiederum erfährt seine spezifische Kontur darin, wie er auf seine ganz spezifische Weise diesen Streit inszeniert und aufführt – und dabei womöglich auch versucht diesen Streit zu versöhnen, aufzulösen oder vergessen zu machen.

Mit dem bisher skizzierten Verständnis des Films muss man sich von einem (klassischen) Werkbegriff verabschieden, denn die Medialität des Films als ästhetisches Objekt betrifft auch im besonderen Maße seine Rezeption. Der Film, der mehr als Ereignis und Kraft denn als abgeschlossenes Werk wirksam ist, kann, weiter Menke folgend, nicht länger als klar begrenzter Gegenstand bloßen Zuschauens aufgefasst werden. Der Film entwindet sich in seiner Medialität einer versichernden Gegenüberstellung von zuschauendem Subjekt und angeschautem Objekt. Die Film-Erfahrung kann daher nur als ein Prozess der Entfaltung der spannungsvollen Verhältnisse zwischen Ding und Zeichen sein. Film-Erfahrung als eine spezifische ästhetische Erfahrung mit Film ist „die Entfaltung des Streits zwischen Ding und Zeichen“ (ebd. 16). Umgekehrt existiert die ästhetische Film-Erfahrung nicht als „äußerliche“ zu ihrem ästhetischen Gegenstand, sondern der Film korreliert mit seiner je singulären Erfahrung durch seine Kraft, welche die Teilnahme an seinem inszenierten Streit zwischen Ding und Zeichen bewirken kann. Daher ist eine ästhetische Theorie des Films zugleich eine Theorie der Film-Erfahrung. Zugespitzt bedeutet das: Film-Erfahrung richtet sich in ihrem Vollzug immer auf etwas, einen konkreten Film, dessen Kraft sie mit entfaltet, um dabei aber doch nicht den Film als solchen hervorzubringen. Die Film-Erfahrung weiß sich als nachträglich, sie ist auf den Film bezogen, der ihr geschieht, ihr widerfährt. Die Vorgängigkeit des Films vor seiner Erfahrung ist *in* der Erfahrung des Films gegeben. Die Anerkennung seiner Vorgängigkeit macht die Film-Erfahrung erst zur Erfahrung. Denn was ich von dem jeweiligen Film als ästhetischen Gegenstand wissen kann, kann ich nur dadurch bestimmen, wie er mir in der Film-Erfahrung erscheint, wie er *sich-zeigt* und *zeigt*. Daraus folgt, dass sowohl *der* Film als auch ein je spezifischer Film nie in Gänze bestimmt werden können, es können lediglich Skizzen eines Films in seinem (Nach-) Vollzug, in der Film-Erfahrung angefertigt werden. In diesen Skizzen der Medialität des Films müssen Unterscheidungen der mittlerweile stark ausdifferenzierten, audiovisuellen Dispositive wie Kino, Fernsehen oder Computer eingehen. Mit anderen Worten: die je konkreten materialen, technischen Aufzeichnungs-, Bearbeitungs- und Aufführungsbedingungen des Films, seine materiellen Dispositive, müssen für seine Sinneffekte und Bedeutung(en) mitgedacht werden – auch wenn sie sich nur *negativ,* in diversifizierenden Lektüren und Re-Lektüren der Film-Erfahrung sagen und schreiben lassen[42].

42 Diese Lektüren denke ich in Nähe zu Jacques Derridas (1988: 299ff) Konzept disseminierender Lektüren, die entgegen hermeneutischer Konzepte des Verstehens nicht

Die *Wirk*-lichkeit der Films entfaltet sich demnach nicht nur als ein zeichenhaftes, hermeneutisches Verstehen der Filmbilder, sondern auch und insbesondere in ihrem performativen Prozess der Aufführung, der vom Zuschauer als ein Widerfahrnis von Bewegungsbildern durchgemacht werden muss. Die Performanz des Films zeitigt im je spezifischen *Wahrnehmbar-machen* eine die Bewegungsbilder begleitende Spannung, Erregung und Kraft, die sich in ihren Wirkungen auf seine Zuschauer und dessen reflexive Bezüge auf dieselben erschließen lässt. Diese Wirkungen und Effekte sind wie zuvor gesagt höchst singulär. D.h. selbst dann, wenn ich als Betrachter eine Erregung, einen Spannungszustand oder auch die Modulation einer meiner Vorstellungen, meines Denkens am Film benennen kann, ist damit noch nicht gesichert, dass diese spezifische Szene oder Ansicht auch bei anderen Zuschauern eine ähnliche Wirkung entfaltet. Es ist noch nicht einmal gewiss, ob ein Subjekt zweimal eine identische Erfahrung mit einem Film machen kann. Eher im Gegenteil scheint es mir viel wahrscheinlicher, dass selbst ein identisches Subjekt von Film-Erfahrung zu Film-Erfahrung differiert. Es ist allerdings problematisch, wenn dabei die Film-Erfahrung als Differenzerfahrung völlig individualisiert wird, also die Differenzproduktion dieser ästhetischen Erfahrung nur auf Seiten des individuellen Subjekts und seiner Deutungsprozesse gesucht und gefunden werden. Denn damit ist im strengen Sinne keine ästhetische Erfahrung, keine Film-Erfahrung mehr beschrieben, wie ich sie in Anlehnung an Adorno und Mersch denke, sondern eine subjektive, hermeneutische oder diskursive Form der Deutung. Es handelt sich m.E. um eine vom konkreten ästhetischen Objekt losgelöste und somit beliebige Erfahrungsform, die als Erfahrung (und auch als Produktion) des Differentiellen dasselbe instrumentalisiert (vgl. dazu Maset 1995; 1998).

Die zuvor skizzierte „Doppelzügigkeit der ästhetischen Erfahrung“ (Rebentisch 2006: 52) kann somit auf zwei Polen verfehlt und so zu anderen Erfahrungsformen werden: nämlich einerseits einer „inhaltistischen“, die dem Film eine Bedeutung zuordnet, „die dessen Elemente einfach unter sich lässt, und andererseits einer ‚positivistisch-formalistischen‘, die meint, die Elemente eines Kunstwerks [Films, MZ] ließen sich [...] dingsfest machen und entsprechend ‚als solche‘ beschreiben.“ (ebd.). Beide Formen sind Feststellung des Films und der Film-Erfahrung, die sich aber gerade durch ihre Bewegung und Wandel zwischen Material und Bedeutung, Ding und Zeichen oder Form und Inhalt und umgekehrt auszeichnet. Dabei bleibt neben der verstehenden Realisierung, der Deutung, das von dieser Deutung ausgeschlossene als das „unaufhebbar Mögliche“

---

versuchen *einen* Sinn eines Textes immer tiefer zu erschließen, sondern im Nachvollzug des Textes, in der Lektüre gerade seine Vieldeutigkeit hervorbringen.

(ebd.: 53), als die virtuelle Seite des ästhetischen Ereignisses, bestehen, und kann daher die gewonnenen Deutungen jederzeit im Verlauf der Film-Erfahrung auch wieder beunruhigen, irritieren oder befragen.

„Die Kunst [der Film, MZ] konstitutiert [...] eine Sphäre, in der unser verstehender Bezug auf die Welt auf spezifische Weise reflexiv distanziert wird, eben weil unser Verstehen sich hier weder bei einer positivistischen Feststellung formaler Fakten noch bei der Notiz vermeintlicher Inhalte beruhigen kann." (Ebd.)

Film-Erfahrung ist, so verstanden, die nicht zu beruhigende, nicht still zu stellende Bewegung zwischen Ding und Zeichen, Verbergen und Entbergen, Überschuss und (Wieder-)Erkennen (vgl. Casetti 2010: 16ff.), Aufmerken und Bemerken, zwischen Responsivität und Intentionalität und zwischen Alteration und Identifikation im Medium der audiovisuellen Bewegungsbilder.

Es dürfte aus den vorangegangenen Überlegungen klar geworden sein, dass die Film-Erfahrung damit als der Zugang gelten kann, welcher dem Film in seiner komplexen Medialität *gerecht* wird. Mit Gertrud Koch (2006: 59f) kann man das noch einmal so formulieren: die im Film (auf)gestellten und erzählten Welten sind nicht *jenseits* der zuvor beschriebenen Film-Erfahrung in ihrem Eigensinn zu erfassen. Wie aber lässt sich nun angesichts dieses Erfahrungsbegriffs über Bildung mit Film, bzw. Film-Bildung weiter nachdenken? Oder noch einmal anders gewendet: kann man von der Film-Erfahrung als einer bildenden Erfahrung sprechen? Drei Aspekte scheinen mir relevant.

1. Die skizzierte Film-Erfahrung in ihrer Medialität, Performativität und Responsivität kann keinen *apriorischen* Rahmen abgeben, in der nur noch das je unterschiedliche Verständnis des jeweiligen Films und seiner mediatisierten Inhalte einzutragen wären. Sie ist ganz im Gegenteil als eine „Rahmung" *a posteriori* zu verstehen, in der mir im Wechselspiel mit der Performanz des Films ein Verständnis desselben erst nachträglich als sinnvoll *erscheint.* Die Vorgängigkeit, Alterität und irreduzible Fremdheit des Films/der Filme, die mit der zuvor entwickelten ästhetischen Erfahrung von Film gedacht ist und dieselbe mit Brüchen, Störungen, Friktionen und Differenzen durchzieht, kann zudem in dem mit dem Film entfalteten Sinn, den gefundenen Deutungen nie in Gänze aufgehen. Ein Phänomen, das Lacan mit dem „*Blick*" im Feld des Sichtbaren, Mersch mit dem „*Amedialen*" oder Adorno mit dem „*Rätselhaften*" der Kunst bzw. der ästhetischen Erfahrung bezeichnet haben; als etwas, was ein identifizierendes Sehen und Verstehen des Films als hermeneutischen, diskursiven Zeichenprozess letztlich unmöglich macht, weil sein inkompossibles Anderes, sein Dinghaftes, Reales oder auch Virtuelles das Filmverstehen paradoxerweise grundiert, begleitet und ihm gleichsam entgeht, sich entzieht und als Rest bzw. Überschuss der

Deutungen als drängende Frage, als Problem, Unsicherheit, Ungewissheit, o.ä. insistiert. Diese Fremdheit des Films ist der Nichtidentität seiner Materialität, seiner Dinghaftigkeit geschuldet, von der Adorno und Mersch sagen, dass man nicht anders kann, als sie mit Begriffen konstellativ einzukreisen, um aber immer wieder auf sie und ihre Widerständigkeit und Opazität zu stoßen.

In diesem Zusammenhang scheint es mir geboten und äußerst aussichtsreich, die Film-Erfahrung als performatives Geschehen noch weiter an der Vielzahl vorliegender Filme zu untersuchen, um dabei aufzuklären, wie sich dieses angesprochene rätselhafte Blickgeschehen im Prozess der Film-Erfahrung darstellt und entfaltet. Es ist doch nach wie vor – und trotz der Unmengen an Studien und Theorien des Films – ein Rätsel, wie die Filme in ihrem Zeigen eine Macht auf ihre Zuschauer entfalten, sie schaudern lassen, zum Weinen oder Lachen bringen, deren Vorstellungen/Einbildungen lenken oder andere Wirkungen zeitigen.

Solche Studien müssten m.E. Adornos Einsicht vom „Vorrang des Objekts" folgen (vgl. Adorno 1970b), die nach Schäfer zwei Bedeutung habe: „Zum ersten meint der Vorrang des Objekts vor dem erkennenden Subjekt die Vermitteltheit des Subjekts durch gesellschaftliche Denkstrukturen" (Schäfer 2009: 189f). Die Welt- und Selbstverhältnisse des Subjekts folgen immer schon (in ihrer Größe und Bedeutung nicht zu bestimmenden Teilen) sozial, historisch und kulturell präformierten Mustern, die es sich niemals ganz wird präsent machen können. Schäfer dazu in aller Kürze und Prägnanz: „Das ‚Selbst' der Selbstbehauptung ist eine Illusion" (ebd.: 190). In der Filmtheorie ist diese Form des *Angeblicktseins* zuerst in der Suture-Theorie[43] (vgl. z.B. Oudart 1978) thematisch geworden; und später von der feministischen Filmtheorie (z.B. Mulvey 2003) weiter ausgearbeitet worden.

Darüber hinaus bedeutet der „Vorrang des Objekts" bei Adorno, „dass sich das Objekt der Erkenntnis deren Schematisierungen immer schon entzieht, dass also alles was wir als etwas bestimmen, identifizieren, immer mehr ist, als in dieser Bestimmung aufgeht" (Schäfer 2009: 190). Dieser grundlegende Bruch zwischen Signifikat und Referent wird von Adorno als ein Problem der Gerechtigkeit angenommen. Wie zuvor schon mit den Filmen von Peter Tscherkassky erläutert, kann ich nicht anders, als die Dinge der Welt (und auch mich und meine Bezüge zu ihnen) in Begriffen, und so *als etwas* zu identifizieren. Die Utopie begrifflicher Erkenntnis wäre, nach Adorno (1966: 19), „das Begriffslose mit Begriffen aufzutun, ohne es ihnen gleich zu machen". In dieser ästhetisch-

43 In der Suture-Theorie geht es um die ‚Vernähung' des Zuschauersubjekts mit den filmischen Signifikanten, daneben aber auch um die Schnittkonvention von Schuss und Gegenschuss (vgl. auch Winkler 1992 54-62).

ethischen Perspektive (er)fordert der Übergang von der Film-Erfahrung in eine begriffliche Erkenntnis von Welt und Selbst eine Sensibilität für Differenzen und das Andere dieser Erkenntnis, einen „Fremdheitsvorbehalt, der Kritik und Selbstkritik auf Dauer stellt, weil es für sie keine feste Grundlage mehr gibt" (Schäfer 2009: 190).

Für solche kritischen und differenzsensiblen Untersuchungen am Film liegen bereits hervorragende Arbeiten zum „Blick" – von Sartre, Lacan, Deleuze, Belting, Freedberg, Didi-Hubermann, Busch u.a. – vor (vgl. Krämer 2011), auf die man sich beziehen könnte.

Diese theoretischen Untersuchungen zielen jedoch *nicht* auf eine konsistente Theorie des Films, seiner Erfahrung und seiner bildenden Wirkung. Sie sind vielmehr Teil einer unendlichen Bewegung von immer wieder neu ansetzenden Lektüren (im Sinne des Spurenlesens[44]) der singulären Filme. Ein Ziel der vorliegenden Arbeit ist somit die anfängliche und programmatische Skizze zur Formulierung einer performativen, ästhetischen Theorie des Films zu zeichnen, die nicht mehr (aber auch nicht weniger!) sein kann als eine *werdende* Theorie. Diese beschreibt den Film jeweils in seiner spezifischen Medialität, die sich durch die performativen Praxen der Herstellung, Inszenierung und Aufführung[45] zeigt und sich gleichsam verschiebt, so dass dieses Projekt ein prinzipiell unabgeschlossenes bleibt[46], da sich mit jedem Film die Medialität des Films potentiell erweitern, verändern kann.

Der Film als eine kulturelle Praxis und als „Archiv" kulturellen Wissens kann somit weder als fester Bestand noch als ein fertiges Medium gedacht werden, sondern die *Wirk*-lichkeit von Film und seinem kulturellen Wissen ist unhintergehbar auf Subjekte angewiesen, welche die Filme in ihren ästhetischen Erfahrungen wirksam werden lassen; d.h. der je konkrete Film (und sein kulturelles Wissen) ist nur wirklich/wirksam, insofern er von individuellen Subjekten

---

44 Vgl. meine Ausführungen im 2. Kapitel, S. 104ff.

45 Vgl. dazu die in einem *close reading* gewonnenen Einsichten in Aristoteles Konzept des medialen Dazwischen bei Wolfgang Hagen (2008). Aristoteles *Metaxy*, das von im jede Wahrnehmung begleitende materielle Dazwischen, wird erst in der Performanz des Wahrnehmens hervorgebracht; auch Dieter Mersch schließt mit einem Begriff der Medialität an ein aristotelisches und somit aisthetisch-performatives Verständnis des Medialen an.

46 Das filmische Pendant dazu scheint mir die auf unbestimmte Zeit angelegte Arbeit *Film ist.* von Gustav Deutsch zu sein. Vgl. dazu meinen Aufsatz *Filmvermittlung ist?* (Zahn 2009), indem ich Deutschs Film hinsichtlich einer noch zu entwickelnden performativen Theorie der Filmvermittlung befragt habe.

erfahren und angewendet wird, sofern die Subjekte ihre Welt- und Selbstverhältnisse in und mit ihm bestimmen.

2. Im Anschluss an die ausgelegten Bedeutungen des „Vorrangs des Objekts" müssen m.E. wiederum subjektive Bildungsprozesse und Erkenntnisweisen in engster Verbindung mit kulturellen Techniken und Praxen wie dem Film verstanden werden. Film-Bildung wäre dann eine Version von Bildung, die Adorno (1959: 94), als „Kultur nach der Seite ihrer subjektiven Zueignung" bestimmt hat. Im Sinne der oben skizzierten performativen und ästhetischen Theorie des Films wäre mit den Filmen nachzuvollziehen, wie sich jede Reflexion über die Medialität des Films als Spur immer schon aufgrund seiner materiell-technischen Apparatur und ihrer Medialität vollzieht. Beim (Nach)Denken mit dem Film muss daher sein je konkretes materielles, audiovisuelles Dispositiv in dem er sich zeigt mitgedacht werden. In diesen Dispositiven – in den Praxen, Techniken, Dingen, Diskursen und Archiven – ist ein Wissen sedimentiert, auf das in der Performanz des Films von seiner Herstellung bis Aufführung und in der Film-Erfahrung zurückgegriffen werden, das bestätigt aber auch verändert werden kann. Subjektive Vollzüge wie Wahrnehmen, Identifizieren, Denken und Verstehen sind damit nicht länger, wie zuvor mit Lorenz Engell beschrieben, innerlich, sondern können mit dem Film auch als in ein Außen, in ein Dispositiv eingelassen beschrieben werden (vgl. dazu Engell 2005; 2010a, b).

Hier wäre noch genauer zu untersuchen, wie der je konkrete Film es schafft, in seinen Bild-Bildungsprozessen nicht nur Wahrnehmungen (für seine Zuschauer) wahrnehmbar zu machen, sondern darüber hinaus, wie es Lorenz Engell im Anschluss an Gilles Deleuze behauptet, auch ein Bewusstsein, ein Denken in filmischen Handlungen und Gesten aufzuführen. Die Schwierigkeit und Herausforderung einer performativen (posthermeneutischen) Theorie des Films wäre auch hier wieder subjektive Vollzüge wie Wahrnehmen, Denken, Fühlen und Erinnern als mediale Bezugsformen zu thematisieren, ohne sie dabei vollkommen in der diskursiven Funktion des Films aufgehen zu lassen, sondern an ihr die letztlich unbestimmbare Spur des Materials als *Amedialität* zu wahren.

3. Die materiellen und kulturellen Dispositive (wie z.B. das kinematographische Dispositiv) wirken, so lässt sich aus den vorangegangenen Überlegungen schließen, als sozialisatorische Institutionen (vgl. Stiegler 2009: 60-88, insb. S. 69ff), in denen Filme sowohl die Aufmerksamkeit, das Bewusstsein als auch die Erinnerung der Zuschauer (mit)formen, allgemein: Bildungen und Subjektivierungen zeitigen – eben auch solche die womöglich aus gesellschaftlicher oder pädagogischer Perspektive nicht gewünscht sind. Es handelt sich also um Bildungen, Einbildungen und Subjektivierungen durch und mit Filmen und ihren jeweiligen materiellen Dispositiven, die unkontrolliert und unbeherrschbar ab-

laufen; Einbildungen, an denen ich zwar als Subjekt beteiligt war, aber nicht steuernd. Film-Bildung könnte dann als die ästhetische Reflexion und das Bewusstwerden der schon zuvor mit und am Film (an Filmen) gebildeten Erfahrungen, Einbildungen und Subjektivierungen beschrieben werden, die allerdings im reflexiven Zugriff diese scheinbar „vorgängigen" Erfahrungen und subjektiven Bildungen erst nachträglich setzt.

Eine ästhetische Film-Bildung wäre somit der kontinuierliche Prozess der Umstrukturierung medialer Welt- und Selbstverhältnisse am und durch das filmische Vor-Bild, der sich reflexiv am Subjekt vollzieht, ohne dabei jemals dem Subjekt in Gänze transparent werden zu können. Die Vor-Bilder sind die filmischen Bewegungsbilder, die dem Subjekt der Film-Erfahrung vorausgehen, es begleiten und umgeben, Bilder, mit denen es sich, um als „Ich" bemerkbar zu werden, vernäht (hat). In Bezügen auf die bewegten Bilder der Welt differenziert, trennt, schneidet und montiert das Subjekt seine Bilder von Welt und Selbst. Mittels dieser Bilder vergewissert es sich seines Daseins. Diese Seinsgewissheit bleibt jedoch prekär, da sie jederzeit wieder durch ästhetische Erfahrungen am Film, die sich nicht auf Bekanntes wie die vertrauten, eigenen bildlichen Erfahrungsordnungen zurückführen lassen, irritiert und fraglich werden kann – was wiederum als die Bedingung der Möglichkeit von Bildung als ein *Anderswerden*, als ein Umstrukturieren und Montieren der Relationen des bildhaften Seienden verstehbar ist.

4. Film-Erfahrung, so lässt sich vorläufig festhalten, kann als bildende Erfahrung verstanden werden, insofern sie es ermöglicht, die Auseinandersetzung des individuellen Subjekts mit kulturellen Artefakten, wie den Filmen, auf der Folie der Unmöglichkeit ihrer identifizierenden Aneignung zu denken. Damit lässt sich eine Erfahrungskonstellation für die Analyse filmischer Subjektivierungsprozesse zu Grunde legen, in der die Subjektivierung im Vollzug der Film-Erfahrung auf einer Grenze von Erkennen und Verkennen des Subjekts dieser Erfahrung situiert ist. Auch in der Beschreibung bildender Erfahrung mit Filmen bleibt die Widerständigkeit der Filme leitend – als Unmöglichkeit ihrer objektivierenden Vereinnahmung und damit verbunden durch das Scheitern identifikatorischer Selbstbestimmungen des Subjekts. Aus dieser Perspektive betrachtet liegt in diesem doppelten Scheitern das Potential der bildenden Erfahrung, nimmt doch die Umstrukturierung bestehender Welt- und Selbstverhältnisse ihren Ausgang gerade im Scheitern des Versuchs vereinheitlichender Welt- und Selbstdeutungen und bestünde weiter darin, vielfältige, differierende, einander ergänzende oder auch widersprechende Deutungen bzw. Erzählungen im Anschluss an die konkreten Film-Erfahrungen hervorzubringen.

3.2 „MEMENTO" – ZUR ZEITLICHKEIT DES FILMS UND SEINER BILDENDEN ERFAHRUNG

Christopher Nolans *Memento* (US 2001) – dem ich eine weitere filmische Spurensuche widmen möchte – konfrontiert seine Zuschauer von Beginn an mit einer zum Zeitpunkt seines Erscheinens äußerst ungewöhnlichen Zeitinszenierung: die Handlung des Films wird, vereinfacht ausgedrückt, rückwärts erzählt[47]. Aber wie schon angedeutet, wird die Bestimmung des Films als eine „Rückwärtserzählung" der Komplexität der Zeitbilder von *Memento* nicht gerecht und es ist daher mein Vorhaben mich im Folgendem der Zeitstruktur von *Memento* schreibend anzunähern und sie hinsichtlich ihres Reflexionspotentials für die Zeitlichkeit des Films und seiner bildenden Erfahrung zu befragen. Die ersten Bilder des Films geben hierfür schon instruktive Hinweise. Die Eröffnungssequenz von *Memento* ist die einzige Sequenz des gesamten Films, die tatsächlich rückwärts und in Zeitlupe abläuft. Sie lässt sich als eine geschickt platzierte *Supposition* (anstelle einer Exposition) zur (Zeit-)Problematik des Films verstehen.

Der Film zeigt noch während der Titelsequenz die Großaufnahme einer linken Hand, die ein Polaroid-Foto hält, auf dem eine männliche Leiche abgebildet zu sein scheint. Während die Hand den Bildträger immer wieder wedelt, als wolle es seinen Trocknungsprozess beschleunigen, verblasst der Bildinhalt mehr und mehr, bis nur noch die weiße Fläche des Trägermaterials sichtbar ist. Mit der nächsten Einstellung verstehe ich, dass die Bilder rückwärts projiziert werden. Die Hand führt das Bild zurück an die Polaroidkamera, die es einzieht und blitzt. Dabei folgt der filmische Blick in einer langsamen Bewegung der Hand, und kommt in der Großaufnahme eines männlichen Gesichts kurz zur Ruhe. Ein Mann, vielleicht Mitte, Ende Dreißig, mit einer Wunde auf der linken Wange. Er lässt die Kamera unter der Jacke seines hellen Sommeranzugs verschwinden.

---

47 Nur ein Jahr später präsentierte der französische Regisseur Gaspar Noé mit *Irréversible* (FR 2002) einen strukturell und auch thematisch ähnlich gelagerten Film. Und im Jahr 2004 dekonstruierte Francois Ozon mit *5x2* (FR 2004) die romantische Liebesgeschichte eines Ehepaars, indem er dieselbe konsequent von ihrer Scheidung bis zur ersten Begegnung rückwärts erzählt. Auch Chang-dong Lee experimentierte in *Bakha Satang* (KR 1999) mit einer rückwärts in die Vergangenheit des Protagonisten voranschreitende Filmerzählung. Zudem wird *Memento* in vielen filmtheoretischen Aufsätzen und Sammelbänden unter den Kategorien wie „Unzuverlässige Erzählung" (vgl. z.B. Liptay/Wolf 2005; Helbig 2006; Kaul/Palmier/Skrandies 2009) oder auch „Mind-Game-Filme" (vgl. Buckland 2008; Elsaesser 2009) subsumiert.

Abbildungen 32-35: DVD Screenshots aus Memento

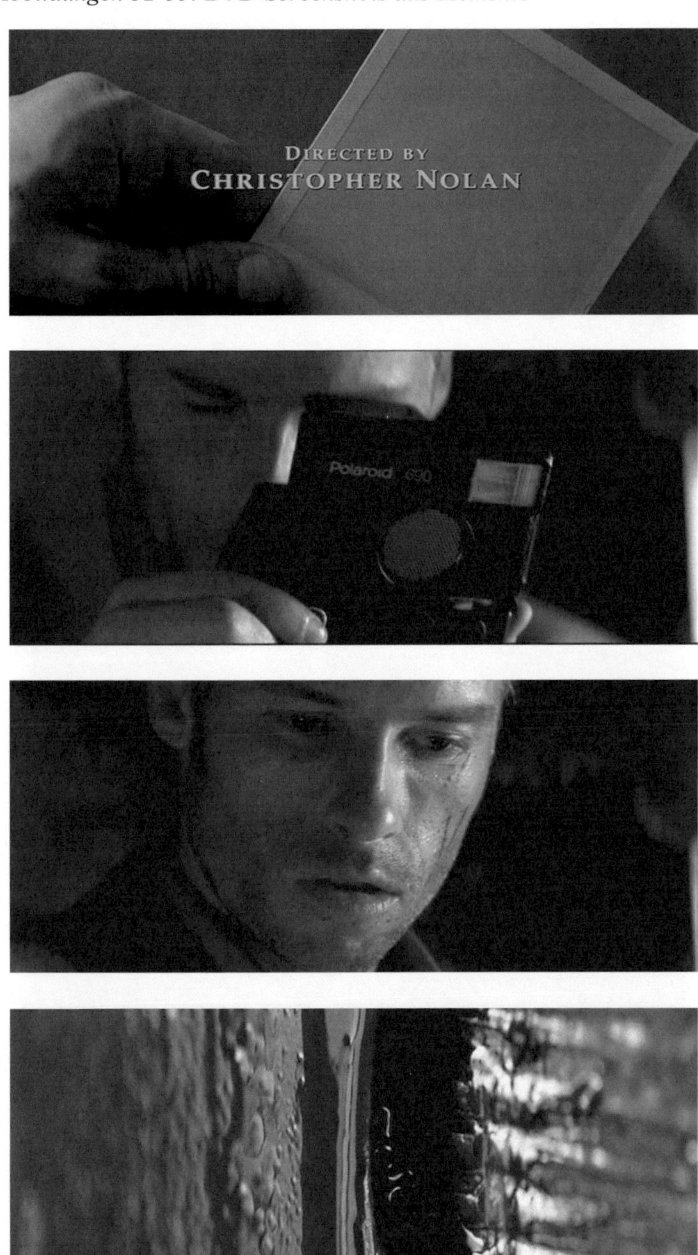

Quelle: Memento DVD Columbia Tristar Home Video 2002, 109 Minuten

Abbildungen 36-39: DVD Screenshots aus Memento

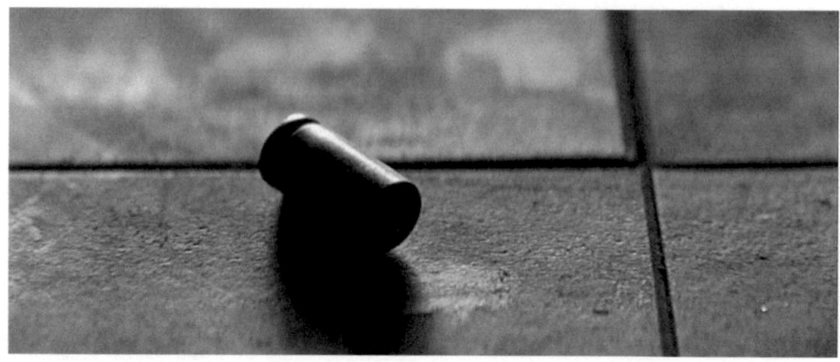

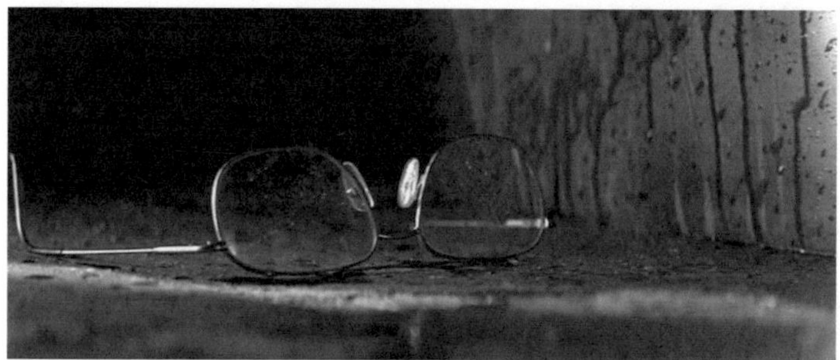

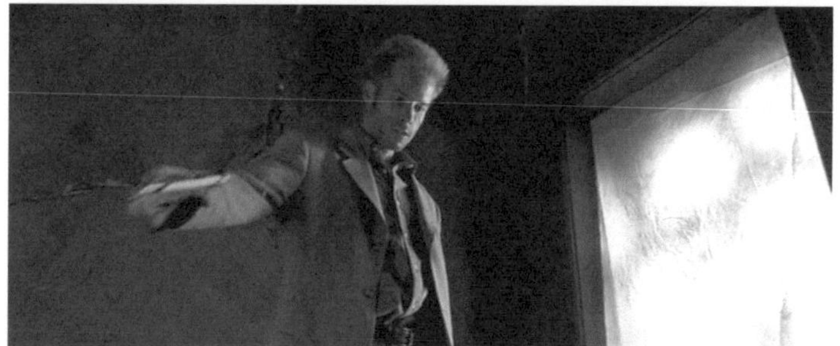

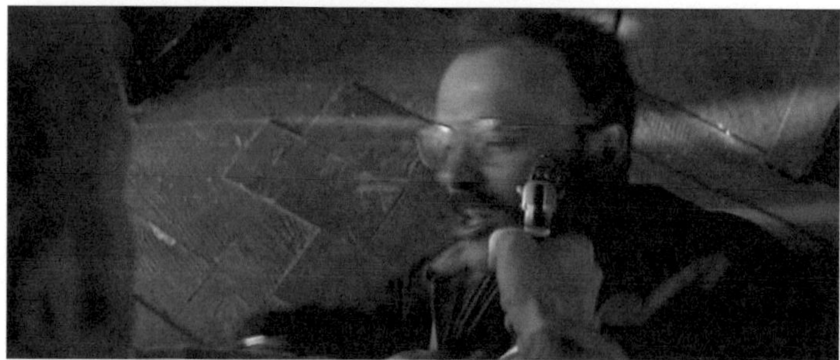

Quelle: Memento DVD Columbia Tristar Home Video 2002, 109 Minuten

Schnitt auf einen *Close-up* einer roten Flüssigkeit, womöglich Blut. Die Einstellung ist um 90 Grad gedreht, so dass es den Eindruck macht, als würde sich die blutrote Flüssigkeit nach oben, gegen die Schwerkraft, aus dem Bild ziehen. Darauf folgt eine Serie von Großaufnahmen: einer auf dem Boden liegenden Patronenhülse, im Umschnitt auf eine blutbespritzte Brille und dann die Aufsicht auf einen männlichen Hinterkopf in einer Blutlache. Neben dem Kopf in der oberen linken Bildhälfte liegt eine Brille. Jetzt – nach mehrmaligem Sehen und durch Sichtung des Films in kurzen Abschnitten, zum Teil in Einzelbildschaltung auf DVD – fällt mir erst auf, dass diese Brille nicht mit der vorherigen Großaufnahme der blutbespritzten Brille identisch ist. Sie liegt nicht nur in einer völlig anderen Position, es scheint auch ein anderes Modell zu sein. Differente Details, die mir in der ersten Sichtung des Films im Kino entgingen, aufgrund meines Bemühens, wie ich vermute, dieser Serie von Großaufnahmen und fragmentarischen Bildausschnitten einen kohärenten Raum- und Zeitzusammenhang zu verleihen. Zurück zu den Filmbildern. Umschnitt auf eine extreme Untersicht des Manns in Anzug, der seine rechte Hand ausstreckt, in die ihm eine Pistole zufliegt. Er geht in die Knie, beugt sich zu dem anderen, auf dem Boden liegenden Mann. Dann geht es sehr schnell: Eine Kugel fliegt zurück in einen Pistolenlauf, ein toter Mann erwacht zum Leben, nach dem wir einen Schuss hören können.

Der Zuschauer wird in der ersten Minute des Films Zeuge eines rückwärts erzählten Mordes. Das ist aber auch fast das Einzige, was man nach circa zwei Minuten den montierten Bildern an narrativem Sinn unterstellen kann. Die ausschließlich in Groß- und Nahaufnahmen aufgelöste Sequenz erlaubt es dem Zuschauer kaum sich räumlich und zeitlich in der diegetischen Filmwelt zu orientieren. Ich weiß also zu diesem Zeitpunkt des Films weder wo die erzählten Bilder mich verorten, um welche Figuren es sich handelt, noch in welcher Beziehung sie zu einander stehen und was den gezeigten Mord motiviert haben könnte. Anstelle der klassischen Frage der Kriminal- und Detektivgeschichten *Who done it?,* treten daher Fragen wie *Where is he? und Why has he done it?* Womit, positiv gewendet, aber auch schon Vermutungen hinsichtlich der Identifizierungsprozesse der Zuschauer aufgeworfen sind. Offensichtlich bin ich es gewohnt mich relativ schnell (und dadurch in der Folge der Film-Erfahrung auch unmerklich) mit dem filmischen (Kamera-) Blick auf die diegetische Welt zu identifizieren, noch bevor ich mich mit der Perspektive von einer oder mehren Filmfiguren „in“ dieser Welt identifiziere. Zudem scheint in diesen Identifizierungsprozessen der Film-Erfahrung meine Erinnerung eine entscheidende Rolle zu spielen, da ich die jeweils gesehenen Bilder (als Erinnerungsbilder) durch ihre nachfolgenden aktuellen Bilder (als Wahrnehmungsbilder), also *nachträglich* deute, narrativiere und ihnen einen Sinn zuschreibe. Mit anderen Worten: Meine

Identifizierungsprozesse, verstanden als Form subjektiver Welt- und Selbstverhältnisse, sind in der Film-Erfahrung als zeitlicher Prozess des *Wahrnehmbarmachens* zwischen verschiedenen Zeiten „aufgespannt", die aktuellen (gegenwärtigen) Wahrnehmungen oszillieren zwischen (vergangenen) Erinnerungen und (zukünftigen) Erwartungen. Meine Film-Erfahrung ist sowohl auf die sich in ihrem Vergehen zeigenden filmischen Wahrnehmungsbilder als auch auf deren Dauer(-spuren) in Form meiner Erinnerungsbilder bezogen. In den sich von Einstellung zu Einstellung, Filmsequenz zu Filmsequenz wiederholenden Bezügen schreibe ich den meiner Wahrnehmung gegebenen Bildern *nachträglich* einen Sinn zu und entwickle aufgrund dieses Sinns eine Erwartung hinsichtlich der zukünftigen Bilder.

Mit diesen Fragen und Vermutungen folge ich weiter den Bildern von *Memento*. Nach der beschriebenen Eröffnungssequenz schneidet der Film auf die Großaufnahme eines Gesichts im Profil. Die Bilder sind jetzt schwarz-weiß und laufen nicht mehr rückwärts. Aus dem Off höre ich eine Männerstimme: *„Also, wo bist Du? ... Du bist in irgendeinem ... Motelzimmer. Du wachst einfach auf und du bist in irgendeinem ... Motelzimmer."* Ich erkenne die männliche Figur, den Mörder, aus den vorangehenden Bildern wieder. Er sitzt spärlich bekleidet (kariertes Hemd und Unterhose) auf dem Bett eines Motelzimmers und wie ich weiter durch die Off-Stimme erfahre, weiß er nicht nur wo er sich aktuell befindet, sondern hat auch Probleme sich zu erinnern, wie lange er schon dieses „anonyme" Zimmer bewohnt. Neben der anderen Kleidung fällt mir auf, dass der Mann keine Wunde im Gesicht hat. Die präsentierten Bilder müssen demnach in der Logik der Filmerzählung noch vor dem gezeigten Mord der Eröffnungsszene liegen, wie lange zuvor lässt sich allerdings nicht sagen. Der Film legt an dieser Stelle nahe, dass die Filmfigur auf dem Bett ähnliche Orientierungs- und Identifizierungsprobleme hat, wie ich sie anhand der rückwärts erzählten Eröffnungssequenz für den Filmzuschauer beschrieben habe. Durch das Voiceover und zwei subjektive Einstellungen wird zudem der Zuschauer durch die Bilder „gezwungen", zusammen mit der Figur nach visuellen Details und Hinweisen im Zimmer zu suchen, die Aufschluss über es selbst, den Mann und seine Identität geben könnten, was aber nicht gelingt. Der Tisch ist leer, auf der Kommode liegen keine persönlichen Gegenstände, auch im Schrank und auf den Kleiderbügeln ist keine Kleidung.

Die nächste Sequenz ist wieder farbig und beginnt mit einer Großaufnahme eines Polaroidfotos und zwei 20 Dollar Scheinen auf einer Marmoroberfläche. Die Fotographie zeigt den Mann, der zuvor erschossen wurde. Sein Name ist Teddy, so steht es zumindest in schwarzen Großbuchstaben auf dem Polaroidfoto zusammen mit einer Telefonnummer. Eine Hand greift vom oberen Rand aus in den Bildausschnitt und zeigt auf das Polaroid. Eine Stimme im Off sagt: *„Der Typ, ... der ist schon da“*. Wir sehen wie der Mörder – namens Lenny bzw. Leonard, wie ich in dieser Szene erfahre – an einem Tresen – möglicherweise des Motels, in dem er das zuvor gezeigte Zimmer bewohnt – mit einem bärtigen Mann spricht. Lenny dreht sich um, die Kamera folgt seinem Blick und zeigt die Teddy-Figur, wie sie die Eingangstür zum Motel öffnet und die Lenny-Figur begrüßt. Ich ahne, dass diese Szene zeitlich vor dem eingangs gezeigten Mord liegt. Die Teddy-Figur ist am Leben, Lenny hat wieder seine Wunden auf der linken Wange und trägt den gleichen Anzug wie in der Eingangssequenz, auch Teddys Brille und Jacke erkenne ich wieder. Lenny und Teddy scheinen sich schon (mehrmals) zuvor begegnet zu sein, suggeriert Teddys Begrüßung und ihr kurzer Wortwechsel. Lenny nimmt das Polaroid vom Tresen und folgt Teddy auf den Parkplatz des Motels namens „Discount Inn“. Ich frage mich, woher und warum dieser Lenny ein Polaroidfoto von Teddy hat? Sucht er nach ihm? Wenn ja, warum? Oder haben die Fotographien andere Gründe? Lenny erwähnt seinen „Zustand“, ohne diesen genauer auszuführen. Auf dem Parkplatz vor dem Motel kommt ein weiteres Polaroid-Foto zum Vorschein. Lenny benutzt es, um seinen Wagen zu identifizieren. Scheinbar fungieren die Fotographien samt den handschriftlichen Notizen auf ihnen für Lenny als Erinnerungsprothesen. Sie steigen beide in Lennys Wagen und fahren los.

In der folgenden Sequenz im Wagen werden meine Vermutungen hinsichtlich des „Zustands“ der Lennyfigur bestätigt: er kann sich weder daran erinnern, warum die Scheibe an der Fahrertür eingeschlagen ist, noch daran, was er an dem Ort will, zu dem sie fahren. Er habe einen Hinweis bekommen, sagt er. Das Foto auf dem Tresen, die Notizen, die Rede von Hinweisen, denen er folge: ist Lenny eine Art Privatdetektiv – ohne oder zumindest mit einem schlechten Gedächtnis? Sie kommen an einem verlassenen Industriegelände an und parken den Wagen neben einem blauen Pickup-Truck. Lenny öffnet die Fahrertür des Trucks und findet Patronen auf dem Beifahrersitz. Er schlägt vor, sich genauer umzusehen und geht alleine in eines der Häuser auf dem Gelände. Dort angekommen kramt er einen Stapel Polaroidfotos aus seiner Tasche und sieht sich das Foto von Lenny genauer an. Auf der Rückseite des Bildes erscheinen weitere Notizen: „DON’T BELIEVE HIS LIES. HE IS THE ONE KILL HIM“. Lennys Stimme liest die als Handlungsanweisungen zu verstehenden Notizen aus dem Off des Bildes vor, sie klingt dabei so, als würde er diese Notizen zum ersten Mal lesen. Während Teddy die Szene betritt, höre ich Lennys Stimme weiter aus dem Off: *„Endlich habe ich ihn gefunden. Wie lange habe ich ihn gesucht?“*. Während Teddy versucht, Lenny davon zu überzeugen wieder zu fahren, zieht Lenny unbemerkt eine Pistole aus seiner Jackentasche und schlägt Teddy, als dieser sich von ihm abwendet, nieder. Lenny packt Teddy und schleift ihn über den Boden in eine Ecke des Innenraums. Er redet dabei auf ihn ein. Jetzt würde Teddy für das bezahlen, was er getan habe. Er soll um Vergebung, er soll Lennys Frau um Vergebung bitten. Lenny ist jetzt über den am Boden liegenden Teddy gebeugt und zielt mit der Waffe auf dessen Kopf. Teddy bittet allerdings nicht um Vergebung, sondern er versucht auf Lenny einzureden und ihn zu verunsichern. Lenny wisse weder was er tue, noch wisse er wer er eigentlich sei. Teddy fordert ihn auf, er solle mit ihm in den Keller des Hauses kommen, um zu erfahren, wer er wirklich sei. Lenny scheint kurz zu zögern, erschießt dann aber Teddy. Und so endet diese Sequenz mit dem Beginn der vorhergehenden Farbsequenz, was meine Vermutung als Zuschauer hinsichtlich der rückwärts erzählten Farbsequenzen bestätigt. Die folgende Schwarz-Weiß-Sequenz schließt wiederum nahtlos an die erste Schwarz-Weiß-Szene im Motelzimmer an.

An dieser Stelle des Films (nach circa sechs Minuten) habe ich als Zuschauer eine Vorstellung von der Struktur und auch schon eine Ahnung vom Protagonisten des Films, Lenny oder Leonard Shelby, samt seiner Gedächtnisstörung und seinem Rachemotiv. Dadurch, dass die farbigen Szenen mit dem Beginn der vorhergehenden enden, versteht der Zuschauer, dass diese Farbszenen den chronologischen Ablauf der Filmerzählung in einzelnen „Schritten“ rückwärts, also von ihrer Wirkung zur Ursache, rekonstruieren. Die Farbszenen alternieren mit Schwarz-Weiß-Sequenzen, die chronologisch zu sehen sind und ein wenig mehr Orientierung versprechen. Die beiden ineinander montierten und gegeneinander laufenden Zeiten der präsentierten Filmbilder erzeugen in ihrem Rhythmus in der Film-Erfahrung eine Spannung, in der ich als Zuschauer gewissermaßen bis zum Ende des präsentierten Films auf den Anfang seiner Erzählung warte – um dabei das (chronologische) Ende derselben allmählich zu vergessen. Ich warte, sehe, montiere und rekonstruiere die mir gezeigten Bilder, in der Hoffnung etwas über die Gründe der Gedächtnisstörung der Lennyfigur und über sein Rachemotiv zu erfahren.

Mit anderen Worten: Mit jeder Minute, die der Film in der Zeit seiner Präsentation voranschreitet, führt er mich gleichsam weiter in die Vergangenheit seines Protagonisten. Und der Film „verführt“ mich dabei, wie in den ersten drei beschriebenen Szenen schon angedeutet, die diegetische Welt im Blick seines Protagonisten wahrzunehmen. Nach jedem Schnitt werde ich in eine weitere unbekannte Szene, eine Episode aus Lennys Erzählung „geworfen“, die von neuem quasi ihrer Vergangenheit entbehrt und so teile ich auf diese Weise mit der Detektivfigur Lenny die Verwirrung darüber, was momentan los ist. Diese, durch die filmischen Bewegungsbilder und ihre Ästhetik gegebene Aufmerksamkeit führt dann auch m.E. dazu, dass *Memento* in vielen, ja fast allen Kritiken und filmtheoretischen Besprechungen als eine besonders intelligente Variation des unzuverlässigen Erzählens und Leonard Shelby als unzuverlässiger Erzähler interpretiert werden. Die rekonstruierte Erzählhandlung von *Memento* ist dementsprechend oft (mit leichten Variationen versteht sich) folgende[48]: Der Protagonist des Films, Leonard Shelby, war Versicherungsdetektiv, der bei einem häuslichen Überfall sein Kurzzeitgedächtnis und seine Frau verlor. Er versucht in der Folge, den vermeintlichen Mord an seiner Frau zu rächen, den Mörder seiner Frau zu finden und zu töten. Es ist klar, dass ein Detektiv mit Gedächtnisstörung dabei einige Schwierigkeiten hat (und man ihm selbstverständlich als Erzähler nicht trauen kann). Seit dem Überfall kann sich Leonard nichts mehr Neues merken, d.h. die von ihm ins Kurzzeitgedächtnis aufgenommenen Wahrnehmungsinhalte können nicht in sein Langzeitgedächtnis überführt werden. Daher stützt er sich bei seinen Ermittlungen auf ein System aus Graphien und Einschreibungen, zensierte Akten, Polaroidfotos, handschriftliche Notizen, Karten und Tätowierungen, die er als externalisierte Gedächtnisapparaturen verwendet (vgl. Abb. 40-53).

Abbildungen 40-53: DVD-Screenshots aus Memento

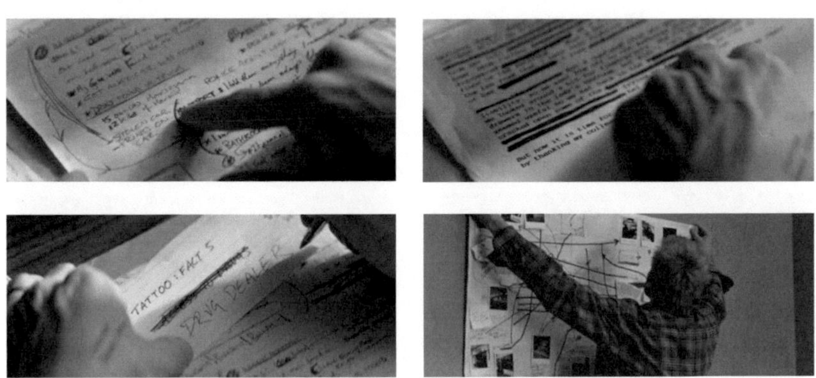

Ouelle: Memento. DVD Columbia Tristar Home Video 2002. 109 Minuten

48 Für eine etwas ausführlichere Rekonstruktion der Handlung von *Memento* vgl. beispielsweise: Seite „Memento (Film)". In: Wikipedia, Die freie Enzyklopädie. Bearbeitungsstand: 20. Mai 2012, 14:22 UTC. URL: http://de.wikipedia.org/w/index.php?title=Memento_(Film)&oldid=103451038 (Abgerufen: 20. Juni 2012, 17:06 UTC)

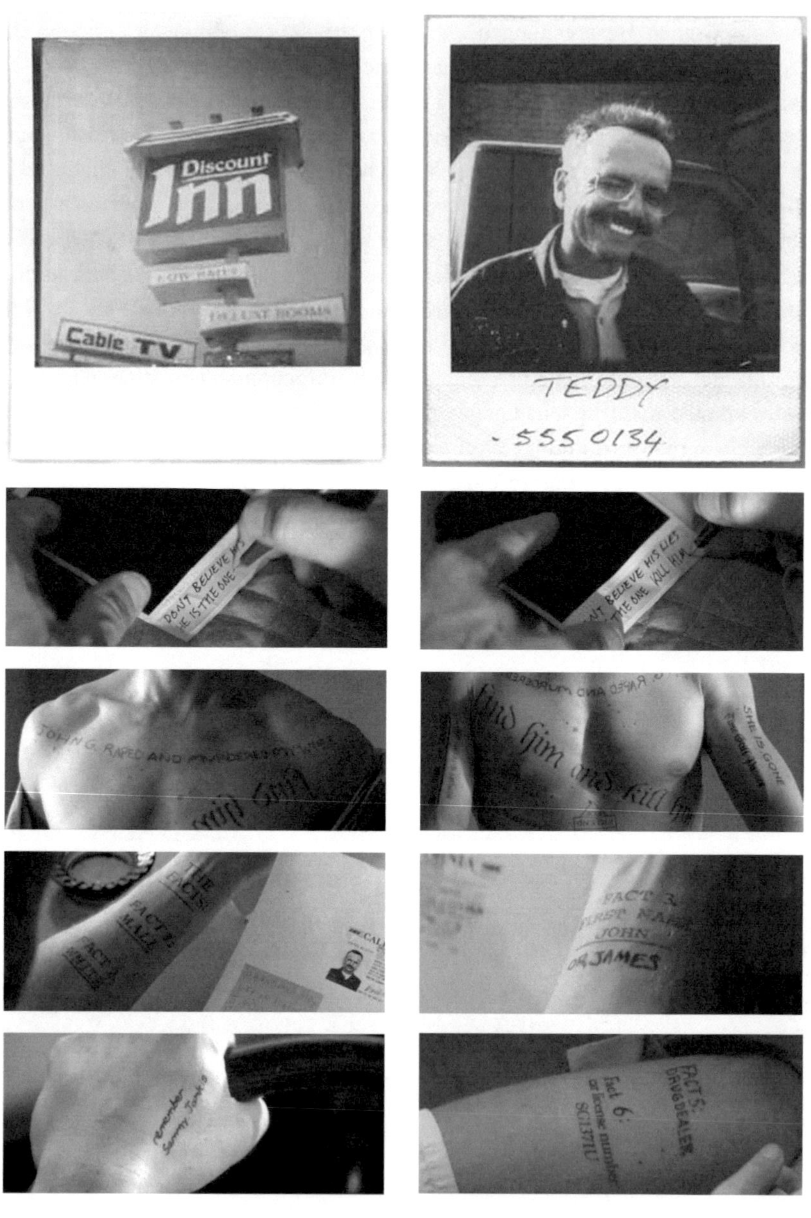

Quelle: Memento, DVD Columbia Tristar Home Video 2002, 109 Minuten und zusätzliches Bildmaterial (Polaroids) von „otnemem“, URL: http://www.otnemem.com/ (Abgerufen: 24.06.2012)

Der Polizist, John Edward Gammel a.k.a. Teddy, hilft ihm bei seiner Rache; dabei nutzt er Lenny aus, um Kriminelle aus dem Weg zu räumen. Einer davon ist Jimmy, ein Drogendealer und der Freund von Natalie. Lenny durchschaut für einen kurzen Moment Teddys Manipulationen und setzt ihn auf seine John G.-Todesliste. Er instrumentalisiert dazu seine retrograde Amnesie und fingiert eine Indizienkette, die seinen Verdacht auf Teddy lenken wird. Natalie hilft ihm unwissentlich dabei Teddy als John G. zu finden und zu töten.

Mit der Kategorie der Unzuverlässigkeit im Zusammenhang mit *Memento* wird gleichsam eine zuverlässige, wahre Erzählung der Geschehnisse aufgerufen oder, mit anderen Worten, eine Unterscheidbarkeit von subjektiver (unzuverlässig, falsch) und objektiver (zuverlässig, wahr) Erzählperspektive des Films impliziert. Die Unterscheidung scheint mir zusammen mit der Verschiebung der spezifischen Zeitinszenierung von *Memento* auf den psychischen Zustand einer seiner Figuren als problematisch. Verweisen doch beide Signifizierungen des Films, nach Deleuze (1999: 168ff.) auf eine „organische" Anordnung seiner Bewegungsbilder und damit auch auf eine chronologische Repräsentation der Zeit. Ich denke aber, dass diese Bestimmung dem Film in seiner Komplexität gerade nicht gerecht wird. *Memento* ist kein „Puzzle-Film", kein filmisches Rätsel, das sich letztlich, hat man erst einmal den unzuverlässigen Erzähler als einen solchen identifiziert, doch (aus einer objektiveren Perspektive) auflösen lässt. Nolans *Memento*, so vermute ich, bringt vielmehr kristalline, sich zerteilende und diversifizierende Beschreibungen, womöglich sogar eine Variante einer „falsifizierenden Erzählung" (die von einer unzuverlässigen Erzählhandlung strikt zu unterscheiden ist) hervor, die in ihrem achronologischen Verhältnis zur Zeit „unentscheidbare Alternativen zwischen dem Wahren und dem Falschen" (Deleuze 1999: 175) erschafft und sie offen hält. *Memento* scheint mir daher ein Beispiel für einen Zeitbild-Film zu sein, der in seinem Erscheinen-lassen, ganz im Sinne von Martin Seel (2007), seinen Zuschauern eine komplexe Zeitlichkeit gibt, die es ermöglicht, sowohl über die Zeit des Films, seine Bild-Bildungs-prozesse als auch über die Zeitlichkeit der Film-Erfahrung zu reflektieren, (über) sie nachzudenken.

Um die problematische Zeitinszenierung von *Memento* in der Film-Erfahrung zu aktualisieren und offen zu halten, gilt es sich folgender Frage zu stellen: wie lässt sich die ästhetische Strategie oder Zeitinszenierung des Films beschreiben, ohne sie sofort auf den Inhalt des Films oder den „Zustand" seines Protagonisten zu beziehen? Und den Film somit zeitlich zu (re-)organisieren bzw. *organisch* zu montieren: beispielsweise als „formale Umsetzung einer bestimmten Erinnerungsproblematik" (Jörissen/Marotzki 2009: 91) oder „Fallstudie einer besonderen Form von Amnesie" (Elsaesser 2009: 218). Es ist mir bewusst, dass das Unterfangen einer strikten Trennung von Form der filmischen Inszenierung und ihrem Inhalt kaum bis überhaupt nicht möglich ist, da es doch, wie zuvor mit Tscherkasskys Filmen herausgearbeitet, die Film-Erfahrung immer nur als Gemengelage von Beidem gibt. Trotzdem will ich diese analytische Trennung hier einführen, da mir die zuvor genannten begrifflichen Feststellungen der Bild-Bildungsprozesse von *Memento* etwas vorschnell und zu einseitig erscheinen. Der Titel des Film ist damit nur auf eine seiner möglichen Bedeutungen programmatisch festgelegt: *Memento lat.* für „Erinnere Dich!“ wäre auf den Protagonisten und dessen „Erinnerungsproblematik“ bzw. Amnesie bezogen. Man kann diese Aufforderung, „*Memento*“, aber auch als Herausforderung an die Filmzuschauer hören, die sich in der medialen Versuchsanordnung des Films (z.B. im Kinodispositiv) erinnern oder wie „*Memento*“ noch gedeutet werden kann, die Zeitlichkeit des Films und seiner Erfahrung *bedenken* sollen. Ich folge dieser Herausforderung und widme mich zuerst und insbesondere dem Verhältnis zur Zeit, das *Memento* zur Aufführung bringt. Bei *Memento* hat man es meines Erachtens mit vier Zeiten zu tun, die in der Film-Erfahrung ineinander verschränkt sind:

1. *Erstens*, gibt es die Zeit der „Erzählhandlung“, die Farb-Szenen, die rückwärts springend, von ihre Wirkung zur Ursache zu sehen gegeben sind;
2. *zweitens* die Schwarz-Weiß-Szenen, die chronologisch gezeigt und dabei zwischen die Farbszenen geschnitten werden und
3. *drittens* die Temporalität der Rückblende, einer plötzlich in die Erzählung und in die Erzählhandlung einbrechenden Zeit. Der Film simuliert dabei Erinnerungen in Form von Flashbacks.
4. Die Interdependenz der drei Zeitebenen führen – *viertens* – in der Zeit der Film-Erfahrung von Memento zu einem komplexen Gefüge von Zeitbildern, deren „Lektüren“ jeweils neue abweichende Bewegungen, Spuren hinsichtlich seiner Deutung hervorbringen.

Mit Vincent Assmann (2007) kann man das auch noch mal so formulieren: die Wahrnehmung und intrafilmische Erinnerung[49] des Zuschauers wird durch die

49 Vgl. Assmann (2007, Nr.: 48): „Die intrafilmische Erinnerung ist das Kurzzeitgedächtnis des Zuschauers. Sie beginnt mit jedem Filmanfang neu und endet jeweils am Schluß des Films. Dazwischen sammelt sie die verschiedensten Arten von Informationen, wie zum Beispiel die Namen der Protagonisten.“ Assmann unterscheidet die intrafilmische von der interfilmischen Erinnerung („[Sie schöpft, MZ] ihr Wissen nicht aus einem einzelnen Film, sondern häuft es aus der Kenntnis verschiedener zuvor be-

verschachtelte und komplexe Zeitlichkeit der Filmerzählung extrem gefordert. Er ist dabei in einer ähnlichen Situation wie der Protagonist des Films, da er nie weiß, was kurze Zeit vor dem aktuellen Erlebnis geschehen ist. Der Film suspendiert das Kurzzeitgedächtnis des Zuschauers zu Beginn des Films, um es dann bis an seine Grenzen zu fordern und zu überfordern, da der Zuschauer die vom Film zu sehen und zu hören gegebenen Bilder, Sounds, Töne, Sprechakte sammeln, montieren, in Beziehung setzen und neu einordnen muss, um nicht nur die aktuellen, sondern im besonderen Maße die schon vergangenen Szenen nachträglich zu deuten und umzudeuten. Dabei, so meine Film-Erfahrung von *Memento*, kommt es gerade nicht zu einer bruchlosen Identifikation mit der Lenny-Figur und dessen Handlungsperspektive – auch weil die Lenny-Figur selbst als Handelnde gespalten ist, da der Film sehr viele Szenen zeigt, in denen Lenny gerade nicht handeln bzw. auf eine wahrgenommene Situation reagieren kann, sondern nur *registriert*. Indem die Lenny-Figur registriert, also in der Wahrnehmung einer Situation verweilt, ohne zu wissen, was zu tun oder wie zu handeln ist, übernimmt sie paradoxerweise vielmehr die privilegierte Perspektive der Filmzuschauer. Mit anderen Worten: Nolans Film ist nicht mehr Medium des Wiedererkennens einer gegebenen Welt (z.B. einer neurophysiologischen oder psychischen Gedächtnisstörung), sondern wird Erkenntnismedium einer filmischen Welt von Bewegungs- und Zeitbildern, von audiovisuellen Wahrnehmungen, die mich als Betrachter zwingen meine am klassischen Erzähl- und Handlungskino gebildete klischeehafte Logik und Sehgewohnheit zu bedenken (vgl. dazu Deleuze 1999: 32ff). Die ästhetische Strategie von *Memento*, seine Montage und das damit verbundene Verhältnis zur Zeit „zwingt“ mich in der Film-Erfahrung über die beschreibbare Handlung des Films hinaus, die Bestandteile seiner Bilder zu lesen, sie in ihrem zeitlichen Verhältnis zueinander zu befragen, um dabei einzelne Bilder, Bildteile oder Bildzeichen gleich Symptome oder Spuren dieses Verhältnisses zu begreifen.

Gilles Deleuze bringt in seinem zweiten Buch zum Kino *Das Zeit-Bild* diese reflexiven Dimensionen und Kräfte des Filmbildes mit einem Bruch mit den narrativen und sukzessiven Handlungsschemata des klassischen Kinofilms in Ver-

---

trachteter Filme an.“), der extrafilmischen Erinnerung („[Sie] stellt eine noch weniger klar definierte Menge an Informationen dar: jene Dinge nämlich, die er ganz allgemein aus seinem kulturellen Umfeld kennt. So wie sich das kulturelle Umfeld und somit die extrafilmische Erinnerung ändern, so ändert sich auch die Wahrnehmung des Films.“) und unterschiedlichen Formen des *Flashback* [vgl. Assmann, Vincent (2007): Montage und Erinnerung (2): Montage simuliert Erinnerung, in: Schnitt – das Filmmagazin, Nr. 49].

bindung (vgl. Deleuze 1998: 264-288; ders.: 1999: 11-40). Die sensomotorische und organische Montage der Bewegungsbilder dieser Filme lassen nichts anderes als Klischees entstehen: „Genau das ist eine Klischee: ein sensomotorisches Bild von der Sache." (ebd.: 35) In Bezug auf Bergson beschreibt Deleuze das Klischee als substraktiv, ganz ähnlich der individuellen Wahrnehmung des Subjekts, denn

> „wir nehmen immer weniger wahr [was von einem Gegenstand, einer Situation, u.ä. wahrnehmbar wäre, MZ], nämlich nur das, was – aus wirtschaftlichen Interessen, ideologischen Glaubenshaltungen und psychologischen Bedürfnissen – wahrzunehmen bereit sind. Wir nehmen normalerweise nur Klischees wahr. Wenn unsere sensomotorischen Schemata blockiert sind oder zerbrechen, kann jedoch ein anderer Bildtypus auftauchen: das rein optisch-akustische Bild, das nur Bild ist, ohne Metapher zu sein (...)." (Ebd.)

Es genüge, so Deleuze, allerdings nicht einfach die sensomotorischen, sukzessiven und repräsentativen Verkettungen von Bildern zu unterbrechen. Man kann das Bewegungs-Bild mit seinem Hang zum „Klischee" auch nicht einfach loswerden. Vielmehr führen Zeitbild-Filme auf je unterschiedliche Weise dem audiovisuellen Bild „enorme Kräfte" (ebd.: 37) zu, die es möglich machen den „Klischees ein wahrhaftes Bild zu entreißen" (ebd.: 36). Die Zeitbild-Filme sind daher durchaus kritisch, da sie in einer von Klischees durchdrungenen Welt ein *Anders-Denken* ihrer Zuschauer einfordern[50].

Deleuze beschreibt drei Kräfte. Die erste besteht in der Umkehr einer Hierarchie zwischen Bewegung und Zeit: Während Bewegungsbilder durch ihre organische Montage nur zu einem indirekten Bild der Zeit gelangen, erzeugen rein optische und akustische Bilder direkte Zeitbilder, die nicht mehr der Bewegung untergeordnet sind, sondern sich Bewegung unterordnen: „Diese Umkehrung macht aus der Zeit auch nicht mehr ein Maß der Bewegung, sondern aus der

50 Das neue Kino – Deleuze denkt hier an die *Neuen Wellen* im Europa und Amerika nach dem Zweiten Weltkrieg – „fordert immer mehr Denken" (Deleuze 1998: 276). In einer kontingenten und referenzlosen Welt stellen sich diese Filme gegen die Macht der Klischees, die „in dieser Welt ohne Totalität oder Verkettung eine Gesamtheit aufrecht erhält. [...] Diese freischwebenden Bilder, diese anonymen Klischees zirkulieren in der Außenwelt, durchdringen aber jeden von uns und konstituieren [bilden, MZ] unsere Innenwelten, so daß jeder nur psychische Klischees in sich trägt, durch die er denkt und fühlt, durch die er sich selber denkt und fühlt, wobei er selber zu einem Klischee unter anderen aus seiner Umgebung wird. Die physischen – visuellen und akustischen – und die psychischen Klischees nähren sich gegenseitig." (Ebd.: 279)

Bewegung eine Perspektive der Zeit: Sie bildet [constitue] ein ganzes Kino der Zeit, eine neue Konzeption und neue Formen der Montage [...].“ (Ebd.: 37) In diesem revolutionären Prozess erhält das Auge eine neue Funktion. Es beginnt zu lesen. Lektüre nennt Deleuze die zweite Kraft. Die Bildgegenstände transformieren sich in die Buchstaben des Filmischen; der Film will und kann nicht nur *gesehen*, sondern auch *gelesen* werden[51]. Diese Entwicklung löst weitere aus.

> „Das Kino ist im Begriff, eine Analytik des Bildes zu konstituieren, die eine neue Konzeption des Filmschnitts [découpage] impliziert, eine ganze Pädagogik, die sich in unterschiedlichen Weisen ausbildet, z.B. durch das Werk Ozus, in der letzten Periode Rossellinis, in der mittleren Periode Godards und bei den Straubs.“ (Ebd.: 38)

Die dritte Kraft wird freigesetzt, wenn die Kamera

> „die Beschreibung eines Raumes den Funktionen des Denkens unter[ordnet]. Es ist keine einfache Unterscheidung zwischen dem Subjektiven und dem Objektiven, dem Realen und dem Imaginären, es ist im Gegenteil ihre Ununterscheidbarkeit, die im Begriff ist, die Kamera mit einer reichen Menge von Funktionen auszustatten und eine neue Konzeption des Bildfeldes und der Rekadrierung auszubilden. Eine Vorahnung Hitchcocks wird sich erfüllen: ein Kamera-Bewusstsein“ (ebd.).

Dieses Kamera-Bewusstsein „stellt Fragen, formuliert Antworten, führt zu Einwänden und Provokationen, bildet Theoreme, Hypothesen und Experimente [...]“ (ebd.), es entwirft Bilder und Töne in einem Netz gedanklicher Relationen und logischen Beziehungen oder in anderen Relationen geistiger Art, als deren Realisierung die sichtbaren Bewegungen des Filmbildes erscheinen.

51 „Lektüre“ des Films bedeutet nicht, dass Deleuze im Anschluss an semiologische und sprachtheoretische Ansätze den Film als Sprache oder gar als Text begreift. Es handelt sich vielmehr um die Lektüre chronischer Symptome (s.u.) des Films, die nicht nur die aktuellen, sichtbaren und hörbaren Aspekte des Filmbildes, sondern gerade auch seine virtuellen, nur in der Bewegung des Denkens erfahrbaren Dimensionen einschließt: „Kurz, was wir Lektüre des visuellen Bildes nennen, ist der stratigraphische Zustand, die Umkehrung des Bildes, der korrespondierende Akt der Wahrnehmung, der unaufhörlich die Leere in Fülle konvertiert, die Vorder- in die Rückseite. Lesen, das ist wiederverketten statt zu verketten, drehen, umdrehen, statt der Vorderseite zu folgen: eine neue Analytik des Bildes.“ (Deleuze 1999: 314). Das Konzept der Lektüre wird später an den Zeitbildern von *Memento* wieder aufgenommen.

Zeitbild-Filme, wie *Memento*, bringen also neben den lesbaren auch (zu) denkende Bilder hervor. Sie sind dabei selten chronologisch montiert, sondern vielmehr *chronisch*, da sie eine zeitliche Dauer jenseits einer chronologischen, verräumlichten Zeit ausdrücken. Die „Chrono-Zeichen“ sind dabei

> „nicht von den Lekto-Zeichen zu trennen, die uns auffordern, im Bild eine Vielzahl von Symptomen zu lesen und damit das optische und akustische Bild auch als etwas Lesbares aufzufassen. Aber nicht nur das Visuelle und Akustische, sondern auch Gegenwart und Vergangenheit, das Hier und Dort konstituieren Elemente und innere Beziehungen, die dechiffriert werden müssen und einzig in einem dem Lesen analogen Prozeß verstanden werden können.“ (Ebd.: 39)

Bevor ich mich weiter der Lektüre der chronischen Symptome von *Memento* widme, möchte ich einige medienphilosophische Überlegungen zum Begriff der Zeit anführen, die mir helfen sollen zu klären, warum und wie ich Filme als Erkenntnismedien sowohl für die Zeitlichkeit der Film-Erfahrung als auch für die Zeitlichkeit subjektiver Welt- und Selbstverhältnisse begreifen kann.

Zur Medienphilosophie der Zeit

Es gehört mittlerweile zu einer der geteilten Annahmen des medientheoretischen Diskurses, dass die subjektive Zeiterfahrung sowie die kursierenden Vorstellungen über die Zeit nicht als ahistorische Größen, sondern in Korrelation oder gar in Dependenz zu sich historisch wandelnden, medialen Parametern zu betrachten sind. Aber die entscheidende und insistierende medienphilosophische Frage bleibt, wie dieses Verhältnis zwischen Technozeit und Bewusstseinszeit, zwischen medientechnologischer Zeit und subjektiver Zeiterfahrung gedacht werden kann, besteht doch „die besondere Problematik einer medienphilosophischen Reflexion auf die Zeit“ darin, wie Ralf Beuthan (2005: 21-28) zeigen kann, dass Medien uns „mit einer ontologischen Hybridbildung aus Substanzialität und Intentionalität [konfrontieren]“ (ebd.: 26), die auf zeitphilosophischer und medientheoretischer Ebene in traditioneller Weise „durch eine klare kategorische Unterscheidung“ (ebd.) begegnet wurde. „Die problematische Differenz gewinnt dabei den Charakter einer Dichotomie und die medienphilosophische Reflexion auf diese Differenz versteht sich nicht selten als Freilegung derselben.“ (Ebd.)

Die dichotome Konstellation der genannten Begriffe kann immer noch in einem diskurshistorischen Sinn als „zeitgemäß“ bezeichnet werden, denn die gleichsam mitformulierte Kluft zwischen einer technisch-medialen, von Maschinen generierten „Technozeit“ und einer subjektiv perspektivierten Zeit bestimmt heute noch den medienwissenschaftlichen Diskurs und auch fast alle medienphilosophischen Ansätze spätestens seit Marx (vgl. Beuthan 2005: 24), dessen Behauptung von der entfremdenden Auswirkung der „Eigenzeit der Maschine" (Marx 1975: 54) bis in aktuelle Diskussionen *temporaler Entfremdung* des Menschen in einer globalisierten Moderne hineinreicht[52].

In den medientheoretischen und -philosophischen Ansätzen werden wiederum unterschiedliche Medienbegriffe in Anschlag gebracht, welche je nach dem, wie sie sich der zuvor skizzierten Problematik annehmen, die beiden dichotomen Zeitbegriffe zueinander in Beziehung zu setzen. Diese begrifflichen Fassungen der Medien lassen sich in systematischer Perspektive auf drei Medienbegriffe zurückführen, die quer zu theoretischen Differenzierungen in Einzelmedien oder Medientypen (wie Wahrnehmungs-, Kommunikations- und Speichermedien) liegen (vgl. Beuthan 2005: 23):

1. Medien als *Mittel* (Werkzeug, Instrument, Maschine), verbunden mit anthropologischen Vorstellungen vom Mediennutzer und Zwecksetzer Mensch
2. Medien als verschwindende *Mitte* (Element), die sich zwar im Hinblick auf bestimmte Prozesse und Eigenschaften spezifizieren, aber dabei selber verschwindenden Charakter haben; und
3. Medien als *System* (Hypersubjekt), das sich selbst Zweck ist, spezifische Strukturen ausbildet und sich – etwa mittels des Menschen – reproduziert und ausdifferenziert.

Ich stimme mit Beuthans Analysen (vgl. 2005: 25ff.) überein, dass die formulierte Differenz von Bewusstseinszeit und Technozeit in den meisten medientheoretischen und -philosophischen Denkansätzen dichotom gedacht wird, und dabei der schematischen und kategorialen Trennung von subjektiv/objektiv, innen/außen, aktiv/passiv, intentional/substanziell-gegenständlich, u.a.m. nicht nur folgt, sondern diese auch performativ bestätigt und damit zementiert.

Diese dichotome, scheinbar unüberwindbare Trennung ist aber unter anderem von Jacques Derrida dekonstruiert und widerlegt worden, indem er den, „für eine Medienphilosophie der Zeit wegweisenden Gedanken der *Medialität*" (ebd.: 28) formulierte. Die von Derrida im Zusammenhang mit dem Begriff der Medialität neu gedachte Zeitkonstellation wird von ihm in Ablehnung eines Gegenwartprimats des metaphysischen und phänomenologischen Zeitdenkens formuliert. Gegen die Annahme eines nur durch die Zeitlichkeit eines intentionalen,

---

52 Vgl. beispielsweise Baudrillards technisch-medial erzeugte *Gleichzeitigkeit* (1994), Virilios Analyse technisch-medialer *Beschleunigung* (1995), und daran anknüpfend Rosa (2005) oder Lutz Ellrichs *temporale Entfremdung* (2003).

subjektiven Bewusstseins bestimmten Zugangs zu etwas, denkt Derrida im Begriff der Medialität eine Zeitlichkeit, die „sowohl der Selbstgegenwart des Bewusstseins als auch der Gegenwart von Gegenständlichem voraus geht" (ebd.: 29, vgl. auch Derrida 1974). Derrida führt damit als Denkfigur eine Temporalität von Medialität selbst, eine *zeitigende Zeit*, ein, die dem Verhältnis kulturell und historisch spezifischer Zeitbegriffe und Zeitkonstellationen notwendigerweise vorausgehen muss. Es braucht eine Intervallstruktur oder auch eine unbestimmte, unbegriffliche Differenz – von Derrida als *différance* oder auch Spur bezeichnet –, um überhaupt die Distanz oder auch den Raum zu schaffen, in dem sich wiederum begrifflich Differenzen bestimmen und Relationen zwischen dem Differenten denken lassen, wie z.B. Innen/Außen, Bewusstseinszeit/Technozeit.

Es geht Derrida also um eine Zeit, die den Prozess oder den Wandel macht, ihn grundiert, also um

„ein spezifisches Werden, welches zunächst dadurch charakterisiert ist, dass es nicht dem Primat der (Selbst-)Gegenwart unter-, sondern ihm vorgeordnet ist und innerhalb der Ordnung der Gegenwart, als [Abweichung,] Störung, Unterbrechung oder Zäsur merklich wird" (ebd.: 30).

Dieser Gedanke eines zeitigenden Prozesses, dessen abweichende Bewegungen zwar ein Denken als Unterscheiden eröffnet, aber dabei keine statischen und positiv-bestimmbaren Strukturen ausbildet und so einen ständigen Aufschub von Gegenwart generiert, lässt sich an Gilles Deleuzes zeitphilosophisches Konzept anschließen. Auch er denkt eine Zeitlichkeit der Zeit, die sich weder aus einem Gegenstand noch aus einer natürlichen Bewegung ableitet, sondern die als eine Bewegung des Teilens bzw. Öffnens und Intervallsetzens Grund der Zeit ist.

Ich komme später auf Deleuzes Zeitbegriff zurück. Zuvor lassen sich mit den skizzierten Überlegungen Derridas zur Zeitlichkeit der Medialität aus systematischer Perspektive drei wichtige Unterscheidungen treffen: *Erstens* sind subjektive Welt- und Selbstverhältnisse in all ihren Seinsweisen, wie Wahrnehmen, Denken, Fühlen und Handeln, *nie* gegenwärtig. Sie sind immer schon Selbstauslegungen im medialen Anderen, da sie immer schon in oder in Bezug auf Medien prozessieren bzw. in Bezug auf die Zeitlichkeit der Medialität nie gegenwärtig gewesen waren, sind und sein können. Sie kommen kraft der zeitlich-medialen Verschiebungen immer schon zu spät (als vergangene) oder zu früh (als noch zu erwartende Zukunft) – Gegenwart wird im Sinne Derridas durch die zeitigende Zeit der Medialität, der *différance*, immer aufgeschoben.

Die zweite Unterscheidung ist eine Abgrenzung zum dichotomen Zeitmodell von Technozeit und subjektiver (natürlicher, metaphysischer) Bewusstseinszeit. Quantitativ bestimmbare Zeitverläufe technischer Medienprozesse, sowie subjektive Zeiterfahrungen im Umgang mit Medien – wie Beschleunigung, Gegenwartsverlust oder -expansion – sind m.E. strikt zu unterscheiden von der, die subjektiven Erfahrungen und Gegenstandbezüge, mit anderen Worten: die subjektiven Welt- und Selbstverhältnisse zuallererst ermöglichenden *Zeitlichkeit der Medialität*, wie sie Derrida (als produktives Gedächtnis) und Deleuze (als die Zeit selbst) gedacht haben.

Und eine dritte Differenzierung lässt sich einführen. Gegenüber der durch Medien bedingten *Zeiterfahrung* und der den Erfahrungshorizont eröffnenden *Zeitlichkeit der Medialität* ist die *Zeit selbst als Medium* thematisierbar. Denn versteht man unter Medium etwas, wodurch etwas anderes zur Erscheinung kommen kann, oder auch aktiver, was etwas zur Erscheinung bringt, kann man Zeit, wie es Kant schon in seiner *Transzendentalen Ästhetik* (Kant 2000: 69-96, B33-73) getan hat als Wahrnehmungsmedium verstehen. Medienphilosophisch umso interessanter wird es, wenn man das Wahrnehmungsmedium Zeit nicht mehr abgekoppelt von seinen materialen, technischen Implementierungen denkt, wie noch bei Kant als *reine Form der Anschauung a priori* der Fall, sondern eine materiale Inkorporation der Zeit konzipiert.

Vor dem Hintergrund der mit Derrida skizzierten *Zeitlichkeit der Medialität*, wird die gegenseitige Abhängigkeit von theoretischen Zeitkonzeptionen, subjektiven bzw. individuell-biographischen Zeiterfahrungen und dem Stand der Medientechnik sinnfällig, da sich auch das Wahrnehmungsmedium Zeit in Korrelation zur geschichtlichen Entwicklung der Medien als variabel erweist – eine zeittheoretisch interessierte Mediengeschichte zeugt davon. Versucht man also die *Zeit als Medium* in den Blick zu nehmen, so ist zweierlei zu bedenken: Zum einen, dass die Zeit faktisch in ein technisch-materiales Medien-Gefüge eingelassen ist und zum anderen, dass diese technischen Medien aber nicht als Erklärungsfundament einer spezifischen Ausbildung der Zeit genügen, sondern dass diese wesentlich im Kontext einer spezifischen Praxis verortet ist – denn erst in einem Gebrauchszusammenhang macht die medienspezifische Abhängigkeit von Zeit Sinn.

Die Zeitlichkeit des Films und seiner Erfahrung

Die Produktion und Rezeption von Film ist ein solcher Gebrauchszusammenhang, eine ästhetisch-künstlerische Gestaltung und Inszenierung von Zeit in einem Medium, wie es Martin Seel in *Das Glück der Form. Über eine Dimension ästhetischer Bildung* (2007) beschreibt. Seel vertritt darin die starke These, dass *der* Sinn der ästhetischen Form die Zeit sei (vgl. Seel 2007: 18). Ich will hier nicht Seels Verteidigung dieser These im Einzelnen folgen, sondern lediglich eines seiner Argumente betonen, welches hervorhebt, dass jede ästhetisch-künstlerische Darstellung nicht nur als ein Spiel von Gestalten in Raum und Zeit beschreibbar ist, sondern, dass jede ästhetische Gestaltung durch seine internen zeitlichen Konfigurationen zugleich die Zeit seiner Wahrnehmung disponiert. Übertragen auf den Film bedeutet das: Filmzuschauer haben der je unterschiedlichen „Zeit-Regie" der Filme zu folgen[53] (vgl. ebd.: 20f) – und wenn sie es nicht tun, erfahren sie nicht mehr den Film, sondern haben, wie man alltagssprachlich sagt, *ihren eigenen Film laufen*. Filme geben, wenn sie erfahren werden, ihren Zuschauern Zeit[54]. Das ist für Seel der Sinn ihrer Form:

> „Sie [die Form der Filme, MZ] verstrickt uns in den Rhythmus ihrer Gestalten. Dadurch nimmt sie uns Zeit, die wir nicht länger zur eigenen Verfügung haben; sie übernimmt ihre Gestaltung für die Weile, in der wir ihrer Bewegung ausgesetzt sind. Die Form der Kunst also gibt uns Zeit, indem sie uns Zeit nimmt, [...] [oder sie, MZ] lädt [...] uns im Spielraum ihrer Objekte zu einem besonderen Vollzug der Zeit ein." (Ebd.: 22)

Diesen Vollzug bestimmt Seel etwas später genauer als eine reflexive Figur. Filme haben die Potenz die Zeit in besonderer Weise spürbar werden zu lassen, sie geben uns Zeit *für* die Zeit, in dem sie vergangene, aktuelle oder zukünftige Gegenwarten präsent machen (oder halten). Dabei verwandelt sich „der Sinn *der* Gegenwart [...] in einen Sinn *für* Gegenwart; das ist die grundlegende ästhetische Operation" (ebd.: 27). Und Christopher Nolans *Memento* ist ein herausragendes filmisches Beispiel dafür, macht er doch seine Zuschauer (potentiell) darauf aufmerksam, dass jedes Individuum den kontinuierlichen Fluss der Zeit auf dem Hintergrund seiner vergangenen biographischen Erfahrungen als Erinnerungen und seiner zukünftigen Wünsche, Interessen schneidet, Entscheidungen trifft und

---

53 Seel führt seine These neben anderen Künsten auch für den Kinofilm aus: „Leiblich umfangen von einem Klanggeschehen sind sie [die Filmzuschauer im Kino, MZ] einer Bildbewegung ausgesetzt, die sich wie die musikalische Dynamik entfaltet, in der sich visuell Abwesendes fortwährend in Anwesendes und visuell Anwesendes fortwährend in Abwesendes verwandelt. Die beiden Fernsinne werden auf die Weise in *einen* und in *einem* nur der Imagination zugänglichen Raum geleitet, am Leitfaden einer Narration von Ereignissen, die sich so nirgends außerhalb der Leinwand ereignet haben, wie sehr das in den Bildverläufen Sichtbare auch auf reale Schauplätze verweisen mag." (Seel 2007: 21). Auf die Besonderheit der Zeit-Regie von *Memento* und die intensive Inanspruchnahme seiner Zuschauer habe ich zu Beginn des Kapitels hingewiesen.

54 Zeit geben, lässt sich nach Derrida (1993: 20) als ein „präsent machen" oder auch als „schenken" verstehen.

dimensioniert (vgl. ebd. 24ff) – und dabei ständig nichts anderes als Klischees produziert, lässt sich mit Deleuze kritisch anfügen. Diese individuellen Operationen der dimensionierten Zeit dienen dazu, in einem unüberschaubaren zeitlichen Fluss von Ereignissen Orientierung zu gewinnen. Denn Gegenwart ist, nach Seel:

> „in einem grundsätzlich unüberschaubaren und unbeherrschbaren Fluss von Ereignissen zu sein, die mehr oder weniger lange währen, einen mehr oder weniger lange oder mehr oder weniger stark berühren und betreffen" (ebd.: 27).

Vor dem Hintergrund der mit Beuthan angefertigten Skizze medienphilosophischer Zeitverständnisse zeigt sich, dass Seel in seinem Text mit zwei unterschiedlichen Medien- und Zeitbegriffen argumentiert. Zum einen versteht er die *Zeit als Medium* aller menschlichen Seinsweisen[55]. Auf die Zeit als Medium der Existenz kann nun zum anderen eine mediatisierte Zeiterfahrung, zum Beispiel in Form eines Filmes verweisen. Ich stimme Seels Argumentation grundsätzlich zu, mir scheint aber, dass er die Gestaltungs- und Inszenierungsmöglichkeiten des Films (unnötigerweise) auf eine narrativ-lineare Zeitorganisation, die in einem Primat der Gegenwart gründet, festlegt und reduziert. Im Folgenden will ich mit Gilles Deleuzes „Kinobüchern" und den darin ausgeführten zeitphilosophischen Überlegungen an Seels Gedanken anschließen und zugleich über sie hinaus weiterdenken.

Zeit als Medium und die filmischen Zeitbilder bei Deleuze[56]

Was man im Kino zusehen bekommt, sind nach Deleuze zuerst einmal in einer einfachsten und grundlegenden Definition Mannigfaltigkeiten – wie sie uns auch im Leben begegnen (vgl. Deleuze 1998: 86ff). Kino ist für Deleuze also eine Aktualisierung seiner Ontologie, die man nach Olaf Sanders formelhaft so zusammenfassen kann: als „eine offene Menge aufeinander einwirkender Bewegungsbilder, die in einer unendlichen Bewegung miteinander verbunden sind" (San-

55 Dabei differenziert er in Bezug auf Heidegger und Theunissen eine „homogene" und eine (individuell-biographisch, kulturell und historisch) „dimensionierte" Zeit (vgl. Seel 2007: 24ff).

56 Die folgende Skizze des zeitphilosophischen Konzepts, das für Deleuzes Verständnis des Kinofilms eine Rolle spielt, kann und soll keine umfassende Darstellung und Diskussion von Deleuzes Zeitkonzeption sein. Für eine solche Darstellung vgl. beispielsweise Rodowick 1997; Rölli 2003a,b oder Schaub 2003a,b.

ders 2009: 125). Die Mannigfaltigkeit von beweglichen Bildern wird, so argumentiert Deleuze, vom Kinofilm im Laufe seiner Geschichte in unterschiedliche Ordnungen gebracht, die jeweils ein anderes Verhältnis zur Zeit, als das Medium der Bewegungsbilder ausdrücken. Im ersten Kino-Buch *Das Bewegungs-Bild* (1998) beschreibt Deleuze eine *organische* Ordnung der Bilder, welche das Modell einer subjektiven Bewusstseinszeit inszeniert. In Bezug auf das individuelle Subjekt als ein privilegiertes Bild unter Bewegungsbildern, das Deleuze auch als „Körper-Bild" oder, mit Henri Bergson, als „Indeterminationszentrum" bezeichnet, ordnen und strukturieren, genauer *zentrieren* die Filme des Aktionsbildes die Mannigfaltigkeit der Bewegungsbilder. Sie ahmen dabei die subjektive Wahrnehmung nach, denn die Leistung des individuellen Subjekts besteht für Deleuze lediglich in der Selektion der Wahrnehmung, die aus der Unendlichkeit der Bilder einzelne *Frames* auswählt, eine spezifische Wahrnehmung vom allgemeinen Bilderfluss subtrahiert.

Deleuze affirmiert damit Bergsons Kritik der Wahrnehmung und der Erkenntnistheorie, wie dieser sie in seinen *Oxforder Vorträgen* (1911) über die *Wahrnehmung der Veränderung* formulierte[57]. Nach Bergson fragmentieren wir als Subjekte den beweglichen Bilderstrom der Welt, indem wir diesen in begrifflichen Feststellungen anhalten oder auf erwartbare Resultate reduzieren, allgemein: bestimmte Bilder oder Bildmomente nach Prinzipien der Nützlichkeit auswählen. Sinn dieser Selektion ist die Vorbereitung der anderen Seite der subjektiven Wahrnehmung, der Aktion. Der Zusammenhang sensorischer und motorischer Aspekte, das sensomotorische Schema, lässt die Wahrnehmung „bereits unter dem Aspekt der Aktion" (Deleuze 1998: 95) stattfinden. Wie die Wahrnehmung zunächst die Bewegungsbilder selektiv zu Objekten substantiviert, „die als Bewegungsträger oder als Bewegtes dienen, setzt die Aktion die Bewegung zu ‚Handlungen' [...] in Beziehung, die einem vorgezeichneten Ziel oder einem vermuteten Resultat entsprechen" (ebd.: 96). Auf diese Weise wird Wahrnehmung und in der Folge auch das Denken klischeehaft und normativ, setzt sich fest in der Reproduktion bestimmter Erinnerungen (Gewohnheiten, Ordnungen, Regeln) und dementsprechenden Erwartungen.

Auch wenn das *Blockbuster-Kino* mit seinen „Aktionsbildern" (vgl. Deleuze 1998: 193-240) die *organische Montage* beständig reproduziert, damit bis heute als Matrix kulturindustrieller Filmproduktion funktioniert und zugleich die Bedingungen klischeehafter, normativer Wahrnehmung aufrecht erhält, transfor-

57 Die Philosophie von Henri Bergson bildet neben den semiotischen Schriften von Charles Sanders Peirce den wichtigsten Bezug für Deleuzes Filmphilosophie. Insgesamt vier „Bergson-Kommentare" strukturieren die beiden Bücher zum Kino.

mierte der Film im Lauf seiner Geschichte die Bewegungsbilder zu Zeitbildern, die eine andere Strukturierung der Zeit erfahrbar machen und denken lassen (vgl. Deleuze 1998: 264-288 und ders. 1999: 11-40). Der Film wird dividuell, seine Geschichte ist sinnvoll nur als eine der Teilungen, Ausdifferenzierungen in nebeneinander bestehenden „Schichten" (Arten und Genres) beschreibbar. Filme haben nach Deleuze die Möglichkeit, neben der Inszenierung und Konstruktion von subjektivem Zeitbewusstsein nach dem Modell einer *organischen Montage*, andere und komplexere zeitliche Ordnungsstrukturen, wie sie Deleuze beispielsweise mit der *kristallinen Ordnung* der Zeitbilder beschreibt (vgl. Deleuze 1999: 95-131 und 168-204), auszubilden.

Jenseits des Bewegungsbildes reflektieren Zeitbild-Filme die Unmöglichkeit filmische Situationen in die am klassischen Kino des Aktionsfilms eingeübten und selbstverständlich gewordenen, sensomotorischen Bewegungsautomatismen der Erzählhandlung aufzulösen. Und wenn die normalisierte und normierte Bewegung von der Wahrnehmung zur Handlung blockiert, gelockert oder aufgelöst ist, ermöglicht das nach Deleuze eine Darstellung der Filme der Zeit, von differenten Regionen der Vergangenheit mit ihren diskontinuierlichen Bildverbindungen. Über die modernen europäischen Filme, die ihm als Beispielfilme für die filmische Erforschung der Zeit gelten, schreibt Deleuze,

> „dass sie alle ein zeitliches ‚Panorama' bilden, ein instabiles Ensemble von freischwebenden Erinnerungen und Bildern einer Vergangenheit im Allgemeinen, die in schwindelerregendem Tempo vorüberziehen, als ob die Zeit eine tiefgründigere Freiheit gewinnen würde. Man könnte sagen, dass auf die Bewegungsunfähigkeit [Handlungsunfähigkeit, MZ] der Personen eine allseitige und anarchische Mobilisierung der Vergangenheit antwortet" (Deleuze 1999: 79).

In den Bild-Bildungsprozessen der Zeitbild-Filme zeige sich nach Deleuze eine Bewegung der „Zeit selbst" (ebd.: 113). Dadurch sind dann andere, neuartige Verbindungen von Bildern möglich, die nicht mehr dem organischen, sensomotorischem Schema subjektiver Wahrnehmung gehorchen und die Zeit gleichsam *einer* chronologischen, linearen Bewegung unterwerfen. Deleuze unterscheidet dazu, ähnlich wie Derrida, zwei Zeiten: eine virtuelle Zeit als Voraussetzung und Gedächtnis einer aktualisierten Zeit. Die virtuelle Zeit, die der aktualisierten Zeit paradoxerweise zugleich voraus liegt und koexistiert, bezeichnet er auch als „reine Erinnerung"[58] (vgl. Deleuze 1999: 108ff). Diese Unterscheidung, die er

58 „Rein" ist diese Erinnerung, da sie noch nie gegenwärtig war. Bergsons Pointe besteht darin, Erinnerung bzw. ein Gedächtnis nicht nur als Zulieferer für subjektive Wahr-

von Henri Bergson übernimmt, ist eine logische und nicht eine empirisch überprüfbare: es muss nach Deleuze immer schon eine Vergangenheit vorausgesetzt werden, damit eine Gegenwart vergehen kann, damit sie vergangen sein wird. Das führt konsequenterweise zur Konzeption einer sich immer und unendlich spaltenden, teilenden und sich ausdifferenzierenden Zeit. Die Vorgängigkeit ewiger und sich ereignender virtueller Zeit realisiert sich als Differenzierung und Vervielfältigung von Zeit und damit als je andere Hervorbringung und Aktualisierung von Neuem, bis dato nicht Gesehenem und Gedachtem[59]. Im Film wird das Virtuelle als zeitliche Medialität des Films nach Maßgabe dessen eingeholt, was im Film als „reine" Zeitlichkeit, die „Zeit selbst", verstanden als Dauer der Bewegungsbilder, zur *Darstellung* gebracht werden kann. Deleuze spricht auch von einer „direkten Repräsentation der Zeit" (vgl. 1999 53-60, 132ff. und 348f.). Was soll mit dieser paradoxen, scheinbar widersprüchlichen Formulierung gemeint sein: eine Repräsentation verfährt doch logischerweise und immer indirekt, über Stellvertretungen, Verweise, Zeichen und Darstellungen? Mit der

---

nehmungen zu denken, sondern es auch als eigenständige Welt zu begreifen, die diesseits aller Handlungsanforderungen ausbildet. Bergson ontologisiert das Gedächtnis, die reine Erinnerung und lässt ihm einen eigenen Seinsstatus zukommen (vgl. dazu die *Einleitung* von Erik Oger in Bergson 1991) und Deleuze übernimmt diese Gedächtniskonzeption für die Beschreibung der Zeit und Darstellungsverhältnisse des modernen Films, der Zeitbild-Filme.

59 Das „Virtuelle" oder die „Dauer" ist die transzendentale Komponente der Bewegungs- und Zeitbilder. Mit dem Begriff der Dauer übernimmt Deleuze eines der zentralen Konzepte Bergsons. Bergson bezeichnet damit Zeit, die vorausgesetzt werden muss, damit in ihr etwas geschehen kann. Sie ist der Gegenwart folglich vorzeitig, ihr gegenüber also vergangen und demnach letztendlich eine Vergangenheit, die niemals gegenwärtig war. Sie ist Grund und Fundament der Zeit, die sich selbst aus verschiedenen modulatorischen, sich überlappenden Dauern zusammensetzt (vgl. Deleuze 1997: 95ff.). Die Vergangenheit ist zugleich Grund und Gedächtnis, also „reine" Vergangenheit, die niemals gegenwärtig war, und Vergangenheit, die gegenwärtig war und in der Erinnerung vergegenwärtigt werden muss. Äußerste Dauer ist Ewigkeit, in der etwas geschieht, weil Ereignisse aus der „reinen" Zukunft in die Gegenwart einbrechen. Als unerwartete differieren diese von Erwartungen, die durch Gewohnheiten ausgebildet werden und sprengen chronologische Zeitbestimmungen. Zeitbilder verweisen auf die reine Vergangenheit und die reine Zukunft als virtuelle Dimensionen der Zeit, in die sich Zeit teilt. Der Moment der Teilung ist Ereignis. Ewigkeit und Ereignisse gehören zu Äon als virtueller Zeit. In *Logik des Sinns* (1993: 203 ff.) stellt Deleuze Äon Chronos gegenüber.

Formel einer „direkten Repräsentation" kann nur so etwas wie eine Selbstdarstellung der Zeit bezeichnet sein, in welcher, wie zuvor beschrieben, der moderne Film Zeitverhältnisse und –verläufe nicht mehr vermittelt über Bewegungen, Handlungen und Erzählungen des Films, sondern direkt aus dem Zusammenspiel, der Montage der Bilder und ihrer Elemente darstellt. Der moderne Film, so kann man sagen, bildet die Zeitverhältnisse nicht mehr ab, sondern er bildet sie selbst aus. Der Begriff der *Darstellung* bekommt damit in Deleuzes zeitphilosophischer Konzeption des Films eine doppelte Bedeutung. Der Begriff „Darstellung" bezeichnet dann nicht nur das Verhältnis eines Schauspielers zu seiner Filmfigur oder die repräsentative Beziehung des Bildes selbst zur abgebildeten Landschaft, sondern „Darstellen" kann auch als ein Herausstellen, Hervorbringen, Freistellen, Hin- und Herstellen begriffen werden. So wie zum Beispiel ein Anatom ein bestimmtes Organ darstellt, wenn er es aus einem Körper herauspräpariert. Filme, die auf diese beschriebene Weise den zeitlichen Bild-Bildungsprozess des Films selbst thematisieren, fasst Deleuze unter dem Begriff des *Zeit-Bildes*. Filme sind umso zeitbildlicher, je mehr sie ihre diversifizierende Aktualisierung der Zeit selbst aus- und gleichsam herstellen und die Zeitlichkeit des Films in der Montage des Optischen und Sonoren erfahrbar und denkbar machen. Die Zeit zeigt sich in diesen Filmen als (Re)Konstruktion, Neben- und Ineinander von Bruchstücken, sie ist nicht mehr als ein Ganzes, sondern nur als eine auf Ereignisse hin geöffnete, unendlich sich differenzierende Bewegung denkbar.

Das Kristallbild ist nun nach Deleuze die filmische Form der Zeitbilder, in der die Verdopplung bzw. die Teilung der Zeit, die Ausdifferenzierung und Aufschichtung von Erinnerungen in Aktuelle und Virtuelle und ihr Austausch bis zur Unkenntlichkeit geschieht[60]. Im Rahmen eines Films muss es nun nicht bei ein-

60 „Das Kristallbild kann noch so viele verschiedene Elemente besitzen, seine Irreduzibilität besteht in der unteilbaren Einheit eines aktuellen und ‚seines' virtuellen Bildes." Deleuze formuliert diese Koexistenz von Aktuellem/Gegenwart und Virtuellem/Vergangenheit im Kristallbild ausdrücklich: „Was aktuell ist, ist immer ein Gegenwärtiges. Aber gerade die Gegenwart verändert sich oder vergeht. Man kann immer sagen, dass sie Vergangenheit wird, wenn sie nicht mehr ist, wenn eine neue Gegenwart sie ersetzt. Aber dies will nichts sagen. Es ist wohl nötig, dass sie vergeht, damit eine neue Gegenwart sich ereignen kann, es ist wohl nötig, dass sie zur selben Zeit vergeht, in der sie gegenwärtig ist, im Moment, in dem sie es ist. Es ist also nötig, dass das Bild gegenwärtig und vergangen ist, auf einmal, zur selben Zeit. Wenn es nicht schon vergangen wäre in derselben Zeit wie der gegenwärtigen, verginge die Gegenwart niemals. Die Vergangenheit folgt nicht auf die Gegenwart, die sie nicht mehr ist, sie

zelnen Kristallbildern bleiben, denn die Bilder können sich weiter auskristallisieren, stets neue Verzweigungen und Kreisläufe der Erinnerung ausbilden oder auch mehrere parallel bestehen lassen.

Deleuze beschreibt insgesamt drei *direkte Zeit-Bilder*: 1. Simultanität von Gegenwartsspitzen (vgl. Deleuze 1999: 132ff), 2. die Koexistenz von Vergangenheitsschichten (ebd.: 141ff.) und 3. die werdende Zeit als Serie, die sich mit den Mächten des Falschen verbunden hat (ebd.: 168ff). All diese Bild-Bildungsprozesse *verweisen* auf die Zeit als „reine Erinnerung", um sie gleichsam hervorzubringen. Die Darstellung der „reinen Erinnerung" liefert aber keine vorrangig chronologisch-organische Ordnung der Bilder mehr, sondern topologische, achronologische und simultane Anordnungen der Bilder. Sucht man also die Erinnerung in ihrem eigenen Bereich auf, dann ordnen sich die Bilder nicht mehr nach räumlichen, sondern nach rein zeitlichen Gesichtspunkten. Diese Befreiung der Zeit vom Raum (die der Film in seiner historischen Entwicklung von den Filmen des Bewegungs-Bildes zu den Zeitbild-Filmen vollzieht) ist entscheidend für das Verständnis des filmphilosophischen Ansatzes von Deleuze. Die „reine Erinnerung" oder auch „das Gedächtnis" ist die virtuelle Seite des Films, in der die verschiedenen Bewegungsbilder und Zeiten koexistieren, anstatt aufeinander zu folgen. In der „reinen Erinnerung" gibt es keine Bewegungsautomatismen oder formale chronologische Aneinanderreihungen von vergangenen Gegenwarten, sondern Regionen, Sedimente und Schichten von unterschiedlichen Vergangenheiten. Insofern präsentieren die Zeitbild-Filme eine Dauer im Sinne Bergsons, die das Unterschiedene zusammenbringt, ohne es dabei seiner Heterogenität zu berauben[61].

Filmische Erinnerungsbilder sind demnach Scharniere, denn einerseits können sie in der Film-Erfahrung aktualisiert werden, um eine gegenwärtige Wahrnehmungssituation zu unterstützen, um sie aufgrund bestimmter Erfahrung, Gewohnheiten und Erwartungen in die bestehenden Welt- und Selbstverhältnisse zu integrieren, andererseits sind sie virtuell, nämlich in den (Zeit)Schichten eines äußerlichen Gedächtnisses abgespeichert und können als solche eine subjektiv zentrierte, organische Wahrnehmung (ihrer Zuschauer) überschreiten, indem sie verschiedene, inkompossible Erinnerungen inszenieren, sie in der Zeit der Film-Erfahrung als verschiedene Gesichtspunkte, als Variationen und (Ge-)Schichten

koexistiert mit der Gegenwart, die sie gewesen ist. Die Gegenwart ist das aktuelle Bild, und seine zeitgenössische Vergangenheit ist das virtuelle Bild, [...]." (Deleuze 1999: 108 f.)

61 Deleuze nennt an dieser Stelle paradigmatisch die Filme *Citizen Kane* (Welles US, 1941) und *Letztes Jahr in Marienbad* (Resnais F, 1961)

der Vergangenheit bestehen lassen und somit das identifizierende Denken in die Unentscheidbarkeit führen, es mit Brüchen durchsetzten und in abweichende, sich diversifizierende Bewegungen verstricken, kurz: es komplizieren. Dabei, so kann man sagen, entwickelt das moderne Kino seit den *Neuen Wellen* eine, im Vergleich zum klassischen Kino, andere und neue Ästhetik, welche die im Geiste einer zuvor mit Derrida und Deleuze beschriebenen *zeitigenden Zeit*, eines *produktiven Gedächtnisses,* die disjunktiven, heautonomen Verhältnisse von filmischen Bildern und die damit sich vervielfältigenden Neu-Verkettungen und Beschreibungen zur Darstellung bringt und gleichsam erforscht (vgl. Deleuze 1999: 346ff.).

Memento – diversifizierende Lektüren

Es wird deutlich, dass Deleuzes Ansatz, die Zeit selbst als Gedächtnis ins Zentrum seiner Film-Philosophie zu stellen, nicht nur eigene filmtheoretische Kategorien und Zeichen (wie z.B. das Kristallbild) begründen, sondern dass darüber hinaus *der* Film, verstanden als Gesamtheit der vorhandenen und zukünftigen Filme mit ihren je spezifischen Her- und Darstellungen von Denkfiguren der Zeit, eine philosophische (vielleicht sogar eine bildungsphilosophische) Dimension eröffnen kann. Die zuvor skizzierten, von Deleuze am und mit modernen Filmen gewonnenen ästhetischen Verfahrens- und Darstellungsweisen des Films, verweisen wiederum auf die Erfahrbarkeit von Zeit in der Moderne, innerhalb derer der Film nach Deleuze einen besonderen Status der Wahrnehmung und Erkenntnis der Welt hat. Deleuzes Behauptung eines „Kamera-Bewusstseins" oder eines „kinematographischen Bewusstseins", das fabulierende Bilder und Denkbilder hervorbringen kann, entwirft den Film (in seinen unterschiedlichen, materialen Dispositiven) als eine denkende oder zumindest zu Denken gebende Apparatur.

Diese Konzeption des Films wirft wiederum dringliche Fragen hinsichtlich des Zusammenhangs zwischen Materialität und Immaterialität, zwischen (Medien)Technologien und Bewusstsein, zwischen Körper, Gehirn und Denken auf, denen sich Deleuze (1999: 205-288) annimmt. Denken vollzieht sich nach Deleuze in einem apparativen, zeitlichen Zwischenraum, der als virtueller außerhalb eines subjektiven Bewusstseins, aber auch außerhalb der beobachtbaren, empirischen Welt wird. Denken bezeichnet dann, diesen Zeitraum mithilfe des Gehirns zu erforschen. Das Gehirn „bezieht sich auf ein Außen jenseits jeglicher Außenwelt (Deleuze 1999: 273), nämlich auf einen virtuellen Denk-Raum, den die modernen Filme herstellen und der medial, zeitlich und räumlich zerstreut, komplexer als jedes individuelle Denken werden kann.

Diese Thesen sind filmwissenschaftlich und medienphilosophisch ungebrochen interessant und aktuell, denn Deleuzes Filmkorpus endet etwa im Jahr 1980 (und ist auch in anderer Hinsicht, wahrscheinlich notwendigerweise begrenzt) und drängt damit auf die Weiterführung und Aktualisierung seiner Gedanken. Wie wäre eine bis heute stattgefundene Entwicklung und Transformation des Filmischen zu beschreiben? In welche Richtungen ließe sich mit der Untersuchung, der Lektüre von Filmen jüngeren Datums, die ebenfalls mit der Zeitlichkeit des Films experimentieren (wie beispielsweise Filme von Robert Altman, David Fincher, Michel Gondry, David Lynch, Christopher Nolan, Francois Ozon, Quentin Tarantino, Tom Tykwer, u.a.), eine auf dem produktiven Gedächtnis basierende Filmphilosophie weiterschreiben?

Die Wiederaufnahme meiner Lektüre und Spurenlese von *Memento* an dieser Stelle ist als eine erste Antwortbewegung auf die Frage zu verstehen. Ich möchte daran erinnern, dass ich den Film zu Beginn des Kapitels mit einem „Genre im Werden", den „Mind-Game Movies"[62] in Zusammenhang gebracht, bzw. auf den bestehenden Zusammenhang verwiesen habe. „Mind-Game Movies" sind, so Thomas Elsaesser, verbunden mit einer „Philosophie im Werden"[63]. Mit Lorenz Engell (2010: 278f) lässt sich das folgendermaßen verstehen:

> „Ob diese Filme tatsächlich so etwas wie eine Philosophie, eine eigene, genuin kinematographische Denkform ausbilden, das kann man noch nicht sagen, aber sie experimentieren mit dieser Möglichkeit." (Ebd.: 278)

Und das tun sie meist in einer reflexiven Bewegung, indem sie ihre filmischen Experimente und Spiele mit einer schon „ausgeprägten Erkenntnistechnik", der „kinematographische Logik treiben. […] Meistens, aber nicht immer, ist das die Logik der Erzählung" (ebd.). In diese fügen die „Mind-Game Movies" Paradoxien, Rekursionen und

62 Vgl. zum Genre der „Mind-Game Movies" auch Elsaesser 2009: 237-263.

63 „Als ein ‚Genre-im-Werden' sind ‚Mind-Game Movies' also ein globales und nicht nur nationales Phänomen, […]. Was die Filme für eine ‚Philosophie-im-Werden' interessant macht, ist die Tatsache, dass sie epistemologische Probleme zur Diskussion stellen (wie wissen wir, was wir wissen?), dass sie die sinnliche Wahrnehmung hinterfragen (können wir unseren Sinnen trauen?) und dass sie ontologischer Skepsis Raum geben (was die Existenz anderer Welten und Wahrnehmungszustände ‚zwischen den Welten' betrifft) […]" (vgl. Elsaesser, Thomas: Die „Mind-Game Movies" – Film-Ontologien des (Un-)Möglichen?, URL: http://alt.ifk.ac.at/ aktuell.php?e=11, Abgerufen: 01.06.2011)

„zahlreiche weitere Formen der Verdopplung, Spiegelung, der Loops, Feedbacks und Schlaufen [ein], der Iterierungen, der Selbstreflexionen und vor allem der Selbstparadoxierungen und auch Verkehrungen – etwa der Zeitform: Man denke nur an Christopher Nolans Memento" (ebd.: 279).

Daher rühre dann auch das Interesse der „Mind-Game Movies" an „Gedächtnisthematiken" (ebd.), wie es ja auch in ganz besonderem Maße für *Memento* zutrifft.

Über die Zeit-Regie von *Memento* hatte ich zuvor schon geschrieben und sie entgegen der m.E. vereinfachenden Signifizierung als „Verkehrung" des zeitlichen Flusses (Rückwärtserzählung), vielmehr als einen zeitlichen Komplex aus vier Zeiten bestimmt. Die Zuschauer des Films haben es mit drei Zeiten (1. eine rückwärts gerichtete Zeit der „Erzählhandlung", 2. chronologische S/W-Szenen und 3. eine Temporalität der Rückblende, die in beide Zeitverläufe einbricht) zu tun, die in der Film-Erfahrung als vierter Zeit, nämlich der Dauer der Aufführung, ineinander verschränkt sind. Die Interdependenz der genannten Zeitebenen führen in der Zeit der Film-Erfahrung von *Memento* zu einem komplexen Gefüge von Zeitbildern, dessen „Lektüren" jeweils neue abweichende Bewegungen, Spuren hinsichtlich seiner Deutung hervorbringen. Die Film-Erfahrung von *Memento* lässt sich daher als eine Art „signifikantes Gleiten" entlang der filmischen Bild-Bildungsprozesse beschreiben. Als Zuschauer erleben wir uns eigentlich ständig beim *Denken im Entwurf*. Wir müssen die gesehenen und aktuellen sichtbaren Bilder ständig neu lesen, ihren Spuren folgen, diese deuten und umdeuten. Das dabei wirksame Wechselspiel zwischen filmischer Information und subjektiver Deutung, das mit Bezug auf die *Suture*-Theorien für jeden Film behauptet werden kann, tritt meines Erachtens in der Film-Erfahrung von *Memento* deutlicher zutage als in anderen Filmen.

Man kann sagen, dass Nolans Film als ein „Mind-*Game* Movie" auch mit seinen Zuschauern spielt. Seine Bilder erzeugen bei mir als Zuschauer Erwartungen, rufen bestimmte Informationen und Bilder zur Erinnerung und Wiedererinnerung auf und setzen damit meine an Filmen geschulte, eingewöhnte Erfahrung und mein Denken in Gang. Dann aber wendet der Film die von ihm zuvor in Anspruch genommenen kognitiven Prozesse gegen sich selbst und verwickelt die Film-Erfahrung in Widersprüche und Paradoxien. *Memento* verweist damit, so Engell, wie viele andere „Mind-Game Movies", auf die

„wechselseitige Erzeugung und Durchdringung des fiktionalen Bewusstseins der Figuren und unserer ‚tatsächlichen' Bewusstseinstätigkeit beim Filmsehen, die natürlich eine gemachte, angeleitete und zwar vom Film aus gesteuerte und insofern ebenfalls ‚fiktive' Denktätigkeit ist" (ebd.: 280f).

Mit anderen Worten: *Memento* bildet in seinen Zuschauern eine Aufmerksamkeit für ihre im Kino zuvor gebildete Film-Erfahrung samt der implizierten Erinnerungs-, Wahrnehmungs-, Denk- und Empfindungsgewohnheiten.

> „Zum Kino gehört nämlich [...], dass wir unsere tatsächlichen Annahmen, so wie wir sie nach Anweisung des Films anfertigen, den fiktiven Figuren unterstellen, die an der Erteilung der Anweisungen – neben sehr vielen anderen Faktoren – selbst mitwirken. Die Erwartungen, Erinnerungen, die Wahrnehmungen und überhaupt die Denk- und Empfindungsprozesse, mit denen wir im Kino befasst sind, unterstellen wir ganz oder teilweise den Figuren auf der Leinwand. Wir lassen sie erwarten, was wir erwarten, lassen sie denken, was wir denken – aber wir erwarten es und denken es auch nur nach Anweisung durch den Film, der die Figuren genau so erwarten, empfinden, denken und handeln lässt wie er es tut." (Ebd.)

Das Verständnis eines subjektiven, vom filmischen Bilderstrom unabhängigen, autonomen Bewusstseins des Zuschauers wird dabei unterlaufen, die Erfahrung des Films durch die Filmbilder verführt – informiert, in (stets etwas andere) Form und Ordnung gebracht. Dabei „erzwingen" die Bild-Bildungsprozesse von *Memento*, so meine Film-Erfahrung, unterschiedliche Lektüren, die jeweils die vorherige in Zweifel ziehen, sie bewerten, um-, über- oder fortschreiben. In der Folge möchte ich *Memento*, seiner kristallinen Ordnung der Bilder nachspüren. Es geht also um ein Spuren lesen – was immer auch heißt, sie dabei (nachträglich) zu legen, also auszulegen. An diese Lektüren werden sich einige bildungstheoretische Überlegungen anschließen.

1. Eine erste Lektüre von *Memento* führt dazu, die Erinnerungsproblematik der Lenny-Figur neuro- bzw. hirnphysiologisch zu deuten. Das fehlende Kurzzeit- bzw. Arbeitsgedächtnis erlaubt es der Lenny-Figur nicht, seine Welt- und Selbstverhältnisse als dauernden und somit kontinuierlichen Prozess (des Verknüpfens von aktuellen Wahrnehmungs- mit Erinnerungsbildern) zu montieren und zu konstruieren. Vor dem Hintergrund eines psychoanalytisch-dekonstruktiven Modells des Gedächtnisses (als Einschreibung von Erinnerungsspuren, vgl. Quindeau 2005) lässt sich die Situation der Lenny-Figur folgendermaßen denken: die Ein- und Umschreibeprozesse der Wahrnehmung und Erinnerung können von der Lenny-Figur aufgrund ihrer eingeschränkten pathologischen Gedächtnisfunktion nicht geleistet werden. Sie werden daher von der Lenny-Figur externalisiert, objektiviert und in Wahrnehmungs- und Erinnerungsapparaturen und -praktiken prozessiert. Lennys Identität als Resultat seiner veräußerten mediatisierten Welt- und Selbstverhältnisse erscheint aber trotz (oder gerade wegen?) der Vielzahl an Erinnerungs- und Orientierungshilfen sehr starr und mono-

lithisch. Lenny weiß lediglich noch wer er (vor seiner Hirnschädigung) war, aber nicht mehr wer er (seitdem geworden) ist! Das traumatische Erlebnis des Überfalls und des Todes seiner Frau wird so als ein unvergessliches Ereignis thematisiert, das die zukünftigen Handlungen der Lenny-Figur begründet und geradezu determiniert. Die neu hinzugewonnenen Wahrnehmungen, Daten und Informationen der Lenny-Figur werden immer aufgrund dieses traumatischen Ereignisses ausgerichtet. Dieser Lektürespur folgen auch Jörissen/Marotzki (2009: 91ff.), wenn sie der Lenny-Figur die Fähigkeit zur Trauerarbeit, als Verfertigung von Vergangenheit und damit integralem Bestandteil von Biographiearbeit und Identitätsbildung, absprechen. Aus dieser Deutung des Films ließe sich wiederum die These ableiten, dass es *Memento* dem bildungstheoretisch interessierten Filmzuschauer erlaubt, die schon von Sigmund Freud (1925) in seiner metapsychologischen *Notiz zum Wunderblock* und in der Folge insbesondere von Jacques Derrida (1972) weiter beschriebenen Ein- und Umschreibeprozesse des individuellen Gedächtnisses im Hinblick auf die Bildung eines einigermaßen „konsistenten" Ichs bei ihrem Scheitern zu studieren, da diese in der Regel unsichtbaren psychischen Prozesse nach „Außen" in die Sichtbarkeit verschoben sind.

Auch Thomas Elsaesser liest *Memento* in ähnlicher Weise, wenn er den „Körper" der Lenny-Figur mit all seinen technisch-medialen Erweiterungen und Gedächtnisprothesen als „Aufschreibesystem"[64] interpretiert. Er führt dabei einen bei Jörissen/Marotzki (2009: 92) schon angelegten Gedanken weiter: Lennys „Aufschreibesystem", so Elsaesser, sei von der Subjektivität der Figur abgekoppelt. Es funktioniere als Apparat, der zwar Effekte von Subjektivität produziere, aber auch ohne diese funktioniere (vgl. Elsaesser 2009: 220). Das zeige sich u.a. darin, dass Lenny immer wieder Zuschauer seines Lebens wird, eben nicht über seine Erfahrung und Erinnerungen verfügt, sondern ihnen wie ein Anderer, ein Außenstehender gegenübersteht. Auf der ästhetischen Ebene der *Mise-en-scene* wird diese Spaltung und Verdopplung durch auffallend viele Spiegel und Spiegelungen verstärkt. Dazu kommt, dass einige der Tattoos auf seinem Körper seitenverkehrt, in Spiegelschrift geschrieben sind, als ob zum Zeitpunkt der Auf-

64 Diesen Begriff versteht Elsaesser ausdrücklich in dem Sinne, wie ihn Friedrich Kittler (1985) für sein Buch *Aufschreibesysteme 1800/1900* verwendete. Darin bezeichnet der Begriff primär technische Einrichtungen, die dem Speichern von Daten dienen, aber auch „das Netzwerk von Techniken und Institutionen [...], die einer gegebenen Kultur die Adressierung, Speicherung und Verarbeitung relevanter Daten erlauben" (ebd.: 519). Die Schöpfung des Begriffs geht auf Daniel Paul Schreber zurück; vgl. auch Dotzler 2005: 28-32.

zeichnung schon eine Spaltung von Handlung und Hand bzw. Körper vorgelegen hätte[65]. Auf diese Lektürespur werde ich später noch einmal zurückkommen.

2. Nolans Film wäre kein Zeitbild-Film, wenn er nicht sich weiter auskristallisierende Bilder produzieren würde, die sich gegenseitig reflektieren und befragen – und sich dabei im Laufe des Films veruneindeutigen, den Film und die Identität seines Protagonisten in eine Unentscheidbarkeit überführen. Es lässt sich m.E. als Zuschauer von *Memento* von Anfang bis Ende des Films sowohl keine sichere und eindeutige Identität der Lenny-Figur als auch der gesamten Film-Erzählung refigurieren[66], denn es gibt noch mindestens eine andere, konkurrierende Lektürespur auf die insbesondere die im Film als *Flashbacks* eingestreuten Erinnerungsbilder verweisen. Diese Bilder werden aber aus noch zu bedenkenden Gründen oft in der Film-Erfahrung von *Memento* übersehen, vergessen oder verdrängt. Fraglich ist zudem: wer in diesen Szenen erinnert? Können diese Erinnerungsbilder noch sinnvoll der Lenny-Figur zugewiesen werden, wenn sie doch auch in eine Zeit nach seiner Hirnverletzung zeigen? Erinnert hier vielleicht der Film selbst, indem er die Zeit, das Virtuelle als Medialität des Films zu sehen und zu denken gibt?

Die angesprochenen *Flashbacks* und die damit verbundenen Fragen legen eine zweite Lektürespur. Die leitende These dabei ist: *Memento* thematisiert mit der Lenny-Figur eine psychische Verletzung, ein Trauma, das mit dem Verlust seiner Frau entstanden ist und sich in seinen Körper eingeschrieben hat. Der Überfall hat demnach nicht nur eine physische Schädigung an der Lenny-Figur hinterlassen, sondern der Verlust seiner Frau lässt auch eine tiefe „psychische Wunde" zurück, die sich nicht schließen will. Aus dieser Perspektive inszeniert der Film eine Vergessens-Problematik – ein *Nicht-Vergessen Können*.

Bis dahin scheint diese Lektüre der vorangegangenen noch nichts Neues hinzuzufügen. Das ändert sich, sobald wir der Teddy-Figur als Teil des filmischen Gedächtnisses von *Memento* in gleichberechtigter Weise zur Lenny-Figur *hören*. Neben Lennys fabulierenden Erklärungsversuchen der vergangenen und aktuellen Ereignisse legt die Teddy-Figur gegen Ende des Films (und somit zu Beginn der Erzählhandlung) eine Interpretation der Lenny-Figur nahe, die noch viel traumatischer scheint als Lennys Selbsterzählung (vgl. 01:38:20 Min. ff.). Lenny

65 Genau diese beschriebene Spaltung erlaubt es der Lenny Figur, sein „Aufschreibesystem" zu instrumentalisieren und gegen die Teddy-Figur einzusetzen (vgl. Jörissen/Marotzki 2009: 92f.)

66 Das hat Torsten Meyer (2005: 241ff.) in einem dekonstruktiven Experiment mit den Filmszenen von *Memento* nachgewiesen.

und seine Frau haben den nächtlichen Überfall in ihrem Haus überlebt. Lenny selbst habe in der Folge seine an Diabetes erkrankte Frau zu Tode gespritzt, gerade so wie er es immer wieder über Sammy Jankis erzählt. Die Geschichte von Sammy Jankis erscheint in diesem Licht als „Deckerinnerung“ im Freud'schen Sinne[67]. Um die traumatischen biographischen Ereignisse (den Überfall mit Hirnverletzung und den in der Folge selbst verschuldete Tod seiner Frau) zu überwinden, helfe Teddy der Lenny-Figur den vermeintlichen „Mörder“ seiner Frau zu finden und den „Mord“ zu rächen – immer und immer wieder, da Lenny sich an die vollzogene Rache nicht erinnern kann. Die Geschichte von Sammy Jankis, die Lenny in den chronologischen Schwarz-Weiß-Sequenzen einem unbekannten Anrufer (wahrscheinlich Teddy, so legt es der Film nahe) am Telefon erzählt, wäre also demnach Lennys Geschichte, oder zumindest bis zur Ununterscheidbarkeit mit Lennys „eigener“ Geschichte verwoben, oder eben eine fiktive Geschichte, die Lenny erfunden hat und benutzt, um eine andere biographische Erinnerung zu überschreiben bzw. zu „decken“.

Folgt man dieser Spur konsequent weiter, dann bedeutet das zudem: die Lenny-Figur *konstruiert* sich mit dem Überfall und dem Mord an seiner Frau ein „Trauma“, um sich vor der Konfrontation mit einem noch schlimmeren traumatischen Erlebnis zu schützen. Wir hätten es dann mit einem *protective trauma* (Elsaesser 2009: 222) zu tun, einem psychischen Schutzschild, das die Lenny-Figur mit Hilfe seiner Amnesie und jedem weiteren Mord an einem vermeintlichen Mörder seiner Frau aufrecht erhält – und gerade auch mit dem Mord an der Teddy-Figur. In den zuvor genannten *Flashbacks* zeigt der Film zum einen Lenny wie er zuerst seiner Frau auf dem Ehebett sitzend eine Insulinspritze gibt und dann, kurz danach, in genau der gleichen Einstellung, wie er sie in den Oberschenkel zwickt. Und zum anderen (einige Minuten zuvor/danach) wie Lenny an Stelle von Sammy Jankis in einem Rollstuhl in einer (psychiatrischen?) Klinik sitzt (vgl. Abb. 54-57). Es sind kurze, in die Erzählhandlung eingestreute Zeitbilder; und je nachdem welches wir davon als Anfang einer Lektüre der Bilder von *Memento* nehmen, verzweigen sich die Filmbilder in unterschiedliche Richtungen, bilden widersprüchliche Geschichten aus.

67 Die Deckerinnerung (die im Englischen interessanterweise *screen-memory* heißt) ist in Freuds psychoanalytischer Theorie ähnlich dem Symptom eine Kompromissbildung zwischen verdrängten Elementen und Elementen der Abwehr (vgl. Freud *Über Deckerinnerungen* (1899), GW I, S. 531-554 und Ders.: *Erinnern, Wiederholen und Durcharbeiten* (1914), GW X, S. 125-136).

Abbildungen 54-57: DVD-Screenshots aus Memento

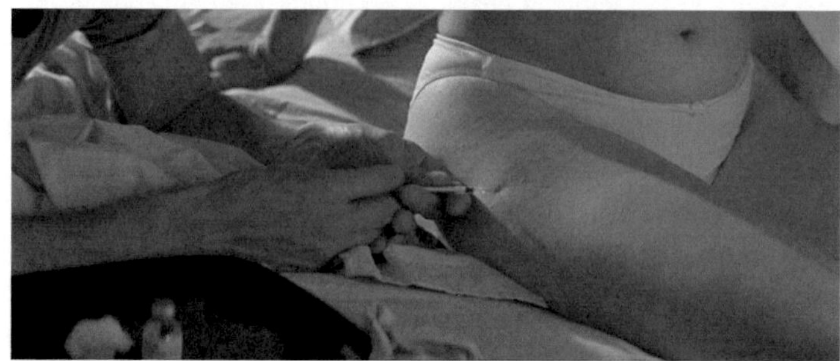

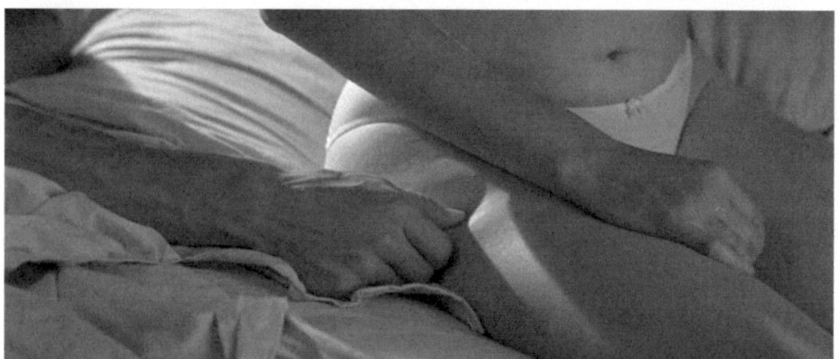

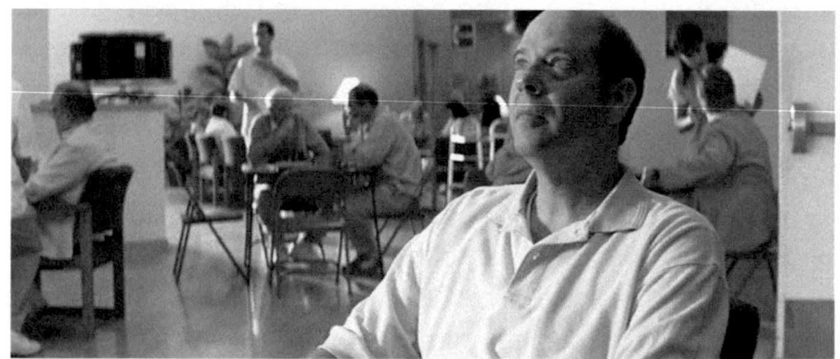

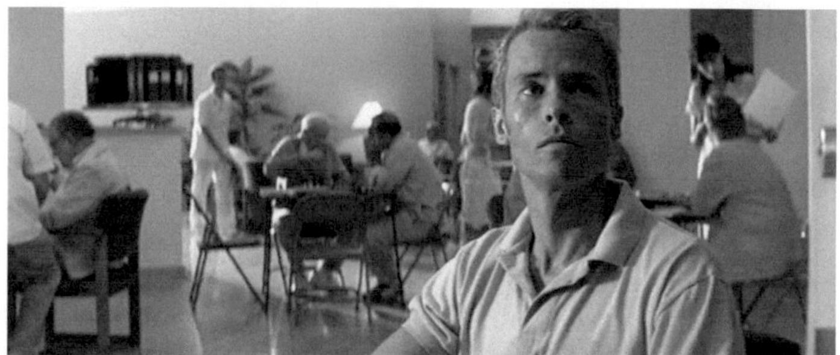

Quelle: Memento, DVD Columbia Tristar Home Video 2002, 109 Minuten

Diese *Flashbacks* werden gerne und oft in der Film-Erfahrung von *Memento* übersehen[68], dafür scheint die Zeitlichkeit des Films und ihre ästhetische Darstellung mitverantwortlich zu sein. Durch die Fokalisierung auf die Lenny-Figur (und deren Bewusstseinszustand) verführt der Film den Zuschauer dazu, sich mit dem Protagonisten Lenny zu identifizieren. Und die Lenny-Figur verdrängt ja genau diese Erinnerungen, genauer: die Subjektivität der Lenny-Figur besteht gerade darin die eine erinnerte Vergangenheit mit einer anderen Erinnerungserzählung (*Remember Sammy Jankis*) und den Bildern, den Subjektivierungsangeboten und Handlungsoptionen des *Film Noir* zu *über*-decken. Im Zusammenhang mit der Fokalisierung auf die Lenny-Figur führt *Memento* zudem seinen Zuschauern die Teddy-Figur als eine unglaubwürdige ein: sie wechselt mehrmals den Namen, scheint mit Lenny zu spielen, ihn zu benutzen und schließlich führt Lenny auf dem Polaroid von Teddy die Notiz „DON'T BELIEVE HIS LIES! (Glaub' seinen Lügen nicht!)".

3. Beiden vorgestellten Lektürespuren ließe sich ohne Zweifel noch weiter produktiv folgen; man könnte dabei beispielsweise das Verhältnis einzelner Tätowierungen – wie „*Remember Sammy Jankis*", das als einziges von Lennys Tattoos jederzeit sichtbar ist – zueinander und zu anderen materiellen, technischen Erinnerungsspuren genauer untersuchen. Ich will aber an dieser Stelle noch eine dritte Lektüre vorstellen, die noch auf eine andere, vielleicht filmischere Weise die prominente Gedächtnisthematik aufnimmt und wendet. Wir haben mit *Memento* gesehen, dass ein Bewusstsein nicht unabhängig vom Gedächtnis und seine aufeinander verwiesenen Funktionen des Erinnerns und Vergessens gedacht werden kann. Das Gedächtnis ist in höchstem Maße identitätssichernd und persönlichkeitsbestimmend, wie es der Film an der pathologischen Gedächtnisfunktion der Lenny-Figur vorführt. Die folgende Lektüre unternimmt nun den Versuch, die Auslagerung des Gedächtnisses der Lenny-Figur in technische Gedächtnisprothesen, in ein „Aufschreibesystem" nicht als individuelle Reaktion auf seine zerebrale Pathologie zu deuten, sondern sie ganz im Gegenteil als die Zuspitzung einer nur allzumenschlichen Situation zu denken, als Grund jeglicher Subjektivität. In dieser Perspektive ist das Gedächtnis etwas, das sowohl den Kern der Identität und der Bewusstseinstätigkeit eines individuellen Subjekts ausmacht als auch etwas, das gemacht, manipuliert, zensiert und gesteuert werden kann. Es ist dabei keineswegs im „Inneren" der Persönlichkeit oder ihres

68 Als Beispiele dafür können die Filmerfahrungsprotokolle gelten, die ich von den Studierenden, mit denen ich den Film im Rahmen zweier Seminare gemeinsam sah, habe anfertigen lassen.

Bewusstseins verborgen, sondern es ist von außen zugänglich und auf die Außenwelt gerichtet, kurz: es ist mediatisiert. Die Erinnerungen haben mit dem Selbstbezug des Subjekts, mit seiner Identität zu tun, sind aber gleichsam nicht dessen Eigentum und daher auch nicht vollkommen verfügbar oder beherrschbar. Aus dieser zum Teil paradoxen Konzeption des Gedächtnis und subjektiver Erinnerung bezieht nicht nur die Filmhandlung von *Memento* ihre Spannung, sondern ergeben sich auch die konfligierenden Bilder des Films, deren Lektüren und die unterschiedlichen (Ge-)Schichten der Vergangenheit, die sie hervorbringen.

Die Abhängigkeit des Gedächtnisses von Außenfaktoren ist, so meine These mit *Memento*, keineswegs nur eine auf die Situation der Lenny-Figur zurückzuführen, sondern der Film legt vielmehr eine filmische Gedächtnistheorie vor. Er bringt dabei das Gedächtnis nicht als immaterielle oder auf den Innenraum einen individuellen Gehirns und seine Aktivität beschränkte Größe zur Darstellung, sondern breitet das Gedächtnis vielmehr in der Dauer seiner Aufführung als eine immer schon verteilte Situation, ein komplexes Gesamtfeld von immateriellen und materiellen, individuellen, sozialen und physischen Agenten aus.

Die umfangreiche Sammlung und Ordnung von Graphien, Auf- und Einschreibungen (Fotos, Notizen, Akten, Karten, Tätowierungen, etc.), welche die Lenny-Figur zur Erinnerung benutzt (aber auch von anderen benutzt werden kann) habe ich zuvor schon erwähnt. Dazu kommen weitere, reale Gegenstände im physischen Raum, die als physische Gedächtnisträger oder -räume präsentiert werden: So fährt die Lenny-Figur beispielsweise in einer Szene nachts auf ein Fabrikgelände (ab 52:00 Min.), um Gegenstände, die mit Erinnerungen an seine verstorbene Frau aufgeladen sind – ein Teddybär, eine Bürste, ein sehr abgegriffenes Buch, eine kleine Standuhr – zu verbrennen. Der Film schneidet zwischen die sich im Feuer auflösenden Gegenstände *Flashbacks* von zu den jeweils gezeigten Objekten gehörigen Erinnerungen der Lenny-Figur. In einer anderen Sequenz zeigt der Film, dass Lennys Erinnerungen auch an bestimmte Geräusche und Situationen, wie das Erwachen in der Nacht durch das Zuschlagen einer Badezimmertür (55:18 Min.) gebunden sind, und wie sie in diesen äußerlichen, theatralen Re-Inszenierungen wieder hervorgerufen werden können. Darüber hinaus wird das Gedächtnis auch als sozialer Raum thematisch, es ist in die verschiedenen intersubjektiven Beziehungen eingelagert, auf unterschiedliche Personen verteilt: zum Beispiel verkörpert Natalie in der Café-Szene (ab 16:50 Min.) die Vergangenheit der Leonard-Figur, die sie sich nicht erinnern kann. Zuvor steigt Lenny aus seinem Auto und liest eine seiner Notizen, die besagt, er solle eine Natalie um 13 Uhr in diesem Café treffen. Er geht in das Café ohne auch nur die geringste Ahnung zu haben, wen er dort warum treffen soll/will. Daher geht er auch an Natalie vorbei, die im Café an einem Tisch sitzend auf ihn wartet. Aber sie stoppt ihn, zieht ihn zu sich an den Tisch und macht so deutlich, dass sie diejenige ist, die er treffen will. Auch wenn Lenny sich nicht erinnern kann, sind Natalie bzw. ihre Interaktion mit der Lenny-Figur Teil der Dauer eines generellen, überindividuellen Gedächtnisses. Gleiches gilt für den Motelangestellten Burt und in ganz besonderem Maße für die Teddy-Figur. Durch die Teddy-Figur, glaubt man deren Erinnerungserzählung, scheint sogar ein Großteil der Vergangenheit der Lenny-Figur seit dem Überfall auf ihn und seine Frau verkörpert. Ohne dass es die Lenny-Figur wissen/erinnern könnte, gewinnt in dieser Perspektive Teddy einen enormen (auch manipulierenden) Einfluss auf Lennys lebensbestimmende und identiätsstiftende Erinnerungen, da Teddy es ist, der ihnen Dauer und Kontinuität verleiht. Teddy ist aber in dieser Position zugleich derjenige, der Lennys Identität und Lebenssinn verunsichern oder gar zerstören kann. Kurz, in dem skizzierten verteilten Gedächtnis des Films, ist beispielsweise die Lenny-Figur zwar „Besitzer" eines biographischen Gedächtnisses als Teil eines allgemeinen Gedächtnisses, aber offensichtlich nicht der alleinige Urheber „seiner" Erinnerungen[69].

Die Lenny-Figur ist aber auch nicht nur Produkt dieses verteilten Gedächtnisses. Vielmehr erzählt der Film davon, wie Lenny um die Verfügung über „seine" Erinnerungen kämpft, ja für sie mordet. Aus der Perspektive der Teddy-Figur ließe sich anfügen, dass Lenny im Laufe des Films und durch den Mord an Teddy darum kämpft, dass seine veränderte, manipulierte Erinnerung andauert. Wie Jörissen/Marotzki anmerken, ist dieser „Umschlagspunkt" der Erzählung von *Memento* der einzige Punkt, an dem man aus erziehungswissenschaftlicher, bildungsphilosophischer Perspektive von einer zugegeben paradoxen Form der „Erlangung von Subjektivität und Selbstbestimmung" der Lenny-Figur sprechen könnte:

> „Leonards eigene bewusste Manipulation seiner Aufzeichnungen stellt einen Umschlagspunkt dar – die instrumentelle Verfügung über die eigene Gedächtnisstörung ist eine Selbstinstrumentalisierung, die unter ethischen Aspekten kaum tolerabel wäre. Doch zugleich ist dies der Punkt, an dem Leonard für die anderen unberechenbar wird, weil er von seinem Ziel, die wahren Mörder seiner Frau zu töten, bewusst abweicht und statt daher (sic) bewusst eine geeignete Figur auswählt, die ihm aufgrund seiner selbstmanipulierten Indizienkette als glaubwürdige Zielfigur erscheinen kann. Leonard arbeitet – und das ist

69 Aus der Perspektive dieser chronischen Lektüre kann es daher nicht gelingen, den gesamten Film als die unzuverlässige Erzählung der Lenny-Figur zu rekonstruieren, zumindest nur mit massiven Reduktionen.

ein sehr außergewöhnlicher Aspekt dieses Films – aktiv mit der Untreue seines gestörten Gedächtnisses. Was unter traditionellen Maßstäben nur als Selbstbetrug verstanden werden kann und unter erinnerungsethischen Aspekten als unhaltbar erscheinen muss, wird im Film zum einzigen Punkt der Erlangung von Subjektivität und Selbstbestimmung." (Jörissen/Marotzki 2009: 92f.)

Wenn ich von den ethischen Fragen absehe, welche die Erzählung von *Memento* sicherlich aufwirft und bei seinen chronischen Symptomen verweile, dann bringt Nolans Film das Bild eines über ein komplexes Feld verteilten Gedächtnisses und einer ebenso verteilten Persönlichkeit und Intelligenz der Lenny-Figur hervor. In diesem Feld sind die Verhältnisse und Kategorien von Innen-Außen, Eigenes-Fremdes, Bewusstsein-Medientechnologie, Wahr-Falsch oder Fiktiv-Wirklich immer schon und unhintergehbar miteinander verschränkt. Technisches Gerät, Aufschreibe- und Aufzeichnungssysteme, Dinge und ihre Verhältnisse im Raum, Zeichen aller Art, soziale Situationen und Konventionen, Kommunikationsvorgänge, Handlungen, Subjekte und deren Fiktionen und imaginären Figuren der Bewusstseinsproduktion haben darin gleiche Mitwirkungsrechte.

Bildungstheoretische Anschlüsse

Mir scheint, dass diese Gedächtnis- und Bewusstseinstheorie, die *Memento* in der Zeit seiner Aufführung entfaltet, ein äußerst interessanter Beitrag für die bildungstheoretische Debatte, insbesondere zur „Film-Bildung" darstellt. Gerade auch daher, da der Film, im Sinne von Elsaessers „Philosophie im Werden", seine philosophischen Thesen nicht nur *verfilmt*, sondern sie selbst *filmisch*, d.h. *durch* den Film entwickelt. Auf die komplexe zeitliche Erzählstruktur von *Memento* habe ich mehrfach hingewiesen. Im Laufe der Erzählung (und nicht der Erzählhandlung) von *Memento* werden seine Zuschauer, wie zuvor gezeigt, in ein Verhältnis zur Zeit verstrickt, dessen Kräfte die klare Unterscheidbarkeit von Fiktion und Wirklichkeit, Wahr und Falsch auflöst bzw. durch ein anderes Verhältnis ersetzt: durch die Erfahrung mehrerer inkompossibler, fiktionaler Gegenwarten, die sich auf nicht notwendig wahre Vergangenheiten beziehen. Die Zeit dieser falsifizierenden Erzählung, so Deleuze (1999: 177) hört nicht auf „sich zu verzweigen, die inkompossiblen Gegenwarten passierend, zu nicht notwendig wahren Vergangenheiten zurückkommend". Dabei ändert die Erzählung ihren Status: sie „hört auf, wahrhaftig zu sein, d.h. vorzugeben, wahrheitsgetreu [zu sein], um sich wesentlich verfälschend zu entwickeln." (Ebd.)

Die Statusänderung der Erzählung ist wiederum ein Symptom eines anderen Veränderungsprozesses:

„Eine Macht des Falschen ersetzt und entthront die Form des Wahren, weil sie die Simultanität inkompossibler Gegenwarten oder die Koexistenz nicht notwendig wahrer Vergangenheiten setzt." (Ebd.)

Die verfälschende Erzählung geht noch über die oben beschriebene kristalline Ordnung der Zeit hinaus[70]. Falsifizierende Erzählungen sind daher auch im strengsten Sinne von unzuverlässigen Erzählungen zu unterscheiden. Sie verweisen in ihrer Darstellung der Zeit auf ein allgemeines, *produktives* Gedächtnis, das (noch) nicht in wahr und falsch unterscheidet, sondern vielmehr die Herstellung von Wahrheit oder auch von Wirklichkeit als fiktive Produktionen und auch als umkämpfte Schöpfungen sich erinnernder Subjekte ausstellt. „Der wahrhaftige Mensch stirbt, jedes Wahrheitsmodell bricht zusammen zugunsten der neuen Erzählung." (ebd.: 174). Die fälschende Erzählung entwischt einem objektiven Urteilssystem, da es keine sichere Referenz, keinen festen und (natürlichen, metaphysischen) wahren Grund gibt, der Wahrheit garantieren kann. Das Primat des Wahren beruht aber auf repräsentierter Wahrheit. Der wahre Grund selbst gerät in Bewegung, wird zu immer wieder neu zu erschaffenden Gründen:

„Die Erzählung modifiziert sich unaufhörlich insgesamt, nicht gemäß subjektiver Variationen, sondern gemäß abgetrennter Orte und entchronologisierter Momente. Es gibt einen tiefgreifenden Grund für diese neue Situation: Im Gegensatz zur Form des Wahren, die vereinheitlichend ist und zur Identifikation der einen Person tendiert (ihre Entdeckung oder einfach ihre Kohärenz), ist die Macht des Falschen untrennbar von einer irreduziblen Mannigfaltigkeit. ‚Ich ist ein anderer' hat Ich = Ich ersetzt. [...] Die Macht des Falschen existiert nur unter dem Aspekt einer Serie von Mächten, die immer aufeinander verweisen und ineinander übergehen." (Ebd.: 177f.)

Die Erzählung hört auf eine Realität vorauszusetzen, wenn sie den Bezug aufs Wahre aufgibt. Dies geschieht im Kino, nach Deleuze (ebd.: 179f) zuerst mit der *Nouvelle Vague*. Erst durch sie wird das Kino disnarrativ, und zwar dann, wenn „die Erzählung affiziert wird von Wiederholungen, Permutationen, und Transformationen, die sich en detail durch die neue [zeitliche, MZ] Struktur erklären." (ebd.: 182). Die Diversität von Erzählungen hängt direkt von Zeitbildern ab.

70 Der Überschuss zeigt sich als ein Mehr an Bewegung und Fabulieren. „Die kristalline Beschreibung erreichte bereits die Ununterscheidbarkeit von Realem und Imaginärem, aber die verfälschende Erzählung [*la narration falsifiante*], die ihr korrespondiert, geht einen Schritt weiter und setzt in der Gegenwart unerklärliche Differenzen und in der Vergangenheit unentscheidbare Alternativen zwischen dem Wahren und dem Falschen." (Deleuze 1999: 174)

Mementos ästhetisches Verfahren, seine Zeitinszenierung hebt sich m.E. noch einmal von den Filmen der *Nouvelle Vague* (wie beispielsweise den Filmen von Alain Resnais) ab, insofern er seine Zeitverhältnisse hier nicht einfach auf der Leinwand vor seinen Zuschauern entfaltet, sondern sich seine Zeitbilder in außerordentlichem Maße mit den Bewusstseins- und Erinnerungstätigkeiten seiner Zuschauer verschränken und diese wiederum verführen, subjektivieren und entsubjektivieren. Wie zuvor schon erwähnt, verspannt *Memento* die Erinnerungstätigkeit des Films und seiner Figuren mit denjenigen seiner Zuschauer, und nicht nur, weil in der Film-Erfahrung das kurzzeitig operierenden Wahrnehmungsgedächtnis bzw. Arbeitsgedächtnis bis zur Überforderung miteinbezogen wird, sondern weil dabei auch die biographischen Erinnerungen der einzelnen Zuschauer mit im Spiel (des „Mind-Game Movie") sind. Wenn wir einen aktuellen Film erfahren, dann beruht diese Erfahrung auf einem Bestand schon gebildeter (Film-)Erfahrungen und stützt sich demnach auch auf all die Filme, die wir schon gesehen haben und an die der aktuelle Film bisweilen auch absichtlich – als Referenz, Zitat, Parodie, Remake, etc. – erinnern will.

Wie Christopher Nolans *Memento* auf ein filmisch-kulturelles Gedächtnis verweist bzw. dieses in Anspruch nimmt, um somit gleichsam die unterschiedlichen Erinnerungstätigkeiten seiner Zuschauer mit den Filmfiguren zu kreuzen, will ich gleich noch ausführen. Zuvor lässt sich festhalten: Mit dem Film, sowohl auf der Ebene seiner erzählten/erzählenden Figuren als auch auf der Ebene seiner Zeitinszenierung[71], und seiner Film-Erfahrung lässt sich argumentieren, dass Subjektivität nur in einer komplexen Abhängigkeitsbeziehung von ihrem medialen Anderen gedacht werden kann. Subjektives Sehen, Fühlen, Denken und Handeln/Urteilen wäre damit nicht länger unabhängig vom gesehenen Film zu denken, sondern der Film blickt vielmehr zurück, verstrickt unser Sehen in seine Perspektive(n). Das sich bildende Subjekt ist damit nicht vom Strom der Filmbilder, ihren Bild-Bildungsprozessen abgetrennt zu denken, sondern es ist selbst Montage von Wahrnehmungs-, Affekt- und Aktionsbildern, von Erinnerungs- und Denkbildern[72].

---

71 Ich stimme in diesem Punkt mit Brigitte Hilmer (2009: 107-126) überein, dass die künstlerische/filmische Darstellung der Zeit mit der Darstellung von Figuren und ihren fiktiven Welten verbunden ist. Ohne die mittels Figuren darzustellende Erlebnisdimension einer Vergangenheit, Gegenwart und Zukunft könnten die Filmzuschauer nicht von einer eigenen Wirklichkeit des Fiktiven sprechen und diese von einer anderen (sicherlich ebenso fiktiven) Wirklichkeit außerhalb des Kinos unterscheiden.

72 Deleuzes Verständnis von Subjektivität oder vom Subjekt lässt sich als Montage und Zentrierung von Bewegungsbildern auf ein besonderes Bild, ein „Indeterminations-

Zeitbild-Filme wie *Memento* erlauben es darüber hinaus, durch ihre komplexe Konstruktion auf diese paradoxe Alterität der subjektiven Welt- und Selbstverhältnisse zu reflektieren – auch weil sie die subjektive Wahrnehmung und deren Klischees überschreiten und damit fraglich werden lassen können. Diese Filme können das, weil ihnen ein Verankerungspunkt und die Bindung an einen Horizont fehlt, weil sie nicht den Bedingungen subjektiver Wahrnehmung unterworfen sind[73]. Das Modell dieser Filme ist nicht das wahrnehmende Subjekt, sondern „ein Zustand der Dinge, der sich unaufhörlich verändert, ein Materiestrom, in dem kein Verankerungspunkt oder Bezugszentrum angebbar" ist (Deleuze 1998: 86)[74]. Daher hat der Film prinzipiell das Potential, ein differenziertes Se-

---

zentrum" begreifen (vgl. Deleuze 1998: 92ff.). Dort differenzieren sich die Bewegungsbilder. Als „Indeterminationszentrum" identifiziert Deleuze das Gehirn. Ein Gehirn ist aber für Deleuze keine neurophysiologische oder biologische Größe, sondern selbst ein eigensinniges Bild und „nichts anderes, Intervall, Abstand zwischen Aktion und Reaktion. Das Gehirn ist sicher kein Zentrum von Bildern, von dem man ausgehen könnte, sondern es bildet selbst ein spezielles Bild unter anderen, es bildet im azentrierten Universum der Bilder ein Indeterminationszentrum." (Deleuze 1998: 92) Die erste Verwandlung des Bewegungsbildes durch Bezug auf ein Indeterminationszentrum führt zum Wahrnehmungsbild. Das Universum der Bewegungsbilder krümmt sich um sein Zentrum „und [...] bildet einen Horizont" (ebd.: 94 f.) und dadurch nehmen wir von den Dingen nur wahr, was uns interessiert. Das erste materielle Charakteristikum von Subjektivität ist demnach ihre Subtraktivität (vgl. ebd.: 94). Durch die zweite Transformation des Bewegungsbildes entsteht das Aktionsbild (vgl. ebd.: 95). Zwischen Wahrnehmung und Aktion gibt es etwas Drittes. „Es gibt ein Dazwischen. Die Affektion besetzt das Intervall, besetzt es, ohne es zu füllen oder aufzufüllen. Sie taucht auf im Indeterminationszentrum, d.h. im Subjekt, zwischen einer in bestimmten Hinsichten beunruhigenden Wahrnehmung und einer zögerlichen Aktion." (Ebd.: 96) So ist die letzte Transformation des Bewegungsbildes das Affektionsbild. Deleuze fasst zusammen und bestimmt das Subjekt, als „das spezielle Bild oder eventuelle Zentrum, [das] nichts anderes ist als ein Gefüge von drei Bildern, eine Konsolidierung von Wahrnehmungsbildern, Aktionsbildern, Affektionsbildern" (ebd.: 97).

73 Vgl. dazu auch meine bildungstheoretischen Überlegungen mit David Lynchs *Lost Highway* (USA 1997), insbesondere zur Zeitlichkeit von Bildungsprozessen in Zahn 2009a.

74 In *Was ist Philosophie* (2000: 191ff.) sprechen Deleuze/Guattari der Kunst und damit auch dem Film die Fähigkeit zu, Perzepte und Affekte zu erschaffen. Diese sind streng von individuierten Perzeptionen (Wahrnehmungen) und Affektionen (Empfindungen, Gefühlen) zu unterscheiden. Die Perzepte und Affekte sind „in der Abwesenheit des

hen im Hinblick auf die Zeitlichkeit von Bildungsprozessen zu bilden. Er wird zu einem bildungstheoretischen Forschungsinstrument, das uns einen genaueren Einblick in die Konstruktionsprozesse von Welt und Selbst des Subjekts ermöglichen kann. Mit dem Film können wir erhöhte Aufmerksamkeit und eine feinere Wahrnehmung für das entwickeln, was in der identifizierenden Alltagswahrnehmung ausgeschlossen wird, was aber umso größere Bildungsmacht auf das Subjekt ausübt. In diesem Sinne inszeniert *Memento* Zeitbilder, in welchen verwiesen wird auf die allgemeine Situation des Erinnerns, Wahrnehmens, Fühlens, Denkens und Handelns als mühsam errungene und nur schwer aufrecht zu erhaltende Montage einer Ich-Identität aus dezentral organisierten Wahrnehmungspartikeln, Erinnerungen, Affektionen, Wünschen und Handlungsplänen.

Die zuletzt formulierten Gedanken stellen Konzepte wie die personale Identität und Autonomie individueller Subjekte in Frage: letztere scheint sinnvoll nur noch als Illusion und/oder notwendige Fiktion denkbar (vgl. Meyer-Drawe 1990). Das Konzept einer personalen Identität des Subjekts wiederum wird mit *Memento* als eine sehr energieaufwendige, nur mühsam aufrechtzuerhaltende Konstruktion vorgeführt – und gleichsam als Verkennung einer zeitlich konzipierten „Subjektivität ohne Identität“ dargestellt. In der Frage nach der Identität des Subjekts verweist *Memento* mit seinem Protagonisten Lenny auf das Dilemma des individuellen Subjekts, sich in seinen Selbstidentifizierungen immer zu verkennen, eben illusionären (auch unbewussten) Bildungen von Identität aufzusitzen. Die Lenny-Figur bezieht sich wie zuvor gezeigt in seinen Welt- und Selbstverhältnissen auf symbolisch-imaginär Präfiguriertes in Form von Bildern. Diese Bilder, auf die sich das Subjekt in seinen Bildungsprozessen bezieht, stellen sich in realen, materiell-technischen Dingen, symbolischen Strukturen, Ordnungen und Formationen, in spezifischen Diskursen und eben auch audiovisuellen Dispositiven dar. Das Subjekt ist demnach nur als mediatisiertes und (auch) heteronom bestimmtes, seine Identität als sein „Innerstes“ nur als eingefaltetes „Außen“, als eine „Mannigfaltigkeit“ zu denken (vgl. Deleuze 2000). An der Lenny-Figur lassen sich die prekären Prozesse der Herstellung von subjektiver Gewissheit und personaler Identität in mediatisierten, zeitlichen Welt- und Selbstverhältnissen studieren. *Memento* führt dabei vor, wie sich Lenny zur Konstruktion seiner Identität auf sehr konkrete filmische Vorbilder und Motive des klassischen *Film Noir* (der Detektiv, die Amnesie, die Rache, die *femme fatale*, etc.) bezieht, sie verwendet, aktualisiert, und sie dabei auch umschreibt, neu

Menschen, weil der Mensch, so wie er im Stein, auf der Leinwand oder im Verlauf der Wörter gefaßt wird, selbst eine Zusammensetzung, ein Komplex aus Perzepten und Affekten ist“ (ebd.: 192).

montiert. Der Detektiv des *Film noir* beispielsweise wird dabei ironischerweise zum Versicherungsdetektiv ohne Gedächtnis oder eben mit einem Trauma, also jemand der nicht Vergessen kann (vgl. dazu auch Elsaesser 2009: 222). Ein ehemaliger Versicherungsdetektiv, der einen „Mörder" sucht, der er möglicherweise selbst ist? Ist die Lenny-Figur nun Verfolger oder Verfolgter, treibt er seine Ziele vor sich her oder ist er Getriebener? Oder beides zugleich? *Memento* verweigert eindeutige Antworten und Beschreibungen auf diese Frage, vielmehr bringt er sie durch die komplexe zeitliche Ordnung seiner Bilder erst hervor und hält sie offen.

Zudem zeigt *Memento*, wie sich die Identitätskonstruktion der Lenny-Figur in der Zeit eines produktiven Gedächtnisses nur durch sehr energieaufwendige, gewaltsame Operationen und Subtraktionen Aufrecht erhalten kann. Störende, weil seine personale Identität verunsichernde Erinnerungen – sowohl in Form materialisierter Erinnerungsträger als auch in anderen Subjekten verkörperte Erinnerungen – werden von Lenny hinsichtlich seiner (recht starr programmierten, eintätowierten) Ziele und Handlungsmotive subtrahiert, gelöscht oder eliminiert. Der Prozess der Identifizierung erscheint so in *Memento* vermittelt über die Lenny-Figur in seiner aggressivsten Ausformung[75].

Doch was mit der Lenny-Figur so drastisch dargestellt wird, gilt für die Konstruktion von personaler Identität im Allgemeinen und zwar in der Form, wie ich sie zuvor mit Bergson/Deleuze als organische Montage von Erinnerungsbildern, Wahrnehmungs-, Affekt-, und Aktionsbildern beschrieben habe[76]. Das Bildungspotential von *Memento* liegt somit in der Dekonstruktion dieser organisch montierten Subjektivität, die er in der Dauer seiner Film-Erfahrung entfaltet. *Memento* genügt sich aber nicht in der experimentellen Destruktion selbstverständlich gewordener Ordnungen der Bewegungsbilder, die eine autonome Subjektivität herstellen und sichern (sollen). In der Dekonstruktion der personalen Identität der Lenny-Figur (allgemeiner: des Figurenkonzepts des Aktionsbild-Kinos) entsteht eine andere, kristalline Ordnung der Bilder und damit auch eine andere Subjektivität; eine Ordnung, die „zugleich ersetzt, erschafft und tilgt; die ständig neuen Beschreibungen Platz macht; die den vorangehenden widersprechen, sie

75 Der Modus der Identifikation ist das Gleichsetzen, Gleichmachen, in aggressivster Form das Verschlingen, das sich zu Eigen machen eines anderen. Gleichgesetzt bzw. verschlungen wird ein anderes Objekt/Bild (vgl. zum psychoanalytischen Begriff der Identifikation auch Zahn 2006: 40ff. und 65ff).

76 Das Subjekt, so kann man sagen, ist Ergebnis einer Schnitt- und Montagetechnik, wie es auch Zizek (2001: 44ff) in einer Relektüre von Kants Einbildungskraft mit Hegel gezeigt hat (vgl. dazu aber auch Sesink 2008: 13-36 und Zahn 2006: 102ff).

verschieben oder modifizieren" (Deleuze 1999: 168), mitsamt einer Subjektivität, die nicht mehr sinnvoll als das Zentrum einer Figur/Person gedacht werden kann. Wie aber lässt sich mit *Memento* und seiner gedächtnistheoretischen Perspektive noch Subjektivität denken?

Nolans Film ermöglicht seinen Zuschauern wie oben beschrieben potentiell in eine audiovisuelle Bilderwelt einzutauchen, die *diesseits* einer Welt autonom handelnder Subjekte liegt und deren reduktionistische, normierende Konstruktionsprinzipien offen legt. Dabei affirmiert er die „Nahtstellen" des Horizonts subjektiver homogener Innerlichkeit, der (be-)ständig aus subjektiven Erinnerungen, Wahrnehmungen, Empfindungen und Handlungen zusammengefügt wird, um die Identität des Subjekts, den Innenraum oder die Eigenheitssphäre der Subjektivität vor dem Einbruch des Außen oder Anderem abzudichten. Diese Denkfigur einer dichotomen Differenz wird von *Memento* subvertiert, als Verkennung entlarvt und in komplexere Figuren der Differenz überführt, da der Film Subjektivität/Innerlichkeit als eine Einfaltung des Außen „lesbar" macht und zu denken gibt.

Der „Raum" der Subjektivität (der Lenny-Figur), der durch diese Einfaltungen des Außen entsteht, schließt gleichsam mannigfaltige, heterogene, differente, zum Teil widersprüchliche Perspektiven und Erinnerungen ein. Das Subjekt existiert daher nur in den/als die Anschlüsse(n) und Verkettungen dieser differenten Perspektiven, als die Mannigfaltigkeit miteinander rivalisierender Gesichtspunkte, Erinnerungen und Wirklichkeiten, deren Wahrheit durch keine Referenz auf einen ihnen äußerlichen Maßstab verbürgt ist. Subjektivität *wird* als dezentrierte, sie ist nicht das Zentrum einer Figur oder Konfiguration, sondern zeigt sich als Variationen von Gesichtspunkten, von montierten Bildern, deren Grund die Zeit als produktives Gedächtnis ist.

Das „Subjekt ohne Identität" erscheint mit *Memento* an den Schnittstellen einer unendlich strömenden Bewegung von Bildern; es muss als Montage von Abweichungen, Veränderungen gedacht werden – als ein *Anders-Werden*, genauso wie es von den Zeitbild-Filmen hervorgebracht, dargestellt und in deren Film-Erfahrung lesbar und denkbar wird. Dieses „Subjekt ohne Identität" wird als ein Gefüge von Singulariäten, Bewegungen, Bildern in der Zeit. So verstehe ich Deleuze, wenn dieser sagt, die nicht-chronologische Zeit sei Subjektivität: „Die Subjektivität ist niemals die unsere, es ist die Zeit, d.h. die Seele oder der Geist, das Virtuelle. Das Aktuelle ist immer objektiv, aber das Virtuelle ist das Subjektive. [...]" (Deleuze 1999: 113).

Zeitbild-Filme wie *Memento* verlangen daher in besonderem Maße die Mitwirkung der Zuschauer, die sich von ihnen affizieren lassen müssen, sich hineinziehen lassen in die Zeitregie der Filme, in die unvorhersehbaren Bewegungen und Anschlüsse der Bilder und ihre Werdensprozesse. Darin liegt dann auch ihr ästhetisch bildendes Potential, denn solche Filme können die auf Prinzipien der Nützlichkeit, Ziele und Zwecke ausgerichtete, reduzierende Wahrnehmung verändern, indem sie in der Zeit ihrer Film-Erfahrung Anlässe zum Zögern, zum genaueren, wiederholten und differenzierten Wahrnehmen geben. Zeitbild-Filme ermöglichen dann ihren Zuschauern

„[...] eine Freiheit *für* die Zeit: ein Freiwerden für die Erinnerung an die Potentialität der Gegenwart unseres und nicht allein unseres Lebens – eine Begegnung mit eigener und fremder Gegenwart, die nicht zuletzt den Sinn hat, die eigene Gegenwart wieder befremdlich und darin bemerkenswert werden zu lassen. Ästhetische Form und ästhetisches Bewusstsein von Form, so verstanden, sind Medien, die es uns erlauben, uns in die Zeit unseres Lebens zu vertiefen, uns in ihr zu verlieren, uns von ihr erschrecken und berauschen zu lassen, wie es die übrigen [kulturellen, MZ] Techniken des Time-Managements – und mit ihnen nicht wenige Formen des Stils – mehr oder weniger erfolgreich zu verhindern suchen.“ (Seel 2007: 82)

Ästhetische Film-Bildung oder ästhetische Bildung durch, mit und an Filmen wie *Memento* zielt damit nicht auf einen wie auch immer bestimmten Kompetenzerwerb, sondern versteht sich ganz im Gegenteil als ein zweckfreies, ästhetisches Erfahrungsgeschehen, das mit Filmen Wahrnehmungs-, Denk- und Handlungsmöglichkeiten differenziert, diversifiziert und erweitert. Kurz: Ästhetische Film-Bildung ist eine Möglichkeit differenzierter und komplizierter zu werden.

4 Film-Bildung als Paradoxographie

Mit einem Denken der Differenz, wie ich es in dieser Arbeit vorstelle, Ernst zu machen, ist eine Herausforderung besonderer Art, handelt es sich doch nicht um eine Methode, sondern vielmehr um eine a-methodische *Praktik* des Spurenlesens und –bahnens; eine stete Übung des Spürens, der Spurensuche und ihrer Lektüre, was zugleich bedeutet, dieselben her- und darzustellen, sie zu übersetzen. Die Übersetzungen meiner singulären Film-Erfahrungen in einen medien- und erziehungswissenschaftlichen Text, konnten dem Leser manche Zumutung nicht ersparen. Zu diesen Zumutungen gehört, dass die Begrifflichkeit, die sich den in weiten Teilen paradox verfassten Phänomenen wie der Medialität des Films, der ästhetischen Erfahrung als Spurenlese und der Bildung nähert, sich nicht oder nur sehr selten in fein abgezirkelten Thesen verdichten lässt.

Meine Überlegungen gingen von der Frage aus, wie sich die dem Film vielstimmig unterstellten, bildenden Effekte denken lassen – wie Bildung mit Film möglich sein kann. Die darauf folgende Lektüre vorliegender medienpädagogischer und bildungstheoretisch inspirierter Konzepte der Filmbildung hat diese Frage in ein doppeltes Vorhaben verzweigen lassen. Meine Arbeit sollte zum einen die kritische Reflexion kursierender Konzepte von Filmbildung vor dem Hintergrund poststrukturalistischer und posthermeneutischer Medientheorie leisten; und zum anderen einen Vorschlag von Film-Bildung skizzieren, der den medienpädagogischen Diskurs um die Dimension der ästhetischen Erfahrung von Film erweitert und dabei die produktiven, transdisziplinären Verhältnisse von Medienwissenschaft, Kunst, Ästhetik und Bildungsphilosophie erforscht.[1]

1 Dabei folge ich der von Deleuze/Guattari in *Was ist Philosophie?* (2000) formulierten Einsicht, dass Wissenschaft, Kunst und Philosophie nicht nur auf jeweils andere Art Welt beforschen und zur Darstellung bringen, sondern dass jede Disziplin die jeweils anderen, transdisziplinären Bezüge braucht, z.B. die Philosophie auf Wissenschaft und Kunst, um anders zu werden, sich zu verändern und damit zu erneuern.

Trotz der Verwandtschaft meines projektierten Begriffs der Film-Bildung mit anderen bildungstheoretisch argumentierenden Konzeptionen[2], setzt mein konsequenter Bezug auf die Kunst und die Ästhetik an einigen Punkten Entscheidungen, die einen Unterschied machen. Eine dieser Entscheidungen betrifft den Zugang zum Film: ich verstehe den Film nicht nur als Massenmedium der Kommunikation oder als Unterhaltungsmedium ökonomischer Wertschöpfung, sondern und vor allem als Medium künstlerischer Forschungen. Ich gehe dabei von der Unterstellung aus, dass künstlerische Arbeiten als filmische Forschungen an der Medialität des Films und an der Bildung von Subjektivität in medialen Gefügen zu verstehen sind. Sie leisten somit einen Beitrag zur theoretischen Beschreibung aktueller Medienkultur und ihren Bildungsmöglichkeiten, da die Kunst Praxen und Strategien der Reflexion hervorbringt, welche die Medialität der Medien als „blinde Flecken" sowohl des Mediengebrauchs, der Medien- als auch der Bildungstheorie bearbeitbar macht.

4.1 Paradoxe Medialität

In Bezug auf die medientheoretischen Positionen von Dieter Mersch und Sybille Krämer konnte gezeigt werden, dass diese „blinden Flecken" der Medienpraxis- und –theorie, der Alterität und Fremdbestimmtheit der Mediationen selbst geschuldet sind. Alterität bezeichnet ein Anderes, das sich dem Zugriff z.B. eines begrifflich strukturierten, diskursiven Wahrnehmens und Verstehens verweigert, das aber Formen eines medialen Dritten bedarf, um seine Vermittlung, seine Symbolisierung, Aufbewahrung oder Übertragung zu garantieren. Diese Garantie entpuppt sich allerdings als Verkennung, insofern auch jede Mediation und Signifikation ihr Anderes hat, bzw. von ihm durchzogen ist und das dieselbe in Darstellbares-Undarstellbares, Wahrnehmbares-Unwahrnehmbares, Sagbares-Unsagbares, Bewusstes-Unbewusstes u.a.m. differenziert. Darin liege, nach Mersch, das *Paradox des Medialen*, das die wissenschaftliche Erforschung der Medien erschwere. Ein Medium kann seine Medialität – als dessen Materialität, eigensinnige Performanz und Ereignishaftigkeit – nicht mitvermitteln, so dass jeder Gebrauch von Medien von einem Entzug ihrer Medialität gezeichnet ist. Zudem lässt sich kein Außerhalb von Medien bestimmen, da es keinen Ort gibt, von dem aus ich ein Medium wahrnehmen, über es nachdenken oder sprechen könnte, der nicht schon mediatisiert wäre.

---

2 Vgl. meine Ausführungen im 1. Kapitel, S. 30-52.

Daraus ergibt sich die systematische Schwierigkeit für die wissenschaftliche Bestimmung der Medien und die letztlich aporetische Situation, dass wenn ich mich anschicke eine Analyse der Medien und ihrer Wirkungen vorzunehmen, sich deren Unbewusstes, Undarstellbares oder Unsagbares immer wieder verflüchtigt und der Analyse unterschiebt, da auch meine Analyse wiederum Medialitäten unterworfen ist, die sich eben in dem Maße aufzwingen und einprägen, wie sie sich verleugnen. Die Medialität eines jeweiligen Mediums kann in dieser systematischen Perspektive nur intermedial erforscht und folglich nicht oder nur in Teilen positiv bestimmt werden. Folglich hat Medialität das paradoxe Format einer anwesenden Abwesenheit.

Medienwissenschaftliche und medienpädagogische Konzepte, welche die paradoxe Medialität ignorieren oder sie beispielsweise in hermeneutische Formationen artikulierten Wissens (im Verhältnis zum Nicht-Wissen) umschreiben, auf Problem-Löse-Schemata oder Kompetenz-Performanz-Schemata reduzieren skotomisieren die Alterität des Medialen, ihr Zuvorkommen, ihren Entzug. Sie verkürzen damit das Verständnis der Medien um die Grenzen ihrer Mediationen, nämlich um ihre Materialität, Performanz und ihr Ereignen, und um ihre Dimensionen des Unwahrnehmbaren, Rätselhaften, Unsagbaren – aber Denkbaren.

4.2 Mediale Paradoxa der Kunst

Nach Mersch ist es die Kunst, die das Paradox des Medialen erforscht und ästhetische Erfahrungen zeitigt, die als Formen ästhetischer Welterschließung Möglichkeiten eröffnen das Paradox des Medialen denkend anzuerkennen. Mit Adorno spricht Mersch der Kunst ein medienkritisches, epistemisches Potential zu, insofern die Künstler innermediale Verfahrensweisen und Strategien der Reflexion aufzeigen, die dem *Paradox des Medialen* mit der Modellierung *medialer Paradoxa* begegnen. Filme können es daher ermöglichen, die Medialität des Films als immer neue *Spuren*, welche die Medialität in den Filmen und ihren Nutzern hinterlässt, zu entdecken.

Diese Filme greifen mit ihren ästhetischen Verfahren in bestehende Strukturen des Films und seiner Erfahrung ein, erfinden Brüche und Widerstände, um etwas von der filmischen Medialität, seiner Materialität und Ereignishaftigkeit hervorzulocken. Um diese Spuren in der Film-Erfahrung zu „lesen", bedarf es freilich einer Einübung in Sicht- und Erfahrungsweisen, die nicht den vordergründigen *Funktionen* medialer Prozesse folgen, sondern sich bevorzugt für deren Störungen, Bruchstellen, Irritationen und *Dysfunktionen* interessieren.

4.3 ÄSTHETISCHE BILDUNG ALS SPURENLESE UND PARADOXOGRAPHIE[3]

Um die Beteiligung des Subjekts an der Erfahrung filmisch erzeugter Paradoxa genauer zu fassen, wurde an der Reflexion der „Spur" die „Begriffsperson" des Spurenlesers entwickelt, welche die spezifische Haltung und Übersetzungsarbeit, die in der ästhetischen Erfahrung des Films zu leisten ist, beschreibt.

Der Spurbegriff ist selbst von Paradoxa durchzogen, die Spur ist sowohl Wahrnehmungslenkung als auch Wahrnehmung des Unwahrnehmbaren, sie verbindet eine Unmotiviertheit und Unaufmerksamkeit des Spurenlegens mit der Motiviertheit und Aufmerksamkeit des Spurenlesens, und sie umfasst sowohl materielle, aisthetische als auch semiotische Elemente. Spuren zeigen sich immer auf dem Hintergrund anderer Spuren (*Erinnerungsspuren*), die ebenso als paradox verfasstes (Vor-)Wissen, nämlich als *unbewusstes Wissen* beschrieben wurden, die sich im Spurenlesen aktualisieren. Die mit dem Spurenlesen verbundenen Affektionen sind somit zum einen in Relation zu subjektiven Erwartungen und Wünschen in Form von Wissensunterstellungen zu verstehen, zum anderen werden deren Enttäuschungen als Überschreibungen bestehender subjektiver Erinnerungsspuren thematisierbar.

Das Spurenlesen wurde zudem im Begriff des *Zauderns* als die Gemengelage einer ganz bestimmten Aufmerksamkeit und Wahrnehmung beschrieben: der vom Film in seinem Erscheinen-lassen gebildeten Aufmerksamkeit des Subjekts kommt in der ästhetischen Erfahrung eine spezifische Form der subjektiven Wahrnehmung und Deutung hinzu, die wiederum in einem Prozess der Übersetzung und in Bezug auf diverse Konzentrations-, Aufschreibe- und Denktechniken gewonnen wird. Als dieses energetisch aufwendige, aktiv-passive Geschehen, zwischen der verwirrten subjektiven Wahrnehmung und der verzögerten Reaktion, ermöglicht das Zaudern dem Spurenleser im Zeitraum der ästhetischen Erfahrung ein Zweifeln und aktives Befragen von zuvor fraglos vollzogenen Prozessen und Handlungen, von sich anbietenden Schlüssen, Interpretationen, Urteilen, auch von individuell selbstverständlich Gewordenem. Er schiebt eine abschließende Entscheidung oder ein Urteil auf, schafft so eine Leerstelle, um die herum in wiederholenden Denkbewegungen und Neuansätzen diverse Deutungsmöglichkeiten versammelt werden können, ohne jemals die *eine* „wahrhafte", richtige Bedeutung oder den *einen* Sinn eines Films hervorzubringen. Der Spurenleser kann so immer nur weitere Lektüren und Deutungen hinzufügen, bestenfalls – mit Adorno gesprochen – die Bedingungen seiner Unbestimmbar-

3 Der Begriff der Paradoxographie ist eine Schöpfung von Michael Wimmer (2006).

keit und Rätselhaftigkeit beschreiben, indem er dabei den inneren Spannungen und medialen Paradoxa des jeweiligen Films folgt.

Die Spurenlese von und mit Filmen lässt sich in dieser Perspektive als ästhetische Bildung beschreiben, bzw. das Spurenlesen als ästhetische Erfahrung von Filmen kann als bildende Erfahrung verstanden werden, insofern sie es ermöglicht, die Auseinandersetzung des individuellen Subjekts mit Filmen, auf der Folie der Unmöglichkeit ihrer identifizierenden Aneignung zu denken. Damit lässt sich eine Erfahrungskonstellation für die Analyse filmischer Subjektivierungsprozesse zu Grunde legen, in der die Subjektivierung im Vollzug der Film-Erfahrung auf einer Grenze von Erkennen und Verkennen des Subjekts dieser Erfahrung situiert ist. Auch in der Beschreibung bildender Erfahrung mit Filmen bleibt die Widerständigkeit der Filme leitend – als Unmöglichkeit ihrer objektivierenden Vereinnahmung und damit verbunden durch das Scheitern identifizierender Selbstbestimmungen des Subjekts.

Filme entfalten in ihrer ästhetischen Erfahrung somit einen Zeit-Raum der Bildung als Herstellung und Anerkennung ihrer Offenheit und Alterität (ihrer Unabschließbarkeit als Undarstellbarkeit, als Unsagbarkeit), um gleichsam eine Subjektivität zu bilden, die nicht mehr in wiederholbaren, feststellbaren Identitäten zur Ruhe kommt. Die Medialität der Filme, ihre Nicht-Identität und Unsagbarkeit versetzt den Spurenleser immer wieder in Unruhe, treibt ihn an, entwickelt in seinem Entzug einen Zug, das Unsagbare dennoch zu sagen, zur Sprache bringen zu wollen, es zu übersetzen, um es mit anderen zu teilen und es diskutierbar zu machen.

Ein Bildungsbegriff, der das Scheitern eines identifizierenden Sagens, eines diskursiven, begrifflichen Zugangs des Subjekts zur Welt und Selbst als paradoxe Möglichkeitsbedingung für Bildung formuliert, fasst Bildung als *Paradoxographie*. Bildung gerät dabei zu einer unendlichen Suchbewegung nach Formulierungen, Artikulationen oder Graphien für die paradoxe, mediale Verfasstheit subjektiver Welt- und Selbstverhältnisse, die wiederum nur performativ in unterschiedlichen medialen Gefügen vollzogen und durchgemacht werden kann. Das sich bildende Subjekt arbeitet zaudernd am Aushalten der Paradoxa, versammelt und bildet daran symbolische Antwortmöglichkeiten, die es ihm ermöglichen die Alterität und Fremdheit seiner Welt- und Selbstverhältnisse als unlösbare Rätsel anzuerkennen – und sie eben nicht *als* Alterität zu formulieren oder als relative Fremdheit anzueignen. Die im 3. Kapitel der Arbeit an den Filmen von Peter Tscherkassky und Christopher Nolan entfalteten Lektüren verstehen sich als erste Beiträge zu einem solchen Verständnis von Bildung, ausgehend von Filmen. Ich werde im Folgenden einzelne Ergebnisse dieser Lektüren herausgreifen, um sie für eine weitere bildungstheoretische Forschung am Film vom Film aus zu perspektivieren.

Mit den Filmen von Peter Tscherkassky habe ich über die Materialität, Technik und die Performanz des Films und seiner Erfahrung am Beispiel des *kinematographischen Dispositivs* nachgedacht. Der Prozess der Wahrnehmbarmachung des Films wurde dabei als eine Kette von Handlungsvollzügen rekonstruiert, die in der Technik und ihrer Verwendung in performativen Akten gründen und so vom symbolischen Gebrauch des Films zwar unterschieden, aber nicht abgetrennt gedacht werden können. Vielmehr bilden die Materialien, Techniken und Praxen des kinematographischen Dispositivs den medialen Rahmen des *Wahrnehmbar-machens* eines Films. Die subjektive Film-Erfahrung, das Wahrnehmen, Fühlen, Denken und Handeln im Kino sind demzufolge als *responsive*, antwortende Vollzüge immer schon eingebunden in ein Außen, ein materielles Dispositiv. Diese Erkenntnis ist nicht neu, sie bestätigt ganz im Gegenteil eine medienphilosophische Grundannahme, die schon Friedrich Nietzsche zugerechnet wird, der in seinem viel zitierten Diktum feststellt: „[...] unser Schreibzeug arbeitet mit an unseren Gedanken." (Nietzsche 2002: 172). Der Status des „Mit" in „Mitarbeit" ist allerdings immer noch unklar, bzw. wird im medientheoretischen Diskurs unterschiedlich gedeutet (vgl. Mersch 2010b: 191ff.).

Mit Tscherkasskys Filmen und auch mit Nolans *Memento* habe ich zu zeigen versucht, dass sich das „Mit" dieser Beziehung nicht als eine technische Überformung der subjektiven Bewusstseinsphänomene im Sinne einer Determinierung oder auch Konstitution denken lässt, sondern vielmehr als eine Kooperation oder Korrelation von Materialien, Medientechnologien, Artistiken, Praxen und Subjekten zu konzipieren ist. Die Medialität des Films entfaltet sich in der Zeit der Film-Erfahrung in Gestalt relationaler Modi, um zwischen den oben genannten Relata Wirkungen zu zeitigen. Der Kinofilm kann dabei sicher nicht die Wahrnehmungen, Denk- oder Erinnerungsprozesse seiner Zuschauer determinieren und doch wirkt er an ihnen, an ihrer Entstehung mit, gibt den Zuschauern Wahrnehmungen in ihrem Vollzug, lenkt ihre Blicke und fungiert auf je spezifische Weise in ihrem Denken und Erinnern. Daher lässt sich auch m.E. *eine* Medialität des Films in ihrer apriorischen, konstitutiven oder determinierenden Funktion nicht feststellen – was *das* Mediale des Films ist, kann nicht gesagt werden. Gleichwohl zeigen sich Facetten der Medialität des Films in Abhängigkeit von Materialitäten und Praktiken, eben durch deren Verwendungen in den einzelnen Filmen. Mit anderen Worten: *Der* Film existiert ebenso wenig wie *eine allgemeine* Theorie des Films und seiner Medialität. Es gibt Film und Theorie eben nur als in Bildung befindliche. Um es mit Mersch zu sagen: „Medien [wie der Film, MZ] situieren sich, jenseits operativer Strukturen, in einem indeterminativen Feld von Potentialitäten: *Sie sind nicht – sondern sie werden erst*" (Mersch 2010b: 206)[4].

Ebenso wenig gibt es *die* Film-Erfahrung oder *das* zuschauende Subjekt. Mit den vorgelegten filmischen Lektüren lässt sich die These aufstellen, dass ein konkreter Film wie auch sein singuläres Subjekt durch die korrelative Beziehung der Film-Erfahrung gebildet werden. Die Film-Erfahrung als Spurenlese ist in dieser Perspektive als ein differenzierender Prozess zu verstehen, der vom Subjekt mit Filmen in ihren jeweiligen materiellen Aufführungsbedingungen durchgemacht werden muss.

Es scheint daher unerlässlich, die Film-Erfahrung als performatives Geschehen noch weiter an der Vielzahl vorliegender Filme zu untersuchen, um dabei weiter zu entfalten, wie sich das angesprochene, rätselhafte und zugleich bildende Blickgeschehen zwischen Film und Zuschauer darstellt. Denn es ist nach wie vor – der Unmenge an Theorien des Films zum Trotz – ein Rätsel, wie die Filme in ihrem Zeigen eine Macht auf ihre Zuschauer ausüben, sie schaudern lassen, zum Weinen oder Lachen bringen, an deren Einbildungen, Erinnerungen und Denken mitwirken. Die weiteren, theoretischen Untersuchungen der Film-Erfahrung zielen *nicht* auf eine konsistente, allgemeine Theorie des Films und seiner bildenden Wirkung. Sie verstehen sich vielmehr als unendliche Bewegung von Lektüren entlang singulärer Filme.

Zusammen skizzieren diese Lektüren eine performative Theorie des Films, als einer *werdenden* Theorie. Diese beschreibt den Film jeweils in seiner spezifischen Medialität, die sich durch die performativen Praxen der Herstellung, Inszenierung und Aufführung zeigt und sich gleichsam verschiebt, so dass dieses Projekt ein prinzipiell unabgeschlossenes bleibt, da sich mit jedem Film die Medialität des Films potentiell erweitern, verändern kann. *Der* Film als eine kulturelle Praxis und als „Archiv" kulturellen Wissens kann somit weder als fester Bestand noch als ein fertiges Medium gedacht werden, sondern die *Wirk*lichkeit von Film und seinem kulturellen Wissen ist unhintergehbar auf Subjekte und deren Praktiken angewiesen, welche die Filme in ihren ästhetischen Erfahrungen

4 Josepf Vogl (2001) argumentiert analog zu Mersch wenn er im Begriff der „Medien-Funktion" ebenso von einer Potentialität des Medialen spricht. Für Vogl gibt es im substanziellen Sinne keine Medien, sondern lediglich Medien-Funktionen in kontingenten Momenten eines „Zusammentretens heterogener Elemente [...] zu denen technische Apparaturen oder Maschinen genauso gehören wie Symboliken, institutionelle Sachverhalte, Praktiken oder bestimmte Wissensformen" (ebd.: 122). Dieses Zusammentreten entscheidet über die Emergenz einer Medienfunktion, die sich demzufolge also nicht unter der Voraussetzung eines beständigen Medienbegriffs festhalten lässt.

wirksam werden lassen; d.h. der je konkrete Film ist nur wirklich/wirksam, insofern er von individuellen Subjekten erfahren und angewendet wird, insofern die Subjekte ihre Welt- und Selbstverhältnisse in und mit ihm bestimmen. Die zuvor mit Nietzsche angefragte „Mitarbeit" des Films am Wahrnehmen, Fühlen, Denken und Handeln der zuschauenden Subjekte verweist dann auf die unerschöpfliche Möglichkeit seiner Verwendungen, der Praktiken seiner Her- und Darstellung, die in die Wahrnehmungs- und Erkenntnisprozesse mit eingehen.

> „Wir [...] erfahren Welt vermittels jener Praktiken, mit denen wir sie bearbeiten, deren Fremdheit und Materialität umgekehrt auf sie wieder zurückschlagen, um in sie ein gleichermaßen unbeherrschbares wie ‚unfügliches' Element einzutragen." (Ebd.: 208)

In die weiteren Forschungen an der Medialität des Films und ihrer bildenden Wirkungen müsste zudem die Unterscheidung der mittlerweile stark ausdifferenzierten, audiovisuellen Dispositive wie Kino, Museum, Fernsehen und Computer eingehen. Mit anderen Worten: die je konkreten materiellen, technischen Aufzeichnungs-, Bearbeitungs- und Aufführungsbedingungen des Films müssen für seine ästhetische/bildende Erfahrung mitgedacht werden. Neben weitere Untersuchungen am Kinofilm sollten daher noch Forschungen am Filmischen im Fernsehen, Video oder Computer treten.

Es ließe sich auch noch allgemeiner nach der Medialität des Films und seinen Erfahrungsformen in einer gegenwärtigen *postkinematographischen* Situation fragen. Filmtheoretische Analysen dieser Konstellation plausibilisieren ihre Rhetorik des zeitlichen Bruchs in der Regel mit dem Hinweis auf eine doppelte Abtrennung des Films: *erstens* von seinem historisch gewachsenen Aufführungsdispositiv „Kino" und *zweitens* von seinem photographischen Trägermaterial. Dieser Entwicklung entspricht eine Ausdifferenzierung der Erfahrungsformen des Filmischen, das sich einerseits in multimedialen Abspielfenstern reorganisiert (Heimkino, Computer, Smartphone, Tablet-PC) und das andererseits zunehmend mit einer Vielzahl nicht-filmischer Waren verschaltet wird. Zwischen multiplen Screens, den zahlreichen projizierten Bildern in Kaufhäusern, im öffentlichen Verkehr, Flugzeugen, Museen, Galerien und einer ökonomisch wie sozial rekonfigurierten Rezeption stellen sich Fragen nach dem Status der Verschiebungen und Vervielfältigungen des kinematographischen Dispositivs, der qualitativen Neuheit damit verbundener ästhetischer Praktiken und auch nach der subjektiven Film-Erfahrung samt ihren bildenden Effekten inmitten dieses multimedialen Bilderuniversums.

Vor dem Hintergrund der beschriebenen, mediatisierten Subjektivität und in Bezug auf die Filmphilosophie von Gilles Deleuze wurde mit *Memento*, die für die weitere Entwicklung einer performativen Theorie der Film-Bildung und ihrer Anwendungen richtungsweisende These formuliert, den Film als Medium des Denkens zu verstehen und zu beforschen. Dabei rücken die von Deleuze als Zeitbildfilme bestimmten Filme, welche die Zeit der Medialität in abweichenden, sich diversifizierenden Bewegungen darstellen und in der Film-Erfahrung wirksam werden lassen in den Forschungsfokus[5].

Diese Filme unterbrechen nicht nur durch ihre optisch-akustischen Perzepte und Affekte den klischeehaften, sensomotorischen Zusammenhang subjektiver Wahrnehmung samt deren Identifizierungswünschen, sie können darüber hinaus die subjektive Wahrnehmung ihrer Zuschauer für die Wahrnehmung der Zeit und somit des Denkens öffnen. Zeitbildfilme bringen in ihrer *kristallinen* Ordnung ein anderes Verhältnis zu Zeit hervor, als das durch die narrativen, organisch montierten Filme des Aktionskinos gebildete. Die disnarrativen, seriellen Montagen und fälschenden Erzählungen dieser Filme (*ver*-)führen die Erfahrung der Zuschauer in Unbestimmbarkeitszonen, setzen deren Denken in Beziehung zum bisher Ungedachten, Unerklärlichen, Unvergleichbaren, Unentscheidbaren oder Unsagbaren, die jeweils nur anerkannt, aber nicht mehr identifiziert, eindeutig *als etwas* artikuliert und damit angeeignet werden können.

Auf noch näher zu bestimmende Weise „zwingen" diese Filme ihre Zuschauer daher zum Denken, insofern man Denken, wie Deleuze es tut, als Differenzen produzierenden Prozess mit dem Schaffen von Begriffen zusammenbringt. Denn Denken als Begriffsschöpfung heißt vor allem, unterscheiden zu können, bzw. den abweichenden Bewegungen einer durch die Filme (mit)gebildeten Intuition mit beweglichen Begriffen zu folgen. Ein so konzipiertes Denken findet auch oder gerade jenseits schon bestehender individueller Meinungen oder eigener Erfahrungs- und Wissensbestände statt. Das Denken entlang filmischer Ereignisse, wie ich es mit dieser Arbeit versuche, bewegt sich sogar manchmal – in Anlehnung an Max Horkheimer (1952)[6] – aus Liebe zu

5 Der Korpus der von Deleuze benannten Zeitbildfilme muss aus heutiger Perspektive sicherlich ergänzt werden, beispielsweise durch das „Genre" der Mind-Game Movies, durch Experimentalfilme oder Arbeiten der Videokunst u.a.m.

6 In seiner Rede zum „Begriff der Bildung" fordert Max Horkheimer in Absetzung zu einem technologischen Verständnis von Bildung als Verarbeitung, den Gegenständen der Beschäftigung Zeit und Aufmerksamkeit, eine liebende Sorge entgegenzubringen: „Die Verarbeitung lässt dem Gegenstand keine Zeit. Zeit aber steht für Liebe; der Sache, der ich Zeit schenke, schenke ich Liebe […]". (Vgl. Horkheimer 1952: 409-419)

seinem Gegenstand, transversal zu diskursivem Wissen oder an der Grenze zum Nicht-Wissen.

Aus der Perspektive einer Filmpädagogik bzw. Filmvermittlung stellt sich die Frage, welche Formate der Filmvermittlung beispielsweise in der Schule geeignet wären, *Begegnungen* mit solchen Filmen zu schaffen, die die Möglichkeit erhöhen, ihre zuschauenden Subjekte in ästhetische Erfahrungsprozesse zu verstricken, die in eine filmische Spurenlese führen und für das Denken als differenzierende und komplizierende Bewegung öffnen[7].

Des Weiteren stellt sich die Frage, wie man gegebenenfalls die intensiven, ästhetischen Erfahrungen an/mit Filmen begleitet; wie man als Lehrer/in oder Filmvermittler/in die Irritationen, die Brüche und Zumutungen der zuvor genannten Filme zu Anlässen von ästhetischen Bildungsprozesse wendet. Mit anderen Worten: wie kann man mit Filmen die Haltung und die „zarte Empirie" des Spurenlesers bei den Schülerinnen und Schülern bilden?

Mit Sicherheit lässt sich eine solche ästhetische Haltung und das zuvor beschriebene Denken mit den Filmen nicht beibringen, in didaktischen Konzepten planen oder in standardisierten Kompetenzen formulieren. Dieses Denken kann sich nur ereignen, es ist intensiv, singulär und in seinen Richtungen und Verzweigungen unvorhersehbar. Die einzige Voraussetzung für dieses bildende Denken ist die Unterbrechung, die Entbildung sowohl von bestehenden individuellen Welt- und Selbstbildern als auch von bisherigen theoretischen „Bildern" bzw. Vorstellungen von Filmbildung und Filmpädagogik. Insofern sind die vorliegenden Studien auch die Affirmation eines solchen Bruchs.

In Anlehnung an Deleuzes Unterscheidung dreier „Zeitalter" verstehe ich meinen skizzierten Vorschlag der Film-Bildung in großer Nähe zu Deleuze „Pädagogik der Wahrnehmung" (Deleuze 1993b: 104) wie er sie vor allem in *Das Zeit-Bild* (1999) formuliert hat. Die Ausarbeitung dieser Pädagogik, wie auch der „Pädagogik des Begriffs" in *Was ist Philosophie?* (2000) entspringt einem kritischen Impuls, stellen beide Pädagogiken doch eine Unterbrechung und Fluchtlinie zwischen einem enzyklopädischen und technologischen Verständnis von Bildung dar (vgl. auch Zahn 2011b). Mein im Geiste von Deleuzes' Pädagogiken skizziertes Verständnis von Film-Bildung ermöglicht es, Bildung als Prozess der Verarbeitung widerständiger Erfahrung in den Blick zu nehmen. Widerständig sind Erfahrungen von Fremdheit und Alterität, an denen ein identifizierendes Denken scheitert (vgl. Koller/Marotzki/Sanders 2007, Schäfer 2009). Fremdheit und Alterität pflegen so intime Beziehungen zur Neuheit und Anders-

7 Erste Überlegungen zu einer filmpädagogischen Anwendung meines Konzepts der Film-Bildung finden sich in Zahn 2009c, Zahn/Rippel 2010a.

heit – zu einem *Anders-werden*. Film-Bildung ist der Erforschung eines solchen *Anders-werden* auf der Spur, sie versucht dabei Bildung prozessual zu denken und filmische Ereignisse als emergente Potentiale von Bildungsprozessen wahrzunehmen und zu realisieren.

Literatur

Adorno, Theodor W./ Horkheimer, Max (1947): Dialektik der Aufklärung, in: Ders.: Gesammelte Schriften, Bd. 3. Frankfurt am Main: Suhrkamp.

Adorno, Theodor W. (1959): Theorie der Halbbildung, in: Ders.: Gesammelte Schriften, Bd 8. Soziologische Schriften I, Frankfurt am Main: Suhrkamp, S. 93 – 121.

Adorno, Theodor W. (1963): Drei Studien zu Hegel. Aspekte, Erfahrungsgehalt, Skoteinos oder Wie zu lesen sei, 1903-1969. Frankfurt am Main: Suhrkamp.

Adorno, Theodor W. (1966): Negative Dialektik, in: Ders.: Gesammelte Schriften, Bd. 6 (2003). Frankfurt am Main: Suhrkamp.

Adorno, Theodor W. (1951): Minima Moralia. Frankfurt am Main: Suhrkamp.

Adorno, Theodor W. (1970): Ästhetische Theorie. Frankfurt am Main: Suhrkamp.

Adorno, Theodor W. (1970b): Zu Subjekt und Objekt, in: Ders.: Stichworte. Kritische Modelle 2. Frankfurt am Main: Suhrkamp, S. 151-168.

Adorno, Theodor W. (1974): „Voraussetzungen“, in: Ders.: Noten zur Literatur III. Gesammelte Schriften, Bb. 11, Frankfurt am Main: Suhrkamp, S. 431-446.

Ahrens, Sönke (2008): Technik als Erkenntnismedium, in: Wimmer; Reichenbach; Pongratz 2009, S. 33-48.

Ahrens, Sönke (2010): Experiment und Exploration. Bildung als experimentelle Form der Welterschließung. Bielefeld: Transcript.

Albersmeier, Franz-Josef (Hg.) (2003): Texte zur Theorie des Films (5. Aufl.). Stuttgart: Reclam.

Allolio-Näcke et al (Hg.) (2005): Differenzen anders denken. Bausteine zu einer Kulturtheorie der Transdifferenz. Frankfurt am Main/New York: Campus.

Althammer, René; Hirdina, Karin; Menke, Christoph (Hg.) (1992): Ästhetik nach Adorno. Ästhetik und Kommunikation, 20. Jg., Heft 79.

Assmann, Vincent (2007): Montage und Erinnerung (1/2), in: Schnitt – das Filmmagazin Nr.48 und Nr. 49; [URL: http://www.schnitt.de/212,5644,01, Abgerufen: 1.6.2011].

Aufenanger, Stefan (1999): Medienkompetenz oder Medienbildung? Wie die neuen Medien Erziehung und Bildung verändern, in: Bertelsmann Briefe, Heft 142, Winter 1999, S. 21-24.

Aufenanger, Stefan (2000a): Medien-Visionen und die Zukunft der Medienpädagogik. Plädoyer für Medienbildung in der Wissensgesellschaft. In: Medien praktisch. Zeitschrift für Medienpädagogik, 24, 2000, Heft 1, S. 4-8.

Aufenanger, Stefan (2000b): Medienbildung in der Wissensgesellschaft, in: medien praxis. Grundlagen 13. Bonn, S. 33-41.

Aumont, Jacques (1992) Du visage au cinéma. Paris: Nathan.

Aumont, Jacques (2007): Der Point of View, in: Figur und Perspektive (2), montageAV Zeitschrift für Theorie und Geschichte audiovisueller Kommunikation. Nr. 1/2007, S. 13-44.

Austin, John L. (1968): Performative und konstatierende Äußerungen, in: Bubner, Rüdiger (Hg.), Sprache und Analysis, Göttingen: Vandenhoeck & Ruprecht, S. 140-153.

Austin, John L. (1979): Zur Theorie der Sprechakte, Stuttgart: Reclam.

Austin, John L. (1986): Performative Äußerungen, in: Ders.: Gesammelte philosophische Aufsätze, Stuttgart: Reclam, S. 305-327.

Baacke, D. (1996): Medienkompetenz – Begrifflichkeit und sozialer Wandel, in: Rein, A. v. (Hg.): Medienkompetenz als Schlüsselbegriff. Bad Heilbrunn: Klinkhardt, S. 112-124.

Baacke, Dieter (Hg.) (1999): Handbuch Medien: Medienkompetenz. Bonn: Bundeszentrale für politische Bildung.

Balázs, Béla [1924] (1982) Der sichtbare Mensch, in: Ders.: Schriften zum Film. Bd. I. Hg. v. Helmut H. Diederichs, Wolfgang Gersch & Magda Nagy. München/Wien: Hanser, S. 43-143.

Balke, Friedrich/Vogl, Josef (Hg.) (1995): Gilles Deleuze. Fluchtlinien der Philosophie. München: Fink.

Balke, Friedrich (1998): Gilles Deleuze. Frankfurt/New York: Campus.

Balke, Friedrich (2005): Medien und Verfahren der Sichtbarmachung: Positionen eines Forschungsprojekts, in: Transskription (Zeitschrift des Kulturwissenschaftliches Forschungskolleg „Medien und kulturelle Kommunikation" SFB/FK 427, Nr. 10, Sonderausgabe) 2008, S. 24-26.

Barg, Werner; Niesyto, Horst; Schmolling, Jan (Hg.) (2006): Jugend – Film – Kultur: Grundlagen und Praxishilfen für die Filmbildung. München: Kopaed.

Barthes, Roland (1990): Der dritte Sinn. Forschungsnotizen über einige Fotogramme S.M. Eisensteins, in. Ders.: Der entgegenkommende und der stumpfe Sinn. Kritische Essays II. Frankfurt am Main: Suhrkamp, S. 47-66.

Barthes, Roland (1974): Die Lust am Text. Frankfurt am Main: Suhrkamp.

Barthes, Roland (1985): Die helle Kammer. Bemerkung zur Photographie. Aus dem Französischen von Dietrich Laube. Frankfurt am Main: Suhrkamp.

Bateson, Gregory (1967): Die logischen Kategorien von Lernen und Kommunikation, in: Ders.: Ökologie des Geistes. Anthropologische, psychologische, biologische und epistemologische Perspektiven. Frankfurt am Main: Suhrkamp 1981, S. 362-399.

Baudrillard, Jean (1994): Die Illusion des Endes. Berlin: Merve.

Baudry, Jean-Louis (1975): Das Dispositiv. Metapsychologische Betrachtungen des Realitätseindrucks, in: Engell, Lorenz et al (Hg.): Kursbuch Medienkultur. Die maßgeblichen Texte von Brecht bis Baudrillard. DVA, Stuttgart 1999, S. 381-405.

Baudry, Jean-Louis (2003a): Ideologische Effekte erzeugt vom Basisapparat. In: Riesinger (Hg.) (2003), S. 27-39. [Zuerst französisch als: Cinéma: Effets idéologiques de l'appareil de base. In: Cinéthique, 9/10, 1970, S. 1–8.]

Baudry, Jean-Louis (2003b): Das Dispositiv. Metapsychologische Betrachtungen des Realitätseindrucks, in: Riesinger (Hg.) (2003), S. 41-62. [Zuerst französisch als: Le dispositif: approches metapsychologiques de l'impression de réalité. In: Communications, 23, 1975, S. 56-72.]

Belting, Hans (2001): Bild-Anthropologie. Entwürfe einer Bildwissenschaft. München: Fink.

Benjamin, Walter (1963): Das Kunstwerk im Zeitalter seiner technischen Reproduzierbarkeit. Frankfurt am Main: Suhrkamp.

Benjamin, Walter (2002): Medienästhetische Schriften. Frankfurt am Main: Suhrkamp.

Bergson, Henri (1991): Materie und Gedächtnis. Eine Abhandlung über die Beziehung zwischen Geist und Körper. Hamburg: Meiner.

Bergson, Henri (1948): Denken und Schöpferisches Werden. Meisenheim, Gleim.

Bergson, Henri (1912): Schöpferische Entwicklung. Jena: Eugen Diedrichs

Bergson, Henri (1949): Zeit und Freiheit. Meisenheim, Gleim.

Beuthan, Ralf (2005): Medienphilosophie der Zeit, in: Sandbothe, Mike; Nagl, Ludwig (Hg.) (2005): Systematische Medienphilosophie. Berlin: Akademie Verlag, S. 21-36.

Billstein, Johannes (2007): Paradoxien des Unnützen, in: Ders., Dornberg, Kneip (Hg.): Curriculum des Unwägbaren. Ästhetische Bildung im Kontext von Schule und Kultur. Oberhausen: Athena, S. 165-179.

Blümlinger, Christa (2009): Kino aus zweiter Hand. Zur Ästhetik materieller Aneignung im Film und in der Medienkunst. Berlin: Vorwerk 8.

Böhler, Arno/ Granzer, Susanne (Hg.) (2009): Ereignis Denken. TheatRealität - Performanz - Ereignis. Wien: Passagen.

Boehm, Gottfried (Hg.) (1994): Was ist ein Bild? München: Fink.

Boehm, Gottfried (Hg.) (2001): Homo Pictor. München: Fink.

Boehm, Gottfried (2007): Wie Bilder Sinn erzeugen. Die Macht des Zeigens. Berlin: University Press.

Boehm, Gottfried (Hg.) (2008): Movens Bild. Zwischen Evidenz und Affekt, München: Fink .

Bordwell, David (1985): Narration in the fiction film. London.

Bordwell, David/Thompson, Kristin (2008): Film Art. An Introduction (8. Aufl.) Boston.

Buck, Günther (1984): Rückwege aus der Entfremdung. Studien zur Entwicklung der deutschen humanistischen Bildungsphilosophie. Paderborn: Schoeningh.

Buckland, Warren (Hg.) (2008): Puzzle Films: Complex Storytelling in Contemporary Cinema. Wiley-Blackwell.

Busch, Kathrin; Därmann, Iris (Hg.) (2007): pathos. Konturen eines kulturwissenschaftlichen Grundbegriffs, Bielefeld: Transcript.

Busch, Kathrin (2007): Ansteckung und Widerfahrnis. Für eine Ästhetik des Pathischen, in: Busch; Därmann 2007, S. 51-75.

Butler, Judith (1995): Körper von Gewicht. Die diskursiven Grenzen des Geschlechts, Berlin: Berlin-Verlag.

Butler, Judith (1998): Haß spricht. Zur Politik des Performativen, Berlin: Berlin-Verlag.

Carlson, Marvin (1996): Performance: a critical introduction. Routldge: Chapman & Hall.

Cavell, Stanley (1979): The World Viewed. Reflections on the Ontology of Film. Cambrigde, Mass.: Harvard University Press.

Cavell, Stanley (1982): „Welt durch die Kamera gesehen. Weiterführende Überlegungen zu meinem Buch The World Viewed“, in: Henrich; Iser (Hg.): Theorien der Kunst. Frankfurt am Main: Suhrkamp, S. 448-490.

Clam, Jean (2002): Was heißt, sich an Differenz statt an Identität zu orientieren? Zur De-Ontologisierung in Philosophie und Sozialwissenschaft. Konstanz: UVK.

Danto Arthur C. (1984): Die Verklärung des Gewöhnlichen, Frankfurt am Main: Suhrkamp.

Decke-Cornill, Helene; Luca, Renate (Hg.) (2007): Jugendliche im Film – Filme für Jugendliche. Medienpädagogische, bildungstheoretische und didaktische Perspektiven. München: Kopaed.

Deleuze, Gilles (1990): Kants kritische Philosophie. Die Lehre von den Vermögen. Berlin: Merve.

Deleuze, Gilles (1991): Was ist ein Dispositiv? In: Ewald/Waldenfels (Hg.): Spiele der Wahrheit. Michel Foucaults Denken. Frankfurt am Main: Suhrkamp, S. 153-162.

Deleuze, Gilles (1993): Die Logik des Sinns [1969]. Frankfurt am Main: Suhrkamp.

Deleuze, Gilles (1993b). Unterhandlungen 1972-1990. Frankfurt am Main: Suhrkamp.

Deleuze, Gilles (1997): Henri Bergson zur Einführung (2. Aufl). Hamburg: Junius.

Deleuze, Gilles (1998): Das Bewegungs-Bild. Kino1 (2. Aufl.). Frankfurt am Main: Suhrkamp.

Deleuze, Gilles (1999): Das Zeit-Bild. Kino2 (2. Aufl.). Frankfurt am Main: Suhrkamp.

Deleuze, Gilles (2000): Die Falte. Leibniz und der Barock. Frankfurt am Main: Suhrkamp.

Deleuze, Gilles; Guattari, Félix (2000): Was ist Philosophie? Frankfurt am Main: Suhrkamp.

Derrida, Jacques (1972): Die Schrift und die Differenz. Frankfurt am Main: Suhrkamp.

Derrida, Jacques (1974): Grammatologie. Frankfurt am Main: Suhrkamp.

Derrida, Jacques (1979): Die Stimme und das Phänomen. Ein Essay über das Problem des Zeichens in der Philosophie Husserls. (Übersetzung und Vorwort von Jochen Hörisch). Frankfurt am Main: Suhrkamp.

Derrida, Jacques (1988): Randgänge der Philosophie, Wien: Passagen.

Derrida, Jacques (1988a): Die Différance. In: Ders. 1988, S. 29-52.

Derrida, Jacques (1988b): Signatur Ereignis Kontext, in: Ders. 1988, S. 291-314.

Derrida, Jacques (1993): Falschgeld1. Zeit geben. Fink: München.

Derrida, Jacques (2000): As if I were Dead / Als ob ich tot wäre. (Hrsg. und übers. von Ulrike Oudée Dünkelsbühler et al), Wien: Turia und Kant.

Deubner-Mankowsky, Astrid: (2007): Praktiken der Illusion. Kant, Nietzsche, Cohen, Benjamin bis Donna J. Haraway. Berlin: Vorwerk 8.

Deubner-Mankowsky, Astrid (2009): Die eigenartige Wirkung eines Filmbeispiels. Merleau-Ponty und Lacan zu einer Zeitlupenaufnahme des malenden Matisse, in: Koch; Voss 2009, S. 27-68.

Diekmann, Stefanie; Khurana, Thomas (Hg.) (2007): Latenz. 40 Annäherungen an einen Begriff. Berlin: Kulturverlag Kadmos.

Distelmayer, Jan (2008): Was die Disc vom Film weiß. Zwei oder drei Dinge zur DVD, in: Entuziazm (Hg.): Kunst der Vermittlung. Aus den Archiven des Filmvermittelnden Films, Dossier: Filmvermittlung auf DVD, November 2008 (URL: http://www.kunst-der-vermittlung.de/artikel/jan-distelmeyer-ueber-dvds, Abgerufen am 30.4.11).

Dotzler, Bernhard J. (2005): Aufschreibesysteme, in: Roesler, Alexander; Stiegler, Bernd (Hg.) (2005): Grundbegriffe der Medientheorie (UTB). Paderborn: Fink, S. 28-32.

Drinck et al (2001): Von der Medienwirkungsbehauptung zur erziehungswissenschaftlichen Medienrezeptionsforschung – Ein Vorschlag zur Analyse von Filmkommunikaten, in: Medienpädagogik – Online-Zeitschrift für Theorie und Praxis der Medienbildung, Zürich, (URL: http://www.medienpaed.com /01-1/drinck1.pdf, Abgerufen am 30.4.11].

Ellrich, Lutz: Cyber-Zeit. Bemerkungen zur Veränderung des Zeitbegriffs durch die Computertechnik, in: Funken, Christina; Löw, Martina (Hg.): Raum-Zeit-Medialität. Interdisziplinäre Studien zu neuen Kommunikationstechnologien. Opladen: Leske + Budrich 2003, S. 39-69.

Engell, Lorenz et al (Hg.) (1999): Kursbuch Medienkultur. Die maßgeblichen Texte von Brecht bis Baudrillard. Stuttgart: DVA.

Engell, Lorenz; Oliver Fahle (2002): Filmphilosophie. In: Felix 2002, S. 222-240.

Engell, Lorenz (2005): Medienphilosophie des Films, in: Sandbothe; Nagl 2005, S. 283-298.

Engell, Lorenz (2010a): Playtime. Münchener Film-Vorlesungen. Konstanz: UVK.

Engell, L.; Bystricky, J.; Krtilová, K; (Hg.) (2010): Medien denken. Von der Bewegung des Begriffs zu den bewegten Bildern. Transcript: Bielefeld.

Engell, Lorenz (2010b): Kinematographische Agenturen, in: Engell; Bystricky; Krtilová 2010, S. 137-156.

Elsaesser, Thomas; Hagener, Malte (2007): Filmtheorie – zur Einführung. Hamburg: Junius.

Elsaesser, Thomas (2009): Hollywood heute. Geschichte, Gender und Nation im postklassischen Kino, Berlin: Bertz + Fischer.

Ehrenspeck, Yvonne (1996): Aisthesis und Ästhetik. Überlegungen zu einer problematischen Entdifferenzierung, in: Mollenhauer; Wulf (Hg.) Aisthesis/Ästhetik. Zwischen Wahrnehmung und Bewusstsein. Weinheim: Deutscher Studienverlag, S. 201-230.

Ehrenspeck, Yvonne (1998): Versprechungen des Ästhetischen. Die Entstehung des modernen Bildungsprojekts. Wiesbaden: VS-Verlag.

Ehrenspeck, Yvonne (2009): Philosophische Bildungsforschung: Bildungstheorie, in: Tippelt, R.; Schmidt, B. (Hg.): Handbuch Bildungsforschung, (2., Aufl.). Wiesbaden: VS-Verlag, S. 155-169.

Enzensberger, Hans Magnus (1970): Baukasten zu einer Theorie der Medien, in: Kursbuch 20, S. 159-186.

Felix, Jürgen (Hg.) (1998): Unter die Haut. Signaturen des Selbst im Kino der Körper. Remscheid: Gardez.

Felix, Jürgen (Hg.) (2000): Die Postmoderne im Kino. Marburg: Schüren.

Felix, Jürgen (Hg.) (2002): Moderne Film Theorie. Mainz: Bender.

Féral, Josette (1982), Performance and Theatralicity: The Subject Demystified, in: Modern Drama 25, Toronto 1982, S. 170-181.

Fischer-Lichte, Erika (2002): Grenzgänge und Tauschhandel. Auf dem Wege zu einer performativen Kultur, in: Wirth 2002, S. 277-300.

Fischer-Lichte, Erika (2004) Ästhetik des Performativen. Frankfurt am Main: Suhrkamp.

Fischer-Lichte, Erika (2005): Zuschauen als Ansteckung«, in: Schaub; Suthor; Fischer-Lichte 2005, S. 35-50.

Flusser, Vilém (1991): Gesten. Versuch einer Phänomenologie. Düsseldorf/Bensheim: Bollmann.

Foucault, Michel (1978): Das Dispositiv, in: Ders.: Dispositive der Macht. Michel Foucault über Sexualität, Wissen und Wahrheit. Berlin: Merve, S. 119-125.

Frederking, Volker (Hg.) (2006): Filmdidaktik und Filmästhetik. (Medien im Deutschunterricht Jahrbuch 2005) München: Kopaed.

Freud, Sigmund (1925) Notiz über den Wunderblock, in: Ders.: Gesammelte Werke Bd. XIV. Frankfurt am Main: Fischer 1999, S. 3-8.

Freud, Sigmund (1999): Gesammelte Werke. Frankfurt am Main: Fischer.

Friedrichs, Werner; Sanders, Olaf (Hg.) (2002): Bildung/Transformation. Kulturelle und gesellschaftliche Umbrüche aus bildungstheoretischer Perspektive. Bielefeld: Transcript.

Fritsch, Eva/Fritsch, Dirk (2006a): Filmbildung in der Lehrerfortbildung. Erfahrungen mit einführenden Seminaren zu Filmgeschichte und Filmanalyse, in: Niesyto 2006, S. 167-174.

Fritsch, Eva; Fritsch, Dirk (2006b): Filmlehre als prozessorientierte Filmarbeit. Ein Konzept für die Lehrerausbildung/Sekundarstufe II, in: Barg; Niesyto; Schmolling 2006, S. 157-165.

Fritsch, Eva (2007): Filmverstehen mit Lernort Film. Erfahrungen mit der Entwicklung von Filmkompetenz in der Schüler- sowie Lehreraus- und –fortbildung, in: Decke-Cornill; Luca 2007, S. 93-106.

Fritsch, Eva; Fritsch, Dirk (2010): Filmzugänge. Köln: Von Halem.

Fromme, Johannes; Sesink, Werner (Hg.) (2008): Pädagogische Medientheorie. Wiesbaden: VS-Verlag.

Fromme, Johannes (2009): Mediale Bildung. In: Handbuch der Erziehungswissenschaft; Bd. 2,1/2: Schule. Paderborn: Schöningh, S. 1043-1054.

Fuchs, M.; Klant, M.; Pfeiffer, J.; Staiger, M.; Spielmann, R. (2008): Freiburger Filmcurriculum: Ein Modell des Forschungsprojekts „Integrative Filmdidaktik“. Der Deutschunterricht, 60(3), S. 84-90.

Gamm, Gerhard (1994): Flucht aus der Kategorie. Die Positivierung des Unbestimmten als Ausgang der Moderne. Frankfurt am Main: Suhrkamp.

Gamm, Gerhard (2000): Nicht Nichts. Studien zu einer Semantik des Unbestimmten. Frankfurt am Main: Suhrkamp.

Gamm, Gerhard (2004): Der unbestimmte Mensch. Zur medialen Konstruktion von Subjektivität. Berlin: Philo.

Gamm, Gerhard; Schürmann, Eva (Hg.) (2007): Das unendliche Kunstwerk. Von der Bestimmtheit des Unbestimmten in der ästhetischen Erfahrung. Hamburg: Philo Fine Arts.

Garz, Detlef; Blömer, Ursula (2010). Qualitative Bildungsforschung. In: Tippelt, Rudolf; Schmidt, Bernhard (Hg.): Handbuch Bildungsforschung, (2. Aufl.). Wiesbaden: VS-Verlag, S. 571-588.

Gawoll, Hans-Jürgen (1987): Spur. Gedächtnis und Andersheit. Teil 1: Die Geschichte des Aufbewahrens, in: Archiv für Begriffsgeschichte 30. Hamburg: Meiner, S. 44-69.

Gawoll, Hans-Jürgen (1989): Spur. Gedächtnis und Andersheit. Teil 2: Das Sein und die Differenzen – Heidegger, Levinas und Derrida, in: Archiv für Begriffsgeschichte 32. Hamburg: Meiner, S. 269-296.

Geimer, Peter (Hg.) (2002): Ordnungen der Sichtbarkeit. Fotografie in Wissenschaft, Kunst und Technologie. Frankfurt am Main: Suhrkamp.

Geimer, Peter (2002). Was ist kein Bild? Zur Störung der Verweisung, in: Ders. (Hg.): Ordnungen der Sichtbarkeit. Fotografie in Wissenschaft, Kunst und Technologie. Frankfurt am Main: Suhrkamp, S. 313-340

Gente, Peter; Weibel, Peter (Hg.) (2007): Deleuze und die Künste. Frankfurt am Main: Suhrkamp.

Giddens, Anthony (1996): Konsequenzen der Moderne. Frankfurt am Main: Suhrkamp.

Ginzburg, Carlo (2002). Spurensicherung. Die Wissenschaft auf der Suche nach sich selbst. Berlin: Wagenbach.

Göhlich, Michael; Zirfas, Jörg (2007): Lernen. Ein pädagogischer Grundbegriff. Stuttgart: Kohlhammer

Göhlich, Michael; Wulf, Christoph; Zirfas, Jörg (Hg.) (2007): Pädagogische Theorien des Lernens. Weinheim: Beltz.

Groeben, Norbert; Hurrelmann, Bettina (Hg.) (2002): Medienkompetenz: Voraussetzungen, Dimensionen, Funktionen. Weinheim: Juventa.

Gumbrecht, H. U.; Pfeiffer, K. L. (Hg.) (1988): Materialität der Kommunikation. Frankfurt am Main: Suhrkamp.

Gumbrecht, Hans-Ulrich (2004): Diesseits der Hermeneutik. Frankfurt am Main: Suhrkamp.

Gumbrecht, Hans-Ulrich (2009): Präsenz. Frankfurt am Main: Suhrkamp

Gunning, Tom (1996): Das Kino der Attraktionen. Der frühe Film, seine Zuschauer und die Avantgarde, in: Meteor,4, 1996, S. 25-34.

Hacke, Sebastian; Welling, Stefan (2009): Die Wissensgesellschaft und die Bildung des Subjekts – ein Widerspruch? In: MedienPädagogik. Zeitschrift für Theorie und Praxis der Medienbildung. Heft 17 (online publiziert, URL: www.medienpaed.com/ 17/hacke_welling0905.pdf, Abgerufen: 30.4.2011).

Hegel, Georg Wilhelm Friedrich (1830/31): Vorlesungen zur Weltgeschichte, in: Ders.: Werke Bd. 12. Frankfurt am Main: Suhrkamp 1986.

Hegel, Georg Wilhelm Friedrich (1842): Vorlesungen über die Ästhetik (1842). In: Ders.: Werke Bd. 13. Frankfurt am Main: Suhrkamp 1986.

Hegel, Georg Wilhelm Friedrich (1907): Phänomenologie des Geistes. Köln: Könemann 2000.

Heidegger, Martin (1936): Der Ursprung des Kunstwerks. Stuttgart: Reclam 1986.

Heidegger, Martin (1952): Was heißt Denken? (4. Aufl.) Tübingen: Niemeyer 1984

Heidegger, Martin (1959): Der Weg zur Sprache, in: Ders.: Unterwegs zur Sprache (5. Aufl.). Pfullingen: Neske 1975, S. 239-268.

Helbig, Jörg (Hg.) (2006): „Camera doesn't lie". Spielarten erzählerischer Unzuverlässigkeit im Film. Trier: WVT.

Henzler, Bettina (2008): Von einer Pädagogik audiovisueller Medien zur Vermittlung des Kinos als Kunstform. Alain Bergalas Konzepte und Methoden der Filmvermittlung, in: Henzler; Pauleit 2008, S. 10-32.

Henzler, Bettina/Pauleit, Winfried (Hg.) (2008): Filme sehen, Filme verstehen: Methoden der Filmvermittlung. Marburg: Schüren.

Henzler, Bettina (2010): ich du er sie es. Intersubjektivität in der Filmvermittlung, in: Dies.; Pauleit; Rüffert; Schmid; Tews 2010, S. 66-77.

Henzler, Bettina; Pauleit, Winfried; Rüffert, Christine; Schmid, Karl-Heinz; Tews, Alfred (Hg.) (2010): Vom Kino Lernen. Internationale Perspektiven der Filmvermittlung. Berlin: Bertz + Fischer.

Herzig, B.; Meister, D.; Moser, H.; Niesyto, H. (Hg.) (2010): Jahrbuch Medienpädagogik 8. Medienkompetenz und Web 2.0. Wiesbaden: VS-Verlag.

Herzog, Walter (2002): Zeitgemäße Erziehung. Die Konstruktion pädagogischer Wirklichkeit. Weilerswist: Vellbrück.

Hetzel, Andreas (Hg.) (2009): Negativität und Unbestimmtheit. Beiträge zu einer Philosophie des Nicht-Wissens, (Festschrift für Gerhard Gamm). Bielefeld: Transcript.

Hilmer, Brigitte (2009): Die Zeit der Figuren als Prinzip filmischer Fiktion, in: Koch; Voss 2009, S. 107-126.

Höhne, Thomas (2007): Der Leitbegriff „Kompetenz“ als Mantra neoliberaler Bildungsreformer. Zur Kritik seiner semantischen Weitläufigkeit und inhaltlichen Kurzatmigkeit, in: Pongratz; Reichenbach; Wimmer 2007, S. 30-43.

Hoffmann, Stefan (2002): Geschichte des Medienbegriffs. Archiv für Begriffsgeschichte. (Sonderheft). Hamburg: Meiner.

Holl, Ute (2008): Immersion oder Alteration: Tony Conrads Flickerfilm, in: MontageAV. Zeitschrift für Theorie und Geschichte audiovisueller Kommunikation. Heft „Immersion“, 17/2/2008. S. 109-119.

Holl, Ute (2011): Strahlung, Störung, Nachricht vom Licht der Welt, in: Bäumler, Bühler, Rieger (Hg.): Nicht Fisch - Nicht Fleisch. Ordnungssysteme und ihre Störfälle. Zürich: diaphanes, S. 209-220.

Horwath, Alexander; Loebenstein, Michael (Hg.) (2005): Peter Tscherkassky Wien: Synema.

Horkheimer, Max (1952): Begriff der Bildung, in: Ders.: Gesammelte Schriften, Bd. 8: Vorträge und Aufzeichnungen 1949 – 1973, Frankfurt am Main: Fischer, S. 409-419.

Hugger, Kai-Uwe (2008) Medienkompetenz, in: Sander; Gross; Hugger (Hg.): Handbuch Medienpädagogik. Wiesbaden: VS-Verlag, S. 93-99.

Hüther, Jürgen; Schorb, Bernd (Hg.) (2005): Grundbegriffe Medienpädagogik. München: Kopaed.

Jaeggi, Rahel (2002): Aneignung braucht Fremdheit, in: Texte zur Kunst: „Appropriation Now“, Heft Nr. 46, S. 60-69.

Jäger, Ludwig (2001): Zeichen/Spuren. Skizzen zum Problem der Zeichenmedialität, in: Georg Stanitzek; Wilhelm Voßkamp (Hg.): Schnittstelle: Medien und kulturelle Kommunikation. Köln: DuMont, S. 17-31.

Jäger, Ludwig (2004): Störung und Transparenz. Skizze zur performativen Logik des Medialen, in: Krämer 2004, S. 35-74.

Jörissen, Benjamin; Marotzki, Winfried (2009): Medienbildung – eine Einführung. Theorie – Methoden – Analysen. Stuttgart: UTB.

Jörissen, Benjamin (2010). „Medienbildung". Begriffsverständnisse und -reichweiten. Erscheint in: MedienPädagogik. [PDF-Preprint unter URL: http://www.phzh.ch/webautor-data/1359/2010-1104_benjamin_joerissen.pdf, Abgerufen am 01.03.11].

Jutz, Gabriele (2010): Cinéma brut. Eine alternative Genealogie der Filmavantgarde. Wien, New York: Springer.

Kappelhoff, Hermann; Gläser, Helga; Groß, Bernhard (Hg.) (2001): BlickMachtGesicht. Berlin: Verlag Vorwerk 8.

Kappelhoff, Hermann (2004a): Matrix der Gefühle. Das Kino, das Melodrama und das Theater der Empfindsamkeit. Berlin: Verlag Vorwerk 8.

Kappelhoff, Hermann (2004b) Unerreichbar, unberührbar, zu spät – Das Gesicht als kinematografische Form der Erfahrung, in: montage AV/13/2/2004, S. 29-53.

Kappelhoff, Hermann (2006) Apriorische Gegenstände des Gefühls. Recherchen zur Bildtheorie des Films, in: Koebner; Liptay; Meder (Hg.): Bildtheorie und Film, München, S. 404-421.

Kant, Immanuel (1974): Kritik der reinen Vernunft 1. Werkausgabe Bd. III. (Hrsg. von Wilhelm Weischedel). Frankfurt am Main: Suhrkamp.

Kant, Immanuel (1974): Kritik der reinen Vernunft 2. Werkausgabe Bd. IV. (Hrsg. von Wilhelm Weischedel) Frankfurt am Main: Suhrkamp.

Kant, Immanuel (1977): Schriften zur Metaphysik und Logik 2. Werkausgabe Bd. VI. (Hrsg. von Wilhelm Weischedel). Frankfurt am Main: Suhrkamp.

Kant, Immanuel (2000): Kritik der praktischen Vernunft. Grundlegung zur Metaphysik der Sitten. Werkausgabe Bd. VII. (Hrsg. von Wilhelm Weischedel). Frankfurt am Main: Suhrkamp.

Kant, Immanuel (1974): Kritik der Urteilskraft. Werkausgabe Bd. X. (Hrsg. von Wilhelm Weischedel) Frankfurt am Main: Suhrkamp.

Kaul, Susanne; Palmier, Jean-Pierre; Skrandies, Timo (Hg.) (2009): Erzählen im Film. Unzuverlässigkeit – Audiovisualität – Musik. Bielefeld: Transcript.

Kittler, Friedrich (1985): Aufschreibesysteme 1800/1900. München: Fink

Klafki, Wolfgang (1985): Neue Studien zur Bildungstheorie und Didaktik: Beiträge zur kritisch-konstruktiven Didaktik. Weinheim, Basel: Beltz.

Knaller, Susanne; Harro Müller (Hg.) (2006): Authentizität. Diskussion eines ästhetischen Begriffs. München: Fink.

Kleimann, Bernd (2002): Das ästhetische Weltverhältnis. Eine Untersuchung zu den grundlegenden Dimensionen des Ästhetischen. München: Fink.

Kluge (2002): Etymologisches Wörterbuch der deutschen Sprache (24. erweiterte Auflage). Berlin/New York: Walter de Gruyter.

Knieper, Thomas; Müller, Marion G. (Hg.) (2003): Authentizität und Inszenierung von Bilderwelten. Köln: Herbert von Halem.

Knörrer, Ekkehard (2003): Jeanne Faust: Interview (2003) / Global Girl (2003) /sonst wer wie du (mit Jörn Zehe, 2003), Kritik zur Ausstellung Kunstverein Frankfurt (URL: http://www.jump-cut.de/jeannefaust.html, Abgerufen am 28.06.2012).

Koch, Gertrud (2004): Latenz und Bewegung im Feld der Kultur, in: Krämer 2004, S. 163-187.

Koch, Gertrud; Voss, Christiane (Hg.) (2005): Zwischen Ding und Zeichen. Zur ästhetischen Erfahrung der Kunst. München: Fink.

Koch, Gertrud; Voss, Christiane (Hg.) (2009): Es ist als ob. Fiktionalität in Philosophie, Film- und Medienwissenschaft.. München: Fink.

Kokemohr, Rainer (1992): Zur Bildungsfunktion rhetorischer Figuren. Sprachgebrauch und Verstehen als didaktisches Problem, in: Entrich, Hartmut; Staeck, Lothar (Hg.): Sprache und Verstehen im Biologieunterricht. Alsbach, S. 16-30.

Kokemohr, Rainer; Koller, Hans-Christoph (1996): Die rhetorische Artikulation von Bildungsprozessen, in: Krüger, H.-H.; Marotzki, W. (Hg.): Handbuch Erziehungswissenschaftliche Biographieforschung. Opladen: Leske + Budrich, S. 90-102.

Kokemohr, Rainer (2007): Bildung als Welt- und Selbstentwurf im Anspruch des Fremden. Eine theoretisch-empirische Annäherung an eine Bildungsprozesstheorie, in: Koller; Marotzki; Sanders 2007, S. 13-68.

Koller, Hans-Christoph (1999): Bildung und Widerstreit. Zur Struktur biographischer Bildungsprozesse in der (Post-)Moderne. München: Fink.

Koller, Hans-Christoph; Marotzki, Winfried; Sanders, Olaf (Hg.) (2007): Bildungsprozesse und Fremdheitserfahrung. Beiträge zu einer Theorie transformatorischer Bildungsprozesse. Bielefeld: Transcript.

Krämer, Sybille (Hg.) (1998): Medien, Computer, Realität. Wirklichkeitsvorstellungen und Neue Medien, Frankfurt am Main: Suhrkamp.

Krämer, Sybille (1998): Das Medium als Spur und als Apparat, in: Dies. (Hg.): Medien, Computer, Realität. Wirklichkeitsvorstellungen und Neue Medien, Frankfurt am Main: Suhrkamp, S. 73-94.

Krämer, Sybille (2000): ‚Performativität‘ und ‚Verkörperung‘. Über zwei Leitideen für eine Reflexion der Medien, in: Claus Pias (Hg.): Medien 3. neue vortraege zur medienkultur, Weimar: VDG , S. 185-201.

Krämer, Sybille (Hg.) (2004): Performativität und Medialität, München: Fink.

Krämer, Sybille (2004a): Was haben ‚Performativität‘ und ‚Medialität‘ miteinander zu tun? Plädoyer für eine in der ‚Aisthetisierung‘ gründende Konzeption des Performativen, in: Dies. (Hg.) Performativität und Medialität. München: Fink, S. 13-32.

Krämer, Sybille (2005): Das Medium zwischen Zeichen und Spur, in: Gisela Fehrmann; Erika Linz; Cornelia Epping-Jäger (Hg.) Spur. Zur Externalität des Symbolischen, München: Fink, S. 153-166.

Krämer et al (Hg.) (2007): Spur. Spurenlesen als Orientierungstechnik und Wissenskunst. Frankfurt am Main: Suhrkamp.

Krämer, Sybille (2008): Medium, Bote, Übertragung. Kleine Metaphysik der Medialität. Frankfurt am Main: Suhrkamp.

Krämer, Sybille (2009): Performanz - Aisthesis: Überlegungen zu einer aisthetischen Akzentuierung im Performanzkonzept, in: Böhler; Granzer 2009, S. 141-168.

Krämer, Sybille (2010): ‚Performanz‘, Enzyklopädie Philosophie, 2., überarbeitete und erweiterte Auflage, Hamburg: Felix Meiner.

Krämer, Sybille (2011): Gibt es eine Performanz des Bildlichen? Reflexionen über ‚Blickakte‘, in: Schwarte, L. (Hg.): Bild-Performanz. Die Kraft des Visuellen, München: Fink, S. 63-90.

Lacan, Jacques (1996): Das Seminar Buch XI: Die vier Grundbegriffe der Psychoanalyse (4. Aufl.), Weinheim, Berlin.

Latour, Bruno (2002): Die Hoffnung der Pandora. Untersuchungen zur Wirklichkeit der Wissenschaft. Frankfurt am Main: Suhrkamp.

Levinas, Emmanuel (1983): Die Spur des Anderen. Freiburg/München: Karl Alber.

Levinas, Emmanuel (1993): Totalität und Unendlichkeit. Versuch über die Exteriorität (2. Aufl.), Freiburg/München: Karl Alber.

Liptay, Fabienne; Wolf, Yvonne (Hg.) (2005): Was stimmt denn jetzt? Unzuverlässiges Erzählen in Literatur und Film. München: edition text + kritik.

Luca, Renate, Decke-Cornill, Helene (Hg.) (2010): Jugend – Film – Gender. Medienpädagogische, bildungstheoretische und didaktische Perspektiven. Stuttgart: ibidem.

Lüders, Jenny (2007): Ambivalente Selbstpraktiken. Eine Foucault’sche Perspektive auf Bildungsprozesse in Weblogs. Bielefeld: Transcript.

Marotzki, Winfried (1990): Entwurf einer strukturalen Bildungstheorie: Biographietheoretische Auslegung von Bildungsprozessen in hochkomplexen Gesellschaften. Weinheim: Deutscher Studien-Verlag.

Marotzki, Winfried (2006): Qualitative Bildungsforschung, in: Pongratz; Wimmer; Nieke 2006, S. 108-125.

Marotzki, Winfried (2007a): Dimensionen der Medienbildung. Abschätzung und Reichweiten am Beispiel audiovisueller Formate (Film), in: Hartwich, Dietmar et al (Hg.): Mit Spieler. Überlegungen zu nachmodernen Sprachspielen in der Pädagogik. Norbert Meder zum 60. Geburtstag. Würzburg: Königshausen und Neumann, S. 127-140.

Marotzki, Winfried (2007b): Über das schwierige Finden der verlorenen Zeit. Biographisierungsprozesse im Film aus bildungstheoretischer Perspektive, in: Koller; Marotzki; Sanders 2007, S. 181-198.

Marotzki, Winfried; Jörissen, Benjamin (2010): Dimensionen strukturaler Medienbildung, in: Herzig; Meister; Moser; Niesyto 2010, S. 19-39.

Maset, Pierangelo (1995): Ästhetische Bildung der Differenz. Kunst und Pädagogik im technischen Zeitalter. Stuttgart: Radius.

Maset, Pierangelo (1998): Zwischen Vermittlungskunst und Maschinengefüge: Ästhetische Bildung der Differenz, in: Internationale Gesellschaft der Bildenden Künste (Hg.): Kunst lehren? Künstlerische Kompetenz und kunstpädagogische Prozesse - Neue subjektorientierte Ansätze in der Kunst und Kunstpädagogik in Deutschland und Europa. Stuttgart: Radius.

Maurer, Björn (2006a): Subjektorientierte Filmbildung an Hauptschulen, in: Niesyto (Hg.): film kreativ. Aktuelle Beiträge zur Filmbildung. München: Kopaed, S. 21-44.

Maurer, Björn (2006b): Filmbildung in der Sekundarstufe I - Ein Überblick. In: Barg; Niesyto; Schmolling 2006, S. 169-208.

Maurer, Björn (2010): Subjektorientierte Filmbildung in der Hauptschule. Theoretische Grundlagen und pädagogische Konzepte für die Unterrichtspraxis. München: Kopaed.

Maurer, Björn (2010): Schulische Filmbildung in der Praxis. Ein Curriculum für die aktive und rezeptive Filmarbeit in der Sekundarstufe I. München: Kopaed.

Menke, Christoph (1991): Souveränität der Kunst. Ästhetische Erfahrung nach Adorno und Derrida, Frankfurt am Main: Suhrkamp.

Menke, Christoph; Küpper, Joachim (Hg.) (2003): Dimensionen ästhetischer Erfahrung. Frankfurt am Main: Suhrkamp.

Mersch, Dieter (2001): Aisthetik und Responsivität. Zum Verhältnis von medialer und amedialer Wahrnehmung, in: Fischer-Lichte et al (Hg.): Wahrnehmung und Medialität. Tübingen Basel: Francke, S. 273-300.

Mersch, Dieter (2002a): Wort, Bild, Ton, Zahl. Eine Einleitung in die Medienphilosophie, in: Detjen, Klaus; Georgen, Theresa (Hg.): Kunst und Medium. Zwei Vorlesungen (Gestalt und Diskurs, Bd. III) Kiel: Muthesius-Hochschule, S. 131-252.

Mersch, Dieter (2002b): Was sich zeigt. München: Fink.

Mersch, Dieter (2002c): Ereignis und Aura. Frankfurt am Main: Suhrkamp.

Mersch, Dieter (2002d): „Das Ereignis der Setzung", in: Erika Fischer-Lichte; Christian Horn; Matthias Warstat (Hg.): Performativität und Ereignis, Tübingen Basel: Francke, S. 41-56.

Mersch, Dieter (Hg.) (2003a): Die Medien der Künste. Beiträge zur Theorie des Darstellens. München: Fink.

Mersch, Dieter (2004): Bild und Blick. Zur Medialität des Visuellen, in: Filk; Lommel; Sandbothe (Hg.): Media Synaesthetics. Konturen einer physiologischen Medienästhetik. Köln: Halem, S. 95-122.

Mersch, Dieter (2005a): Negative Medialität. Derridas Différance und Heideggers Weg zur Sprache, in: Journal Phänomenologie, Jacques Derrida, Heft 23 (2005), S. 14-22.

Mersch, Dieter (2005b): Spur und Präsenz. Zur ‚Dekonstruktion' der Dekonstruktion, in: Susanne Strätling; Georg Witte (Hg.), Die Sichtbarkeit der Schrift, München: Fink, S. 21-40.

Mersch, Dieter (2006a): Medientheorien – Zur Einführung. Hamburg: Junius.

Mersch, Dieter (2006b): Mediale Paradoxa. Zum Verhältnis von Kunst und Medien. Einleitung in eine negative Medienphilosophie, in: Sic et Non. zeitschrift für philosophie und kultur. im netz.[www.sicetnon.org].

Mersch, Dieter (2006c): Medial Paradoxes. On Methods of Artistic Production, in: Claus-Steffen Mahnkopf (ed): Critical Composition today, Hofheim (Wolke-Verlag), S. 62-74.

Mersch, Dieter (2008): Tertium Datur. Einleitung in eine negative Medientheorie, in: Münker; Roesler 2008, S. 304-321.

Mersch, Dieter (2008b): „Kontingenz, Zufall und ästhetisches Ereignis", in: Jörg Huber; Philipp Stoellger (Hg.): Gestalten der Kontingenz, T:G 06, Zürich 2008, S. 23-38.

Mersch, Dieter (2009): Ding, Gabe und die Praxis der Künste, in: Hetzel 2009, S. 91-104.

Mersch, Dieter (2010): Posthermeneutik, Berlin: Akademie Verlag.

Mersch, Dieter (2010b): Meta/Dia, in: Engell, Lorenz; Siegert, Bernhard (Hg.): Medienphilosophie. Zeitschrift für Medien- und Kulturforschung, Heft 2/10. Hamburg: Meiner, S. 185-208.

Metken, Günter (1977): Spurensicherung. Kunst als Anthropologie und Selbsterforschung. Fiktive Wissenschaften in der heutigen Kunst. Köln: DuMont.

Metken, Günter (1996): Spurensicherung. Eine Revision. Texte 1977-1995. Dresden, Berlin: Verlag der Kunst.

Metz, Christian (1972): Die Semiologie des Films. München: Fink.

Metz, Christian (1973) Sprache und Film [1971]. Frankfurt am Main: Athenäum.

Metz, Christian (1998): Die unpersönliche Enunziation oder der Ort des Films - Film und Medien in der Diskussion. Münster: Nodus.

Metz, Christian (2000): Der imaginäre Signifikant: Psychoanalyse und Kino. Münster: Nodus.

Meyer-Drawe, Käte (1990): Illusionen von Autonomie. Diesseits von Ohnmacht und Allmacht des Ich. Kirchheim, München.

Meyer-Drawe, Käte (2007): „Du sollst Dir kein Bildnis noch Gleichnis machen..." – Bildung und Versagung, in: Koller; Marotzki; Sanders 2007, S. 83-94.

Meyer-Drawe, Käte (2008): Diskurse des Lernens. München: Fink.

Meyer, Torsten (2005): Wahn(-) und Wissensmanagement. Versuch über das Prinzip Database, in: Pazzini, Karl-Josef; Schuller, Marianne; Wimmer, Michael (Hg.): Wahn – Wissen – Institution. Undisziplinierbare Näherungen, Bielefeld: transcript 2005, S. 221-246.

Mikos, Lothar (2000): Ästhetische Erfahrung und visuelle Kompetenz. Zur Erweiterung der diskursiven Medienkompetenz um präsentative Elemente, in: MedienPädagogik. Zeitschrift für Theorie und Praxis der Medienbildung. Heft 1 Medienkompetenz (URL: www.medienpaed.com/00-1/mikos1.pdf, Abgerufen am 12.3.2011).

Mitgutsch, Konstantin; Sattler, Elisabeth; Westphal, Kristin; Breinbauer, Ines Maria (Hg.) (2008): Dem Lernen auf der Spur. Die pädagogische Perspektive. Stuttgart.

Mitry, Jean (1999): The Aesthetics and Psychology of the Cinema (übersetzt von Christopher King), Indiana University Press.

Monaco, James (2000): Film verstehen (2. Aufl.). Hamburg, Reinbek: Rowohlt.

Morsch, Thomas (2008): Zur Ästhetik des Schocks. Der Körperdiskurs des Films, Audition und die ästhetische Moderne, in: Nessel et al (Hg.): Wort und Fleisch. Kino zwischen Text und Körper. Berlin: Bertz + Fischer 2008, S. 10-26.

Morsch, Thomas (2010) Wahrgenommene Wahrnehmung, gesehenes Sehen. Zur aisthetischen Performativität des Films, in: Filk; Simon (Hg.): Kunstkommunikation: Wie ist Kunst möglich? Beiträge zu einer systemischen Medien- und Kunstwissenschaft, Berlin: Kadmos, S. 251-266.

Moser, Heinz (2010): Einführung in die Medienpädagogik. Aufwachsen im Medienzeitalter. (5. Aufl.). Wiesbaden: VS-Verlag.

Moser, Heinz (2010): Die Medienkompetenz und die ‚neue' erziehungswissenschaftliche Kompetenzdiskussion, in: Herzig; Meister; Moser; Niesyto 2010, S. 59-79.

Moser, Heinz; Grell, Petra; Niesyto, Horst (Hg.) (2011): Medienbildung und Medienkompetenz. Beiträge zu Schlüsselbegriffen der Medienpädagogik, koepad: München.

Mühling, Matthias (2005): 2003 / Interview. Jeanne Faust, in: 40Jahrevideokunst.de – Teil 1 „Digitales Erbe", Ausstellungskatalog- ZKM Karlsruhe, Stuttgart, S. 354-357.

Mulvey, Laura (2003). Visuelles Lust und narratives Kino (Visual Pleasure and Narrative Cinema 1975), in: Albersmeier, Franz-Josef (Hg.): Texte zur Theorie des Films. 5. Aufl. Stuttgart: Reclam Verlag, S. 389-408.

Münker, Stefan; Roesler, Alexander (Hg.) (2008): Was ist ein Medium? Frankfurt am Main: Suhrkamp.

Nancy, Jean-Luc (1994): Die Kunst – Ein Fragment, in: Dubost, Jean-Pierre (Hg.): Bildstörung. Gedanken zu einer Ethik der Wahrnehmung. Leipzig: Reclam, S. 170-184.

Nancy, Jean-Luc (2008a): Parallele Differenzen. Deleuze |und| Derrida. In: Jean-Luc Nancy und René Schérer 2008, S. 31-50.

Nancy, Jean-Luc (2008b): Deleuzes Falte des Denkens, in: Jean-Luc Nancy und René Schérer 2008, S. 81-91.

Nancy, Jean-Luc; Schérer, René (2008): Ouvertüren. Texte zu Gilles Deleuze. Zürich und Berlin: Diaphanes.

Niesyto, Horst (Hg.) (2006): film kreativ. Aktuelle Beiträge zur Filmbildung. München: Kopaed.

Nietzsche, Friedrich (1977): Götzen-Dämmerung [1889], in: Ders: Werke in drei Bänden, Bd. 2, München: Hanser.

Nietzsche, Friedrich (2002): Brief an Peter Gast, Feb. 1882, in: Briefwechsel. Kritische Gesamtausgabe, Bd. III 1, Berlin/New York.

Oudart, Jean Pierre (1978): Cinema and Suture, in: Screen, Vol 18, Nr.4, Winter 1978, S. 35-47.

Paech, Joachim (2006): Was ist ein kinematographisches Bewegungsbild?, in: Koebner; Liptay; Meder 2006, S. 92-107.

Pauleit, Winfried (Hg.) (2004): Ästhetische Erziehung im Medienzeitalter. Ästhetik & Kommunikation 125, Berlin.

Pauleit, Winfried (Hg.) (2009): Das ABC des Kinos. Frankfurt am Main, Basel: Stroemfeld.

Pauleit, Winfried (2009b): Die Filmanalyse und ihr Gegenstand. Paratextuelle Zugänge zum Film als offenem Diskursfeld, in: Gwózdz, Andrezej (Hg.): Film als Baustelle. Das Kino und seine Paratexte. Marburg, S. 45-65.

Pauleit, Winfried (2010): Diesseits der Leinwand. Differenzerfahrung als Persönlichkeitsbildung im Kino, in: Henzler et al 2010, S. 29-38

Pazzini, Karl-Josef (1992): Bilder und Bildung. Vom Bild zum Abbild bis zum Wiederauftauchen der Bilder (Einbilden und Entbilden Bd.1). Münster: Lit-Verlag.

Pazzini, Karl-Josef (2000): Kunst existiert nicht, es sei denn als angewandte, in: Bauhaus-Universität Weimar, Brigitte Wischnack (Hg.): Tatort Kunsterziehung. Thesis. Wissenschaftliche Zeitschrift der Bauhaus-Universität Weimar, Bd. 2., Weimar 2000, S. 8-17.

Pazzini, Karl-Josef (2002): Tertium datur. Skizze zur Funktion des Vaters in der Bildung, in: Friedrichs; Sanders 2002, S. 85-109.

Pazzini, Karl-Josef (2004): Kunst und Bildung. Lösungen für Ich-starke Persönlichkeiten, in: Landesverband der Kunstschulen Niedersachsen (Hg.): bilden mit kunst. Bielefeld: Transcript, S. 31-48.

Pazzini, Karl-Josef (2005): Kann Didaktik Kunst und Pädagogik zu einem Herz und eine Seele machen oder bleibt es bei ach zwei Seelen in der Brust? (Kunstpädagogische Positionen 8), Hamburg: University Press.

Pazzini, Karl-Josef; Schuller, Marianne; Wimmer, Michael (Hg.) (2010): Lehren bildet? Vom Rätsel unserer Lehranstalten. Bielefeld: Transcript.

Pfeiffer, J.; Staiger, M. (Hg.) (2008): Der Deutschunterricht, 60(3), Themenheft Filmdidaktik.

Phelan, Peggy (1993): Unmarked. The politics of Performance, New York, London.

Pongratz, Ludwig; Wimmer, Michael; Nieke, Wolfgang (Hrsg.) (2006): Bildungsphilosophie und Bildungsforschung. Bielefeld: Janus.

Pongratz, Ludwig; Reichenbach Roland; Wimmer, Michael (2007): Bildung – Wissen – Kompetenz. Bildungsphilosophie in der Wissensgesellschaft. Bielefeld: Janus.

Quindeau, Ilka (2005): Spur und Umschrift. Die konstitutive Bedeutung von Erinnerung in der Psychoanalyse. München: Fink.

Raff, Thomas (1994): Die Sprache der Materialien. Anleitung zu einer Ikonologie der Werkstoffe. München: Deutscher Werkverlag.

Rebentisch, Juliane (2003): Ästhetik der Installation. Frankfurt am Main: Suhrkamp.

Rebentisch, Juliane (2005): Vor dem Zirkel. Überlegung zur Struktur ästhetischer Erfahrung im Ausgang von Alexander Garcia Düttmann, in: Koch; Voss 2005, S. 50-53.

Rheinberger, Hans-Jörg (2006): Experimentalsysteme und epistemische Dinge: eine Geschichte der Proteinsynthese im Reagenzglas. Frankfurt am Main: Suhrkamp.

Rheinberger, Hans Jörg (2007): Historische Epistemologie zur Einführung. Hamburg: Junius.

Ricken, Norbert (1999): Subjektivität und Kontingenz. Markierungen im pädagogischen Diskurs, Würzburg: Königshausen & Neumann.

Ricken, Norbert (2006): Die Ordnung der Bildung. Beiträge zu einer Genealogie der Bildung. Wiesbaden: VS-Verlag.

Ricken, Norbert; Balzer, Nicole (2007): Differenz: Verschiedenheit, Andersheit, Fremdheit, in: Jürgen Straub; Arne Weidemann; Doris Weidemann (Hg.): Handbuch interkulturelle Kommunikation und Kompetenz, Stuttgart, Weimar: Metzler, S. 56-69.

Ricken, Norbert (2007): Das Ende der Bildung als Anfang. Anmerkungen zum Streit um Bildung, in: Christian Palentien; Marius Topor; Carsten Rohlfs (Hg.): Perspektiven der Bildung: Kinder und Jugendliche in formellen, nonformellen und informellen Bildungsprozessen, Wiesbaden: VS Verlag, S. 15-41.

Ricken, Norbert; Röhr, Henning; Ruhloff, Jörg; Schaller, Klaus (Hg.) (2009): Umlernen - Festschrift für Käte Meyer-Drawe, München: Fink.

Robnik, Drehli (2002): Körper-Erfahrung und Film-Phänomenologie, in: Felix 2002, S. 246-280.

Rodowick, David N. (1997): Gilles Deleuze's Time Machine. Durham, London: Duke University Press.

Rosa, Hartmut (2005): Beschleunigung. Die Veränderung der Zeitstrukturen in der Moderne, Frankfurt am Main: Suhrkamp.

Rölli, Marc (2003a): Gilles Deleuze. Philosophie des transzendentalen Empirismus. Wien: Turia und Kant.

Rölli, Marc (Hg.) (2003b): Ereignis auf Französisch. Von Bergson bis Deleuze. München: Fink.

Sachs-Hombach, Klaus; Rehkämper, Klaus (Hg.) (1998): Bild – Bildwahrnehmung – Bildverarbeitung. Interdisziplinäre Beiträge zur Bildwissenschaft, Wiesbaden: Deutscher Universitätsverlag.

Sachs-Hombach, Klaus; Rehkämper, Klaus (Hg.) (1999): Bildgrammatik. Interdisziplinäre Forschungen zur Syntax bildhafter Darstellungsformen (Reihe Bildwissenschaft, Bd. 1), Magdeburg: Scriptum.

Sachs-Hombach, Klaus (2003): Das Bild als kommunikatives Medium. Elemente einer allgemeinen Bildwissenschaft, Köln: Herbert von Halem.

Sachs-Hombach, Klaus (Hg.) (2005): Bildwissenschaft. Disziplinen, Themen, Methoden, Frankfurt am Main: Suhrkamp.

Sachs-Hombach, Klaus; Totzke, Rainer (Hg.) (2011): Bilder – Sehen – Denken. Zum Verhältnis von begrifflich-philosophischen und empirisch-psychologischen Ansätzen in der bildwissenschaftlichen Forschung. Köln: Halem.

Sandbothe, Mike; Zimmerli, Walther Ch. (Hg.) (1994): Zeit – Medien – Wahrnehmung. Darmstadt: Wissenschaftliche Buchgesellschaft.

Sander, Uwe; Gross, Friederike von; Hugger, K.U. (Hg.) (2008): Handbuch Medienpädagogik. Wiesbaden: VS-Verlag.

Sanders, Olaf (2006): Cronenbergs Pädagogik, Wachowskis Pädagogik. Deleuzes ermächtigende Filmtheorie, in: Mai, M.; Winter, R. (Hg.): Das Kino der Gesellschaft – die Gesellschaft des Kinos. Interdisziplinäre Positionen, Analysen und Zugänge. Köln: von Halem, S. 259-275.

Sanders, Olaf (2007): Filmbildung. Zu Bildungsprozessen älterer Männer am Beispiel von Wim Wenders Don't Come Knocking und Jim Jarmuschs Broken Flowers, in: Koller, Marotzki, Sanders 2007, S. 199-218.

Sanders, Olaf (2009): Kino als Bildungsmedium. In: Wimmer, Reichenbach, Pongratz 2009, S. 123-134.

Sanders, Olaf (2011): ‚Das Gehirn ist die Leinwand' – über Verhältnisse zwischen Zeitbildern und Einbildungskräften in der Kinophilosophie Deleuzes, in: Schuhmacher-Chilla, Doris u.a. (Hg.): Image und Imagination. Oberhausen: Athena, S. 31-42.

Sattler, Elisabeth (2009): Die riskierte Souveränität. Erziehungswissenschaftliche Studien zur modernen Subjektivität. Bielefeld: Transcript.

Sattler, Elisabeth (2009b): Kunst der (Ent-)Subjektivierung. Über aktuelle (Trans-)Formationen von Bildung/Kunst und deren Beiträge zur (Ent-)Subjektivierung, in: Westphal, Kristin; Liebert, Wolf-Andreas (Hg.) Gegenwärtigkeit und Fremdheit. Perspektiven der Künste auf Wissenschaft und Bildung, München, S. 89-102.

Souriau, Etienne (1997): Die Struktur des filmischen Universums und das Vokabular der Filmologie, in: Stars (1), montageAV. Zeitschrift für Theorie und Geschichte audiovisueller Medien, 6/2, S. 140-157.

Schädler, Sebastian (2008): Wenn Derrida Schneewittchen trifft... Filmpädagogik und [Dekonstruktion] von Geschlechterklischees. München: Kopaed.

Schäfer, Alfred (1999a): Unbestimmte Transzendenz. Bildungsethnologische Betrachtungen zum Anderen des Selbst. Opladen: Leske + Budrich.

Schäfer, Alfred; Wimmer, Michael (Hg.) (1999b): Identifikation und Repräsentation. (Grenzüberschreitung, Bd. 2), Opladen: Leske + Budrich.

Schäfer, Alfred (2003): Theodor W. Adorno. Ein pädagogisches Porträt. Weinheim.

Schäfer, Alfred/Wimmer, Michael (2006) (Hg.): Selbstauslegung im Anderen. Münster.

Schäfer, Alfred (2009) Bildende Fremdheit, in: Wigger 2009, S. 185-200.

Schaub, Mirjam (2003a): Gilles Deleuze im Wunderland: Zeit- als Ereignisphilosophie. München: Fink.

Schaub, Mirjam (2003b): Gilles Deleuze im Kino: Das Sichtbare und das Sagbare. München: Fink.

Schaub, Mirjam; Suthor, Nicola; Fischer-Lichte, Erika (Hg.) (2005): Ansteckung – Zur Körperlichkeit eines ästhetischen Prinzips, München: Fink.

Schaub, Mirjam (2007): Die Kunst des Spurenlegens und -verfolgens. Sophie Calles, Francis Alys und Janet Cardiffs Beitrag zu einem philosophischen Spurenbegriff, in: Krämer 2007, S. 121-141.

Schlette, Magnus; Jung, Matthias (Hg.) (2005): Anthropologie der Artikulation. Begriffliche Grundlagen und transdisziplinäre Perspektiven. Würzburg: Königshausen & Neumann.

Schlüpmann, Heide (1998): Abendröthe der Subjektphilosophie. Eine Ästhetik des Kinos, Frankfurt am Main: Stroemfeld.

Schlüpmann, Heide (2002): Öffentliche Intimität. Die Theorie im Kino, Frankfurt am Main: Stroemfeld.

Schlüpmann, Heide (2004a): Filmwissenschaft als Kinowissenschaft, in: Nach dem Film, No 5: "Werkstatt Filmwissenschaft", 08/2004.

Schlüpmann, Heide (2004b): Kino und Schule, in: Ästhetik und Kommunikation, Nr. 125, Berlin 2004.

Schlüpmann, Heide (2007): Kino-Bildung. Ein Vortrag. (Le Quichote) [URL: http://www.lequichote.info/?Kino-Bildung-Ein-Vortrag, Abgerufen 11.3.11]

Schlüpmann, Heide (2010): Dritter Bildungsweg: Ausgang Kino, in: Henzler et al 2010, S. 11-17.

Scholz, Oliver. R (2004): Bild, Darstellung, Zeichen: philosophische Theorien bildlicher Darstellung (2. Aufl.). Frankfurt am Main: Klostermann.

Schorb, Bernd (2005). Medienkompetenz. In Hüther, Schorb (Hg.): Grundbegriffe Medienpädagogik. München: Kopaed, S. 257-262.

Schrader, Paul (2011): Im Augenblick gibt es Geld in Kolumbien. Ein Gespräch mit Paul Schrader über eine Karriere im Zeichen verschlungener Kapitalströme, in: Cargo. Film Medien Kultur. Nr. 9, S. 32-41.

Schreiber, Anne (2007): Filmgucken als Kooperation. (Künstlerinterview mit Jeanne Faust). artnet, 18.09.2007.

Seel, Martin (2000): Ästhetik des Erscheinens. Frankfurt am Main: Suhrkamp.

Seel, Martin (2001): Inszenieren als Erscheinenlassen. Thesen über die Reichweite eines Begriffs, in: Früchtl; Zimmermann (Hg.): Ästhetik der Inszenierung. Frankfurt am Main: Suhrkamp, S. 48-62.

Seel, Martin (2007): Das Glück der Form. Über eine Dimension ästhetischer Bildung, in: Liebau, E.; Zirfas, J. (Hg.): Schönheit. Traum – Kunst – Bildung. Bielefeld: transcript, S. 17-32.

Serres, Michel (1994) (Hg.): Elemente einer Geschichte der Wissenschaften. Frankfurt am Main: Suhrkamp.

Seitter, Walter (2002): Physik der Medien: Materialien, Apparate, Präsentierungen. Weimar: VDG.

Sesink, Werner (2008): Bildungstheorie und Medienpädagogik. Versuch eines Brückenschlags, in: Fromme, Sesink (Hg.): Pädagogische Medientheorie. Wiesbaden: VS-Verlag, S. 13-36.

Sponsel, Daniel (Hg.) (2007): Der schöne Schein des Wirklichen: Zur Authentizität im Film. Konstanz: UVK.

Stiegler, Bernard (2008): Die Logik der Sorge. Verlust der Aufklärung durch die Technik und Medien. Suhrkamp: Frankfurt am Main.

Stiegler, Bernard (2009a): Von der Biopolitik zur Psychomacht (die Logik der Sorge 1.2.), Suhrkamp: Frankfurt am Main.

Stiegler, Bernhard (2009b): Denken bis an die Grenzen der Maschine. (hrsg. von Erich Hörl). Diaphanes: Zürich.

Stiegler, Bernhard (2010): Hypermaterialität und Psychomacht. (hrsg. von Erich Hörl). Diaphanes: Zürich.

Sutter, Tilmann (2010): Medienkompetenz und Selbstsozialisation im Kontext Web 2.0., in: Herzig; Meister; Moser; Niesyto (Hg.): Jahrbuch Medienpädagogik 8. Medienkompetenz und Web 2.0. Wiesbaden: VS-Verlag, S. 41-58.

Tholen, Georg Christoph (2002): Zäsur der Medien. Frankfurt am Main: Suhrkamp.

Tholen, Georg Christoph (2005): Medium, Medien, in: Roesler; Stiegler (Hg.): Grundbegriffe der Medientheorie, München: Fink, S. 150-172.

Thompson, Kristin (1995): Neoformalistische Filmanalyse. Ein Ansatz, viele Methoden, in: montage/av. Zeitschrift für Theorie & Geschichte audiovisueller Kommunikation 4, H. 1, S. 23-62.

Thompson, Christiane (2009): Bildung und die Grenzen der Erfahrung. Randgänge der Bildungsphilosophie. Paderborn: Ferdinand Schöningh.

Tscherkassky, Peter (2005): Epilog, Prolog. Autobiographische Notate entlang einer Filmographie, in: Horwath, Loebenstein 2005, S. 101-160.

Tulodziecki, Gerhard (2007): Was Schülerinnen und Schüler im Medienbereich wissen können sollen – Kompetenzmodell und Bildungsstandards für die Medienbildung, in: Medienimpulse. Beiträge zur Medienpädagogik, Heft Nr. 59, März 2007, S. 24-35.

Tulodziecki, Gerhard (2010): Standards für die Medienbildung als eine Grundlage für die empirische Erfassung von Medienkompetenz-Niveaus, in: Herzig; Meister; Moser; Niesyto 2010, S. 81-101.

Virilio, Paul (1995) Der negative Horizont. Bewegung, Geschwindigkeit, Beschleunigung. Frankfurt am Main: Fischer.

Vogl, Joseph (2001): Medien-Werden. Galileis Fernrohr, in: Engell, L.; Vogl, J. (Hg.): Archiv für Mediengeschichte – Mediale Historiographien. Weimar, S. 115-123.

Vogl, Joseph (2007): Über das Zaudern. Zürich, Berlin: Diaphanes.

Wagner, Monika (2001): Das Material der Kunst. Eine andere Geschichte der Moderne. München: Beck.

Walberg, Hanne (2007): Film-Bildung an den Grenzen des Verstehens. Bildungstheoretische Überlegungen am Beispiel Jugend im Film, in: Decke-Cornill; Luca 2007, S. 31-43

Walberg, Hanne (2010): Zwischen Normalisierung und Fremderfahrung. Pädagogische Perspektiven auf die Produktion und Verschiebung von Geschlechterkonstruktionen im Film, in: Luca, Decke-Cornill 2010, S. 47-65.

Waldenfels, Bernhard (1998): Der Stachel des Fremden [1990], Frankfurt am Main: Suhrkamp.

Waldenfels, Bernhard (2007): Antwortregister [1994], Frankfurt am Main: Suhrkamp.

Waldenfels, Bernhard (1997): Topographie des Fremden. Studien zur Phänomenologie des Fremden, Bd. 1, Frankfurt am Main: Suhrkamp.

Waldenfels, Bernhard (2008): Grenzen der Normalisierung. Studien zur Phänomenologie des Fremden, Bd. 2, (2. erw. Aufl.), Frankfurt am Main: Suhrkamp.

Waldenfels, Bernhard (1999a): Sinnesschwellen Studien zur Phänomenologie des Fremden, Bd. 3, Frankfurt am Main: Suhrkamp.

Waldenfels, Bernhard (1999b): Vielstimmigkeit der Rede. Studien zur Phänomenologie des Fremden, Bd. 4 , Frankfurt am Main: Suhrkamp.

Waldenfels, Bernhard (2002): Bruchlinien der Erfahrung. Frankfurt am Main: Suhrkamp.

Waldenfels, Bernhard (2003): Spiegel, Spur und Blick. Zur Genese des Bildes. Köln: Salon Verlag.

Waldenfels, Bernhard (2004): Phänomenologie der Aufmerksamkeit. Frankfurt am Main: Suhrkamp.

Waldenfels, Bernhard (2005): Idiome des Denkens. Deutsch-Französische Gedankengänge II, Frankfurt am Main: Suhrkamp.

Waldenfels, Bernhard (2006): Grundmotive einer Phänomenologie des Fremden. Frankfurt am Main.: Suhrkamp.

Waldenfels, Bernhard (2010): Sinne und Künste im Wechselspiel. Modi ästhetischer Erfahrung, Frankfurt am Main.: Suhrkamp.

Wegener, Claudia; Wiedemann, Dieter (Hg.) (2009): Kinder, Kunst und Kino. Grundlagen zur Filmbildung aus der Filmpraxis. München: Kopaed

Wellmer, Albrecht (2005): Über Negativität und Autonomie der Kunst. Die Aktualität von Adornos Ästhetik und blinde Flecken seiner Musikphilosophie, in: Dialektik der Freiheit. Frankfurter Adorno-Konferenz 2003. Frankfurt am Main.: Suhrkamp, S. 237-278.

Welsch, Wolfgang (1998): Ästhetisches Denken. Stuttgart: Reclam.

Wigger, Lothar (2004): Bildungstheorie und Bildungsforschung in der Gegenwart. Versuch einer Lagebeschreibung, in: Vierteljahrsschrift für wissenschaftliche Pädagogik, S. 478-493.

Wigger, Lothar (Hg.) (2009): Wie ist Bildung möglich? Klinkhardt: Bad Heilbrunn.

Wiesing, Lambert (1997): Die Sichtbarkeit des Bildes. Geschichte und Perspektiven der formalen Ästhetik. Reinbek bei Hamburg: Rowohlt.

Wiesing, Lambert (1998) Sind Bilder Zeichen?, in: Sachs-Hombach; Rehkämper 1998, S. 95-101.

Wiesing, Lambert (2005): Artifizielle Präsenz. Studien zur Philosophie des Bildes. Frankfurt am Main: Suhrkamp.

Wiesing, Lambert (2009): Das Mich der Wahrnehmung. Eine Autopsie. Frankfurt am Main: Suhrkamp.

Wimmer, Michael (1988): Der Andere und die Sprache. Berlin: Reimer.

Wimmer, Michael (1992): Von der Identität als Norm zur Ethik der Differenz. Das Verhältnis zum Anderen als zentrales Problem einer pädagogischen Ethik, in: Peukert; Meyer-Drawe; Ruhloff, (Hg.): Pädagogik und Ethik. Beiträge zu einer zweiten Reflexion. Deutscher Studien Verlag, Weinheim, S. 151-180.

Wimmer, Michael; Masschelein, Jan (1996): Alterität Pluralität Gerechtigkeit. Randgänge der Pädagogik. Sankt Augustin, Leuven: Academia.

Wimmer, Michael (2006): Dekonstruktion und Erziehung. Studien zum Paradoxieproblem in der Pädagogik. Bielefeld: Transcript.

Wimmer, Michael; Reichenbach, Roland; Pongratz, Ludwig (Hg.) (2009): Medien, Technik und Bildung. (Schriftenreihe der Kommission Bildungs- und Erziehungsphilosophie der DGfE). Paderborn: Ferdinand Schöningh.

Wimmer, Michael (2009): Vom individuellen Allgemeinen zur mediatisierten Singularität. Sprache als Bildungsmedium bei Humboldt und Derrida, in: Wimmer; Reichenbach; Pongratz 2009, S. 57-83.

Wimmer, Michael (2010): Lehren und Bildung. Anmerkungen zu einem problematischen Verhältnis, in: Pazzini; Schuller; Wimmer 2010, S. 13- 38.

Winkler, Hartmut (1990): Der Zuschauer und die filmische Technik. Apparatus-Theorien, Frankreich 1969 - 75, in: Knut Hickethier; Hartmut Winkler (Hg.) Filmwahrnehmung (Dokumentation der GFF-Tagung 1989), Berlin: Ed. Sigma Bohn, S. 19-25.

Winkler, Hartmut (1992): Der filmische Raum und der Zuschauer. „Apparatus" – Semantik - „Ideology". Heidelberg: Winter.

Winkler, Hartmut (2004a) Diskursökonomie. Versuch über die innere Ökonomie der Medien. Frankfurt am Main: Suhrkamp.

Winkler, Hartmut (2004b): Übertragen - Post, Transport, Metapher, in: Fohrmann, Jürgen (Hg.): Rhetorik. Figuration und Performanz. Stuttgart/Weimar 2004, S. 283-294.

Winkler, Hartmut (2008): Basiswissen Medien. Frankfurt am Main: Fischer.

Wirth, Uwe (Hg.) (2002): Performanz. Zwischen Sprachphilosophie und Kulturwissenschaften. Frankfurt am Main: Suhrkamp.

Wirth, Uwe (2002a): Der Performanzbegriff im Spannungsfeld von Illokation, Iteration und Indexikalität, in: Wirth, Uwe (Hg.): Performanz. Zwischen Sprachphilosophie und Kulturwissenschaften. Frankfurt am Main: Suhrkamp, S. 9-60.

Wortmann, Volker (2003): Authentisches Bild und authentisierende Form. Köln: Herbert von Halem.

Wortmann, Volker (2006): Was wissen Bilder schon über die Welt, die sie bedeuten sollen? Sieben Anmerkungen zur Ikonographie des Authentischen, in: Knaller; Müller (Hg.): Authentizität. Diskussion eines ästhetischen Begriffs. München: Wilhelm Fink, S. 163-184.

Zahn, Manuel (2006): Bilder als Bildungsmoment (Magisterarbeit). Typoskript, Hamburg.

Zahn, Manuel (2008): Der sublime Körper. Eine Kartographie des Körpers zwischen zwei oder mehreren Toden, in: Lecke (Hg.): Mediengeschichte, Intermedialität und Literaturdidaktik. (Beiträge zur Literatur- und Mediendidaktik 15). Frankfurt am Main: Peter Lang, S. 321-341.

Zahn, Manuel (2009a): Film-Bildung, in: Wimmer; Reichenbach; Pongratz 2009, S. 107-121

Zahn, Manuel (2009b): Film-Bildung, in: Meyer, Torsten; Sabisch, Andrea (Hg.): Kunst Pädagogik Forschung. Aktuelle Zugänge und Perspektiven, Bielefeld: Transcript, S. 225-232.

Zahn, Manuel (2009c): Filmvermittlung ist? Gastbeitrag im Dossier „Filmvermittlung und Pädagogik“ des Projekts „Kunst der Vermittlung. Aus den Archiven des Filmvermittelnden Films“, Entuziazm. Freunde der Vermittlung von Film und Text e.V., Berlin.

Zahn, Manuel; Nina Rippel (2010a): Die KurzFilmSchule. Ein Projekt künstlerischer Filmvermittlung an Hamburger Schulen, in: Henzler et al 2010, S. 110-120.

Zahn, Manuel (2010b): Das Geschlecht der Bilder. Bildungstheoretische Überlegungen zur geschlechtlichen Codierung des Films, in: Luca; Decke-Cornill 2010, S. 67-86.

Zahn, Manuel (2011): mediales denken: Von Heideggers Technikdenken zu Deleuzes Filmphilosophie, in: Fromme, J.; Iske, S.; Marotzki, W. (Hg.): Medialität und Realität. Zur konstitutiven Kraft der Medien. (Medienbildung und Gesellschaft Bd. 16). Wiesbaden: VS-Verlag, S. 53-66.

Zahn, Manuel (2011b): „Pedagogy of Perception“: notes on Film-Bildung with Deleuze, in: Policy Futures in Education, Vol. 9, No. 4., Issue: Deleuze, Pedagogy and Bildung (Guest Editors: Inna Sematzky, Diana Masny), S. 465-473.

Zechner, Ingo (2003): Deleuze. Der Gesang des Werdens. München.

Zizek, Slavoj (2001): Die Tücke des Subjekts. Frankfurt am Main: Suhrkamp.

Zizek, Slavoj (2005): Körperlose Organe. Bausteine für eine Begegnung zwischen Deleuze und Lacan. Frankfurt am Main: Suhrkamp.

Zumthor Paul (1984): The text and the voice, New Literary History, 16, 1, S. 67-92.

Zumthor, Paul (1988): Körper und Performanz, in: Gumbrecht, H.U.; Pfeiffer, L. 1988, S. 703-714.

Filme

5x2 (2004) (FR, R: Francois Ozon)
ALLE ANDEREN (2009) (DE, R: Maren Ade)
ARNULF RAINER (1960) (AT, R: Peter Kubelka)
BAKHA SATANG (1999) (KR, R: Chang-dong Lee)
CITIZEN KANE (1941) (USA, R: Orson Welles)
DECASIA. THE STATE OF DECAY (2002) (USA, R: Bill Morrison)
DER SPIEGEL (1975) (RU, R: Andrei Tarkowski)
DIE SPIELWÜTIGEN (2004) (DE, F: Andres Veiel)
FILM IST. 1-6 (1998) (AT, R: Gustav Deutsch)
FILM IST. 7-12 (2002) (AT, R: Gustav Deutsch)
FREEZE FRAME (1983) (AT, R: Peter Tscherkassky)
INTERVIEW (2002) (DE, R: Jeanne Faust)
IRRÉVERSIBLE (2002) (FR, R: Gaspar Noé)
L'ARRIVÉE D'UN TRAIN EN GARE DE LA CIOTAT (1895) (FR, R: Gebr. Lumière)
L'ARRIVÉE (1997/98) (AT, R: Peter Tscherkassky)
LES QUATRE CENTS COUPS (1959) (FR, R: Francois Truffaut)
LETZTES JAHR IN MARIENBAD (1961) (FR, R: Alain Resnais)
LOST HIGHWAY (1997) (USA, R: David Lynch)
MAYERLING (1968) (FR/GB, R: Terence Young)
OUTER SPACE (1999) (AT, R: Peter Tscherkassky)
POLTERGEIST (1982) (USA, R: Tobe Hooper)
ROHFILM (1968) (DE, R: Birgit und Wilhelm Hein)
ROSETTA (1999) (BE/FR, R: Jean-Pierre und Luc Dardenne)
THE ENTITY (1983) (USA, R: Sidney J. Furie)
XXY (2007) (AR, R: Lucia Puenzo)
WARNUNG VOR EINER HEILIGEN NUTTE (1971) (DE, R: Rainer W. Fassbinder)